Hans Herbert von Arnim
Volksparteien ohne Volk

Hans Herbert von Arnim

Volksparteien ohne Volk

Das Versagen der Politik

C. Bertelsmann

Verlagsgruppe Random House FSC-DEU-0100
Das FSC-zertifizierte Papier *Munken Premium* für dieses Buch
liefert Arctic Paper Munkedals AB, Schweden.

1. Auflage
© 2009 by C. Bertelsmann Verlag, München,
einem Unternehmen der Verlagsgruppe Random House GmbH
Umschlaggestaltung: R·M·E Roland Eschlbeck
und Rosemarie Kreuzer
Satz: Uhl + Massopust, Aalen
Druck und Bindung: GGP Media GmbH, Pößneck
Printed in Germany
ISBN 978-3-570-10011-0

www.cbertelsmann.de

Inhalt

Einleitung: Demokratie unter Druck 9

A. Das Grundproblem 13

  I. Entscheidung der Politik in eigener Sache:
     Gestaltung des Wahlrechts 13
  II. Beseitigung des Wettbewerbs: politische Kartelle 22
  III. Wiederwahl garantiert: keine Herrschaft auf Zeit 29
  IV. Im Griff der Politik: Geld und Posten 33
  V. Parteifromme Dogmatik: Unterdrückung demokra-
     tischer Fundamentalrechte 42

B. Wähler und Gewählte 46

  I. Geschichte: Kampf ums Wahlrecht 46
  II. Freiheit und Unmittelbarkeit der Wahl: Fehlanzeige ... 58
  III. Rekrutierung von Politikern: Versagen der Parteien ... 73

C. Bundestagswahlen 85

  I. Allmacht der Parteien: Ohnmacht der Bürger 85
     1. Sichere Wahlkreise: Scheinwahl von Abgeordneten .. 85
     2. Listenkandidaten: zwischen Sicherheit und
       Willkür 99
     3. Illegitime Vertreter: Wahlkreise mit mehreren
       Abgeordneten 103
     4. Nachrücker: Abgeordnete aus Zufall 125
  II. Große Koalitionen: große Übel? 129
  III. Verfassungswidriges Wahlrecht: Basis der
     Bundestagswahl 2009 131

1. Überhangmandate: verdeckt verfassungswidrig 131
2. Negatives Stimmgewicht: offen verfassungswidrig 139
3. Wahlprüfung: Prüfungsverhinderungsverfahren 143
4. Bundestag: ohne demokratische Legitimation 146
IV. Kleine Parteien: großes Übergewicht 149
V. Mehrheitswahl: für immer gescheitert? 155

D. Abgeordnetenrecht 165

I. Im Vorhof der Wahl: der Status von Politikern 165
II. Geschichte: zwischen Selbstbedienung, Verfassungs-
gericht und Öffentlichkeit 166
III. Maßstäbe: gerechter Sold 174
IV. Schwarzgeld für Minister: verfassungswidrige
Bezahlung de luxe 181

E. Parteien 187

I. Verlust der Basis: Volksparteien ohne Volk 187
II. Farbenlehre: Tendenzen in einzelnen Parteien 200
III. Parteiinterne Demokratie: ein frommer Wunsch 215
IV. Parteienfinanzierung: Schatzmeister als Gesetzgeber ... 219

F. In den Ländern 231

I. Der deutsche Länderföderalismus: unseliges Erbe
der Besatzungsmächte 231
II. Amtsmissbrauch: Manipulation von Wahlterminen ... 240
III. Der Ministerpräsident: König im eigenen Land 242
IV. Sachsen: immer noch CDU-dominiert 244
V. Thüringen: ein »Vorbestrafter« als Spitzenkandidat ... 251
VI. Brandenburg: Platzeck-Land 258
VII. Saarland: Rückkehr des kleinen Napoleon? 262

G. Unterschätzte Kommunen 269

I. Kommunalwahlen in halb Deutschland: mehr als
ein Stimmungstest 269

II. Geschichte der Kommunalverfassungen: Reform des
scheinbar Unreformierbaren 271
III. Das Modell: baden-württembergische Gemeinde-
verfassung 275
IV. Direkt gewählte Bürgermeister: demokratisch
legitimiert und voll verantwortlich 278
V. Gemeinderat und Bürgermeister: abgestimmte
Aufgaben 281
VI. Wahlrecht zum Gemeinderat: Der Bürger hat die
Wahl 282
VII. Was im Bund noch fehlt: Bürgerbegehren und Bürger-
entscheid 286
VIII. Kommunale Wählergemeinschaften: ein belebendes
Element 289
IX. Die Letzten beißen die Hunde: Aushungern der
Kommunen 291
X. Korruptionsbekämpfung: in Kommunen vorrangig ... 295

H. Wahl des Bundespräsidenten 298

I. Wahlsystem: Ausdruck der Verlegenheit 298
II. Direktwahl des Bundespräsidenten: Blockade der
politischen Klasse 303
III. Gehalt ohne Grundlage: Versorgung ohne Grund 305

I. Tatort Europa 308

I. Raumschiff Europa: EU-Imperialismus und
Lissabon-Vertrag 308
II. Deutsches EU-Wahlrecht: keine Wahl 315
III. Krasse Verstöße gegen die Gleichheit der Wahl:
typisch für Europa 330
IV. Das europäische Demokratiedefizit: Beschwichtigen
hilft nichts 333
V. Überbezahlung von EU-Abgeordneten: Gleichbe-
handlung von Ungleichem 336
VI. Legalisierter Betrug: für Abgeordnete ganz normal 351
VII. EU-Parteienfinanzierung: ohne Grenzen 355

J. Das Wort des Souveräns: vom Mehrwert direkter
Demokratie 359

K. Im Angesicht der Krise: Politik am Zügel der Wirtschaft 368

L. Zum Schluss: 40 Stichworte zur Lage 375

Personenregister 385

Einleitung: Demokratie unter Druck

Die Demokratie schien im 19. und 20. Jahrhundert unaufhaltsam auf dem Vormarsch. Samuel Huntington beschreibt drei »Wellen«. Die erste war eine Spätfolge der Revolutionen in Amerika und Frankreich und reichte bis in die Zeit nach dem Ersten Weltkrieg. Die zweite begann mit dem Ende des Zweiten Weltkriegs und stand unter dem Einfluss der siegreichen westlichen Alliierten. Die dritte Welle begann 1974 mit dem Abschütteln autoritärer Regime in Portugal, Spanien und Griechenland, brachte die Ablösung zahlreicher Militärregime in Südamerika und erfasste nach der Implosion des Kommunismus weite Teile Osteuropas und des Balkans. Doch die Entwicklung war alles andere als gradlinig. Auf jede Welle folgte ein Rückschlag, eine Gegenwelle, in der die Menschen sich wieder von der Demokratie abwandten. Und auch der letzten Welle folgt die Ernüchterung auf dem Fuß.

Mit dem Zusammenbruch des Kommunismus war der westlichen Demokratie der Widerpart abhanden gekommen, im Vergleich mit dem sie stets gut ausgesehen hatte. Jetzt wurden ihre Mängel unbefangener unter die Lupe genommen. Auch der völkerrechtswidrig vom Zaun gebrochene Krieg der USA mit dem Irak, angeblich um dessen Bevölkerung zu befreien und wie seinerzeit Deutsche und Japaner zwangsweise zu demokratisieren, hat der Demokratie geschadet. Überhaupt dürfte die achtjährige Regierungszeit eines George W. Bush mit allen ihren rechtsstaats- und demokratiewidrigen Auswüchsen nicht nur das Ansehen der USA, sondern auch das der Demokratie in der ganzen Welt in Misskredit gebrachten haben. Amerika gilt schließlich als deren Mutterland. Als Reaktion darauf ist auch die Woge der Begeisterung zu erklären, die Barack Obama, der einen demokratischen Neuanfang verhieß, ins Weiße Haus getragen hat.

In Asien wird das Ansehen der westlichen Demokratien dadurch untergraben, dass demokratisch verfasste Länder wie Indien und Japan seit Längerem mit politischen und wirtschaftlichen Problemen kämpfen, während das straff geführte Singapur und Parteidiktaturen wie China und Vietnam wirtschaftliche Erfolge verzeichnen. Früher für selbstverständlich gehaltene Theorien von der Demokratie als Voraussetzung für eine florierende Marktwirtschaft geraten ins Wanken, und die derzeitige Finanz- und Wirtschaftskrise, die die ganze Welt erfasst, könnte das Vertrauen in Demokratie und Marktwirtschaft erst recht erschüttern. Die gleichzeitige Krise beider Systeme macht die derzeitige Lage so brisant.

Selbst in etablierten westlichen Staaten mit gefestigten Institutionen wie der Bundesrepublik Deutschland hat die Zufriedenheit mit der Funktions- und Leistungsfähigkeit der Demokratie rapide abgenommen. Besonders in den fünf Ländern der ehemaligen DDR ist die Enttäuschung über die neue Staatsform groß. Umfragen fördern geradezu Erschreckendes zu Tage. Immer mehr Menschen zweifeln an der Demokratie. Sie beklagen nicht nur einzelne Mängel, sondern haben den Glauben an das System selbst verloren. Nach Umfragen ist nicht einmal die Hälfte der Bundesbürger mit der Demokratie noch zufrieden. Zwei Drittel meinen, die Parteien könnten die politischen Probleme nicht mehr lösen.

Der Erfolg der Demokratie beruhte bei uns stets auch auf ihrer Fähigkeit, für wirtschaftlichen Wohlstand zu sorgen. Das Wirtschaftswunder im ersten Jahrzehnt der jungen Republik trug zur Stabilisierung des politischen Systems in Deutschland bei. Und die Bürger der DDR liefen nicht zuletzt wegen der Hoffnung auf Wohlstand zur Bundesrepublik über. Deshalb ist zu befürchten, dass der Verfall der wirtschaftlichen Sicherheit die Demokratie weiter in Schieflage bringt.

Der 60. Geburtstag des Grundgesetzes, der 20. Jahrestag der friedlichen deutschen Revolution sowie 15 anstehende Wahltermine sollten Anlass genug sein, Parteien, Politiker und das von ihnen manipulierte Wahlsystem, das eigentlich als wichtigstes demokratisches Machtinstrument der Bürger gedacht war, kritisch zu durchleuchten und Reformen anzumahnen. In einem »Superwahljahr« wird zwar der Eindruck erweckt, der Bürger habe unheimlich viel zu sagen. In Rheinland-Pfalz etwa kann er am 7. Juni bis zu acht Wahlzettel ausfüllen, und dann kommt am 27. September noch die Bundestagswahl. Doch gleichzeitig wird auch deutlich, dass dem Bürger sein Einfluss nur vorgegaukelt wird und er in Wahrheit – ähnlich wie bei einem großen Sportereignis – praktisch nur die Rolle eines Zuschauers innehat. Nicht einmal, wer Abgeordneter wird und wer regieren soll, können die Bürger bestimmen. Die wichtigsten demokratischen Entscheidungen werden von Parteiführungen in Kungelrunden über die Köpfe der Wähler hinweg getroffen. Und alle Versuche, unsere demokratische Infrastruktur zu verbessern, brechen sich am egoistischen Widerstand der politischen Klasse, der wohl nur durch die organisatorische Stärkung des Volkes selbst überwunden werden kann, etwa durch direkte Demokratie und Reformen des Wahlrechts.

Die Unzufriedenheit mit unserer Demokratie spiegelt sich im Zustand des Parteien- und Wahlsystems wider. Er äußert sich in der Erosion der Volksparteien, die sich in ihrem Kampf um die Mitte immer ähnlicher werden und die Wähler immer ratloser zurücklassen. In zweistelligen Prozentzahlen kündigt das Volk den Volksparteien die Gefolgschaft auf. Wahlverweigerung und Protestwahl heißen die Stichworte. Warum auch sollten Bürger, die den Parteien nichts mehr zutrauen und nicht wissen, was ihre Stimme bewirkt, noch zur Wahl gehen? Die Mitgliedschaft der Noch-Volksparteien nimmt rapide ab, und die verbliebenen Genossen werden immer älter. Gerade diejenigen Parteien, die sich stets als Garanten politischer Stabilität gesehen haben, befinden sich im freien Fall, und ein Ende ist nicht abzusehen. Die politische Mitte fühlt sich nicht mehr adäquat repräsentiert. Als Kehrseite des Schrumpfungsprozesses erstarken die kleineren im Parlament vertretenen Parteien: die FDP, die Grünen und nicht zuletzt die Linke. Seitdem diese Partei ihren Einfluss auch auf den Westen erstreckt, ist aus dem Vier- ein Fünfparteiensystem geworden, was undurchsichtigen Koalitionsabsprachen hinter verschlossenen Türen noch größeres Gewicht verschafft. Der Stimmengewinn des einen oder anderen Lagers, Schwarz-Gelb oder Rot-Grün, reicht meist nicht mehr zur Mehrheit. Die Regierungsbildung wird zum Lotteriespiel. In Thüringen und im Saarland, wo die CDU bisher alleine herrschte, könnte die Linke nach der Landtagswahl am 30. August 2009 sogar Regierungspartei werden. Selbst Wählervereinigungen, die sich bislang auf die Kommunen konzentrierten, hatten in Bayern erstmals auf Landesebene Erfolg und wollen in ihrem Überschwang auch bei der Europa- und der Bundestagswahl angreifen.

Die Volksparteien reagieren auf den Rückgang von Mitgliedern und Wählern nicht etwa, indem sie die Ursachen analysieren und auf Abhilfe sinnen, sondern mit umso stärkerer Abschottung und Missachtung des Souveräns. Der Politikerverdrossenheit der Bürger entspricht die Verdrossenheit beleidigter Politiker über die Bürger. So droht ein Spiraleffekt, der die Demokratie auf Dauer erst recht gefährdet. Wenn Volksparteien nach innen und außen unattraktiv werden, sollten sie eigentlich ihr *personelles* Angebot verbessern und Menschen präsentieren, denen Mitglieder und Wähler vertrauen können und denen sie etwas zutrauen. Doch gerade hier herrscht Fehlanzeige. Die politische Klasse hat das System so gestaltet und das Wahlrecht derart deformiert, dass das Personal ganz hinter der Partei zurücktritt, ja geradezu hinter dem Parteilabel versteckt wird. Und in der Partei kommt hoch, wer sich ihrer Räson unterwirft. Das sind dann alles andere als charismatische Persönlichkeiten, obwohl die Menschen danach geradezu lechzen. Die politische Klasse hat sich damit selbst in eine Sackgasse manövriert.

Politik und Politiker tun zu wenig und zu viel, nur jeweils an der falschen Stelle: Sie verschleppen die nötigen Reformen unserer demokratischen Infrastruktur, schotten sich ab und bauen gleichzeitig ihre eigene Stellung immer weiter aus. Statt den Bürger in seine demokratischen Rechte einzusetzen, entmündigen sie ihn sogar bei der Auswahl der Wahlkampfthemen, machen sich den Staat zur Beute und begeben sich gleichzeitig in die Abhängigkeit der Wirtschaft. Beide Entwicklungsstränge, die Entmündigung der Bürger und die Betonierung der Position der politischen Klasse, hängen eng zusammen: Die Entmachtung der Wähler immunisiert die politische Klasse gegen die Kontrolle durch die Bürger; so kann sie ihren selbst bestimmten Status ungestört genießen. Die Beseitigung der Verantwortlichkeit gegenüber den Wählern, die die Politik aus Eigeninteresse herbeigeführt hat, treibt sie aber nur umso ungeschützter in die Fänge gut organisierter Lobbygruppen und zu medienwirksamen Schnellschüssen. Da die Enthüllung der Zusammenhänge von der politischen Klasse mit aller Kraft hintertrieben wird, gilt es ganz bewusst gegenzuhalten. Dabei hilft es, die richtige Perspektive einzunehmen: Statt der Sicht von Berufspolitikern muss die des Bürgers als des eigentlichen Souveräns in der Demokratie im Mittelpunkt stehen. Um seine Interessen muss es gehen. Wenn überhaupt, kann dies nur in der Vorwahlzeit gelingen, wo die Politiker sich gegenüber den Anliegen der Bürger sensibel zeigen *müssen*.

A. Das Grundproblem

I. Entscheidung der Politik in eigener Sache: Gestaltung des Wahlrechts

Politiker sind an das Gemeinwohl gebunden. Das ist eine Verfassungspflicht, die auch Bürger und Medien öffentlich einfordern. Politiker pflegen denn auch nicht müde zu werden, ihre Handlungen und Programme als gemeinwohlkonform darzustellen. Doch was unter dem Begriff »Gemeinwohl«, den alle Welt im Munde führt, eigentlich konkret zu verstehen ist, ist unklar. Philosophen mögen früher geglaubt haben, das Gemeinwohl »schauen« zu können. Sie plädierten deshalb für ein Philosophen-Königtum. Auch Diktatoren und ideologisch Verblendete behaupten oft, genau zu wissen, was dem Volke fromme. In einer Demokratie dagegen, in der die Regierenden ihre Legitimation auf den Willen des Volkes gründen, lässt sich im Vorhinein oft nicht positiv feststellen, was richtig und gut ist. Zu unterschiedlich sind die Auffassungen und Interessen der Menschen, der Parteien und Verbände. In der pluralistischen Demokratie herrscht deshalb Skepsis gegenüber absoluten Wahrheiten. Gewiss, (fast) alle sind für Freiheit, Gleichheit, Gerechtigkeit und Frieden, und diese Grundwerte sind in unseren Verfassungen ja auch verbürgt. Was das aber in der konkreten Situation bedeutet, darüber gibt es immer wieder Streit, zumal da die Grundwerte regelmäßig unterschiedliche Anforderungen stellen und es deshalb auf ein ausgewogenes Mischungsverhältnis ankommt.

In dieser Lage gewinnen der *Prozess* der Willensbildung und die *Ordnung* dieses Prozesses zentrale Bedeutung. Es geht um den organisatorischen Rahmen und die Spielregeln, nach denen die Prozesse ablaufen, kurz: um das System der Willensbildung. Weist dieses Mängel auf, so werden auch die daraus hervorgehenden Entscheidungen in ihrer Summe regelmäßig unausgewogen und fehlerhaft sein.

Gewiss, auch die *Personen*, denen politische Macht anvertraut wird, ihre Weitsicht und ihre Integrität sind von großer Bedeutung für die Sicherung gemeinwohlorientierter Politik. Aber es sind die Verfassung, die Institutionen und Verfahren, die darüber entscheiden, welche Arten von Menschen an die Macht kommen, welche Spielräume sie besitzen und in welche Richtung sie typischerweise agieren. Deshalb ist die befriedigende Ordnung politischer Prozesse von so grundlegender Wichtigkeit.

Wenn wir auch nicht sagen können, was »Gemeinwohl« konkret beinhaltet, so ist doch eines gewiss: Voraussetzung dafür, dass die Menschen Gesetze und andere politische Entscheidungen akzeptieren können, ist, dass das System der politischen Willensbildung angemessen ausgestaltet ist und die unterschiedlichen Auffassungen berücksichtigt und in die Abwägungen einbezogen werden. Genau das zu gewährleisten ist der Idee nach eine zentrale Aufgabe der Staatsverfassung. Sie will – mit den Worten des Bundesverfassungsgerichts – »durch ein System rechtlich gesetzter oder vorausgesetzter Spielregeln« und eine von ihr konstituierte »Ordnung ... das Gesamtwohl schließlich in einer für alle zumutbaren Weise« verwirklichen. Hier aber stellt sich die Gretchenfrage, ob das Grundgesetz diese Ausgewogenheit noch garantieren kann. Sind nicht wesentliche Teile des Grundgesetzes wörtlich aus früheren Verfassungen abgeschrieben, obwohl die Verhältnisse sich inzwischen völlig gewandelt haben und ganz neue Akteure auf den Plan getreten sind? Die Wirklichkeit wird heute von politischen Parteien, in denen Berufspolitiker das Sagen haben, dominiert, ohne dass es wirksame Schranken gegen deren Machtmissbräuche gäbe. Auch die Verfassungsprobleme, die von Großunternehmen, Interessenverbänden und Medien ausgehen, waren den Vätern der Verfassung in der heutigen Form noch nicht bekannt.

Wir stehen also vor der Aufgabe, die bestehende Organisation der politischen Willensbildung darauf zu überprüfen, ob sie – angesichts der neuen Verhältnisse und der Aufgaben, vor denen unsere Gemeinschaft heute steht – noch passt und in welche Richtung sie gegebenenfalls fortentwickelt werden muss, zugleich geht es aber auch darum, wie eventuelle Änderungen – notfalls gegen Widerstand – durchgesetzt werden können. Die Analyse des Systems, die Entwicklung adäquater Steuerungsvorkehrungen und ihre Durchsetzung sind letztlich der strategische Punkt, der ins Zentrum aller Betrachtungen zu stellen ist. Anders sind grundlegende politische Probleme unseres Landes nicht in den Blick und in den Griff zu bekommen.

Tatsächlich haben wir in wichtigen Bereichen geradezu das Gegenteil einer angemessenen Ordnung. Ein elementares Problem unserer Verfassung liegt darin, dass Politiker, also die Akteure selbst, über die Regeln der Macht, also des Erwerbs, der Ausübung und des Behalts der Macht, entscheiden. Bürger und Wähler sind außen vor. Politiker sitzen im Innersten des Staates an den Schalthebeln und beherrschen in Parlamenten und Regierungen die Gesetzgebung, die öffentlichen Haushalte. Und sie können sogar die Verfassungen, die sie eigentlich binden sollten, ändern – in ihrem Sinne. Die zentralen staatlichen Institutionen werden Wachs in ihren Händen. Damit gewinnt das Problem der Entscheidung des Parlaments in eigener Sache, auf welches der Verfasser schon früh hingewiesen hat, zentrale Bedeutung.[1] Unsere gesamte Rechtsordnung ist von einem elementaren Grundsatz durchzogen: Kein Richter, kein Beamter, niemand, dem das Recht Macht anvertraut, darf in eigener Sache entscheiden. Denn dann ist er nicht mehr unbefangen und neutral, vielmehr versucht, seine Macht im eigenen Interesse zu missbrauchen, so dass Ausgewogenheit und Gerechtigkeit auf der Strecke bleiben. Zumindest begründen solche Interessenkollisionen den bösen Schein korruptiven Handelns zum eigenen Vorteil. Zur Sicherung korrekter Entscheidungen und zum Schutze des Vertrauens der Rechtsgenossen in Gerichte und Verwaltungsbehörden finden sich deshalb in allen Prozess- und Verfahrensgesetzen strikte Verbote: Kein Richter oder Verwaltungsbeamter darf an einer Entscheidung mitwirken, an der er ein unmittelbares Eigeninteresse haben kann. Er ist in solchen Fällen von der Entscheidung ausgeschlossen.

Ähnliche Interessenkollisionen, wie sie die Rechtsordnung überall zu verhindern sucht, bestehen nun aber auch, wenn das *Parlament* in eigener Sache entscheidet, mag dies auch in Form eines Gesetzes geschehen. Die Parallele zum Gerichtsverfahren liegt umso näher, als der Prozess der politischen Willensbildung in der parlamentarischen Demokratie historisch und analytisch aus dem *gerichtlichen* Prozess hervorgegangen ist. Seit alters darf ein Richter sich nicht allein auf den Vortrag einer Seite stützen, sondern muss beide Seiten anhören.

---

[1] *Heinrich Lang*, Gesetzgebung in eigener Sache, 2007, S. 16: »In die verfassungsrechtliche Debatte eingebracht wurde der Ausdruck [gemeint ist der Ausdruck ›Entscheidung des Parlaments in eigener Sache‹] von Hans Herbert von Arnim.«

Dieser Grundsatz (»audiatur et altera pars«) hört sich im alten deutschen Recht so an: »Eenes Mannes Rede ist keenes Mannes Rede.« Die unterschiedlichen Interessen muss der Richter sorgfältig gewichten und distanziert – Justitia trägt deshalb auf vielen Abbildungen eine Augenbinde – abwägen. Entscheidet er dagegen in eigener Sache, stehen seine eigenen Interessen mit auf dem Spiel, dann fehlt die unerlässliche Unbefangenheit und Neutralität. Deshalb galt schon im römischen Recht der allgemeine Grundsatz, dass niemand Richter in eigener Sache sein dürfe (»Nemo iudex in causa sua«). Ganz ähnlich kann auch der Gesetzgeber nicht mehr als unbefangen und neutral angesehen werden, wenn das Parlament in eigener Sache entscheidet. Das Bundesverfassungsgericht hat das Problem der Gesetzgebung in eigener Sache erkannt. Es hat diesen Begriff in seinem Diätenurteil von 1975 übernommen und daran besondere Transparenzanforderungen geknüpft, damit wenigstens die öffentliche Kontrolle ihre Wirkung entfalten kann. Das Gericht formuliert so:

»In einer parlamentarischen Demokratie lässt es sich nicht vermeiden, dass das Parlament in eigener Sache entscheidet, wenn es um die Festsetzung der Höhe und um die nähere Ausgestaltung der mit dem Abgeordnetenstatus verbundenen finanziellen Regelungen geht. Gerade in einem solchen Fall verlangt aber das demokratische und rechtsstaatliche Prinzip (Art. 20 GG), dass der gesamte Willensbildungsprozess für den Bürger durchschaubar ist und das Ergebnis vor den Augen der Öffentlichkeit beschlossen wird. Denn dies ist die einzige wirksame Kontrolle. Die parlamentarische Demokratie basiert auf dem Vertrauen des Volkes; Vertrauen ohne Transparenz, die erlaubt zu verfolgen, was politisch geschieht, ist nicht möglich.«[1]

In seinem Parteienfinanzierungsurteil von 1992 hat das Gericht das Problem der Entscheidung in eigener Sache in folgende Formulierung gekleidet:

»Ähnlich wie bei der Festlegung der Bezüge von Abgeordneten und sonstigen Inhabern politischer Ämter ermangelt das Gesetzgebungsverfahren in diesem Bereich [gemeint war die Parteienfinanzierung] regelmäßig des korrigierenden Elements gegenläufiger politischer Interessen, ein Umstand, dem durch die Einschaltung objektiven Sachverstandes abzuhelfen deshalb naheliegt.«[2]

---

[1] BVerfGE 40, 296 (327).
[2] BVerfGE 85, 264 (292).

Ein aktuelles Beispiel, wie das Parlament seine Gesetzgebungsbefugnis in eigener Sache missbraucht – in diesem Fall durch das Unterlassen längst fälliger Gesetzgebung –, ist sein Verhalten gegenüber der Abgeordnetenkorruption. Korruption von Abgeordneten ist in Deutschland seit Langem straflos. Beamte stehen mit einem Bein im Gefängnis, wenn sie Geschenke annehmen. Dagegen ist Abgeordneten alles erlaubt. Ihnen kann man – ganz legal – einen Sack Geld zukommen lassen. Das ständige öffentliche Bohren, diese Gesetzeslücke zu schließen,[1] hat den Bundestag zwar schon 1994 veranlasst, einen § 108e in das Strafgesetzbuch einzufügen. Doch der ist ein zahnloser Tiger, ein reines Alibigesetz. Er bestraft nur den Kauf der Stimme eines Abgeordneten im Parlament. Der Stimmenkauf in der Fraktion, in der die Entscheidungen des Plenums vorbereitet werden, das nachträgliche Dankeschön und sämtliche anderen Formen des Missbrauchs des politischen Einflusses zu Gunsten eines finanzstarken Interessenten bleiben straflos. Abkommen der EU und der Vereinten Nationen gegen Korruption, die Deutschland längst unterzeichnet hat und die eigentlich für Bananenrepubliken gedacht waren, werden nur deshalb vom Bundestag nicht ratifiziert und in Kraft gesetzt, weil er dann wirksame Vorschriften gegen Abgeordnetenkorruption erlassen müsste. Und dann könnte manch eingerissener, aber lukrativer Missstand unter Strafe stehen. Zwar behaupten betroffene Abgeordnete, gegen solch überfällige Maßnahmen bestünden verfassungsrechtliche Einwände. Aber das sind Schutzbehauptungen, wie erst jüngst wieder ein Gutachten des Wissenschaftlichen Dienstes des Bundestags klargestellt hat.[2]

In der Staatsrechtslehre wurde gelegentlich ein Verbot gesetzgeberischer Entscheidungen (oder Nicht-Entscheidungen) in eigener Sache angeregt. Hildegard Krüger hat dies für Diäten und Wilhelm Henke für die Parteienfinanzierung gefordert. Das Bundesverfassungsgericht ist dem nicht gefolgt. Dem Gesetzgeber zu verbieten, über Abgeordnetendiäten und Parteienfinanzierung zu entscheiden, würde dem Wortlaut des Grundgesetzes widersprechen. Dieses sieht nämlich vor, dass

---

[1] *Hans Herbert von Arnim*, Abgeordnetenkorruption, Juristenzeitung 1990, S. 1014 ff.; *ders.*, Die Partei, der Abgeordnete und das Geld, 1. Aufl., München 1991, S. 193 ff.
[2] *Ariane Schenk*, Rechtsfragen im Kontext der Abgeordnetenkorruption, September 2008.

der Status von Abgeordneten und Parteien durch »Bundesgesetze« zu regeln ist, und dafür kommt jedenfalls im Bund – nach derzeitigem Verfassungsstand – eben nur eine Entscheidung des Parlaments in Betracht. Schaut man allerdings genauer hin, ist dies nur die halbe Wahrheit. Hinzugefügt werden muss, dass die Situation sich völlig geändert hat gegenüber derjenigen, die die Väter des Grundgesetzes von 1949 noch vor Augen hatten. Das Abgeordnetenmandat wurde damals noch als Ehrenamt verstanden, für welches es lediglich eine Aufwandsentschädigung gab, und eine staatliche Parteienfinanzierung konnten sich die Verfassungsväter noch gar nicht vorstellen. Sie kannten die Probleme also noch gar nicht, die sich durch den Ausbau der Diäten zur »Vollalimentation« und durch die Einführung der staatlichen Parteienfinanzierung erst ergeben haben. Es liegt deshalb heute, bei einer völlig neuen Lage, nahe, zumindest über rechts- und verfassungs*politische* Konsequenzen aus Entscheidungen des Parlaments in eigener Sache nachzudenken.

Politiker verteidigen sich gegen Kritik regelmäßig mit dem Hinweis, sie *könnten* gar nicht anders als selbst entscheiden. Dabei berufen sie sich auf das Grundgesetz, verschweigen aber, dass es in ihrer Hand liegt, die – insoweit überholte – Verfassung durch Einführung direktdemokratischer Verfahren zu ergänzen, und sie dafür die Verantwortung tragen, dass dies trotz der offensichtlichen Mängel bisher nicht geschehen ist.

Im Übrigen gibt es in den Bundes*ländern* nicht nur Parlaments-, sondern schon jetzt auch Volksgesetze, die im Wege von Volksbegehren initiiert und durch Volksentscheid beschlossen werden. Und das Volk ist gewiss ein besserer Richter, wenn es um die Bezahlung seiner Vertreter, das Verbot unlauterer Beeinflussung und die Subventionierung politischer Parteien geht, als in eigener Sache befangene Parlamentarier. Die verfassungsrechtlich vorgeschriebene Regelung »durch Gesetz« braucht also keineswegs ein Parlamentsgesetz zu meinen. In den Ländern kann – schon jetzt und ohne jede Verfassungsänderung – keine Rede davon sein, die Parlamente müssten von Verfassung wegen selbst entscheiden. Ja, es spricht sogar umgekehrt viel dafür, dass Regelungen, die bisher vom Parlament in eigener Sache getroffen werden, in Zukunft vom Volk entschieden werden *müssen*.

Wahlsysteme

Entscheidungen des Parlaments in eigener Sache beschränken sich aber nicht auf Diäten, Parteienfinanzierung und unangemessene Einflussnahmen. Auch über das Wahlrecht (einschließlich der Usancen bei Aufstellung der Kandidaten), die Größe der Parlamente und die Ausgestaltung des Föderalismus entscheiden allein Politiker, also die Betroffenen selbst.

In der Tat: In kaum einem anderen Bereich sind Parlamentarier »so sehr im Eigeninteresse befangen wie bei der Wahlgesetzgebung« (so mit Recht der Staatsrechtslehrer Hans Meyer). Da Wahlen die Macht im Staate verteilen, werden Wahlgesetze (einschließlich der Konventionen bei der Rekrutierung und Aufstellung der Kandidaten) weniger nach Abwägung der objektiven Vor- und Nachteile im Lichte der Verfassungsprinzipien konzipiert, auch wenn diese öffentlich immer wieder beschworen werden, sondern insgeheim und ganz entschieden nach Gesichtspunkten der Macht und des Status derer, die gerade im Parlament sind. Wahlgesetze sind Wettbewerbsordnungen für Abgeordnete und Parteien, und diese sind natürlich versucht, sie nach ihren Interessen zu formen. Daher gehört es zu den wichtigsten Aufgaben der Wissenschaft, hier wie bei allen Gesetzen, die die Politik in eigener Sache beschließt, besonders wachsam zu sein, damit gerade die grundlegenden Regeln des Machterwerbs fair ausgestaltet sind. Manipulationsgefahren gehen in drei Richtungen:

– Die Regierungsmehrheit ist versucht, das Wahlrecht zur Sicherung des eigenen Machterhalts und damit auf Kosten der parlamentarischen Opposition zu manipulieren.
  Regierung und parlamentarische Opposition sind gemeinsam versucht, das Wahlrecht so zuzuschneiden,
– dass sie vor außerparlamentarischen und innerparteilichen Herausforderern möglichst abgeschirmt werden und
– die Wähler ihnen möglichst wenig anhaben können.

Die Geschichte des Wahlrechts bietet zahlreiche Belege, wie Mehrheitsparteien sich lästige Konkurrenten durch wahlrechtliche Eingriffe vom Hals zu schaffen suchten. Besonders krass war dies in den ersten Jahren nach dem Zweiten Weltkrieg, als es noch keine Verfassungsgerichte gab, die parlamentarische Mehrheiten hätten zügeln können. Die Geschichte des damaligen Landeswahlrechts, etwa in Hamburg und Schleswig-Holstein, ist, wie die Historikerin Merith Niehuss, die dies näher untersucht hat, schreibt, »eine Geschichte von Manipulation und Machenschaften...«, die nicht nur die Macht der großen Parteien befestigten und zum Teil begründeten, sondern die auch das gesamte bundesdeutsche Parteienspektrum maßgeblich beeinflusst haben«.

Wie außerparlamentarische Herausforderer fallbeilartig eliminiert wurden, zeigt etwa die zeitweise Ausschaltung kommunaler Wählergemeinschaften, denen in Nordrhein-Westfalen und dem Saarland jahrelang die Kandidatur bei Wahlen, auch in den ureigensten Betätigungsbereichen der Wählergemeinschaften, den Kommunen, durch die dortigen Landesgesetze verboten war, bevor das Bundesverfassungsgericht das Verbot schließlich aufhob.

Und die Parlamentswahlen derart auszugestalten, dass die Wähler praktisch nichts mehr zu sagen haben, sondern parteiinterne Gremien entscheiden, wer ins Parlament kommt, daran haben alle Parlamentarier ein vitales Interesse. Hier, wie auch bei der finanziellen Ausgestaltung des Abgeordneten- und des Parteienstatus, wird ganz deutlich, dass Parlamentarier, partei- und fraktionsübergreifend, gemeinsame Interessen haben, die sie aufgrund ihrer privilegierten Position mitten im Staat auch durchsetzen können. Auf dieser Erkenntnis beruhen der Begriff und das Konzept der »politischen Klasse«, welche der Verfasser entwickelt hat[1] und denen seit geraumer Zeit zahlreiche politikwissenschaftliche Veröffentlichungen gewidmet sind.[2]

Lediglich auf kommunaler Ebene verbleiben noch gewisse Nischen, die dem totalen Zugriff der Parteien und ihrer politischen Klasse entzogen sind. Bei der Direktwahl von Bürgermeistern haben auch Kandidaten kleiner und außerparlamentarischer Parteien eine Chance. Bei der Besetzung der Stadträte kann der Wähler aufgrund eines bürgernahen Wahlrechts wirklich auswählen. Bezeichnenderweise mussten diese Errungenschaften aber meist – gegen den Widerstand der politischen Klasse – durch direkte Demokratie durchgesetzt werden.

Wie das Bundesverfassungsgericht schon im Diätenurteil erkannt

---

[1] *Hans Herbert von Arnim*, Die Partei, der Abgeordnete und das Geld, 1991; *ders.*, Der Staat als Beute, 1993.

[2] Siehe vor allem *Klaus von Beyme*, Die politische Klasse im Parteienstaat, 1993.

hat, ist, solange das Volk nicht selbst entscheiden kann, die Öffentlichkeit (neben dem Gericht selbst) das einzige wirksame Gegengewicht gegen missbräuchliche Entscheidungen des Parlaments in eigener Sache. Deshalb suchen die Parlamente die öffentliche Kontrolle dadurch zu unterlaufen, dass sie Eigenbegünstigungen, die offen niemals zu rechtfertigen wären, möglichst verstecken. Das führt leicht zu aberwitzigen Komplizierungen der Gesetze.» Wenn du nicht überzeugen kannst, musst du verwirren«, sagt schon das Sprichwort. Und im Wahlrecht, im Abgeordneten- und Parteienrecht wird die Losung so umgesetzt, dass kein Bürger die Regelungen mehr versteht und Fachleute sie mühsam dechiffrieren müssen.

Im Interesse der politischen Klasse liegt es auch, die Zahl der zur Verfügung stehenden Posten, von denen man gut leben kann, auszuweiten und sich notwendigen Kürzungen zu widersetzen. Dies erfolgt

– einmal dadurch, dass neue Posten geschaffen werden, die es vorher nicht gab (z. B. Parlamentarische Staatssekretäre und Abgeordnetenmitarbeiter) oder die der politischen Klasse nicht zur Verfügung standen (etwa durch Politisierung von eigentlich als unpolitisch gedachten Beamten- und anderen Stellen),
– oder aber dadurch, dass bestehende Posten vermehrt wurden (etwa Stellen für politische Beamte, für Fraktions- und Stiftungsmitarbeiter); auch die Zahl der stellvertretenden Parlamentspräsidenten wurde aufgebläht,
– oder schließlich dadurch, dass bisher ehren- oder nebenamtliche Posten zu hauptamtlichen gemacht wurden (z. B. Abgeordnete von Landesparlamenten und hauptberufliche Beigeordnete in Städten).

Die eigentlich dringend notwendige Gebietsreform und die damit einhergehende Verkleinerung der Zahl der Bundesländer stößt auch deshalb auf Widerstand, weil dadurch die Zahl der zur Verfügung stehenden politischen Positionen verkleinert würde.

Resümee

Alle hier angesprochenen Themen sind dadurch gekennzeichnet, dass es um Regeln der Machtverteilung geht. Ihre befriedigende Ausgestaltung wäre eigentlich grundlegend wichtig; sie ist – wegen der Entscheidungen in eigener Sache und der elementaren Interessen von Politikern, die auf dem Spiel stehen – aber besonders gefährdet. Als Gegengewichte kommen neben der Verfassungsrechtsprechung die öffentliche Kontrolle, ein reformiertes Wahlrecht und die Volksgesetzgebung in Betracht. Die Väter des Grundgesetzes kannten die Probleme, die erst mit der immer rücksichtsloseren Etablierung des Parteienstaates entstanden sind, noch nicht und konnten deshalb auch keine Vorkehrungen dagegen treffen. Umso wichtiger ist es, dass sich neben der Wissenschaft auch wachsame Bürger und kritische Medien ihrer annehmen.

II. Beseitigung des Wettbewerbs: politische Kartelle

Die Parlamentsmehrheit entscheidet über die Regeln der Macht in eigener Sache. Das wurde bereits dargestellt, verlangt aber noch eine wichtige Ergänzung. Paukt die Mehrheit solche Entscheidungen nämlich gegen die Opposition durch, so kann sie dies (politisch) teuer zu stehen kommen. Denn dann droht die Opposition gegen unpopuläre oder gar offensichtlich missbräuchliche »Selbstbedienung« Sturm zu laufen und die Öffentlichkeit dagegen aufzubringen. Die Folge: Die Chancen der bisherigen Mehrheit bei der nächsten Wahl können sich verschlechtern. Darin liegt ja gerade der »Witz« des Parteienwettbewerbs, dass der Wähler missbräuchliche Entscheidungen sanktionieren kann und die Mehrheit sie deshalb – aus höchst eigenem Interesse – von vornherein unterlässt. Die Möglichkeit, in eigener Sache zu entscheiden, *kann* deshalb zu missbräuchlichen Entscheidungen führen, *muss* es aber nicht. Sie ist nur eine notwendige Bedingung für unangemessene Selbstbedienung, nicht unbedingt auch eine hinreichende. Erst wenn die Ausschaltung des Wettbewerbs durch Einbindung auch der Opposition hinzukommt, kann man sich weitgehend ungestraft bedienen, und keiner braucht zu befürchten, dass die parlamentarische Konkurrenz daraus politisches Kapital schlägt. Ist die parlamentarische Opposition mit im Boot, mag die Öffentlichkeit zwar immer noch protestieren, falls missbräuchliche Beschlüsse, die ja oft verdeckt erfolgen und bis zur Unkenntlichkeit verklausuliert sind, überhaupt bemerkt werden. Angesichts des Konsenses der Parlamentsparteien fällt der öffentliche Protest, wenn er überhaupt stattfindet, meist harmlos aus. Solche Absprachen, die den Wettbewerb ausschalten und den Wähler entmachten, nennt man politische Kartelle. Sie stehen in krassem Widerspruch zur Idee der parlamentarischen Demokratie. Sie weiten aber den Spielraum der politischen Klasse, ungestraft in eigener Sache entscheiden zu können, gewaltig aus und werden von ihr insgeheim, manchmal aber auch ganz offen angestrebt.

Eine ganze Reihe von institutionellen Eigenheiten unseres bundesrepublikanischen Systems erleichtert nun die gar zu enge Kooperation der Parteien, vermindert den politischen Wettbewerb und bildet sozusagen den Kitt für politische Kartelle. Eine zentrale Rolle spielt das deutsche Verhältniswahlrecht. Es bewirkt, dass in der Regel keine Partei allein schon aufgrund der Wahl die nötige Mehrheit erhält. Wer regieren will, muss sich mit anderen Parteien zu einer Koalition zusammenschließen. Ohne Koalitionsvereinbarung von zwei oder mehr Parteien kommt eine Regierungsbildung nicht zustande. Das gilt erst recht, seitdem die Linke flächendeckend in die deutschen Parlamente einzieht und aus dem bisherigen Vier- ein Fünf-Parteiensystem geworden ist, von der NPD in den Landtagen von Sachsen und Mecklenburg-Vorpommern und der DVU im brandenburgischen Landtag ganz zu schweigen. Nach dem Erfolg der Freien Wähler bei der bayerischen Landtagswahl 2008 bleibt abzuwarten, ob nicht sogar noch eine weitere Gruppierung auch außerhalb Bayerns eine parlamentarische Rolle spielen und deshalb das Schmieden von Koalitionen nach der Wahl noch komplizierter und die Angewiesenheit der Parteien aufeinander noch größer wird. Das Wahlrecht und die darauf beruhende Entwicklung der Parteienlandschaft begünstigen auf diese Weise ein ausgesprochen kooperatives Klima. Die Parteien wollen die Basis für eine mögliche Zusammenarbeit mit anderen nicht in Frage stellen, was ihre Bereitschaft zum Wettbewerb schwächt. Das wird exemplarisch an den letzten Landtagswahlen in Hessen deutlich. Die FDP hatte es vor der Wahl im Januar 2008 noch rigoros abgelehnt, mit den Grünen zusammenzugehen, ebenso die SPD mit der Linken. Vor der erneuten Wahl am 18. Januar 2009 hatten beide derartige Koalitionen nicht mehr ausgeschlossen.

Damit steht das bundesrepublikanische Modell im Gegensatz zum britischen. Dort werden die Parlamente nach der (relativen) Mehrheitswahl gewählt. Das verschafft der einen oder anderen Partei in der Regel die Mehrheit. Der Wähler entscheidet damit abschließend

23

darüber, wer die folgenden vier Jahre verantwortlich regiert. Koalitionsverhandlungen erübrigen sich. Das schlägt voll auf die Intensität des politischen Wettbewerbs durch. Da der Wähler allein die Regierungsmehrheit bestimmt, steht der Wettbewerb um seine Stimme ganz im Vordergrund. Während deutsche Parteien Rücksicht auf andere Parteien nehmen müssen, weil man sie noch für die Bildung einer Regierungskoalition benötigt, brauchen solche Erwägungen für britische Parteien keinerlei Rolle zu spielen. Dort kommt es für die Regierungsbildung allein auf das Wahlergebnis an, bei uns dagegen auch auf die Fähigkeit, mit anderen Parteien Koalitionen zu bilden. Bei uns kann sogar ein Verlust bei Wahlen durch anschließende Koalitionsbildung halbwegs kompensiert werden. Als Milbradts CDU in Sachsen die Mehrheit verloren hatte, holte er die SPD mit in die Regierung und blieb so Ministerpräsident. Die CSU koalierte nach ihrer Wahlniederlage 2008 mit der FDP und stellt so weiterhin den Ministerpräsidenten. Da in Deutschland also zwei Wege zur Regierungsmacht führen – der Erfolg bei Wahlen *und* die Bildung von Koalitionen –, wägen die Parteien ab, um sich nicht durch scharf kompetitives Verhalten ihre Koalitionschancen zu verderben. Darin liegt ein wesentlicher Grund für das Vorherrschen eher kooperativ-konsensualen Verhaltens der Parteien in Deutschland.

Der Trend zu Übereinkommen der Parteien ist nicht zu übersehen, wenn es zu Großen Koalitionen kommt. Das Zusammengehen der großen Parteien für eine ganze Wahlperiode minimiert den Wettbewerb zumindest zwischen diesen beiden für mehrere Jahre und erleichtert es der politischen Klasse, sich zu bedienen und so ihre Stellung zu konsolidieren. So war es kein Zufall, dass in der Zeit der ersten Großen Koalition im Bund (1966 bis 1969) eine Reihe von Beschlüssen gefasst wurden, die die Stellung der politischen Klasse auch finanziell absicherten, so etwa:

- die Einführung einer staatsfinanzierten Altersversorgung für Bundestagsabgeordnete,
- die Verdreifachung der Entschädigung für den Bundestagspräsidenten und anderthalbfache Entschädigung für seine Stellvertreter,
- die Bereitstellung von Mitteln für staatlich finanzierte Mitarbeiter von Bundestagsabgeordneten, die in der Folgezeit radikal ausgeweitet wurden,

- die »Entdeckung« der Fraktionsfinanzierung als mittelbarer Staatsfinanzierung der Parteien,
- die Einführung globaler Zuschüsse an die Parteistiftungen der SPD, CDU und FDP und die Gründung der Hanns-Seidel-Stiftung der CSU, damit auch diese bedacht werden konnte, und
- die Schaffung des – eigentlich überflüssigen – Amts des Parlamentarischen Staatssekretärs.

Die Bereitschaft der SPD zur Bildung der ersten Großen Koalition beruhte auf dem Bestreben, nach der langen CDU/CSU-geführten Regierung unter Adenauer und Erhard und nach dem Scheitern ihrer Konfrontationspolitik bei den Wahlen 1953 und 1957 an die Regierung zu gelangen. Mit dem sogenannten Godesberger Programm von 1959 suchte sie nicht zuletzt auch die Nähe zu den etablierten Parteien. Als sich in den Sechzigerjahren dann tatsächlich die Chance bot mitzuregieren, war die SPD sogar bereit, als Preis für die Regierungsbeteiligung ihren Widerstand gegen die von der Union gewünschte staatliche Parteienfinanzierung und gegen die ebenfalls von der Union angestrebte Mehrheitswahl aufzugeben, obwohl sie eine Staatsfinanzierung der Parteien ebenso wie die Mehrheitswahl bis dahin stets abgelehnt hatte. So wurde die staatliche Parteienfinanzierung konsolidiert, und die Einführung der Mehrheitswahl wurde zu einem der wichtigsten Programmpunkte im Koalitionsvertrag von 1966. Dass es dann schließlich doch nicht zur Mehrheitswahl kam, weil die SPD die Möglichkeit sah, zusammen mit der FDP ab 1969 eine Regierung unter ihrer eigenen Führung zu bilden, ist ein anderes, allerdings auch rein machtpolitisch bestimmtes Thema (siehe S. 57 f. und 158).

Die Haltung der Grünen zur staatlichen Politikfinanzierung macht den Einfluss des Wunsches, als Koalitionspartner ernst genommen und im Kreise der Etablierten sozusagen satisfaktionsfähig zu werden, besonders deutlich. Die Grünen, die seit 1980 im Bundestag sind und sich erst einmal als »Antiparteien-Partei« gerierten, hatten sogar Klage beim Bundesverfassungsgericht gegen die Staatsfinanzierung der Parteien und der politischen Stiftungen erhoben, zogen ihren Widerstand aber, seitdem sie zunächst in Hessen, dann auch in anderen Ländern und ab 1998 schließlich im Bund die Regierung mit bildeten, Stück für Stück zurück. 2002 stimmten sie einer Änderung des Parteiengesetzes sogar ausdrücklich zu.

Auch die verbreitete parteipolitische Ämterpatronage hatte wesent-

lichen Anteil am konsensualen Zusammenwachsen der Parlamentsparteien. Ämterpatronage wird in stillschweigender Übereinkunft,
also einer Art Quasi-Kartell, von praktisch allen Regierungsparteien
geübt. Oft werden im Wege der Proporzpatronage auch Oppositionsparteien beteiligt. Aber auch wenn dies nicht der Fall ist, sieht
sich die Opposition regelmäßig daran gehindert, gegen Regierungs-
patronage vorzugehen, weil sie in den Ländern, wo sie die Regierung
stellt, ganz ähnlich vorgeht, öffentliche Kritik und gesetzliche oder
gerichtliche Gegenmaßnahmen deshalb auf sie selbst zurückfielen.
Ämterpatronage ist zwar rechts- und verfassungswidrig, aber gerade
gemeinsames illegales Tun der etablierten Parteien schweißt zusammen. Hier wird bereits deutlich, dass auch der bundesrepublikanische
Föderalismus – entgegen seinem eigentlichen Sinn – dazu tendiert, den
Wettbewerb zwischen den Parteien abzuschwächen.

Die Mitwirkung des Bundesrats an der Bundesgesetzgebung wirkt
in dieselbe Richtung. Bis zur Bildung der Großen Koalition im Jahr
2005 war die Mehrheit des Bundesrats meist von anderer politischer
Couleur als die Bundesregierung. Da gerade die wichtigsten Gesetze
nicht ohne Zustimmung des Bundesrats zustande kommen können,
ist die Regierungsmehrheit auch aus diesem Grunde auf ein gutes Verhältnis zur Opposition angewiesen, was nicht gerade dazu angetan
ist, den politischen Wettbewerb zu verschärfen. Auch wenn es zu keiner formellen Großen Koalition kommt, sind informelle Absprachen
und Übereinkünfte im Bund und in den Ländern an der Tagesordnung. Kenner wie der Politikwissenschaftler Manfred Schmidt nennen Deutschland deshalb nicht ganz zu Unrecht einen »Große-Koa-
litions-Staat«.

Auch der an sich so gut gemeinte Gleichheitssatz hat paradoxerweise dazu geführt, dass der Wettbewerb zwischen den Parteien geschwächt wurde. Seitdem das Bundesverfassungsgericht ihn streng
durchsetzt, wird es für die Regierungsmehrheit fast unmöglich, sich
durch Politikfinanzierungs- oder Wahlregelungen einseitige Vorteile
zu Lasten der Opposition zu verschaffen. Das Hochjubeln der Diäten
oder der Staatsfinanzierung von Parteien, Fraktionen oder Stiftungen
kommt damit automatisch auch der Opposition zugute. Als Nutznie-
ßer wird es ihr aber schwerer, dagegen glaubwürdig zu protestieren.
Und darauf verzichten will sie regelmäßig auch nicht und kann es
oft auch gar nicht, ohne ihre Ressourcen im Kampf um die Macht zu
schwächen. Auch die Linke verzichtete anfangs noch auf Gelder aus

der staatlichen Parteienfinanzierung, gegen die sie im Parlament gestimmt hatte, hielt dies aber nicht lange durch.

Auch hier ist das Kontrastmodell zur formellen oder informellen Großen Koalition in Deutschland das britische System. Der intensive politische Wettbewerb, den das Mehrheitswahlrecht begünstigt, hat mit dazu beigetragen, dass dort praktisch keine staatliche Parteienfinanzierung existiert. Auch die traditionelle Parteiunabhängigkeit des öffentlichen Dienstes ist nach wie vor im Wesentlichen intakt und parteipolitische Ämterpatronage selten.

Wie das Zusammenwirken von Regierung und Opposition bei uns in eigener Sache funktioniert, sei an einigen »klassischen« Fällen demonstriert. Im Saarland wurde 1972 unter einer CDU-Regierung ein Gesetz beschlossen, nach dem Ex-Regierungsmitglieder schon nach einem einzigen Amtstag die Höchstversorgung von 75 Prozent der Amtsbezüge, zahlbar ab dem 55. Lebensjahr, erwerben konnten. Das geschah dadurch, dass bestimmte Zeiten – aufgrund einer raffinierten Formulierung – doppelt zählten und vorangehende Parlamentsjahre wie Ministerjahre gerechnet wurden. Und was tat die SPD-Opposition? Sie schwieg und meldete sich in keiner der drei Lesungen des Gesetzentwurfs im Parlament zu Wort, von Kritik ganz zu schweigen. Ihr war offenbar der Mund gestopft worden. Denn in der gleichen Zeit wurden die Zahlungen an die Fraktionen verdoppelt, was durch eine Änderung des Verteilungsmodus überwiegend der Opposition zugute kam. Zugleich wurden die Abgeordnetendiäten erhöht. Beides diente offenbar als politisches Schmiermittel zur Herstellung der »Einigkeit der Demokraten«. Die Regelungen, an denen übrigens auch der heutige Vorsitzende der Linken, Oskar Lafontaine, beteiligt war – er war damals Mitglied des zuständigen Parlamentsausschusses und stellvertretender Vorsitzender der SPD-Fraktion –, waren so verklausuliert, dass die Medien einschließlich der das Saarland beherrschenden »Saarbrücker Zeitung« nichts bemerkten. Jedenfalls fand sich kein kritischer Bericht.

In anderen Ländern bestanden ähnlich überzogene Regelungen, so z.B. auch in Rheinland-Pfalz. Sie waren 1970 unter der Regierung von Helmut Kohl eingeführt worden. Auch dort waren die Oppositionsfraktionen der SPD und FDP offenbar eingebunden und kritisierten den Regierungsentwurf nicht. Stattdessen hielten sie sich durch massive Anhebungen der Fraktionsmittel, die wiederum vornehmlich der Opposition zugute kamen, und durch Erhöhung der

Abgeordnetendiäten schadlos. Einmal mehr schaukelt die politische Klasse die verschiedenen Regelungen der Politikfinanzierung im gegenseitigen Einvernehmen ohne Rücksicht auf ihre Unangemessenheit hoch.

In Hessen erfolgte eine ganze Serie von Gesetzgebungsverfahren in eigener Sache, die die Bezahlung und Versorgung von Landtagsabgeordneten in immer schwindelndere Höhen puschten. 1976 wurde die steuerfreie Kostenpauschale ohne jede nachvollziehbare Begründung (bei nur acht Gegenstimmen und einer Enthaltung) fast verdreifacht. 1981 wurde eine dreizehnte Diät eingeführt, ein absolutes Novum in deutschen Parlamenten, was bei den Verhandlungen im Parlament aber mit keinem Wort erwähnt wurde. Durch den »Erfolg« bei der Täuschung der Öffentlichkeit anscheinend tollkühn geworden, wollten CDU und SPD 1988 offenbar zum großen Schlag ausholen. Sie verabschiedeten gemeinsam, aber gegen die Stimmen der Grünen, ein Abgeordnetengesetz, welches nicht nur Abgeordnetengehalt und Übergangsgelder und auch die ohnedies überzogene steuerfreie Kostenpauschale weiter erhöhte, sondern auch mehrfache Zahlungen und Versorgungen für den Parlamentspräsidenten, seine Stellvertreter und die Fraktionsvorsitzenden vorsah.

In Hamburg versuchten SPD und CDU 1991 ein ähnlich verrücktes Diätengesetz wie in Hessen durchzusetzen. Es sollte dem Parlamentspräsidenten und den Fraktionsvorsitzenden schon nach wenigen Jahren eine riesige Pension sichern, obwohl das Abgeordnetenmandat nach der Hamburger Verfassung ein Ehrenamt war. Wie sich im Laufe des Verfahrens herausstellte, nahm das Gesetz Maß an einem vier Jahre vorher beschlossenen Gesetz, das die Altersversorgung von Senatoren gewaltig erhöht hatte. Das Gesetz von 1987, hinter dem ebenfalls SPD und CDU gemeinsam standen, war in einem Blitzverfahren durch das Parlament gepaukt worden. Die »Beratungen« in zwei Parlamentsausschüssen und die erste und zweite Lesung im Plenum hatten insgesamt nur zwei Stunden gedauert.

In den genannten Fällen handelt es sich um drastische Beispiele parlamentarischer Korruption, um den Missbrauch der Gesetzesform zur Verdeckung hemmungsloser Griffe der politischen Klasse in die Staatskasse. Als der Verfasser dieses Buches den Inhalt der Gesetze und die Verschleierungsverfahren aufdeckte, war der Aufschrei der Öffentlichkeit so groß, dass die schlimmsten Auswüchse zurückgenommen werden mussten. Auch heute ist die Geschichte noch lehrreich, weil deutlich wird, wie die politische Klasse in eigener Sache leicht die Maßstäbe verliert und versucht, die verschiedenen Elemente der Politikfinanzierung Stufe für Stufe zu erhöhen.

III. Wiederwahl garantiert: keine Herrschaft auf Zeit

Demokratie ist Herrschaft auf Zeit. So heißt es. Doch dieser Grundsatz steht in unserem System nur noch auf dem Papier. Wer erst einmal einen Sitz im Parlament ergattert hat, der kann unbeschränkt lange Abgeordneter bleiben. Amtierende Abgeordnete verlieren ohne ihren Willen fast nie ihr Mandat. Die wenigen Ausnahmen bestätigen eher die Regel. Dabei sollte das Prinzip, dass die Bürger schlechte Herrscher ohne Blutvergießen wieder loswerden können, eigentlich geradezu das Wesen der Demokratie ausmachen.

Mandatsinhabern, die wieder kandidieren, ist die Nominierung durch ihre Partei praktisch sicher. Und diese nimmt in aller Regel auch die Wahl durch die Bürger vorweg. Machen amtierende Abgeordnete vom Recht des ersten Zugriffs Gebrauch, das sie nach parteiinternem Comment genießen, gibt es meist nicht einmal einen Gegenkandidaten. Kandidiert der Mandatsinhaber dagegen nicht mehr, kommt es regelmäßig zu Kampfabstimmungen (siehe S. 91 ff.).

Vor diesem Hintergrund lässt sich auch die gängige Behauptung, der Beruf des Abgeordneten sei besonders risikoreich, weil dieser immer nur auf vier oder fünf Jahre gewählt sei, nicht halten; die Fakten sehen anders aus. Wer ein Mandat innehat, besitzt alle Chancen, es so lange zu behalten, wie er mag.

Die Gründe für die behagliche Wiederwahl-Situation amtierender Abgeordneter liegen in dem günstigen Umfeld, das sie selbst mitgeschaffen haben und das ihnen einen gewaltigen Wettbewerbsvorsprung vor allen möglichen Mitbewerbern verschafft.

Die Abgeordneten haben nicht nur das allgemeine Wahlrecht so ausgestaltet, dass der Wähler nichts mehr zu sagen hat und die parteiinterne Nominierung zur eigentlichen Vorentscheidung geworden ist (siehe S. 58 ff.), sondern auch dafür gesorgt, dass sie bei der Nominierungsentscheidung alle Trümpfe in der Hand haben.

Abgeordnete besetzen auch nach ihrer Wahl ins Parlament weiterhin Führungspositionen in den Kommunen und Parteien vor Ort und sichern sich so Einfluss auf die Gremien, die die Kandidaten im Wahlkreis und auf Landesebene bestimmen. Über die lokalen Ämter kann der Abgeordnete die parteiinterne Kommunikation kontrollieren und während der ganzen Wahlperiode die nötigen Fäden innerhalb seiner Partei ziehen und praktisch andauernd Wahlkampf für seine Wiedernominierung führen. Natürlich muss er sich auch um seinen Wahlkreis kümmern und, um dies zu demonstrieren, örtliche Aktivitäten entfalten. Doch von den vielen Möglichkeiten des Wähler- und Wahlkreisservices pflegt er die mit besonderer Inbrunst zu betreiben, die für die Erhaltung seines Mandats wichtig erscheinen.

Wenn Abgeordnete die Berechtigung ihrer Fulltime-Bezahlung zu belegen versuchen, pflegen sie alles mitzurechnen: die Tätigkeiten im Bezirks- und Landesvorstand ihrer Partei und die Stunden, die sie als Mitglied des örtlichen Stadtrats oder Kreistages aufwenden. Dabei wird dann aber verschwiegen, dass andere Berufsgruppen dies ehrenamtlich und ohne Bezahlung tun. Und auch für Parlamentsabgeordnete handelt es sich dabei gar nicht um die Ausübung des Mandats, sondern um die Sicherung der Wiederwahl oder, noch deutlicher, um die Verschaffung massiver Vorteile im Wettbewerb um die Wiedernominierung – und das alles auch noch auf Kosten der Steuerzahler.

Hinzu kommt, dass der Mandatsinhaber sein Gehalt auch während des Wahlkampfs weiterbezahlt bekommt, obwohl in der heißen Phase praktisch keine Parlamentsarbeit mehr stattfindet. Dagegen kann ein Newcomer zwar den zur Vorbereitung seiner Wahl erforderlichen Urlaub von seinem Arbeitgeber verlangen, dies aber ohne jede Vergütung. Auch die gesamte Amtsausstattung des Abgeordneten läuft im Wahlkampf weiter. Bundestagsabgeordnete erhalten nicht nur eine steuerpflichtige Bezahlung von 7668 Euro monatlich und eine üppige staatsfinanzierte Altersversorgung, sondern auch eine steuerfreie Kostenpauschale von 3868 Euro monatlich (Stand: 1.1.2009). Zusätzlich kann jeder für Mitarbeiter monatlich bis zu 13.660 Euro ausgeben, worin Sonderleistungen wie Weihnachts- und Urlaubsgeld und Arbeitgeberanteile zur Sozialversicherung noch gar nicht enthalten sind; rechnet man diese hinzu, so entfallen auf jeden Abgeordneten etwa 19.320 Euro. So kann jeder im Durchschnitt sechs Mitarbeiter beschäftigen, die ihm bei der parteiinternen Nominierung einen schier uneinholbaren Vorteil gegenüber möglichen Herausforderern verschaffen. Die Mitarbeiter nützen dem Abgeordneten bei seinen Wiedernominierungsbestrebungen gleich doppelt. Sie nehmen ihm im Parlament Arbeit ab und erleichtern es ihm so, seine Stellung im Wahlkreis, von der die Wiedernominierung abhängt, auszubauen. Zudem werden die Mitarbeiter selbst im Wahlkreis eingesetzt und tun dort in großem Umfang auch Arbeit für die Partei, obwohl das eigentlich gar nicht erlaubt ist. Damit vervielfältigt der Abgeordnete seinen parteiinternen Einfluss. Dass die Abgeordneten ihre Bezüge und ihre Amtsausstattung während des gesamten Wahlkampfs weiterbezahlt bekommen, gibt ihnen große ökonomische und personelle Schlagkraft, die sie für ihre Partei einsetzen können und sie für diese besonders wertvoll macht, was natürlich auch auf die Nominierung vorwirkt. Auch Landtagsabgeordnete haben sich inzwischen staatsfinanzierte Mitarbeiter bewilligt. Hinzu kommt die Überbezahlung von Landesparlamentariern: Während diese noch in den Sechzigerjahren nur einen Bruchteil der Bezüge von Bundestagsabgeordneten erhielten, haben die Landtage ihren finanziellen Status inzwischen selbst in so kleinen und armen Bundesländern wie dem Saarland und Brandenburg zu voll bezahlten Fulltime-Jobs aufgebläht – und das, obwohl die Aufgaben der Landesparlamente im Lauf der Zeit drastisch zurückgegangen sind und durchaus auch in zeitlich begrenzten Sitzungsperioden erledigt werden könnten. Die Vollzeitbezahlung trotz begrenzter Verpflichtungen setzt die amtierenden Abgeordneten in den Stand, auf Staatskosten tagein, tagaus vor Ort Nominierungswahlkampf zu führen und neuen Kandidaten, die ihnen ihr Amt bei den nächsten Wahlen streitig machen könnten, von vornherein keine Chance zu lassen.

Ein weiterer Wettbewerbsvorteil resultiert aus der Möglichkeit der Mandatsinhaber, finanzielle Mittel von Dritten für den Wahlkampf einzuwerben. Das Amt erleichtert es, Türen zu außerparlamentarischen Geldgebern zu öffnen, deren Zuwendungen der Partei willkommen sind. Zudem dürfen die Abgeordneten auch persönlich Spenden in unbegrenzter Höhe entgegennehmen. Trotz der Zweifelhaftigkeit solcher gefährlich nahe an Korruption grenzenden Leistungen an einen einzelnen Abgeordneten brauchen sie (nach dem von den Abgeordneten selbst gezimmerten Reglement) nicht einmal dem Bundestagspräsidenten gemeldet zu werden, es sei denn, sie überschreiten insgesamt 5000 Euro im Jahr. (Eine – vom Bundesverfassungsgericht erzwungene – Veröffentlichungspflicht von Spenden besteht sogar erst ab einer Höhe von 10.000 Euro pro Abgeordneten und Jahr.) Solche Direktspenden an Abgeordnete unterliegen nicht der Einkommensteuer, können also (wenn sie nicht für private Zwecke verausgabt werden) in voller Höhe der politischen Arbeit zugeführt und für die Wiedernominierung und Wiederwahl eingesetzt werden. Da Abgeordnete sich oft mit mehreren Tausend Euro an den Kosten des Wahlkampfs beteiligen müssen, sind diese Möglichkeiten von besonderem Interesse. Kann der Eigenbeitrag des Abgeordneten nicht durch eingeworbene Spenden abgedeckt werden, bleibt immer noch die Möglichkeit, ihn aus der steuerfreien Kostenpauschale zu begleichen. Diese ist eigentlich nicht für Wahlkampfkosten bestimmt. Doch da sie pauschal und ohne Belege und Nachweise gewährt wird, kann niemand verhindern, dass sie vor den Wahlen angespart und für Wahlkampfzwecke mit verwendet wird. Eventuelle Konkurrenten erhalten – anders als Abgeordnete – keine Pauschale. Man würde deshalb erwarten, dass sie ihre Aufwendungen für den Erwerb des Mandats zumindest *steuerlich* als Werbungskosten absetzen können. Doch hat »der Gesetzgeber«, sprich: die in eigener Sache entscheidenden Abgeordneten, den Konkurrenten auch die steuerliche Absetzbarkeit als Werbungskosten verwehrt. Das erhöht den Wettbewerbsvorteil amtierender Abgeordneter noch weiter. Sie können ihre Aufwendungen für den Wahlkampf zwar auch nicht als Werbungskosten absetzen, aber sie erhalten eben – im Gegensatz zu jedem Herausforderer – auch während des gesamten Wahlkampfs die dynamisierte und von vornherein steuerfreie Kostenpauschale und die gesamte sonstige Amtsausstattung.

Darüber hinaus wird die Position der Mandatsinhaber auch durch die Praxis der sogenannten Parteisteuern gestärkt. Damit sind Sonderbeiträge von Politikern gemeint, die ihr Amt der Partei verdanken. Ihre Erhebung ist nach fast einhelliger Auffassung der Staatsrechtslehre verfassungswidrig und kann deshalb rechtlich nicht erzwungen werden. Der Abgeordnete leistet sie gleichwohl »freiwillig«, um seine Wiedernominierung durch Wahlkreis- und Landesgremien nicht zu gefährden. Würde seine Partei ihn aber dennoch nicht wieder aufstellen, was etwa ein Jahr vor Ende der Wahlperiode feststände, und ihm auch keine anderweitige Position geben, so entfiele der Grund für die Entrichtung der Parteisteuern während der restlichen Wahlperiode. Ihr Ausfall brächte für die Partei einen doppelten Verlust, weil Parteisteuern ihrerseits wieder Staatszuwendungen an die Partei auslösen.

Zusammengefasst bringen die Regelungen, bezogen auf den Wettbewerb um die Nominierung innerhalb der etablierten Parteien, eine gewaltige Bevorzugung für Mandatsinhaber. Amtierende Abgeordnete können sich in aller Regel ihrer Wiedernominierung und damit auch ihrer Wiederwahl sicher sein.

Was dieser Befund tatsächlich bedeutet, mag man sich an einem Beispiel klarmachen: Wie würde die Öffentlichkeit wohl reagieren, wenn die Wahlperiode für Abgeordnete auf 16, 20 oder 24 Jahre verlängert würde? Ein Sturm der Entrüstung über eine solche »Beseitigung der Demokratie« würde losbrechen, und das mit vollem Recht. Ist die Lage aber so völlig anders, wenn die dauerhafte Innehabung des Mandats nicht durch das formale Recht, sondern durch die vom Abgeordneten selbst mit geschaffenen »Verhältnisse« bewirkt wird, die fairen Wettbewerb ausschließen? »Abgestimmte Verhaltensweisen« zur Beseitigung des Wettbewerbs sind in der Wirtschaft grundsätzlich verboten. Bei der Rekrutierung der Politiker, also in einem noch viel wichtigeren Bereich, fehlt es dagegen bisher an jedem Problembewusstsein, obwohl die Politik ungeniert den Wettbewerb völlig verzerrt.

Alles das zeigt: Es wäre sinnvoll, die Amtszeit zeitlich zu begrenzen. Die Parlamente selbst sind mit der Einführung solcher Begrenzungen allerdings überfordert, würden sie sich doch den Ast absägen, auf dem sie sitzen. Es gibt aber eine Alternative zur parlamentarischen Gesetzgebung, jedenfalls in den Ländern. Dort kann das Volk mittels Volksbegehrens und Volksentscheids auch selbst entscheiden. Und auf diesem Wege sind auch Verfassungsänderungen möglich. Auch in den USA wurden »term limits« in den Staaten durch Volksbegehren und Volksentscheide durchgesetzt.

IV. Im Griff der Politik: Geld und Posten

Wenn die These politischer Soziologen und Ökonomen zutrifft, dass die materiellen und beruflichen Vorteile das Verhalten der politischen Klasse maßgeblich prägen, ist es aus deren Sicht nur konsequent, darauf hinzuwirken, das Angebot an beruflichen Positionen, über welches die politische Klasse verfügt, nach Kräften auszudehnen und immer üppiger auszugestalten. Damit gewinnt man eine schlüssige Erklärung

- für die Entwicklung des Abgeordnetenmandats zum voll alimentierten und mit großzügiger Altersversorgung versehenen Amt auch in den Bundesländern (siehe S. 171),
- für die Beibehaltung viel zu großer Parlamente,
- für die schnelle Postenausweitung staatsfinanzierter Abgeordneten-, Partei- und Fraktionsmitarbeiter,
- für den großen Kreis von politischen Beamten,
- für die Schaffung und exzessive Nutzung des Amtes des Parlamentarischen Staatssekretärs,
- für die Ausweitung der Parlamentspräsidien,
- für das Scheitern aller Bemühungen um die Zusammenlegung von Bundesländern (siehe S. 235) und
- für die parteipolitische Instrumentalisierung immer größerer Teile des öffentlichen Dienstes (siehe S. 26).

Da der erste und die beiden letzten Punkte bereits an anderer Stelle behandelt werden, beschränken wir uns im Folgenden auf die anderen fünf Themen.

Zu viele: Parlamente in Übergröße

Die Größe von Parlamenten ist ein von der Wissenschaft sträflich vernachlässigtes Thema. Warum wohl? Hier dominieren Eigeninteressen der politischen Klasse in einem solchen Maße, dass, wer sich damit befasst, zwangsläufig seine guten Beziehungen zur Politik aufs Spiel setzt.

Auch wenn man US-Parlamente mit deutschen – aufgrund der unterschiedlichen Regierungs- und Wahlsysteme – nicht unmittelbar vergleichen kann, machen doch folgende Zahlen bereits nachdenklich: Das amerikanische Repräsentantenhaus hat 435 Mitglieder und ist für fast 300 Millionen Einwohner zuständig. Der Deutsche Bundestag hat 613 Mitglieder für eine Bevölkerung von rund 80 Millionen. Kalifornien, der bevölkerungsreichste der 50 amerikanischen Staaten, hat für 36,5 Millionen Einwohner ein 80-köpfiges Parlament. Nordrhein-Westfalen, das bevölkerungsreichste der 16 deutschen Länder, hat – bei sehr viel geringeren Kompetenzen als amerikanische Staaten – 187 Landtagsabgeordnete für eine Bevölkerung von rund 18 Millionen. Sogar die Parlamente von Sachsen (124 Abgeordnete), Brandenburg (88 Abgeordnete) und Thüringen (88 Abgeordnete) sind größer als das von Kalifornien, obwohl sie nur für 4,2 bzw. 2,5 und 2,3 Millionen Einwohner zuständig sind. Das Saarland mit seiner rund einen Million Einwohnern leistet sich einen 51-köpfigen Landtag. Auch die kommunalen Volksvertretungen sind in Deutschland gewaltig überdimensioniert.

Vereinzelte Versuche, die Bundes- und Landesparlamente zu verkleinern, sind bisher über Randkorrekturen nicht hinausgekommen. Eine wirklich durchgreifende Reduzierung der Zahl der Mandate ist bisher immer am massiven Widerstand der politischen Klasse gescheitert. Ein Beispiel ist Sachsen. Dort hatte eine Kommission im Jahre 2006 vorgeschlagen, die Diäten anzuheben und gleichzeitig die Zahl der Abgeordneten von derzeit 124 auf 81 abzusenken. Die Diätenerhöhung wurde vom Parlament aufgegriffen, die Verkleinerung des Landtags aber unterlassen, obwohl dieser auch mit 81 Mitgliedern immer noch sehr groß wäre.

Die Übernahme eines bezahlten Parlamentsmandats im Bund und in den Flächenstaaten bringt für die meisten Abgeordneten eine gewaltige Einkommenserhöhung mit sich. In den sogenannten Volksvertretungen wimmelt es besonders von kleinen und mittleren Beamten und Angestellten, auch von Lehrern, die ihre Bezüge durch das Mandat vervielfachen. Hinzu kommt eine Reihe finanzieller Privilegien, die einen hohen finanziellen Wert besitzen, so etwa die großzügige beitragsfreie Versorgung im Alter und in anderen Lebenslagen und die häufig überdimensionierten steuerfreien Kostenpauschalen. Zudem dürfen Abgeordnete als einzige staatliche Kostgänger ihren privaten Beruf neben dem Mandat fortführen und beide Einkommen ohne jede Verrechnung kumulieren. In Umfragen geben zwar nur gut die Hälfte der Bundestagsabgeordneten und zwei Drittel der Landtagsabgeordneten an, mehr als im Vorberuf zu verdienen. Aber solche Umfragen bei den Betroffenen selbst führen zu geschönten Antworten und verfälschen das Bild. Die Angaben untertreiben die wahren Verhältnisse eklatant.

Das rasante Wachstum der Mitarbeiterfonds

Die Einrichtung von Abgeordnetenmitarbeitern ist, genau wie die Erfindung von Parlamentarischen Staatssekretären, ein Erbe der Großen Koalition der Sechzigerjahre. Bis dahin waren Abgeordnete noch auf sich selbst und die Hilfskräfte in den Fraktionen angewiesen. Als dann im Bundeshaushalt 1969 für Mitarbeiter vier Millionen Mark ausgewiesen wurden, nahm sich das zunächst noch recht harmlos aus. Doch das rasante Wachstum von Jahr zu Jahr – so z. b. im Herbst 2006 auf einen Schlag um 28 Prozent – ließ die Zahlungen bis 2007 auf fast den siebzigfachen Betrag hochschießen: 137,8 Millionen Euro, mehr als die gesamte staatliche Parteienfinanzierung (133 Millionen). Damit wird inzwischen eine regelrechte Hilfsarmee der politischen Klasse von weit über 4000 Abgeordnetenmitarbeitern allein im Bund finanziert. Jeder Berliner Abgeordnete beschäftigt im Durchschnitt sechs Mitarbeiter, teils voll-, teils teilzeit. Hinzu kommen die Mitarbeiter von Landtagsabgeordneten.

Das weit überproportionale Wachstum hängt natürlich damit zusammen, dass das Parlament sich die Gelder selbst bewilligt und die Abgeordneten fraktionsübergreifend an einem »Immer mehr« interessiert sind. Zugleich wird die öffentliche Kontrolle gezielt unterlaufen: Die Bewilligungen werden im dicken Buch des Haushaltsplans versteckt, so dass selbst gewaltige Steigerungsraten kaum auffallen. Das Bundesverfassungsgericht hat für Entscheidungen in eigener Sache, wie die Finanzierung von Abgeordneten und Parteien, eine Regelung durch Spezialgesetz vorgeschrieben, in dem die Beträge genau benannt werden. Erhöhungen bedürfen deshalb einer aufwendigen Gesetzesänderung, damit die öffentliche Kontrolle greifen kann. Doch diese Erfordernisse hat das Parlament bei der Mitarbeiterbezahlung bisher missachtet, um sich ungestört bedienen zu können. Auch eine absolute Obergrenze fehlt, im Gegensatz zur Parteienfinanzierung.

Über die Qualifikation der einzustellenden Mitarbeiter und ihre Vergütung entscheiden in der Regel allein die Abgeordneten. Fast jede Art Anstellung ist erlaubt: 400-Euro-Jobs oder 5000 Euro Gehalt. Auch die Art der Mitarbeit bleibt dem Abgeordneten überlassen. Von Rechts wegen dürfen Mitarbeiter ihren Abgeordneten zwar nur »bei der Erledigung seiner parlamentarischen Arbeit« unterstützen. Transparenz und Kontrolle fehlen aber völlig. Abgeordnete brauchen keinerlei öffentliche Rechenschaft über die von ihnen eingestellten Leute, ihre Vergütung und ihre Tätigkeit zu geben. Die vielen Mittel bei mangelnder Kontrolle verführen leicht zum Missbrauch. Vielfach werden Parteigenossen auf Kosten der Steuerzahler eingestellt, die in Wahrheit eine Funktion in der Partei ausüben. Das stärkt zwar die innerparteiliche Position des Abgeordneten gewaltig, wenn es um seine

Wiedernominierung geht, läuft aber auf eine unzulässige, verdeckte Staatsfinanzierung der Parteien hinaus. Die zahlreichen Mitarbeiterstellen haben eine Art Schattenlaufbahn für Politiker mit begründet. Wie die Lebensläufe von Parlamentariern zeigen, erweist sich die Tätigkeit als Abgeordnetenmitarbeiter immer mehr als Sprungbrett mit dem Ziel, später selbst ein bezahltes Mandat zu ergattern. Während das Amt des Ministers oder Parlamentarischen Staatssekretärs eine Art Beförderungsstelle für Abgeordnete darstellt, wird die Tätigkeit als Mitarbeiter immer mehr zur Vorstufe. Dem Abgeordneten kann mit dem Mitarbeiter allerdings unversehens eine Konkurrenz im eigenen Haus erwachsen.

Die Aufblähung der Parlamentspräsidenten-Stellvertreter

Der Bundestag hat derzeit nicht nur einen Präsidenten, sondern auch noch sechs Vizepräsidenten und bildet damit das größte Präsidium aller Zeiten. Je zwei Mitglieder stellen die Union und die SPD, je eines die FDP, Bündnis 90/Die Grünen und die Linke. Der erste Bundestag war noch mit einem Präsidenten und zwei Stellvertretern ausgekommen. Mehr ist auch nicht nötig. Die Vizepräsidenten können sich zwar mit einem schönen Titel schmücken und den überparteilichen Staatsmann herauskehren. Sie schieben aber eine ausgesprochen ruhige Kugel und haben kaum etwas zu tun. Ihre Haupttätigkeit besteht darin, den Präsidenten gelegentlich in der Leitung einer Plenarsitzung zu vertreten. Die Aufblähung der Stellvertreterposten ist Ergebnis reinen Proporzdenkens, das sachlich in gar keiner Weise zu rechtfertigen ist. Verdienten Parteimitgliedern werden Druckposten zugeschanzt. Dass die Stellen hochbegehrt sind, liegt nicht zuletzt an ihrer Dotierung und Ausstattung:

– Der Präsident erhält die doppelte Abgeordnetenentschädigung. Das sind monatlich 15.336 Euro (ab 1.1.2009). Seine Stellvertreter bekommen mit 11.502 Euro die anderthalbfache Entschädigung.
– Zusätzlich beziehen alle eine steuerfreie Kostenpauschale von monatlich 2901 Euro.

Hinzu kommt

- eine steuerfreie monatliche Aufwandsentschädigung von 1023 Euro für den Präsidenten und 307 Euro für seine Stellvertreter sowie
- ein Dienstwagen.
- Aufgrund der erhöhten Entschädigung gibt es auch eine doppelte bzw. anderthalbfache Altersversorgung. So erwirbt der Präsident für jedes Amtsjahr einen Versorgungsanspruch von 383 Euro, ein Vize von 288 Euro. Der Durchschnittsverdiener kommt dagegen nur auf 28 Euro Rente je Beitragsjahr.

Bundestagspräsident ist derzeit Norbert Lammert (CDU/CSU).

Vizepräsidenten sind:

- Gerda Hasselfeldt (CDU/CSU)
- Wolfgang Thierse (SPD)
- Susanne Kastner (SPD)
- Hermann Otto Solms (FDP)
- Petra Pau (Die Linke)
- Katrin Göring-Eckardt (Bündnis 90/Die Grünen).

Parlamentarische Staatssekretäre: so hoch bezahlt wie überflüssig

Parlamentarische Staatssekretäre sind geradezu der Inbegriff der Sehnsucht der politischen Klasse nach üppig besoldeten Ämtern ohne große Anforderung und Verantwortung. Parlamentarische Staatssekretäre haben keine klaren Aufgaben, dafür aber sind sie finanziell umso besser ausgestattet, weil sie Staatssekretäre *und* Bundestagsabgeordnete zugleich sind, also zwei Gehälter beziehen:

Sie erhalten ein Amtsgehalt von fast 10.000 Euro im Monat (drei Viertel des Amtsgehalts eines Bundesministers) und Abgeordnetendiäten von monatlich fast 7000 Euro, von denen annähernd die Hälfte auch noch steuerfrei ist. Diese setzen sich zusammen aus der halben steuerpflichtigen Entschädigung, also 3834 Euro, und drei Viertel der steuerfreien Kostenpauschale von Bundestagsabgeordneten, das sind 2901 Euro (beides ab 1.1.2009), zusammen 6735 Euro. Hinzu kommen Dienstwagen mit Fahrer, Sekretärinnen und Referenten. Ferner können sie auf Parlamentskosten Mitarbeiter bis zur Höhe von 13.660 Euro im Monat einstellen.

Parlamentarische Staatssekretäre haben mit fast 17.000 Euro monatlich ein höheres Einkommen als beamtete Staatssekretäre (knapp 12.000 Euro), die aber an der Spitze der ministeriellen Beamtenhierarchie stehen und die ganze Arbeit machen. Parlamentarische Staatssekretäre beziehen sogar mehr als Bundesminister, welche kein Abgeordnetenmandat haben (knapp 13.000 Euro im Monat) wie Ursula von der Leyen, Thomas de Maizière, Peer Steinbrück, Frank-Walter Steinmeier und Wolfgang Tiefensee.

Jeder der beiden Partner der Großen Koalition stellt derzeit 15 Parlamentarische Staatssekretäre. Selbst in einem wenig bedeutenden Ministerium wie dem Bauministerium gibt es – neben zwei beamteten Staatssekretären – nicht weniger als drei Parlamentarische. Im Bundeswirtschaftsministerium werden – neben drei beamteten Staatssekretären – ebenfalls drei Parlamentarische durchgefüttert.

Sachlich lässt sich das Amt des Parlamentarischen Staatssekretärs unter keinem Gesichtspunkt rechtfertigen. Es ist so überflüssig wie ein Kropf. Die Namen der Amtsinhaber sind in der Öffentlichkeit meist völlig unbekannt. Nur der rumänische Geheimdienst kenne sie, spottete einst Volker Rühe als Bundesverteidigungsminister. Tatsächlich dient das Amt lediglich dem Proporz unter den verschiedenen Gruppierungen der Regierungsparteien und soll Unzufriedene, die in der Fraktion gefährlich werden könnten, durch Gewährung von Pfründen ruhigstellen und auf Regierungslinie bringen – natürlich auf Kosten der Steuerzahler.

Die Einrichtung sollte ursprünglich jüngere Leute als sogenannte Junior-Minister auf das Ministeramt vorbereiten. Von vielen Parlamentarischen Staatssekretären kann man das aber keineswegs behaupten, so z. B. von Christoph Bergner, Parlamentarischer Staatssekretär im Innenministerium, Peter Hintze (Wirtschaftsministerium) oder Friedbert Pflüger, der Parlamentarischer Staatssekretär im Verteidigungsministerium war. Es geht unübersehbar um die Versorgung mehr oder weniger verdienter Parteisoldaten. Und wer im Amt politischen Ehrgeiz entwickelt, kommt leicht dem Minister in die Quere und wird kaltgestellt. Ute Vogt (SPD), die im Innenministerium unter Otto Schily (SPD) Parlamentarische Staatssekretärin war, und Uschi Eid (Bündnis 90/Die Grünen), in gleicher Stellung unter Entwicklungsministerin Heidemarie Wieczorek-Zeul (SPD), können davon ein Lied singen. Für sie bedeutete das Amt nicht Sprungbrett, sondern Ende der Karriere.

Bei dem von der Großen Koalition in den Sechzigerjahren eingeführten Amt handelt es sich um einen eklatanten Auswuchs des Parteienstaates und seines Strebens nach Verfügungsmasse. Wenn irgendwo das Weizsäcker-Wort zutrifft, dass die Parteien dabei sind, sich den Staat zur Beute zu machen, dann hier.

Es ist enttäuschend, dass die zweite Große Koalition diesen Unsinn fortschreibt, statt die Stellen zu streichen und damit ein Signal für Einsparungen auch in eigener Sache zu setzen. Wäre das nicht auch jetzt wieder ein geeignetes Thema im Wahlkampf?

Politische Beamte: teure Spaziergänger

Sogenannte politische Beamte, zum Beispiel Staatssekretäre, Ministerialdirektoren in der Bundesverwaltung, aber auch Regierungspräsidenten, Polizeipräsidenten, Leiter des Verfassungsschutzes, Pressesprecher etc., sind ein Unikum. Sie können von ihrem Dienstherrn jederzeit in den »einstweiligen Ruhestand« versetzt werden, ohne Angabe irgendwelcher Gründe. Man begründet dies damit, solche Tätigkeiten erforderten ein hohes Maß an politischer Übereinstimmung zwischen dem Beamten und der Regierung. Doch da es Länder gibt, die ganz gut ohne solche politischen Beamten auskommen, wie etwa Großbritannien, liegt der Verdacht nahe, dass es letztlich darum geht, den Zugriff der Parteien auf den öffentlichen Dienst auszuweiten.

Die jederzeitige Versetzbarkeit in den Ruhestand ermutigt geradezu zur Willkür und leistet im Einzelfall den tollsten Gerüchten Vorschub, vor allem wenn hohe und aufgrund ihrer Qualifikation allseits anerkannte Beamte wieder mal ohne jede Begründung in den Ruhestand versetzt werden. Bei Ministern, die ihrem Amt nicht gewachsen erscheinen, werden die Geschassten oft zu Sündenböcken erklärt. Michael Glos, der im November 2005 zu seinem Amt als Bundeswirtschaftsminister wie die Jungfrau zum Kinde kam, als Edmund Stoiber sich überraschend wieder nach Bayern zurückgezogen hatte, schickte gleich zwei Staatssekretäre in den einstweiligen Ruhestand. So musste 2006 der SPD-Staatssekretär Georg Wilhelm Adamowitsch, der das falsche Parteibuch besaß, gehen. Aber auch seinen Nachfolger, Joachim Wuermeling (CSU), ereilte dasselbe Schicksal, weil seine Aktivitäten etwa auf den Gebieten Energiepolitik und Klimaschutz seinen Minister in der Öffentlichkeit nur umso blasser erscheinen ließen. Wolfgang Tiefensee hatte bereits nach seinem Amtsantritt als Bundesverkehrsminister im Jahr 2005 vier von fünf Staatssekretären ausgewechselt, obwohl er das Ressort von seinem SPD-Parteifreund Manfred Stolpe übernommen hatte. Als er sich dann im Amt von Misserfolg zu Misserfolg hangelte, entließ er zwei weitere Staatssekretäre, Jörg Hennerkes und Matthias von Randow. Hennerkes musste Anfang 2008 gehen, weil ihm offenbar der schleppende Verlauf der Privatisierung der Bahn in die Schuhe geschoben wurde. Von Randow wurde im Herbst 2008 in die Wüste geschickt, als der Minister wegen der Sonderboni des Bankvorstandes im Falle einer Privatisierung in die öffentliche Kritik kam. Von 1998 bis Anfang 2008 wurden, wie die Beantwortung einer Anfrage der FDP durch die Bundesregierung ergab, in den Bundesministerien insgesamt 45 beamtete Staatssekretäre ausgewechselt.

Die Möglichkeit, politische Beamte jederzeit und ohne Begründung wieder loszuwerden, hat zu der in der Politik tief verwurzelten Auffassung beigetragen, die politische Spitze dürfe – ohne Rücksicht auf die normalen Erfordernisse des Beamtenrechts – ganz legal Ämterpatronage betreiben und vor allem parteipolitisch ausgewiesene Personen berufen. Doch das ist ein »groteskes Missverständnis« (so der frühere Bundesinnenminister und Präsident des Bundesverfassungsgerichts Ernst Benda). Auch politische Beamtenstellen sind keineswegs dem verfassungs- und beamtenrechtlichen Grundprinzip der Auslese nach Leistung und Qualifikation entzogen. Da Staatssekretäre an der Spitze der Beamtenhierarchie stehen und im Ministerium das Sagen haben, kann ihre parteipolitische Berufung zum Einfallstor für die parteipolitische Unterwanderung werden und auf den ganzen Behördenapparat abfärben.

Politische Beamte erwerben im einstweiligen Ruhestand hohe Pensionsansprüche, die sofort zu laufen beginnen und bis ans Lebensende reichen, wie jung der Beamte auch immer ist. Der Ruhestandsbeamte erhält drei Jahre lang die Höchstpension (»71,75 Prozent der ruhegehaltfähigen Dienstbezüge aus der Endstufe der Besoldungsgruppe, in der sich der Beamte zur Zeit seiner Versetzung in den jeweiligen Ruhestand befunden hat«, § 14 Abs. 6 Beamtenversorgungsgesetz). Hat er das Amt weniger als drei Jahre ausgeübt, so kürzt sich diese Zeit entsprechend, beträgt aber mindestens sechs Monate. Danach erhält der Beamte eine seinen bisherigen Dienstjahren entsprechende Pension, mindestens aber 35 Prozent seiner früheren Aktivbezüge.

Diese Regelungen sind, auch wenn sie vor einiger Zeit eine Kürzung erfahren haben, immer noch unangemessen großzügig. Sie liefern ein schlechtes Beispiel für andere Amtsträger. So wurden Abgeordnete und Minister immer wieder in Versuchung geführt, sich in eigener Sache selbst ähnliche Privilegien zu bewilligen. Wer die Überversorgung von Politikern wirklich beseitigen will, darf politische Beamte also nicht aussparen. Für sie dürfte ein angemessenes Übergangsgeld ausreichen. Dann müssen sie auf eigenen finanziellen Füßen stehen, vor allem wenn sie noch jung sind.

Scheiden politische Beamte allerdings auf eigenen Wunsch aus, verlieren sie ihre Versorgung und werden lediglich in der allgemeinen Rentenversicherung nachversichert. So ist jedenfalls die Gesetzeslage. Doch wohlmeinende Chefs, die in Wahrheit aber vor Gesetz und Gemeinwohl, dem sie eigentlich zu dienen haben, die Augen verschließen, sind immer wieder versucht, mit den Beamten zu kungeln, den Sachverhalt zu verdrehen und eine Entlastung vorzuspiegeln, um ihren Protegés die üppige Versorgung zu erhalten. Ein Beispiel für derartige missbräuchliche Manipulationen ist offenbar der frühere Staatssekretär im Bundesfinanzministerium Caio Koch-Weser, der nach Presseberichten Ende 2005 auf eigenen Wunsch aus dem öffentlichen Dienst ausschied, um bei der Deutschen Bank anzuheuern und deren Londoner Repräsentanz zu übernehmen – und dennoch in den einstweiligen Ruhestand versetzt wurde, mit der Folge der üppigen Pension.

V. Parteifromme Dogmatik: Unterdrückung demokratischer Fundamentalrechte

Parlamentswahlen gelten als Fundamentalausdruck der Volkssouveränität, als Schlüssel für die Legitimation von Demokratien, so jedenfalls die Theorie. In der Praxis ist es darum aber schlecht bestellt, besonders in Deutschland. Werden bestimmte Parteien und Kandidaten anderen vorgezogen, zum Beispiel, indem die einen Geld aus der Staatskasse bekommen und die anderen nicht, so machen Verfassung und Gerichte dagegen entschieden Front. Der Gleichheitssatz hat sich immer wieder als schneidige Waffe in der Hand von politisch Benachteiligten erwiesen. Anders ist es, wenn kein Gleichheitsverstoß vorliegt, sondern *alle* Bürger an einer effektiven politischen Mitwirkung gehindert werden. Hier handelt es sich nicht um Unterschiede, sondern darum, dass allen Bürgern in gleicher Weise ihre effektiven Einflusschancen beschnitten werden. Es geht dann nicht um Ungleichheit, sondern um das *geringe Niveau* des politischen Einflusses. Dieses Thema wird von Staatsrechtslehre und Rechtsprechung nur ungenügend behandelt, ja eigentlich völlig ignoriert. Der Grund liegt offensichtlich darin, dass man sich sonst mit den Mächtigen in der Politik anlegen müsste und der ganze demokratische Bau ins Wanken geriete.

Denn die Erkenntnis, dass dem Bürger seine politischen Mitwirkungschancen unangemessen beschnitten werden, führt zwangsläufig zu der Frage nach den Urhebern und damit zur Thematisierung derjenigen politischen Kräfte, die in diese Richtung wirken. Dabei geht es um das partei*übergreifende* gemeinsame Interesse von Berufspolitikern aller Parteien im Parlament, ihren Status dadurch zu sichern und zu verbessern, dass sie den Einfluss der Wähler und damit auch die Kontrolle durch Wahlen beschränken. Die Existenz eines solchen alle Fraktionen einigenden Interesses von Berufspolitikern ist geradezu die Kernerkenntnis, die sowohl dem *Politische-Klasse-Ansatz* als auch dem *Kartellparteien-Ansatz* zugrunde liegt, die seit einiger Zeit von der Politikwissenschaft entwickelt werden (siehe S. 20 und 22 ff.). Der Begriff und das Konzept der *Entscheidung des Parlaments in eigener Sache* (siehe S. 13 ff.) gehen in dieselbe Richtung. Alle diese Ansätze sind von der Erkenntnis getragen, dass die Dominanz von Berufsinteressen des gesamten Parlaments einen grundlegenden Wandel unserer Demokratie bewirkt.

Überall sonst schützt die Rechtsordnung die Freiheit nicht nur formal. So fordert das Recht für die Gültigkeit von Verträgen eine halbwegs ausgewogene Verhandlungsmacht. Besitzt eine Seite ein Übergewicht, so dass sie der anderen keine Wahl mehr lässt, als das einseitig schon Vorentschiedene nur noch formal abzunicken, greift die Rechtsordnung ein. Im Zivil-, Arbeits- und Sozialrecht schützen Gesetze und Rechtsprechung die Rechtsgenossen vor Absprachen, die ihnen von übermächtigen »Partnern« aufgezwungen werden, ohne dass sie Einfluss auf das Ob, das Wie und den Inhalt des Vertrages besitzen. So bewahrt das Recht zum Beispiel Arbeitnehmer vor der Übermacht der Arbeitgeber, die unbillige Verfallklauseln etwa beim betrieblichen Ruhegeld durchsetzen wollen. Es schützt Konsumenten vor der Übermacht von Unternehmen, die ihnen ungerechte Allgemeine Geschäftsbedingungen unterzuschieben versuchen. Hier reicht die formale Zustimmung des Unterlegenen für einen verbindlichen Vertragsschluss nicht aus. Vielmehr wird berücksichtigt, dass dem Unterlegenen so,

43

wie die Verhältnisse liegen, gar nichts anderes übrig bleibt, als das Diktat zu akzeptieren. Dabei kommt es nicht auf das rein Formale an, sondern auf den tatsächlich bestehenden Einfluss. Überall geht es darum, die Menschen davor zu schützen, dass gesellschaftliche Übermacht sie mit »Absprachen« übervorteilt, die sie nur scheinbar freiwillig eingehen, die in Wahrheit aber oktroyiert werden. Die rechtswissenschaftliche Dogmatik ist inzwischen längst über den bloßen Formalismus hinausgekommen. Das muss aber erst recht gelten, wenn *politische* Übermacht sich gegen die Bürger kehrt, wenn die politische Klasse Kartelle bildet, die das Recht zu ihren Gunsten verfälschen und die Rechte der Bürger in grob unangemessener Weise verkürzen.

Es geht um das urdemokratische Recht der Bürger, und zwar aller Bürger, politischen Einfluss zu nehmen, also vor allem durch Wahlen ihre Repräsentanten und die Richtung der Politik zu bestimmen. Bisher beschränken sich die Rechtsprechung[1] und die herrschende Staatslehre in dieser Hinsicht auf rein formale Erwägungen. Sie begnügen sich damit, dass die Bürger Wahlzettel ankreuzen und damit die Kandidaten, die die Parteien daraufgesetzt haben, zu wählen scheinen. Dass sie damit in Wahrheit zu reinem Stimmvieh degradiert werden, weil die Parteien längst entschieden haben, wer ins Parlament kommt, wird übergangen. Überlegungen, die den mangelnden Einfluss der Wähler auf die Auswahl der Kandidaten berücksichtigen, finden praktisch nicht statt. Der argumentative Rückzug auf die formale Wahlmöglichkeit erlaubt es, Abgeordnete als von den Bürgern gewählt zu konstruieren, und sogar direkt von ihnen gewählt, auch wenn sie tatsächlich von anderen bestimmt werden und der Bürger die Entscheidung – ohne jede Möglichkeit, sie zu ändern – nur noch abnicken kann.

Dabei ist das Wahlrecht ein Grundrecht (Art. 28 und 38 Grundgesetz), ja, in der Demokratie *das* Grundrecht überhaupt. Anderen Grundrechten geben Staatsrechtslehre und Verfassungsgerichte sehr viel Raum. Sie werden als sogenannte Prinzipien verstanden, die nur durch triftige Gründe eingeschränkt werden dürfen, und in jedem Fall muss ein unantastbarer Kern bestehen bleiben, der den sogenannten Wesensgehalt des Grundrechts ausmacht (Art. 19 Abs. 2 GG).

---

[1] Siehe die Entscheidung des Bundesverfassungsgerichts von 1957, BVerfGE 7, 63 (69): »Die ... Unmittelbarkeit der Wahl der Abgeordneten« sei »formal zu interpretieren«.

Würde man auch die politische Mitwirkung als Prinzip interpretieren, wie die staatsrechtliche Dogmatik dies mit allen anderen Grundrechten tut, würde man klar sehen, dass der Einfluss der Bürger auf die Auswahl von Abgeordneten nicht nur *ohne triftigen Grund* beschränkt ist, sondern dass auch das absolute *Minimum* der politischen Mitwirkung *unterschritten* ist (siehe S. 58 ff.). Dann könnte man auch zwischen mehr und weniger Mitwirkung unterscheiden, so dass man erkennen würde, dass direkte Demokratie dem Bürger mehr Mitwirkung erlaubt als repräsentative (siehe S. 365 f.).

Dann würde dem Bürger und der Öffentlichkeit sozusagen die Binde von den Augen genommen, und sie könnten erkennen, dass wir in Wahrheit gar kein demokratisches Wahlrecht besitzen und, wenn wir es denn besäßen, die Ergänzung unseres repräsentativen Systems durch Volksbegehren und Volksentscheid dieses noch demokratischer machen würde. Doch genau diese Aufklärung, die ein adäquates Mitwirkungskonzept bewirken würde, ist umgekehrt der Grund, warum die etablierten Kräfte sie scheuen wie der Teufel das Weihwasser. Denn dann wären die Tage des derzeitigen Wahlrechts gezählt, und dem Widerstand gegen die Einführung direkter Demokratie wäre die ideologische Stütze genommen. Die verkrüppelte Dogmatik ist, genau genommen, nichts anderes als die methodische Abstützung der herrschenden Ideologie. Wollen Staatsrechtslehrer sich wirklich mit der Rolle von Medizinmännern abfinden, die mit ihrem Zauber die überkommene Ordnung immer wieder reproduzieren und gegen jede sinnvolle Änderung immunisieren?

Der Weginterpretation des materiellen Wahlrechts durch seine Reduzierung auf eine Fiktion entspricht übrigens auch die *verfahrensmäßige* Behandlung seiner Verletzung. Das sogenannte Wahlprüfungsverfahren ist in Wahrheit nichts anderes als ein Wahlprüfungsverhinderungsverfahren (siehe S. 143 ff.).

B. Wähler und Gewählte

I. Geschichte: Kampf ums Wahlrecht

Der Freiheitskampf gegen den Absolutismus war nicht im Namen und im Interesse aller geführt worden; es war ein Kampf des Bürgertums, und dies hatte ganz handfeste staatsrechtliche Konsequenzen: Vor allem das politische Wahlrecht blieb auf »Bürger von Besitz und Bildung« beschränkt. Dementsprechend nahmen die französischen Revolutionsverfassungen von 1791 und 1795 (und das entsprechende Wahlgesetz) Lohnempfänger ausdrücklich vom Wahlrecht aus. Auch in der zweiten sogenannten Wiege der Demokratie, den USA, war das Wahlrecht zunächst durch einen Vermögens- und Steuerzensus beschränkt. Gleiches galt z. B. für die frühkonstitutionellen Verfassungen von Bayern (1818), Baden (1818), Württemberg (1819), Hessen (1820), die das Wahlrecht nur Grundbesitzern zubilligten; da die Grundsteuer damals die einzige Form der direkten Steuer war, waren dies die wichtigsten Steuerzahler. Ausgeschlossen waren alle abhängig Tätigen.

Die Regelungen waren durch die herrschende Auffassung der damaligen Zeit gedeckt. Die Staatstheorie lehrte bis weit ins 19. Jahrhundert, nur der Bürger von Besitz und Bildung bringe die Voraussetzung für die Übernahme politischer Verantwortung mit; nur ein »freier Mann« dürfe die Parlamente wählen und in die Parlamente gewählt werden, und als frei galt nur, wer wirtschaftlich selbstständig war. Frauen, die der Hausgewalt des Familienvaters unterworfen und deshalb nicht als frei galten, gehörten nicht dazu; ebenso wenig alle Arten von Arbeitnehmern. Sie seien unfähig, sich in politischen Fragen ein eigenes Urteil zu bilden, und letztlich nur Spielmaterial für Demagogen. Ihnen dürfe deshalb kein Wahlrecht eingeräumt werden, ja man sprach ihnen sogar die Staatsbürgerschaft insgesamt ab, was kein Geringerer als Immanuel Kant in die Worte kleidete:

46

»Der Hausbedienstete, der Ladendiener, der Tagelöhner ... sind nicht Staatsglieder, mithin auch nicht Bürger zu sein qualifiziert.« Über die politischen Geschicke der Gemeinschaft sollten nur diejenigen befinden dürfen, bei denen man einerseits ein Mindestmaß an Gemeinschaftsinteresse, andererseits Unabhängigkeit und Ausgewogenheit des Urteils glaubte voraussetzen zu können. Ersteres sollte seinen Ausdruck in Besitz und Steuerleistung, Letzteres im Vorhandensein von Bildung finden, wobei die Wahlgesetze zumeist den Besitz und die Steuerleistung in den Vordergrund stellten, weil in ihnen im Allgemeinen zugleich die mittelbare Garantie für Bildung und eigenständige Urteilsfähigkeit gesehen wurde.

Das preußische Drei-Klassen-Wahlrecht

Auf solcher theoretischen Grundlage beruhte auch noch das preußische Drei-Klassen-Wahlrecht, das 1849 durch Verordnung eingeführt, darauf in die revidierte preußische Verfassung von 1851 übernommen wurde und bis 1918 in Kraft blieb. Es lohnt sich, das Drei-Klassen-Wahlrecht etwas genauer zu betrachten und es dabei anhand der Kriterien allgemeine, gleiche, unmittelbare und geheime Wahl zu beurteilen.

Unter allgemeiner Wahl versteht man, dass jeder das Wahlrecht besitzt, der eine bestimmte Altersgrenze erreicht hat. Gemessen an diesem Kriterium war das preußische Wahlrecht ein Fortschritt gegenüber den frühkonstitutionellen Verfassungen. Das Recht zu wählen hatten nunmehr nämlich auch Nicht-Grundbesitzer und abhängig Tätige (»Tagelöhner« und »Dienstboten«). Ausgeschlossen blieben allerdings noch immer Frauen und Fürsorgeempfänger. Hinter dem Ausschluss von Fürsorgeempfängern stand die Überlegung, über die Besetzung des Parlaments sollten solche Personen nicht befinden, die von ihm Mittel bewilligt bekommen.

Nicht weniger negativ fällt die Beurteilung anhand der Kriterien Unmittelbarkeit und Gleichheit aus. Eine Wahl ist ja nur dann unmittelbar, wenn zwischen Wähler und Gewählten nicht noch Wahlmänner treten, die die Abgeordneten nach ihrem Ermessen auswählen, sondern der Wähler selbst bestimmt, welchem Kandidaten seine Stimme zugute kommt. Gleichheit der Wahl bedeutet zumindest, dass jeder Wähler gleich viele Stimmen besitzt. Das Drei-Klassen-Wahlrecht aber war weder unmittelbar noch gleich. Zur Durchführung der

Wahl wurde das gesamte Staatsgebiet in Wahlbezirke eingeteilt. Jeder Wahlbezirk stellte einen, zwei oder drei Abgeordnete. Dabei wählten die »Urwähler« ihre Abgeordneten aber nicht unmittelbar, sondern sie wählten lediglich Wahlmänner, die dann ihrerseits die Abgeordneten des Bezirks bestimmten. Die Bürger eines jeden Bezirks waren je nach ihrer Steuerleistung in drei Klassen aufgeteilt: Wer die höchsten Steuern zahlte, gehörte zur ersten Klasse, und wer die geringsten oder gar keine Steuern zahlte, zur dritten Klasse. Entscheidend war, dass jede Klasse ein Drittel des Gesamtsteueraufkommens erbrachte und ein Drittel der Wahlmänner wählte. Da der obersten Klasse nur sehr wenige (manchmal nur ein einziger) Steuerzahler angehörten, hatten diese bei der Wahl ein viel größeres Stimmgewicht als die Angehörigen der mittleren und erst recht der unteren Klasse, die aus der Masse der Wähler bestanden. Das preußische Drei-Klassen-Wahlrecht war somit plutokratisch. Es begünstigte die direkte Umsetzung wirtschaftlich-materieller Macht in politisch-staatliche. Dieses System vor Augen, musste Marx' These, dass die wirtschaftlich Mächtigen den Staat beherrschen, umso einleuchtender erscheinen.

Ein weiterer gewichtiger Mangel des Drei-Klassen-Wahlrechts war die Öffentlichkeit der Wahl. Sie hatte zum Ziel, die Wähler dem wirtschaftlich-politischen Druck der Regierung und der herrschenden sozialen Gewalten zu unterwerfen. Beamten drohte Maßregelung, wenn sie von der Wahlempfehlung der Vorgesetzten abwichen, Industriearbeiter mussten um ihren Arbeitsplatz fürchten, wenn sie gegen die Interessen der Unternehmer, Landarbeiter, wenn sie anders als ihre Gutsherren stimmten. Die Öffentlichkeit der Wahl setzte also wirtschaftlich Abhängige, deren Wahlverhalten den politischen und gesellschaftlichen Machthabern nicht passte, empfindlichen Repressalien aus (wohingegen die sich später durchsetzende geheime Stimmabgabe die beste Gewähr für die Freiheit der Wahl darzustellen schien).

Wahlrechtsreformen

Gegen die wahlrechtliche Benachteiligung eines Teiles der Bevölkerung entwickelte sich schon im 19. Jahrhundert eine Gegenbewegung. Die Zahl der abhängig Tätigen hatte als Folge der Industrialisierung immer mehr zugenommen, und mit der Quantität der Wähler wuchs auch die Qualität des Problems. Es erschien immer bedenklicher, einen großen Teil des Volkes von den politischen Mitwirkungs-

rechten einfach auszuschließen, zumal da das allgemeine Bildungs-
niveau mit der Einführung der Schulpflicht angestiegen war und sich
damit ein Einwand gegen die Egalisierung erledigt hatte. Die Folge
war eine allmähliche Erweiterung des Wahlrechts.

Bereits das Frankfurter Reichswahlgesetz von 1849 hatte ein allgemeines und gleiches Wahlrecht für alle (männlichen) Deutschen über
25 Jahren vorgesehen. Das Gesetz trat allerdings wegen des Schei-
terns der Paulskirchen-Verfassung nicht in Kraft. Dasselbe Wahlsystem gelangte dann aber in die Verfassung des Norddeutschen Bundes
und wurde von dort in die Verfassung des Deutschen Reiches von
1871 übernommen. Die Wahl des Reichstages erfolgte nach (absoluter) Mehrheitswahl: Wer im ersten Wahlgang mehr als 50 Prozent
der Stimmen erhielt, war gewählt. Sonst fand eine Stichwahl zwischen
den ersten beiden Kandidaten statt.

Neben der Beschränkung auf Männer ab 25 wies das System aus
heutiger Sicht drei weitere gewichtige Demokratiedefizite auf. Obwohl immer mehr Menschen vom Land in die Städte gezogen waren,
wurden die Wahlkreise nicht neu zugeschnitten. Obwohl die ländlichen Wahlkreise rapide an Bevölkerung verloren, blieb ihr Stimmgewicht unverändert. Das führte dazu, dass die eher konservativen
Stimmen in den ländlichen Gebieten krass überrepräsentiert wurden.
Ein Abgeordneter brauchte dort nur einen Bruchteil der Stimmen für
ein Mandat, die seine Kollegen in den Städten benötigten. Zudem be-
durften alle vom Reichstag beschlossenen Gesetze der Zustimmung
des Bundesrats, und der war von den Fürsten der deutschen Staaten besetzt, mit einem dominanten Gewicht Preußens. Der Hochadel
konnte also sämtliche Gesetzesbeschlüsse des Reichstags mit seinem
Veto blockieren. Schließlich gab es keine angemessenen Diäten; bis
1906 bestand sogar ein absolutes Diätenverbot, was es Abgeordneten, die keine »Besitzbürger« waren, aus wirtschaftlichen Gründen
sehr erschwerte, ein Mandat zu übernehmen.

Den endgültigen Durchbruch, der auch das Drei-Klassen-Wahlrecht in Preußen beseitigte, bewirkte schließlich der Erste Weltkrieg.
Ein Volkskrieg musste die Einführung des allgemeinen, gleichen Wahlrechts geradezu aufdrängen. Wer elementare staatsbürgerliche Pflich-
ten zu tragen und sein Leben für Staat und Gesellschaft einzusetzen
hat, dem kann man auch die elementaren staatsbürgerlichen Rechte,
vor allem das Wahlrecht, nicht mehr vorenthalten.

Nach dem verlorenen Krieg und dem Zusammenbruch des Kaiserreiches war die Zeit reif für Reformen. So war seit 1919 in allen Staaten des Deutschen Reichs und im Deutschen Reich selbst allgemeines, gleiches, unmittelbares und geheimes Wahlrecht vorgeschrieben (Art. 22 Abs. 1 Weimarer Reichsverfassung) – nunmehr endlich auch unter Einbeziehung der Frauen. Entsprechend sieht heute Art. 38 Grundgesetz vor, dass die Abgeordneten des Deutschen Bundestags »in allgemeiner, unmittelbarer, freier, gleicher und geheimer Wahl gewählt« werden. Gleiches gilt nach Art. 28 GG für die Volksvertretungen der Länder, Kreise und Gemeinden. Allgemeinheit, Gleichheit und Freiheit beziehen sich dabei auf die aktive Wahl und die passive Wählbarkeit.

Sozialreformen

Die Erstreckung des Wahlrechts auch auf die Arbeitnehmer hatte auch sozialpolitische Konsequenzen. Von den bürgerlich-liberalen Parlamenten hatte man nur bedingt erwarten können, dass sie die im 19. Jahrhundert so hoffnungslose Lage der Lohnabhängigen durch soziale Gesetze verbesserten. Die Abgeordneten und ihre Wähler waren aus der Schicht des gebildeten Besitzbürgertums gekommen, auf deren Kosten die Maßnahmen zur Entschärfung der sozialen Frage hätten gehen müssen. Zwar waren die Abgeordneten rechtlich nicht an Weisungen ihrer Wähler gebunden. Es galt der Grundsatz des freien Mandats, und die Abgeordneten hatten die Aufgabe, das ganze Volk (einschließlich der Nichtwahlberechtigten) zu repräsentieren. Aber die Herkunft der Abgeordneten und ihrer Wählerschaft (auf deren Wohlwollen die Abgeordneten angewiesen blieben, wenn sie wiedergewählt werden wollten) begünstigte faktisch doch eine Haltung, die dazu neigte, die Vorzüge des bürgerlich-liberalen Modells herauszustreichen und seine Fehlentwicklungen zu verharmlosen oder gar als notwendige, wenn auch möglicherweise harte Konsequenzen eines richtigen Systems hinzustellen.

In dieser Situation schien die marxistische Lehre einiges für sich zu haben. Einer ihrer Kernsätze lautete, der Staat sei nichts anderes als das Instrument der herrschenden Klasse zur Aufrechterhaltung ihrer wirtschaftlich begründeten Herrschaft. Und diese These war am Beispiel des bürgerlich-liberalen Staats entwickelt worden, der in der Tat in der Hand des Besitzbürgertums war und dem es deshalb schwer fiel, die wirtschaftliche Ausbeutung der Arbeiter wirksam zu bekämpfen – ja, sie überhaupt als solche auch nur wahrzunehmen. Denn dies hätte eine Einschränkung der Rechte und der Macht des Bürgertums erfordert, von dem die Parlamente abhingen.

Vor diesem Hintergrund wird die Bedeutung der Erstreckung des Wahlrechts auch auf die (von Marx so genannten) »Proletarier«, deutlich. Die Demokratisierung des Wahlrechts erwies sich geradezu als der strategische Punkt für die Schaffung des Sozialstaats. Nunmehr müssen die Abgeordneten nämlich etwas für die Masse der Arbeiter tun, wenn sie gewählt oder wiedergewählt werden wollen. Damit verlor die marxistische Behauptung vom Staat als Instrument des Besitzbürgertums ihre Plausibilität. Das Verbot gewerkschaftlicher Zusammenschlüsse wurde aufgehoben, und mit dem Sozial- und dem Arbeitsrecht wurden zwei neue Rechtsgebiete geschaffen, deren Kern der Schutz der wirtschaftlich Schwachen ist, deren Interessen in der reinen Marktwirtschaft zu kurz zu kommen drohten.

Das Wahlrecht in der Weimarer Republik (1919 bis 1933) und seine Beseitigung unter dem Nationalsozialismus (1933 bis 1945)

In Weimar wurde der Reichstag nach Verhältniswahl mit starren Listen gewählt. Jeder mindestens 20-jährige Reichsangehörige hatte – ähnlich unserer Zweitstimme bei der Bundestagswahl – eine Stimme, mit der er eine Parteiliste ankreuzen konnte. Wählbarkeit setzte allerdings ein Alter von mindestens 25 Jahren voraus. Und anders als heute gab es für je 60.000 Stimmen einen Sitz, so dass die Größe des Reichstags proportional zur Wahlbeteiligung variierte und in der Folge zwischen 423 und 647 Abgeordneten schwankte.

Die mangelnde Vereinbarkeit der starren Listen mit dem Grundsatz der Unmittelbarkeit der Wahl der Abgeordneten durch das Volk war so offensichtlich, dass die Reichsregierung bereits im Jahre 1924 einen Reformentwurf vorlegte. Zu seiner Begründung führte sie aus:

»Wortlaut und Geist der Verfassung erfordern eine Änderung dieses Zustandes ... die Mängel sind so augenfällig, dass nach den tatsächlichen Verhältnissen die Vorschrift der Verfassung, dass das Wahlrecht ein unmittelbares sein soll, durch das Wahlsystem nicht mehr erfüllt wird.«

Und im Jahr 1929 fasste der SPD-Politiker und Schriftsteller Carlo Mierendorff die Kritik wie folgt zusammen:

»Die eigentliche Entscheidung über die Wahl der Volksvertreter erfolgt nicht im Wahlgang selbst, sondern bei der Kandidatenaufstellung im Schoße der von den Parteien dazu eingesetzten Gremien. Mindestens gilt dies für 80 bis 90 Prozent der Abgeordneten, die auf sicheren Plätzen der Liste stehen, nur für den kleinen Rest ist ein Unsicherheitskoeffizient bis zur Abstimmung vorhanden. Für die überwiegende Mehrzahl der Abgeordneten ist der Wahlkampf also bereits lange vor der Wahl entschieden, wenn sie durch die Partei auf den Schild erhoben sind. ... Wenn der Staatsbürger aber nicht mehr die Volksvertreter auszuwählen hat, sondern wenn das ausschließlich durch vor- und zwischengeschaltete Körperschaften (die Parteiorganisationen) geschieht, verliert der Wahlakt den verfassungsmäßig festgelegten Charakter der Unmittelbarkeit.«

Dennoch kam es zu keiner Änderung. Eine strikte Bindung des Gesetzgebers an die Verfassung und ein Verfassungsgericht, das ihre Einhaltung überprüft, gab es noch nicht. Und im Reichstag war eine Reform nicht durchzusetzen, »weil gerade die kleinen Parteien, die den Ausschlag gaben, an dem Verhältniswahlrecht hingen und in den großen Parteien die führenden Abgeordneten sich so daran gewöhnt hatten, dass ihre Wiederwahl gesichert sei, ohne dass sie sich besonders anzustrengen brauchten, dass sie ungern an eine mögliche Erschütterung ihrer Berufsstellung denken mochten« (so der Staatsrechtler Friedrich Glum).

Die Reichtagswahl vom 5. März 1933 war die letzte, an der mehr als eine Partei teilnahm. Unter dem Nationalsozialismus wurde das Wahlrecht praktisch abgeschafft. Nachdem am 23. März 1933 das Ermächtigungsgesetz mit Zweidrittelmehrheit den Reichstag passiert hatte, hatte dieser seine eigene Entmachtung unterschrieben und wurde bedeutungslos. Zwar fanden 1936 und 1938 noch Wahlen zum sogenannten Großdeutschen Reichstag statt. Diese aber waren, da sämtliche demokratischen Parteien zwangsaufgelöst worden waren, zu bloßen Akklamationen für die allein verbliebene NSDAP pervertiert.

Entwicklung des bundesdeutschen Wahlrechts seit 1949

Die »Väter« des Grundgesetzes – es waren 61 Männer und vier Frauen – konnten sich nicht auf ein bestimmtes Wahlsystem einigen. Die Union plädierte für die relative Mehrheitswahl, die SPD dagegen für die Verhältniswahl. Deshalb überließen sie die endgültige Entscheidung dem Parlament und beschränkten sich darauf, am 10. Mai 1949 für den ersten Bundestag ein Wahlgesetz zu beschließen, wozu die alliierten Militärgouverneure sie ermächtigt hatten. Da der Parlamentarische Rat einige Änderungen, welche die Alliierten verlangten, nicht mehr durchführen konnte, weil er sich am 29. Mai 1949 aufgelöst hatte, führten die Ministerpräsidenten diese aus und setzten das Wahlgesetz aufgrund einer weiteren Ermächtigung der Alliierten in Kraft. »Streng genommen sind der erste Bundestag, die erste Bundesversammlung und der erste Bundespräsident daher nicht aufgrund deutschen, sondern aufgrund Besatzungsrechts gewählt worden« (so mit Recht der Staatsrechtslehrer Reinhard Mußgnug), ein Eingeständnis, das sich eigentlich auch auf das ganze Grundgesetz beziehen müsste, da dieses ebenfalls von den Besatzungsmächten initiiert, in wesentlicher Hinsicht gesteuert und schließlich von ihnen genehmigt worden war.

Ursprünglich (1949 bis 1953) betrug die gesetzliche Größe des Bundestags 400 Abgeordnete, von denen 242 in ebenso vielen Wahlkreisen direkt gewählt wurden. Gewählt war, wer die meisten Stimmen im Wahlkreis erhielt (relative Mehrheitswahl). Die übrigen 158 Abgeordneten wurden nach starren Landeslisten gewählt. Der Wähler hatte nur eine Stimme, die für die Kandidaten und die Partei zählte. Bei der Mandatsverteilung für die Parteien in den einzelnen Ländern wurden die in den Wahlkreisen direkt errungenen Sitze angerechnet. Erlangte eine Partei in einem Bundesland mehr Direktmandate, als ihr nach dem Proportionalprinzip zustanden, durfte sie diese sogenannten Überhangmandate behalten. (Im ersten Bundestag waren dies zwei, so dass er 402 Mitglieder hatte.) Dieses System blieb seiner Grundstruktur nach bis heute erhalten. Allerdings unternahmen die etablierten Parteien in eigener Sache eine Reihe von Änderungen, die vornehmlich dem unausgesprochenen Generalzweck dienten, ihre eigene Position zu stärken und unliebsame Konkurrenten zu schwächen – ohne Rücksicht darauf, dass dadurch die Wähler immer weniger zu sagen haben.

Ein Element solcher Entscheidungen in eigener Sache war die Fünfprozent-Sperrklausel. Das Wahlgesetz für die Wahl des ersten Deutschen Bundestags hatte noch keine Sperrklausel vorgesehen – jedenfalls in der vom Parlamentarischen Rat am 11. Mai 1949 verabschiedeten Fassung. Die Sperrklausel wurde erst durch die Ministerpräsidenten der Länder hinzugefügt. Die alliierten Besatzer hatten nämlich die

Ministerpräsidenten um Stellungnahme gebeten, und diese verlangten eine Sperrklausel von fünf Prozent oder mindestens die Erlangung eines Direktmandats als Voraussetzung für die Beteiligung einer Partei an der Vergabe der Proporzmandate, ein Vorschlag, den die Militärgouverneure schließlich akzeptierten. Am Ende wurde beides eingeführt. Die Regelung entsprang so sehr parteitaktischem Kalkül, dass man selbst ihre Widersprüchlichkeit hinnahm: Die Grundmandats-Klausel, die auch Splitterparteien den Einzug ins Parlament erlaubte, wenn sie nur in einem Wahlkreis ein Direktmandat erhielten, widersprach dem Zweck der Sperrklausel, die Bildung regierungsfähiger Mehrheiten durch Ausschaltung von Splitterparteien zu fördern. Die Grundmandats-Klausel bevorzugt unter den kleinen Parteien jene, deren Wählerschaft regional stark konzentriert ist. Sie lag von Anfang an im Interesse der CSU, ist es doch keineswegs ausgemacht, dass diese stets mehr als fünf Prozent im ganzen Wahlgebiet erreichen wird. Damals diente die Klausel auch der »Deutschen Partei«. Diese zog nach den Wahlen von 1953 aufgrund eines Stimmenanteils von 3,3 Prozent und zehn Direktmandaten mit 15 Abgeordneten und 1957 aufgrund eines Stimmenanteil von 3,4 Prozent und sechs Direktmandaten mit 17 Abgeordneten in den Bundestag ein.

Die Grundmandats-Klausel hatte auf Dauer jedoch einen zerstörerischen Effekt auf kleinere Parteien. Denn sie zwang diese – meist unter großen inneren Auseinandersetzungen – zu Wahlabsprachen mit größeren Parteien, die dann zugunsten ihrer Junior-Partner in einem oder mehreren Wahlkreisen auf eigene Kandidaten verzichteten. Doch derartige Absprachen erschienen leicht als manipulativ, raubten den kleineren Parteien die Unabhängigkeit, die innere Einigkeit und die äußere Glaubwürdigkeit, was ihren Niedergang erst recht beschleunigte – und insgeheim im Interesse der großen Parteien lag, die die Regelungen listig durchgesetzt hatten. So verzichtete, um ein Beispiel zu nennen, bei der Bundestagswahl 1953 im Wahlkreis Oberhausen die CDU auf einen eigenen Kandidaten zugunsten der Partei »Das Zentrum«, die dort ihren Vorsitzenden Brockmann aufstellte. Dafür wurde der CDU-Abgeordnete Heix, der diesen Wahlkreis bei der vorangegangenen Bundestagswahl knapp gewonnen hatte, auf Platz 2 der nordrhein-westfälischen Landesliste des Zentrums gesetzt. Als weitere Gegenleistung musste das Zentrum sich verpflichten, nur in Nordrhein-Westfalen eine Landesliste aufzustellen, nicht auch in anderen Bundesländern, obwohl es zum Beispiel in Niedersachsen über einige Unterstützung verfügte. Das ganze Manöver zahlte sich denn auch für die Partei nicht aus. Sie erhielt 1953 nur noch 0,8 Prozent der Stimmen und damit drei Bundestagsmandate, unter ihnen das des CDU-Abgeordneten Heix. So erwies sich die Grundmandats-Klausel seinerzeit als süßes Gift für kleinere Parteien, an dem diese schließlich zugrunde gingen.

Nach 1957 kam die Grundmandats-Klausel erstmals 1994 wieder einer Partei zugute. Die PDS gewann in Berlin vier Direktmandate und konnte deshalb trotz eines Stimmenanteils von nur 4,4 Prozent mit 30 Abgeordneten in den Bundestag einziehen.

Wie sehr die Fünfprozentklausel Spielball reiner Machtinteressen war, zeigte sich auch bei den parlamentarischen Beratungen über das Wahlgesetz zum zweiten Deutschen Bundestag. Eine Mehrheit hatte sich bereits auf die Absenkung der Sperrklausel auf drei Prozent geeinigt, und auch der geänderte Regierungsentwurf sah nur noch ein solches abgesenktes Quorum vor. Doch plötzlich schwenkten die Freien Demokraten um; das geschah in der parteitaktischen Hoffnung, »die noch kleineren Parteien skrupellos reinzulegen« (so der Politikwissenschaftler Erhard Lange) und sich – unter Ausmanövrierung kleinerer Konkurrenzparteien – der CDU/CSU als einziger Koalitionspartner anzudienen. Am Ende wurde statt einer Senkung der Klausel eine Verschärfung beschlossen. Die Klausel blieb bei fünf Prozent, dieser Satz muss seit der Bundestagswahl 1953 aber – ohne nachvollziehbare sachliche Begründung – nicht nur in *einem* Bundesland, sondern im ganzen Bundesgebiet erlangt werden, und das ist in der Regel erheblich schwerer. Der normale Weg der Gründung und Entwicklung von Parteien geht dahin, erst einmal einen regionalen Schwerpunkt zu bilden, der nach Eintritt in das Parlament dann allmählich ausgebaut wird. Dieser Weg ist durch die Erstreckung der Sperrklausel auf die ganze Republik blockiert.

1953 wurde auch die Grundmandats-Klausel verschärft: Statt einem Direktmandat waren nun drei erforderlich. Seither benötigt eine Partei, um an der Mandatsvergabe beteiligt zu sein, mindestens fünf Prozent der Zweitstimmen oder drei Direktmandate. Auch diese Änderung erfolgte auf Betreiben vor allem der FDP, die sich neben der CDU/CSU und der SPD als alleinige »dritte Kraft« profilieren wollte. Die Verschärfung der Alternativklausel konnte der FDP nicht gefährlich werden, wohl aber allen übrigen kleinen Parteien. Die FDP war nicht auf die Klausel angewiesen, da die Fünfprozenthürde – damals

– für sie stets leicht überwindbar erschien. Um sich dauerhaft als »Zünglein an der Waage« zwischen der CDU und der SPD zu etablieren und ihr Ziel einer permanenten Regierungsbeteiligung zu erreichen, suchte die FDP die anderen kleinen Parteien zu eliminieren.

Das Konzept ging auch auf: Während im ersten Bundestag außer der Union, der SPD und der FDP noch sieben weitere Parteien vertreten waren und im zweiten Bundestag noch drei, gab es im 1957 gewählten dritten Bundestag nur noch eine, die erwähnte Deutsche Partei, die mit Hilfe der Dreimandats-Klausel und Wahlkreisabsprachen mit der CDU den Eintritt in den Bundestag geschafft hatte. Ab 1961 bestand dann das von der FDP anvisierte Dreiparteiensystem, in dem die FDP, wenn man von der großen Koalition (1966 bis 1969) absieht, in der Tat fast vier Jahrzehnte lang die Zünglein-Funktion für die Regierungsbildung innehatte. Sie verhalf bis 1966 den CDU/CSU/FDP-Regierungen Adenauer und Erhard zur Mehrheit, ab 1969 den SPD/FDP-Regierungen Brandt und Schmidt und von 1982 bis 1998 der CDU/CSU/FDP-Regierung Kohl.

Obwohl die Fünfprozentklausel die Grundrechte der gleichen Wahl und Wählbarkeit der Bürger und der Chancengleichheit der Parteien schwer beeinträchtigt, hat das Bundesverfassungsgericht sie »unter dem Gesichtspunkt der Bekämpfung von Splitterparteien« für gerechtfertigt erklärt und diese Auffassung nie revidiert, obwohl sie von namhaften staatsrechtlichen Autoren immer wieder in Zweifel gezogen worden ist. Es ist der politischen Klasse – mittels ihres Einflusses auf die politische Bildung und das politische Denken überhaupt – gelungen, die Überzeugung von der angeblichen Notwendigkeit solcher Sperrklauseln so tief im Bewusstsein der Menschen zu verankern, dass ihre Berechtigung blind vorausgesetzt und ihre unausgesprochene Hauptfunktion als Schutzwall des Parteienkartells vor Konkurrenz gar nicht mehr wahrgenommen wird. Entlarvend ist, dass das Bundesverfassungsgericht in seiner ersten einschlägigen Entscheidung die Sperrklausel unter anderem mit dem Hinweis zu rechtfertigen versuchte, sie habe sich in der Bundesrepublik allgemein durchgesetzt. Da die Parlamentsparteien diese Klausel zur Sicherung ihrer Macht selbst beschlossen haben, läuft diese Begründung auf eine Abdankung des Gerichts zugunsten der Politik hinaus: Rechtsprechung aus dem Geist der politischen Klasse.

Bei der ersten gesamtdeutschen Wahl und (beschränkt auf diese) erklärte das Bundesverfassungsgericht die auf das ganze Bundesgebiet bezogene Sperrklausel allerdings für verfassungswidrig. Es reichte aus, entweder in den neuen Ländern (einschließlich Ost-Berlins) oder dem Gebiet der alten Bundesrepublik fünf Prozent der Zweitstimmen zu erlangen. Dennoch erreichten die Grünen im Westen nur 4,8 Prozent, so dass ihnen der Bundestag vier Jahre lang versperrt blieb, wogegen Bündnis 90/Grüne im Osten sechs Prozent erzielten und mit acht Abgeordneten in den Bundestag zogen.

Über die Verschärfung der Sperrklausel und der Alternativklausel hinaus beschloss der Bundestag weitere Änderungen in eigener Sache. 1952 wurde zunächst die Nachwahl aufgehoben. Bis dahin hatte, wenn ein direkt gewählter Abgeordneter durch Tod oder auf andere Weise aus dem Bundestag ausschied, zur Bestimmung des Nachfolgers im jeweiligen Wahlkreis neu gewählt werden müssen. Da es sich dabei um echte Wahlen handelte, traten die Mängel des »normalen« Wahlrechts und ihr Charakter einer Nicht-Wahl umso deutlicher in Erscheinung. Dadurch waren die Nachwahlen ein beständiger Stachel im Fleisch der politischen Klasse. Seit ihrer Abschaffung rücken einfach die Nächstplatzierten auf der Landesliste der entsprechenden Partei nach. Damit kann heutzutage »ein völlig unbekannter Mann, der den Wahlkreis möglicherweise noch nie gesehen hat, um den er sich jedenfalls nie beworben hat, in den Bundestag einziehen« (so treffend die Kritik des Politikwissenschaftlers Wilhelm Hennis).

Darüber hinaus wurde für die Wahl zum zweiten Bundestag die Zahl der Abgeordneten von 400 auf 484 aufgestockt, obwohl keinerlei sachliche Gründe für eine solche Vermehrung angeführt werden konnten. Zugleich erhielt der Wähler zwei Stimmen, die sogenannte Erststimme für die Direktwahl im Wahlkreis, die Zweitstimme für die Parteiliste.

Ein Anlauf zu einer grundlegenden Reform des bundesdeutschen Wahlsystems und zur Einführung der relativen Mehrheitswahl in der Zeit der ersten großen Koalition (1966 bis 1969) scheiterte dagegen – und auch dies letztlich aus parteipolitischem Machtinteresse. Dass es überhaupt zu ernstzunehmenden Reforminitiativen kam, lag daran, dass die CDU glaubte, keine Rücksicht mehr auf ihren bisherigen Koalitionspartner FDP nehmen zu müssen, nachdem die FDP-Minister 1965 die Erhard-Regierung verlassen und die Koalition mit der CDU/CSU aufgekündigt hatten. Auch die SPD erklärte sich – sozusagen als Preis für ihre lang ersehnte Regierungsbeteiligung – mit der Mehrheitswahl einverstanden, obwohl sie vorher für die Verhältniswahl eingetreten war. Die Einigung der beiden großen Parteien schien den Weg für eine durchgreifende Reform freizumachen, so dass die »Einführung eines mehrheitsbildenden Wahlsystems« als eine der wichtigsten Aufgaben der Großen Koalition in der Regierungserklärung von Bundeskanzler Kurt Georg Kiesinger beschrieben wurde. Als aber die FDP, die lange auf die Union festgelegt schien, sich immer mehr der SPD zuneigte, nachdem sie in Nordrhein-Westfalen bereits mitgeholfen hatte, den CDU-Ministerpräsidenten Meyers zu stürzen, und dort zusammen mit der SPD die Regierung bildete, und als beide Parteien dann 1969 bei der Wahl von Bundespräsident Heinemann abermals an einem Strick zogen, sah die SPD keinen Grund mehr, das Verhältniswahlsystem abzuschaffen und damit die FDP als Bündnispartner zu verlieren, mit der sie ab 1969 dann auch die sozial-liberale Koalition bildete, zunächst unter Bundeskanzler Willy Brandt, dann bis 1982 unter Kanzler Helmut Schmidt.

Mit der ersten gesamtdeutschen Wahl wurden auf dem Gebiet der neuen Bundesländer einschließlich Berlins 80 Wahlkreise hinzugefügt. Die Zahl der Wahlkreise stieg damit auf 328, die der gesetzlichen Listenmandate auf 656. Mit der Wahl 2002 wurde die Zahl der gesetzlichen Mitglieder auf 598 und die Zahl der Wahlkreise auf 299 reduziert. Der neue Zuschnitt der Wahlkreise ging auf Kosten der PDS, die 2002 nicht in den Bundestag einzog. 1994 und 1998 hatte sie noch vier Direktmandate errungen und war damit – unabhängig von ihrem Zweitstimmenergebnis (1994: 4,4 Prozent, 1998: 5,1 Prozent) – in den Bundestag gekommen. 2002 erlangte sie auch aufgrund des neuen Zuschnitts nur noch ein Direktmandat und nur vier Prozent der Zweitstimmen.

II. Freiheit und Unmittelbarkeit der Wahl: Fehlanzeige

Die Furcht der politischen Klasse vor der Wahrheit

Zur Wahl gehen gilt immer noch als staatsbürgerliche Pflicht Nummer eins. Doch um die Rechte des Bürgers ist es schlecht bestellt. Die Parteien treffen fast alle wichtigen Entscheidungen ganz allein – vor und nach den Wahlen, auch wenn darüber offiziell wenig gesprochen wird. Ist dieser fundamentale Demokratiemangel auch peinlich, die politische Klasse hält dennoch im eigenen Interesse daran fest. Da hilft nur gezieltes Verschweigen. Und die politische Bildung hat es –

in Verkennung ihrer eigentlichen Aufgabe – bisher sträflich versäumt, den Bürgern das tatsächliche Funktionieren unseres Wahlsystems nahezubringen. Auch das hat System. Da die politische Bildung fest in der Hand der politischen Klasse ist, impft sie uns zwar seit mehr als einem halben Jahrhundert ein, die Ohne-mich-Haltung sei unsolidarisch und verantwortungslos, gleichzeitig unterlässt sie es aber, uns über das Wahlsystem aufzuklären. Kein Wort verliert sie darüber, dass die Parteien die Bürger um ihr demokratisches Fundamentalrecht, ihre Vertreter auszuwählen, betrügen. Und auch die Medien lassen sich einlullen. Ganz ähnlich wie Diktatoren ihren Untertanen Information und Bildung vorenthalten, um ihre illegitime Herrschaft nicht durch Aufklärung zu gefährden, so fürchtet die politische Klasse die Wahrheit über ein aberwitziges Wahlsystem, in dem sie sich bequem und von den Bürgern unbehelligt eingerichtet hat. Bundespräsident Horst Köhler betonte in einem Interview in der Frankfurter Allgemeinen Zeitung vom 29. Dezember 2007 mit Recht:

»Die Demokratie lebt davon, dass die Bürger ihre Grundregeln verstehen, verinnerlichen und bejahen.«

Doch die Zusammenhänge, die zeigen, wie dem Wähler sein Recht genommen wird, werden von der politischen Klasse aufs Raffinierteste camoufliert. Würde der Bürger nämlich durchschauen, was hier läuft und wie er bei Wahrnehmung seines demokratischen Hauptrechts bevormundet wird, könnte er dies niemals bejahen und schon gar nicht verinnerlichen.

Es gehört zu den unverzichtbaren Prinzipien demokratischer Wahlen, dass die Abgeordneten unmittelbar durch das Volk (und nicht durch die Parteien) gewählt werden. Das Grundgesetz schreibt die Einhaltung dieses Prinzips für alle Wahlen auf Bundes-, Landes- und Kommunalebene ausdrücklich vor. Der Grundsatz der Unmittelbarkeit gilt nach Art. 1 des sogenannten Direktwahlakts von 1976 auch für die Wahl der Abgeordneten zum Europäischen Parlament. Doch auch hier bestimmen die Parteien, wer ins Parlament kommt. Der Grundsatz der Wahl der Abgeordneten durch das Volk, frei und unmittelbar, wie es in allen Deklarationen der Demokratie unzweideutig heißt, steht nur auf dem Papier.

Die Vielzahl der Wahlen zum Bundestag und zum Europäischen Parlament, zu sechzehn Landesparlamenten und zu Tausenden von Kreistagen, Stadt- und Gemeindevertretungen und die Heftigkeit der Wahlkämpfe erwecken zwar den Eindruck, als hätte der Bürger unheimlich viel zu sagen. Aber der Schein trügt, zumindest hinsichtlich der drei oberen Ebenen. Bei Wahlen des Bundestags, des Europäischen Parlaments und der meisten Landtage sind die Entscheidungen nur formal in die Hand des Wählers gelegt, in Wahrheit aber lange vor dem eigentlichen Wahltermin zum großen Teil schon getroffen. In Deutschland haben die Parteien nicht nur das Monopol für die Aufstellung der Kandidaten. Sie haben die Regeln vielmehr so ausgestaltet, dass sie den Bürgern gleich auch die Wahl der Abgeordneten abnehmen. Die Parteien entscheiden, welchen Kandidaten der Erfolg von vornherein garantiert ist, indem sie sie in ihren Hochburgwahlkreisen nominieren oder auf sichere Listenplätze setzen, also auf solche, die selbst dann zum Zuge kommen, wenn die Partei schlecht abschneidet. Von den 603 Abgeordneten, die 2002, und den 614, die 2005 in den Bundestag eingezogen sind, stand der größte Teil schon lange vorher namentlich fest. Bei Verteilung der aussichtsreichen Plätze ist das innerparteiliche Gerangel deshalb besonders groß. Hier fallen die Karriereentscheidungen. Das macht die Härte und Intensität verständlich, mit der auf Parteiversammlungen um solche Plätze gerungen wird.

Bei Bundestagswahlen hat jeder Wähler zwei Stimmen. Mit der ersten wählt er einen Abgeordneten im Wahlkreis; gewählt ist, wer die (relativ) meisten Stimmen erhält. Der Sieger muss nur mehr Stimmen als der Zweitplatzierte bekommen; die absolute Mehrheit, d. h. mehr als 50 Prozent, ist nicht erforderlich. Auf diese Weise wird in den 299 Wahlkreisen je ein Abgeordneter oder eine Abgeordnete gewählt. Die andere Hälfte der Abgeordneten, also ebenfalls 299, kommt über starre Landeslisten der Parteien in den Bundestag. Ihre Wahl erfolgt mittels der Zweitstimme. Diese ist besonders wichtig, weil die Summe der Zweitstimmen die Gesamtzahl der Abgeordneten bestimmt, welche die Parteien jeweils bekommen. Gewonnene Wahlkreise werden angerechnet. Von der Regel, dass jede Partei so viele Mandate erhält, wie der Anzahl der errungenen Zweitstimmen entspricht, gibt es nur zwei Ausnahmen:

(1) Erhält die Partei weniger als fünf Prozent der Zweitstimmen (Sperrklausel) und erringt sie auch nicht mindestens drei Wahlkreismandate (Grundmandats-Klausel), so bekommt sie keine Listenmandate. Die werden vielmehr auf die bei der Wahl erfolgreichen Parteien – entsprechend deren Größe – verteilt, die so Mandate bekommen, die sie gar nicht verdient haben.

(2) Sollte die Zahl der Wahlkreisabgeordneten einer Partei in einem

Bundesland größer sein als die Zahl der Mandate, die ihr nach den Zweitstimmen insgesamt zustehen, erhöht sich das Bundestagskontingent der betreffenden Partei um diese sogenannten Überhangmandate (siehe S. 131 ff.).

Theoretisch kann bei Bundestagswahlen jeder volljährige Deutsche in einem der 299 Bundestagswahlkreise kandidieren, wenn sich 200 Mitbürger finden, die seine Kandidatur mit ihrer Unterschrift stützen. Faktisch steht dieser Weg ins Parlament aber nur auf dem Papier. Seit den Fünfzigerjahren wurde kein unabhängiger Kandidat mehr in den Bundestag gewählt.

Diktat von Hochburg-Parteien

Viele Wahlkreise sind für eine der beiden großen Parteien absolut sicher. In solchen Wahlkreisen kann die jeweilige Partei den Bürgern ihre Abgeordneten »faktisch diktieren« (Bundesverfassungsgericht). Hochburgen der Union sind meist durch einen besonders hohen Anteil an Katholiken gekennzeichnet und liegen regelmäßig in ländlichen Gegenden. Ein Beispiel ist die katholische Bischofsstadt Fulda, wo 2002 Martin Hohmann mit 54 Prozent der Erststimmen gewählt worden war. 2005 erhielt der offizielle CDU-Kandidat, dieses Mal Michael Brand, wiederum die Mehrheit – trotz des Ärgers vieler CDU-Wähler über das parteiinterne Ausschlussverfahren gegen Hohmann. Ein anderes Beispiel ist Rottweil-Tuttlingen, wo die CDU den Wahlkreis, den Volker Kauder seit 1990 sicher innehat und auch 2005 mit 52,2 Prozent der Erststimmen gewann. Mit seiner Nominierung ist er faktisch auch bei der Bundestagswahl 2009 längst gewählt. Der Wahlkreis ist seit 1949 fest in der Hand der CDU. Im Wahlkreis Biberach, der ebenfalls als einer der schwärzesten der Republik gilt, trat der 67-jährige Abgeordnete Franz Romer, der 2002 57,7 und 2005 52,4 Prozent der Erststimmen erhalten hatte, nicht mehr an. Es war deshalb kein Zufall, dass der zur CDU gewechselte frühere Grüne Oswald Metzger sich vor der Bundestagswahl 2009 zunächst in diesem (im Zuschnitt etwas veränderten) Wahlkreis, wo er früher auch zu Hause war, um eine Kandidatur bemühte. Die Nominierung hätte praktisch schon den Einzug in den Bundestag bedeutet. Metzger hatte allerdings keinen Erfolg. Der CDU-Kreisverband nominierte in einer Kampfabstimmung stattdessen den örtlichen CDU-Kreisvorsitzenden Josef Rief. Auch einen zweiten Versuch wagte Metzger in einem sicheren

CDU-Wahlkreis, dem neu gebildeten Wahlkreis Bodensee. Auch dort unterlag er, und zwar einem bisherigen Bürgermeister namens Lothar Rübensam. Weitere Beispiele für sichere Bundestagswahlkreise sind die meisten der 45 bayerischen, die – völlig unabhängig von den jeweiligen Kandidaten – für die CSU geradezu reserviert erscheinen. Die SPD hat lediglich in den großstädtischen Wahlkreisen von München und Nürnberg eine Chance. Hochburgen der SPD sind dagegen etwa Arbeitermetropolen, insbesondere Ruhrgebietsstädte wie zum Beispiel Gelsenkirchen (wo Joachim Poß sein Bundestagsmandat regelmäßig mit rund 60 Prozent der Erststimmen gewinnt) und Duisburg sowie Recklinghausen (wo Johannes Pflug und Frank Schwabe schon mit ihrer Nominierung gewählt sind). In solchen Wahlkreisen kann die Mehrheit aus inneren sozial-psychischen Bindungen heraus gar nicht anders als den Kandidaten zu wählen, den »ihre« Partei präsentiert (siehe auch S. 85 ff.).

Entmündigung der Wähler durch starre Wahllisten

Mit der Zweitstimme kann der Wähler nur Parteilisten ankreuzen, auf denen die Reihenfolge der Kandidaten – für den Wähler unveränderbar – festgezurrt ist. Alle Personen, die die Parteigremien auf »sichere Listenplätze« setzen, sind damit praktisch schon gewählt. Das erklärt die Gnadenlosigkeit, mit der parteiintern um sichere Listenplätze gekämpft wird. Da beim Abschluss dieses Buches die Parteilisten für 2009 noch nicht aufgestellt waren, sind hier Beispiele aus früheren Wahlen angeführt. Bei der Bundestagswahl 2002 fielen so profilierte und ideenreiche Kandidaten wie der schon genannte damalige Grünen-Politiker Oswald Metzger bei seiner Partei durch. Uschi Eid und Birgitt Bender dagegen, die parteiintern angepasst sind, aber öffentlich wenig zu sagen haben, belegten bei den baden-württembergischen Grünen vorderste Listenplätze. Bei den Berliner Grünen erlangte schließlich – nach Renate Künast (Platz 1) – Werner Schulz den umkämpften Listenplatz 2, während der besonders profilierte Hans-Christian Ströbele nicht genug Rückhalt in seiner Partei für einen aussichtsreichen Platz besaß. Dass Ströbele dann das Direktmandat in seinem Wahlkreis gewann, das erste Direktmandat eines Kandidaten der Grünen seit ihrem Bestehen, war eine Sensation und bestätigt als rühmliche Ausnahme dennoch die Regel, dass die Parteien darüber entscheiden, wer ins Parlament kommt, und nicht die Wähler.

Wer in Baden-Württemberg den Grünen seine Stimme gab, musste auch Rezzo Schlauch, der auf Steuerzahlerkosten nach Bangkok geflogen war, in Kauf nehmen, selbst wenn er ihn gerne abgewählt hätte. Und FDP-Wähler in Nordrhein-Westfalen verhalfen Jürgen Möllemann zu einem Bundestagsmandat, ob sie wollten oder nicht. Auch fast alle Abgeordneten der bayerischen SPD, die im CSU-Land kaum Chancen haben, Wahlkreise zu gewinnen, kamen über die Liste in den Bundestag, und für CDU-Abgeordnete im bisherigen SPD-Land Brandenburg galt Entsprechendes.

Die Kandidaten, selbst die auf ganz sicheren Plätzen, sind den Wählern oft völlig unbekannt – und sollen dies offenbar auch bleiben: Ihre Namen werden – mit Ausnahme der ersten fünf – nicht einmal auf den Wahlzetteln genannt.

Wahl durch die Hintertür

Gegen den Vorwurf, die Wähler würden durch das Wahlsystem entmündigt, werden regelmäßig die Wahlkreise ins Feld geführt, in denen ja immerhin die Hälfte der Mitglieder des Bundestags und vieler Landtage bestimmt werden. Doch dieses Argument hält einer Überprüfung nicht stand.

Dass Parteien in ihren Hochburgen den Wählern ihre Kandidaten aufzwingen, wurde schon gesagt. Aber auch sonst hat der Wähler mit der Erststimme auf Bundes- und vielfach auf Landesebene – bei Europawahlen gibt es ohnehin keine Wahlkreise und damit keine Wahlkreisstimme – oft keine wirkliche Wahl.

Kleinere Bundestagsparteien wie die FDP haben normalerweise ohnehin nicht die geringste Chance, einen Direktkandidaten durchzubekommen. Nur ein einziges Mal konnte die FDP in neuerer Zeit einen Wahlkreis gewinnen: 1990 in Halle, als Uwe Lühr – mit dem Genscher-Bonus im Rücken – 34,5 Prozent der Erststimmen erhielt. Bei der Bundestagswahl 2005 waren alle 61 Abgeordneten der FDP (die diese aufgrund ihrer 9,8 Prozent Zweitstimmen erhielt) Listenabgeordnete. Für die meisten von ihnen stand der Einzug in den Bundestag schon mit ihrer Nominierung, also lange vor der Wahl, fest. Auch die Grünen (2005 8,1 Prozent) haben noch nie ein Direktmandat errungen – mit der erwähnten Ausnahme von Hans-Christian Ströbele, der auch 2005 seinen Bundestagswahlkreis in Berlin gewann. Die übrigen 50 Abgeordneten von Bündnis 90/Die Grünen kamen nur über

63

die Liste in den Bundestag. Die Linke (8,7 Prozent) erlangte aufgrund der Massierung ihrer Wähler besonders in Ost-Berlin bei der Bundestagswahl 2005 zwar drei Direktmandate, alle übrigen 50 aber sind Listenabgeordnete.

Die Feststellung, dass kleinere Parteien bei der Bundestagswahl fast keine Chance auf Direktmandate haben, ihre Abgeordneten also fast alle gar nicht die aus einer Direktwahl resultierende demokratische Legitimation besitzen, ist auch deshalb von besonderem Gewicht, weil in der über sechzigjährigen Geschichte der Bundesrepublik fast stets eine kleine Partei aufgrund ihrer Koalitionspräferenz als »Zünglein an der Waage« darüber entschieden hat, wer den Kanzler stellt und die Bundesregierung bildet.

Kleinere Parteien können allerdings nur dann sichere Listenplätze vergeben, wenn sie die Sperrklausel überwinden. Was dabei die Chancen der drei kleineren Bundestagsparteien anlangt, gilt aufgrund der Parteiengeschichte der Bundesrepublik Folgendes: Die FDP war in allen vierzehn Wahlperioden im Bundestag vertreten. Ihr schlechtestes Ergebnis erzielte sie 1969 mit 5,8 Prozent der Zweitstimmen, als sie nach der ersten Großen Koalition (1966 bis 1969) im Begriff war, mit der SPD eine Koalition einzugehen, nachdem sie vorher immer mit der CDU/CSU koaliert hatte.

Die Grünen sind seit 1983 im Bundestag – mit einer vierjährigen Unterbrechung der West-Grünen (1990 bis 1994). 1990 überwanden »Bündnis 90/Die Grünen« nur im Osten die Sperrklausel (6,1 Prozent) und erhielt dafür acht Sitze im Bundestag, weil die Fünfprozentklausel 1990 ausnahmsweise getrennt für Ost und West ermittelt wurde (siehe S. 56 f.). Im Westen scheiterten die Grünen, die – anders als im Osten – keine Listenverbindung mit Bündnis 90 eingegangen waren, dagegen mit nur 4,8 Prozent der Zweitstimmen.

Die aus der SED hervorgegangene PDS vergrößerte ihren Stimmanteil seit 1990 zunächst ständig: 1990 konnte sie mit 2,4 Prozent der Zweitstimmen im gesamten Bundesgebiet 17 Abgeordnete in den 12. Bundestag schicken, weil sie im Osten die Fünfprozentklausel bei Weitem übersprang. 1994 errang sie bundesweit zwar nur 4,4 Prozent. Da sie aber mit dem Gewinn von vier Wahlkreisen die Sperrklausel für sich außer Kraft setzen konnte, entsandte sie 30 Abgeordnete in den 13. Bundestag. 1998 steigerte die PDS ihr Zweitstimmenergebnis bundesweit auf 5,1 Prozent (und gewann zudem wiederum vier Wahlkreise), so dass sie mit 35 Abgeordneten im 14. Bundestag vertreten war. 2002 fiel sie allerdings auf vier Prozent, und da sie nur zwei Direktmandate erhielt, war sie nur mit diesen zwei Abgeordneten im Bundestag vertreten. 2005, nachdem die PDS sich mit der WASG (Wahlalternative Arbeit und soziale Gerechtigkeit) zu »Die Linke« vereinigt hatte, errang diese Partei dann mit 8,7 Prozent der Zweitstimmen 53 Mandate, davon drei direkt.

Wenn eine Partei fünf Prozent der Zweitstimmen erhält, bedeutet das 30 Sitze im Bundestag. Unter der Voraussetzung, dass die Sperrklausel überwunden wird, kann man für die drei kleinen Bundestagsparteien zusammen also mit mindestens 90 Sitzen rechnen, die fast alle allein über die Listen vergeben werden.

Tatsächlich haben also – abgesehen von Ströbele und vereinzelten PDS-Kandidaten – nur Kandidaten der beiden großen Parteien überhaupt eine Chance, einen Wahlkreis zu gewinnen. Aber auch dort, wo der Ausgang nicht ohnehin von vornherein feststeht, sind viele Wahlkreiskandidaten über die Liste abgesichert und kommen deshalb sogar dann in den Bundestag, wenn sie im Wahlkreis verlieren und nur sehr wenige Erststimmen erhalten. Steht aber fest, dass die Wahlkreiskandidaten beider großen Parteien in den Bundestag kommen, verliert der Kampf um die Erststimme im Wahlkreis seine Bedeutung; er wird zum bloßen Scheingefecht. Alles Wahlkampfgetöse ist dann nur Inszenierung, um darüber hinwegzutäuschen, dass der Bürger in Wahrheit nichts zu entscheiden hat. Denn ob ein Abgeordneter über den Wahlkreis oder die Liste ins Parlament gelangt, ist im Ergebnis völlig gleichgültig. Was seine Rechte, seine Funktionen und in der Regel auch seine Karrierechancen in Partei und Parlament anlangt, besteht nicht der geringste Unterschied. So war Peter Altmaier (CDU) bei der Bundestagswahl 2005 im Wahlkreis Saarlouis zwar dem SPD-Kandidaten Ottmar Schreiner unterlegen, kam aber dennoch ins Parlament, weil seine Partei ihn auf der saarländischen Landesliste abgesichert hatte. Und beide üben wichtige Funktionen im Parlament und in ihren Parteien aus. Schreiner war bis 1999 Bundesgeschäftsführer der SPD und ist seit 2000 Vorsitzender der SPD-Arbeitsgemeinschaft für Arbeitnehmerfragen, Altmaier ist seit 2005 Parlamentarischer Staatssekretär im Bundesinnenministerium. Ein weiteres Beispiel: Den Wahlkreis Nürnberg-Nord gewann 2005 zwar wieder die CSU-Abgeordnete Dagmar Wöhrl gegen ihren SPD-Konkurrenten Günter Gloser. Dieser sitzt aber, wie auch schon 2002, kraft sicheren Listenplatzes ebenfalls im Bundestag. Seinem Aufstieg standen die Niederlagen im Wahlkreis nicht im Wege. Mit der Großen Koalition 2005 wurde Wöhrl zur Parlamentarischen Staatssekretärin im Bundeswirtschaftsministerium, Gloser zum Staatsminister für Europa im Auswärtigen Amt. Der Unterschied besteht lediglich darin, dass die Kandidatur in einem sicheren Wahlkreis allein von der Gunst der Kreispartei, die Kandidatur auf einem sicheren Listenplatz dagegen auch von der Unterstützung der Landespartei abhängt.

In den Parteien gilt sogar die Regel, dass nur solche Personen auf die Landesliste kommen, die auch in einem Wahlkreis kandidieren. Davon gibt es nur wenige Ausnahmen für Spitzenpolitiker wie Gerhard Schröder und Franz Müntefering, die bei der Bundestagswahl 2005 in Niedersachsen und Nordrhein-Westfalen die SPD-Listen anführten, und Edmund Stoiber und Peter Müller, die an der Spitze der Landesliste der CSU bzw. der saarländischen CDU standen. Dem (bis dahin) parteilosen Wirtschaftsminister Werner Müller, der keinen Wahlkreis »übernehmen« wollte, war dagegen 2002 eine Ausnahme und damit ein aussichtsreicher Listenplatz in Nordrhein-Westfalen verweigert worden.

Enthüllend sind Wahlkreise, in denen gleich drei oder vier Kandidaten in den Bundestag einziehen, obwohl die Bürger nur einen gewählt haben. So »kämpften«, um einige Beispiele zu nennen, im Wahlkreis Heidelberg schon bei den Wahlen 2002 und 2005 Lothar Binding (SPD), Karl Lamers (CDU), Dirk Niebel (FDP) und Fritz Kuhn (Bündnis 90/Die Grünen) um das Mandat. Allen vieren war der Einzug in den Bundestag – wegen ihrer Platzierung auf den baden-württembergischen Landeslisten ihrer Parteien – aber längst sicher. Auch im Wahlkreis Hamm-Unna II konnte man schon bei den letzten beiden Wahlen drei Kandidaten zu ihrer vorher schon gewonnenen »Wahl« gratulieren: Dieter Wiefelspütz (SPD), Laurenz Meyer (CDU) und Jörg van Essen (FDP). Der heftige Wahlkampf um das Direktmandat war nur gespielt. In Wahrheit waren alle Kandidaten, unabhängig vom Wahlkreisergebnis, längst gewählt – nur eben nicht von den Bürgern, sondern von Parteifunktionären.

Wahlkreise mit mehreren Abgeordneten 2002 und 2005

Bei der Bundestagswahl 2002 waren in 182 Wahlkreisen (von insgesamt 299) jeweils beide Abgeordnete der CDU/CSU und der SPD erfolgreich, der eine direkt im Wahlkreis, der andere über Landeslisten. Davon kam in 58 Wahlkreisen noch ein weiterer Kandidat einer kleineren Bundestagspartei ins Parlament. In vier Wahlkreisen gelangten sogar zwei weitere Kandidaten (insgesamt also vier Kandidaten) in den Bundestag. Diese vier Wahlkreise waren: Wahlkreis 81 Berlin-Charlottenburg-Wilmersdorf, Wahlkreis 130 Münster, Wahlkreis 136 Lippe I und Wahlkreis 275 Heidelberg.

Zusätzlich zu den 364 Abgeordneten der beiden großen Parteien, die in den genannten 182 Wahlkreisen gewählt wurden, standen 47 weitere in den Bundestag gewählte Abgeordnete der CDU/CSU oder SPD auf sicheren Plätzen (davon 44 in sicheren Wahlkreisen und drei auf sicheren Listenplätzen). Hinzu kommen 60 Abgeordnete der kleineren Parteien (31 der FDP und 29 von Bündnis 90/Die Grünen), die in den Bundestag kamen und von vornherein auf sicheren Listenplätzen standen. Zusammen machte das 471 von 605 Abgeordneten (= 77,85 Prozent).

Bei der Bundestagswahl 2005 kamen in 133 Wahlkreisen *zwei* Kandidaten in den Bundestag. In 55 Wahlkreisen kamen *drei*, in 15 Wahlkreisen *vier* und im Wahlkreis Saarbrücken sogar *fünf* Kandidaten in den Bundestag. Die Wahlkreise Saarlouis und Hamm-Unna II als Beispiele für Zweier- und Dreier-Wahlkreise wurden schon genannt. Ein Vierer-Wahlkreis, Heidelberg, wurde ebenfalls schon erwähnt (Näheres S. 103 ff.).

Ein irreführendes Etikett

Das bundesrepublikanische Wahlsystem heißt offiziell »mit der Personenwahl verbundene Verhältniswahl« (§ 1 Abs. 1 Bundeswahlgesetz). Diese Bezeichnung erweckt den Eindruck, das Problem der Verhältniswahl mit starren Listen, dass nämlich schon mit der Nominierung feststeht, wer ins Parlament kommt, werde durch eine Personenwahl in den Wahlkreisen gemildert. Die Mehrheitswahl in den Wahlkreisen suggeriert Persönlichkeitswahlen, wie dies ja auch die Benennung nahelegt. In Wahrheit ist auch hier, lange vor der Volkswahl, häufig schon alles festgezurrt. Wenn von vornherein feststeht, dass auch der Verlierer im Wahlkreis – aufgrund seiner Absicherung auf der Liste – ins Parlament kommt, kann von Persönlichkeitswahl keine Rede mehr sein. Zum Umstand, dass der Wähler keinen Einfluss auf die Personalauswahl hat, kommt hier also noch ein Element der Täuschung hinzu. Dem Wähler wird – mittels des (für ihn normalerweise völlig undurchsichtigen) Wahlregimes – vorgespiegelt, er hätte zumindest mit der Erststimme einen Einfluss darauf, wer ins Parlament kommt und wer nicht.

Länder und Gemeinden

Das Wahlrecht zu den Volksvertretungen der 16 Bundesländer ist genauso unübersichtlich. Die meisten Landeswahlsysteme orientieren sich am Bundestagswahlrecht und geben dem Wähler zwei Stimmen, eine im Wahlkreis und eine für starre Parteilisten. Hessen, Rheinland-Pfalz und die fünf neuen Bundesländer Brandenburg, Mecklenburg-Vorpommern, Sachsen, Sachsen-Anhalt und Thüringen haben das Bundestagswahlrecht fast vollständig übernommen.[1] In einigen Ländern ist die Zahl der im Wahlkreis gewählten Abgeordneten deutlich höher als die der nach Listen gewählten Abgeordneten, so in Berlin (78 Wahlkreismandate/52 Listenmandate), Niedersachsen (100/55) und Schleswig-Holstein (45/30).[2] Zwei Länder sehen – ähnlich dem Europawahlrecht – nur ein starres Listenwahlrecht vor, bei dem der Wähler dann natürlich nur eine Stimme hat: Bremen und das Saarland. In Baden-Württemberg und Nordrhein-Westfalen bestehen weitere Besonderheiten, auf die hier in diesem Überblick nicht eingegangen werden kann. Flexible Listen gibt es nur in Bayern.

Wahlen zu Volksvertretungen der Gemeinden, Städte und Landkreise sehen keine starren, sondern flexible Listen vor. Insbesondere wird den Bürgern, die – je nach Bundesland – drei oder mehr Stimmen haben, die Möglichkeit des Kumulierens und Panaschierens eröffnet. Kumulieren bedeutet die Häufung mehrerer Stimmen auf bevorzugte Kandidaten, Panaschieren die Verteilung der Stimmen auf Kandidaten verschiedener Listen. Der Wähler erhält dadurch die Möglichkeit, die von den Parteien oder Wählergruppen vorgegebenen Listen zu ändern und so auf die personelle Zusammensetzung der Volksver-

---

[1] Eine »Grundmandats-Klausel«, die im Bund drei Wahlkreismandate verlangt, gibt es allerdings nur in Brandenburg (ein Mandat) und in Sachsen (zwei Mandate). Außerdem ist die Zahl der Wahlkreisabgeordneten in Mecklenburg-Vorpommern (36/35) und Rheinland-Pfalz (51/50) um je einen Abgeordneten höher als die Zahl der Listenabgeordneten.

[2] Grundmandats-Klauseln gibt es bei dieser Variante in Berlin und Schleswig-Holstein (je ein Mandat).

tretung Einfluss zu nehmen. Die Elemente der Persönlichkeitswahl werden gestärkt.[1]

Die flexible Liste und das Kumulieren und Panaschieren geben dem Wähler als eigentlichem Souverän in der Demokratie Einfluss auf die personelle Zusammensetzung der Volksvertretung. Das entspricht dem demokratischen Grundwert der Bürgermitwirkung und hat zur Folge, dass Parteien und Wählergemeinschaften die Selektionskriterien der Wähler schon bei Aufstellung der Listen vorwegnehmen, und zugleich, dass es sich für kommunale Mandatsträger lohnt, intensiven Kontakt zu den Wählern zu halten und in der Bürgerschaft bekannt und anerkannt zu sein. Im Hinblick auf die politische Mitwirkung der Bürger und die Bürgernähe der Ratsmitglieder hat das Wahlsystem also einen mehrfach positiven Effekt.

Fatale Konsequenzen

Im Kontrast dazu begünstigen starre Listen, die die jeweiligen Parteigruppierungen mit ihrem Nominierungsmonopol zur beherrschenden Instanz für die Wahl und die Wiederwahl eines Mandatsträgers machen, eine primäre Binnenorientierung der Abgeordneten. Das hat fatale Weiterungen. Wenn die Wahl und die Wiederwahl und damit der Einstieg in die gut dotierte berufspolitische Laufbahn von den Parteien und nicht von den Wählern abhängen, werden innerparteiliche Verbindungen und der parteiinterne Goodwill des Abgeordneten unvergleichlich viel wichtiger als alles andere. Die Anerkennung im Volk und die Leistung als Abgeordneter werden dagegen nachrangig. Das führt zu einer Verkehrung der demokratischen Idee: Dem angehenden Abgeordneten kann sein Ansehen bei den Wählern fast gleichgültig sein, wenn er nur in der Partei über die nötige Unterstützung verfügt, die ihm eine aussichtsreiche Nominierung sichert. Die Parteien und ihre wichtigsten Exponenten, die Abgeordneten, tendieren dann dazu, sich primär mit sich selbst zu beschäftigen. Dies dürfte eine der Ursachen für die zunehmende Abgehobenheit und Bürgerferne von

---

[1] Kumulieren und panaschieren durften die Wähler ursprünglich nur in Süddeutschland (Baden-Württemberg und Bayern). In jüngerer Zeit haben sich auch Niedersachsen (seit 1977), Rheinland-Pfalz (seit 1988), Hessen (seit 2000) und alle fünf neuen Länder angeschlossen. In Bremerhaven und im Saarland bestehen nach wie vor starre Listen, in Nordrhein-Westfalen und in Schleswig-Holstein gilt ein im Effekt ähnliches, den Wähler entmündigendes Wahlrecht.

Politikern sein und für ihr geringes Ansehen. Von den Parteien aufgezwungenen Repräsentanten dürften die Bürger eher mit Vorbehalten und Misstrauen begegnen als frei gewählten.

Unter Politikern und Feuilletonisten ist allerdings der Versuch verbreitet, dem Volk den Schwarzen Peter zurückzuspielen: Wir hätten nun mal die Politiker, die wir verdienten. So heißt die – auf den ersten Blick auch durchaus einleuchtende – Formel. Doch sie wäre nur schlüssig, wenn wir unsere Abgeordneten wirklich auswählen könnten, und dies ist eben nicht der Fall – aufgrund von Wahlregeln, die die politische Klasse sich im eigenen Sicherheitsinteresse geschaffen hat.

Allein von den Parteien bestimmte Abgeordnete tendieren dem Typus nach zu »Parteisoldaten«, wie der frühere SPD-Minister Hans Apel aus eigener Erfahrung feststellt. Sie verdanken ihrer Partei alles und neigen dazu, bei ihren Entscheidungen der Parteiräson im Zweifel den Vorrang zu geben. Abgeordnete, die ihr (grundgesetzlich garantiertes) freies Mandat wirklich frei ausüben und notfalls auch von Mehrheitsbeschlüssen ihrer Fraktion abweichen wollen, passen nicht in dieses Bild und riskieren, von der Parteiführung diszipliniert und bei der nächsten Wahl nicht wieder aufgestellt zu werden. Man erinnere sich an die hessischen Abgeordneten, die sich gegen Frau Ypsilanti und das von ihr geplante Zusammengehen mit der Linken aussprachen.

Dass unser Wahlsystem, das den Parteien praktisch das Monopol auf die Rekrutierung der Politiker im Staat verschafft, große Probleme aufwirft, ist ein offenes Geheimnis. Die Ochsentour in den Parteien verlangt viel Zeit und macht Ortswechsel praktisch unmöglich. Qualifizierte, viel gefragte Leute können sich das kaum leisten. Es sind deshalb in übergroßer Zahl kleine und mittlere Beamte, insbesondere Lehrer, und Funktionäre, die das Rennen um die sicheren Kandidaturen machen.

Das System muss kraft innerer Zwangsläufigkeit typischerweise Mittelmaß hervorbringen. Die Zusammenhänge werden übersehen, wenn mehr Geld für Politiker gefordert wird, um deren Qualität zu verbessern, ohne die Änderung des Wahlsystems als Vorbedingung mit zu fordern. Entscheiden parteiinterne Verbindungen und nicht Leistung, steigern höhere Bezüge nur die Prämien auf Kungelei, ohne für qualifizierte Seiteneinsteiger den Weg frei zu machen. Dennoch sitzen viele Kommentatoren – wegen Vernachlässigung der parteiinternen Rekrutierungsmuster – immer wieder dem Missverständnis auf, auch in der Politik gelte der marktwirtschaftliche Grundsatz, dass man umso mehr Geld zahlen müsse, je bessere Leute man gewinnen wolle. Ob das in der Wirtschaft überhaupt stimmt, sei hier dahingestellt. In der Politik trifft der Grundsatz jedenfalls nicht zu. Die Nominierungsentscheidungen sind völlig vermachtet. Es herrscht kein offener Markt mit fairem Wettbewerb.

Und vor allem: Unser Wahlsystem nimmt dem Wähler die Möglichkeit, schlechte Politiker durch Abwahl bei den nächsten Wahlen zu »bestrafen«. Das gilt zum guten Teil auch für die *Regierung*. In Deutschland kommen Regierungen – aufgrund des vorherrschenden Verhältniswahlrechts – regelmäßig nur durch Koalitionen von zwei oder mehr Parteien zustande. Der Wähler bestimmt zwar die Stärke der Fraktionen im Bundestag. Wer letztlich die Regierung bildet und den Kanzler stellt, machen die Parteiführungen aber unter sich aus – in Koalitionsabsprachen *nach* der Wahl. Oft ist die stärkste Fraktion daran gar nicht beteiligt. Vorherige Koalitionsaussagen werden nicht immer gemacht oder auch nicht eingehalten. Regierungswechsel im Bund sind in der Vergangenheit meist nicht durch Wahlen, sondern durch Bildung neuer Koalitionen erfolgt. Im deutschen Wahlsystem entscheidet über Macht und Ohnmacht vor allem die Koalitionsfähigkeit. So wurde Willy Brandt im Herbst 1969 Bundeskanzler, obwohl die CDU/CSU-Fraktion stärker war als die SPD und sich kurz vor der Wahl kaum 20 Prozent der Deutschen Brandt als Regierungschef gewünscht hatten. Und sollte es nach der Bundestagswahl im Herbst 2009 zu einer Ampelkoalition (rot-gelb-grün) oder einem rot-rot-grünen Bündnis kommen, würde Steinmeier Bundeskanzler, auch wenn die SPD wieder nur zweitstärkste Partei wäre.

In dieser Situation wäre es umso wichtiger, dass die Bürger wenigstens ihre Abgeordneten aus- und abwählen könnten. Doch hier ist, wie dargelegt, erst recht Fehlanzeige zu vermelden.

Die Politik macht die mangelnde Direktwahl der Abgeordneten durch das Volk nur dann zum Thema, wenn es ihr ausnahmsweise einmal ins Konzept passt. So zum Beispiel geschehen bei der Abstimmung des Bundestags über den Einsatz deutscher Truppen in Afghanistan, als man die sogenannten Abweichler der damaligen Regierungspartei SPD zur Räson bringen wollte. Da scheuten sich Gerhard Schröder und Franz Müntefering nicht herauszustellen, »dass alle potenziellen Nein-Sager nicht direkt gewählt wurden, sondern über Landeslisten ins Parlament einrückten und sich deshalb nicht auf einen direkten Wählerauftrag berufen können«.[1] Sie müssten sich deshalb erst recht der Parteilinie fügen. Hier räumen Politiker also selbst ein, dass keine direkte Wahl der Listenabgeordneten vorliegt.

Verfassungsverstoß

Eine reine Verhältniswahl mit starren Listen gab es schon bei der Reichstagswahl in der Weimarer Zeit, und sie stieß dort früh wegen Verstoßes gegen den Verfassungsgrundsatz der Unmittelbarkeit auf Kritik. Deshalb legte die Regierung im Jahre 1924 einen Reformentwurf vor und führte zu seiner Begründung aus, »dass nach den tatsächlichen Verhältnissen die Vorschrift der Verfassung, dass das Wahlrecht ein unmittelbares sein soll, durch das Wahlsystem nicht mehr erfüllt wird«.[2]

In Weimar fehlte es allerdings noch an einer etablierten Normenkontrolle durch ein Verfassungsgericht, so dass die fehlende Unmittelbarkeit gerichtlich nicht festgestellt wurde.

Dass es an der verfassungsrechtlich zwingend vorgeschriebenen Unmittelbarkeit der Parlamentswahl fehlt, wenn die eigentliche Entscheidung nicht bei der Wahl durch das Volk, sondern bei der parteiinternen Nominierung der Kandidaten auf sicheren Listenplätzen fällt, hat der Verfassungsrechtler Gerhard Leibholz auch nach 1949 für das neue Bundestagswahlrecht nachdrücklich betont. Er stützte sich dabei auch auf die Quellen aus der Weimarer Zeit:

»Tatsächlich ist die Wahl beim Verhältniswahlsystem weitgehend zu einer mittelbaren Wahl geworden. ... Ob die einzelnen Wahlbewerber dabei wie in der Regel vor der Wahl oder ... nach der Wahl ... von den Parteien benannt werden, ist sachlich nicht von entscheidender Bedeutung. ... Bei der Frage – ob Unmittelbarkeit oder Mittelbarkeit der Wahl – [kann] nicht entscheidend auf den zufälligen Zeitpunkt abgestellt werden ..., in dem die Parteien ihr Nominationsrecht ausüben. Bei ... der nachträglichen Benennung der Abgeordneten durch die Partei tritt die Zurückdrängung des unmittelbaren Einflusses der Aktivbürgerschaft in Wirklichkeit nur besonders deutlich in Erscheinung.«

---

[1] Mannheimer Morgen vom 15.11.2001.
[2] Reichstagsdrucksache 1924, Nr. 445, S. 32.

In der Tat kann es keinen Unterschied machen, *wann* die Partei festlegt, wer die sicheren Mandate bekommt; ob dies vor oder nach der Wahl geschieht, das Ergebnis bleibt doch dasselbe: Die Partei und nicht das Volk verteilt die Mandate.

Damit widerspricht die starre Listenwahl dem Grundsatz der Unmittelbarkeit. Leibholz konnte diese Konsequenz für das Bundestagswahlrecht nur dadurch in Abrede stellen, dass er dem Grundsatz der Unmittelbarkeit die Geltung absprach. Er erklärte ihn, obwohl er ausdrücklich im Grundgesetz niedergelegt ist, mit Hilfe seiner merkwürdigen Parteienstaatslehre schlicht für obsolet, d. h. außer Geltung gesetzt, weil er durch die Parteienstaatlichkeit verdrängt werde, und das Bundesverfassungsgericht, dessen einflussreiches Mitglied Leibholz damals war, folgte ihm dabei. Dies kann heute, nachdem Leibholz' Parteienstaatslehre überwunden ist, auch vom Bundesverfassungsgericht selbst, und die Geltung des Grundsatzes der Unmittelbarkeit der Wahl wieder allgemein anerkannt ist, aber nicht mehr das letzte Wort sein.

III. Rekrutierung von Politikern: Versagen der Parteien

Entgegen einem gängigen und auch von den Politikern selbst immer wieder bereitwillig genährten Mythos bestimmen in Wahrheit nicht die 60 Millionen bundesrepublikanischen Wähler, welche Personen ins Parlament kommen. Entscheidend für die Rekrutierung der Abgeordneten sind Parteifunktionäre. In dem (von den Parteien selbst entworfenen) Parteiengesetz heißt es zwar nur, dass die Parteien »sich durch Aufstellung von Bewerbern an den Wahlen in Bund, Ländern und Gemeinden beteiligen« (§ 1 II). In Wahrheit haben sie sich aber das Monopol für den Zugang zur Bundes- und Landespolitik gesichert. Eine erfolgreiche Kandidatur ohne Nominierung durch eine politische Partei ist heutzutage nicht mehr möglich. Während in den ersten Bundestag von 1949 noch parteiunabhängige Abgeordnete gewählt worden waren, hat es seitdem keine einzige erfolgreiche Kandidatur ohne Parteiunterstützung mehr gegeben. Den letzten wirklich ernstzunehmenden Versuch einer parteifreien Kandidatur hatte der frühere Oberbürgermeister von Bonn, Wilhelm Daniels, bei der Bundestagswahl 1969 unternommen, als er immerhin beachtliche 29.895 Stimmen (das waren etwa 20 Prozent) erhielt. Doch auch er konnte –

trotz seines hohen Bekanntheitsgrades – die für ein Direktmandat erforderliche Mehrheit nicht erlangen. Im Wahlkreis sind selbst die Kandidaten kleinerer Bundestagsparteien wie der FDP und der Grünen regelmäßig chancenlos. Auf die Ausnahme Hans-Christian Ströbele wurde schon hingewiesen (siehe S. 62)

Darüber hinaus entscheiden die Parteien auch darüber, welche Kandidaten tatsächlich ins Parlament gewählt werden. Denn die Wähler haben bei Bundestags- und Europawahlen und den meisten Wahlen zu Landesparlamenten keine Möglichkeit, durch ihre Stimmabgabe Einfluss auf die Reihung der Listenkandidaten zu nehmen. Die Reihenfolge wird vielmehr von der Partei abschließend festgelegt (starre Liste). Da abrupte Wählerwanderungen größeren Umfangs bisher nie vorgekommen und deshalb höchst unwahrscheinlich sind, kann man schon vor der Wahl genau ermitteln, welche Plätze auf den Wahllisten *sicher* sind und in welchen Wahlkreisen die Mehrheit für die eine oder die andere große Partei so *stabil* ist, dass der Wahlkreis mit Sicherheit auch bei der nächsten Wahl wieder von der dort bisher dominanten Partei gewonnen wird. Wen die Partei in einem solchen *stabilen* Wahlkreis oder auf einem der *sicheren*, das heißt vorderen Plätze auf der Wahlliste nominiert, der braucht die spätere Volkswahl nicht mehr zu fürchten; er ist faktisch bereits mit der Nominierung gewählt. Und wer – eben weil er keinen stabilen Wahlkreis erhalten hat – im Wahlkreis unterliegt, ist oft auf der Landesliste abgesichert und kommt auf diese Weise doch noch ins Parlament. Die Absicherung derjenigen, die nicht in aussichtsreichen Wahlkreisen aufgestellt sind, gilt geradezu als Hauptfunktion der Landeslisten. Auf diese Weise pflegen 60 bis 70 Prozent der Bundestagsabgeordneten ihr Mandat *stabilen* Wahlkreisen oder *sicheren* Plätzen auf den Landeslisten zu verdanken und deshalb bereits vor der Wahl festzustehen. Die Wahl durch das Volk ist dann nur noch eine Formalie.

Dabei muss man sich vor Augen halten, wie gering die Organisationsdichte der Parteien in der Bundesrepublik ist. Kaum mehr als zwei Prozent der wahlberechtigten Bevölkerung der Bundesrepublik sind Mitglied einer politischen Partei (1,4 Millionen von 60 Millionen); somit hat nur ein sehr geringer Anteil der Wahlberechtigten die Möglichkeit, Einfluss auf Nominierung und Auswahl der Kandidaten zu nehmen.

Angesichts der beherrschenden Rolle der Parteien im Nominierungsprozess und angesichts der vorentscheidenden Bedeutung der

Nominierung für die Wahl wird die Frage nach der Offenheit und Chancengleichheit des Wettbewerbs um die Nominierung innerhalb der Parteien immer zentraler. Umso erstaunlicher ist es, dass diese Frage von der Forschung bisher vernachlässigt worden ist. Und dies, obwohl die parteiinternen Rekrutierungsprozesse die Qualität des gesamten politischen Personals bestimmen und damit eine Frage betreffen, deren Bedeutung sie eigentlich ganz von selbst in die vorderste Reihe erforschungswürdiger Gegenstände hätte befördern müssen. Die Funktionsfähigkeit unseres gesamten politischen Systems hängt ganz wesentlich von der Qualität der Abgeordneten und damit von den Mechanismen ihrer Rekrutierung ab.

Dass die umfassende wissenschaftliche Behandlung dieser Fragen bisher vernachlässigt worden ist, hat mehrere Gründe. Einmal kann man sich bei der Analyse nicht darauf beschränken, die formalrechtlichen Regelungen des Nominierungsverfahrens für Wahlkreiskandidaturen oder die Aufstellung von Landeslisten in den Blick zu nehmen, wie sie für Bundestagswahlen im Bundeswahlgesetz und den jeweiligen Satzungen der Parteien niedergelegt sind (obwohl man die Bedeutung der rechtlichen Regelungen auch nicht geringschätzen sollte). Denn diese Regelungen sagen nichts darüber, warum und unter welchen Voraussetzungen ein Bewerber tatsächlich auf einer aussichtsreichen Position nominiert wird, welche Eigenschaften oder Vorleistungen der Bewerber ihre Nominierung fördern und welche Personen die eigentlichen Fäden in der Hand halten und die Weichen für die Beschlüsse der zuständigen Gremien stellen. Hier sind die Sozialwissenschaften, insbesondere die Parteiensoziologie, gefordert. Ihre Aufgabe ist es, diesen »geheimen Garten der Politik«, wie ausländische Autoren die Kandidatennominierung treffend genannt haben, zu entzaubern. Zwar gibt es durchaus Literatur zu diesen soziologischen Fragen. Doch ihre empirische Basis ist vier Jahrzehnte alt und damit veraltet.

Hinzu kommt, dass die rein soziologische Bestandsaufnahme, so wichtig und unverzichtbar sie ist, nicht ausreicht, um die Problematik in praxisrelevanter Weise in den Griff zu bekommen. Ein problemorientierter Ansatz verlangt auch eine abgewogene *Bewertung* der ermittelten soziologischen Phänomene. Erforderlich sind also wertende Disziplinen, die sich aber nicht in der Schwarzweißfragestellung der Staatsrechtslehre (verfassungswidrig: ja oder nein) erschöpfen dürfen, sondern auch rechts- und verfassungs*politische* Fragestellungen mit abdecken müssen. Verlangt wird also die Zusammenführung der Methoden und Ergebnisse zweier ganz unterschiedlicher Arten von Disziplinen: empirischer und normativer. Solche interdisziplinären Ansätze aber sind schwierig und daher selten, nicht zuletzt deshalb, weil die genannten wertenden Disziplinen, die zwar von der Staatsrechtslehre aus-, aber auch über sie hinausgehen, erst noch in den Anfängen stecken.

Zudem werden bei Behandlung der parteiinternen Rekrutierung Probleme berührt, die allen etablierten Parteien gemeinsam sind und mit der Qualität und Leistungsfähigkeit der Mächtigen im Staat auch deren Legitimität betreffen, weshalb sie (und bestimmte bekannt parteinahe Wissenschaftsrichtungen mit ihnen) diese Fragen ungern öffentlich thematisiert und problematisiert sehen. Es besteht eine ähnliche Zurückhaltung, wie sie lange gegenüber der offenen Diskussion des finanziellen Status von Politikern, also ihrer Bezahlung, Versorgung und sonstigen Ausstattungen, geherrscht hatte. Man kann die Probleme des Parteienstaats aus zwei höchst unterschiedlichen Perspektiven angehen: aus der Sicht der Menschen, der Bürger – staatsrechtlich gesprochen: aus der Sicht des Volkes, von dem eigentlich alle Gewalt ausgehen sollte –, oder aus der Sicht der Herrschenden, also der politischen Klasse. Die erstere Perspektive wäre eigentlich unter Demokratiegesichtspunkten angemessen und sollte erwartet werden. Doch die Realität ist anders. Die meisten Politikwissenschaftler, die sich mit den Parteien befassen, stehen der politischen Klasse so nahe, dass ihnen die für wissenschaftliche Objektivität nötige Distanz fehlt; sie betreiben ihre Forschungen aus der Sicht und durch die Brille der politischen Klasse, fragen nach den Schwierigkeiten und Problemen, die dieser Stand bei der Ausübung seines Berufs hat, werben in der Öffentlichkeit um Verständnis für diese Schwierigkeiten und wenden sich gegen angeblich »populistische« Kritik, die sie für die zunehmende Politiker- und Parteienverdrossenheit verantwortlich machen. Dabei kommt dann leicht der wichtigste Aspekt zu kurz, dass die politischen Akteure nämlich Funktionen im Interesse der Gesamtheit zu erfüllen haben und es darauf ankommt festzustellen, ob und inwieweit sie diese Funktionen erfüllen und was geändert werden könnte, um dies zu erleichtern. Der Wissenschaftsbetrieb droht in diesem Bereich allmählich so zu verkrusten, dass junge Politikwissenschaftler, die derartige Fragen gezielt in den Blick nehmen, Gefahr laufen, dass sie ihrer Karriere schaden und ihnen ein Lehrstuhl vorenthalten bleibt.

Dagegen haben Wissenschaftler, die durch das Horn der politischen Klasse pusten, beste Karrierechancen.

Angesichts der Konzentration der gesetzgeberischen Kompetenzen beim Bund steht im Folgenden die Rekrutierung der Bundestagsabgeordneten im Vordergrund. Gelegentlich werden wir aber auch einen Seitenblick auf Landtagsabgeordnete werfen. Hinsichtlich ihrer politischen Bedeutung stehen die Landtage allerdings weit hinter dem Bundestag zurück.

Bei Bundestagsabgeordneten ist – entsprechend den Vorgaben des Bundeswahlgesetzes – zwischen der Aufstellung der Wahlkreiskandidaten und der Aufstellung der Landeslisten zu unterscheiden. Doch die rechtliche Zweiteilung erweckt ein unzutreffendes Bild. Was die Zugangschancen anlangt, ist der Unterschied zweitrangig, denn diejenigen, die in den Wahlkreisen aufgestellt werden, besitzen auch die besten Chancen, auf die Landesliste zu kommen. Eine Nominierung als Direktkandidat gilt geradezu als Voraussetzung für einen Listenplatz. Von den 603 Mitgliedern des 14. Deutschen Bundestags (2002 bis 2005) hatten nur 19 nicht im Wahlkreis kandidiert, wovon allerdings 14 auf die CSU entfielen. Da diese Partei 44 Bundestagswahlkreise in Bayern gewonnen hatte, konnte von den 15 zusätzlich über die Liste in den Bundestag eingezogenen CSU-Abgeordneten aus mathematischer Notwendigkeit nur einer noch im Wahlkreis kandidiert haben. Beispiele für gezielte Ausnahmen von der Wahlkreisnominierung waren Gerhard Schröder, Franz Müntefering, Hans Eichel.

An den formalen Nominierungsvorgängen nimmt nur ein kleiner Teil der Parteimitglieder überhaupt teil. Und die Zahl derer, die die relevanten Vorgespräche führen, ist noch sehr viel geringer. Entscheidend für die Nominierung ist in der Regel eine sehr kleine Gruppe von örtlichen und regionalen Parteifunktionären. Das Bundeswahlgesetz gibt zwar die Möglichkeit, Parlamentskandidaten von der Mitgliederversammlung einer Partei wählen zu lassen. Dieses Verfahren stößt aber bereits bei Nominierung der Direktkandidaten im Wahlkreis (und erst recht dann bei Aufstellung der Landeslisten) auf Widerstände. Während in den meisten kleineren Bundestagsparteien und in der CDU die Kandidatur durch Mitgliederversammlungen dominiert, hinkt die SPD noch hinterher. Die CSU lässt ihre Wahlkreiskandidaten sogar durchweg von Delegiertenversammlungen küren. Vordergründig gerechtfertigt wird dies mit hohen Mitgliederzahlen, und Brief- oder Urnenwahlen lassen die Wahlgesetze bisher nicht zu.

Delegierte haben aber oft selbst Parteiämter inne und streben weitere Ämter an. Sie besitzen damit Eigeninteressen, die sie für die vorentscheidenden Cliquen und deren Klüngelabsprachen sehr viel eher ansprechbar machen, als dies bei der Masse der einfachen Parteimitglieder der Fall ist. Eine solche Steuerungsmöglichkeit liegt im Vorschlagsrecht des Parteivorstands. Seinem Vorschlag gehen regelmäßig zahlreiche Gespräche und Vorklärungen im kleinsten Kreis voraus, und dann findet er meist – oft ohne eine Gegenkandidatur – mehrheitliche Zustimmung.

Die Aufstellung der Landeslisten liegt nach wie vor fast durchweg in der Hand von Delegiertenversammlungen. Der formelle Beschluss des zuständigen Gremiums (wenn nicht ohnehin durch Wiederkandidatur des bisherigen Abgeordneten alles klar ist) wird wiederum in zahlreichen informellen Gesprächen und Absprachen intensiv vorbereitet. Hier ist es der Landesvorstand, der die Steuerungs- und Vorentscheidungsposition besitzt. Wieder gilt: Da viele Delegierte selbst eine Funktion in der Partei ausüben und durch die Partei etwas sein und werden wollen, wird ihre Entscheidung auch davon beeinflusst, wie sich die Wahl eines bestimmten Abgeordneten auf ihre eigene Position auswirkt. Sie sind deshalb für Absprachen auf Gegenseitigkeit besonders zugänglich. Hier unterbreiten die Landesvorstände den Delegierten häufig komplette Listenvorschläge. Insgesamt sehen etwa drei Viertel der Abgeordneten schon vor der formellen Abstimmung den Ausgang als informell vorentschieden an. Das gilt sowohl für Wahlkreis- als auch für Listenkandidaturen.

Unter den Gesichtspunkten der Offenheit und Chancengleichheit des Wettbewerbs bei den Nominierungsprozessen verdienen vor allem vier Strukturelemente besondere Aufmerksamkeit, die sich folgendermaßen zusammenfassen lassen:

– Chancen, nominiert zu werden, haben im Allgemeinen nur Bewerber, die bereits eine lange sogenannte Ochsentour innerhalb ihrer Partei hinter sich haben.
– Besonders gute Chancen, innerhalb der Partei vorwärtszukommen und zum Parlamentskandidaten nominiert zu werden, haben Bewerber aus dem öffentlichen Dienst.
– Auch Vertreter von Interessengruppen haben einen Wettbewerbsvorsprung.
– Besonders ausgeprägt ist der Wettbewerbsvorsprung für Mandats-

inhaber: Wenn diese nicht von sich aus verzichten, sondern erneut zur Verfügung stehen, liegen sie in der Regel uneinholbar vor allen Konkurrenten.

Die Ochsentour

Die Nominierung durch eine der beiden großen Parteien setzt in der Regel eine langjährige Parteimitgliedschaft voraus. Darüber hinaus wird von Bewerbern auch eine längere Bewährung in Parteiämtern und Kommunalmandaten erwartet. Dies gilt auch für Bewerber um Landtagsmandate. Die Mitglieder des 1990 gewählten niedersächsischen Landtags benötigten nach Eintritt in ihre Partei im Durchschnitt sechs Jahre, um ein erstes kommunales Mandat auf Rats- oder Kreisebene zu erwerben. Sie brauchten weitere zehn Jahre bis zur ersten Wahl in den Landtag. Im Durchschnitt lagen zwischen dem Eintritt in die Partei und der erstmaligen Mitgliedschaft im Landtag also 16 Jahre.

Besonders gute Chancen auf eine Wahlkreiskandidatur haben die Kreis- und Unterbezirksvorsitzenden. Erklären sie sich bereit zu kandidieren (und kandidiert der bisherige Abgeordnete nicht mehr), so wird ihnen häufig eine Art Erstzugriffsrecht zugestanden. Mit ihrer Kandidatur ist die parteiinterne Diskussion regelmäßig beendet. Auch bei der Aufstellung der Landeslisten spielt die »Ancienntät« – neben dem Gesichtspunkt der ausgewogenen Vertretung der regionalen und sonstigen parteiinternen Gruppierungen – die zentrale Rolle, schon deshalb, weil ein qualitätsmäßiger Vergleich – mangels genauer Kenntnis aller Kandidaten und erst recht mangels Kenntnis der Anforderungen eines Abgeordnetenamts – den Delegierten ohnehin kaum möglich wäre.

Hase und Igel: Beamte sind stets schon da

Einen großen Wettbewerbsvorsprung im innerparteilichen Kampf um die Nominierung genießen Beamte (hier einschließlich der Angestellten aus dem öffentlichen Dienst). Das zeigt sich an ihrer starken Überrepräsentation in den Parteien, wobei die Beamtenanteile in der SPD und erst recht bei den Grünen besonders groß sind und der Grad der Überrepräsentation noch weiter zunimmt, je einflussreicher die Position in der Partei ist: Die schon generell vorhandene Überrepräsentation wächst in den Parteivorständen auf Orts- und noch stärker auf Bezirksebene, und sie ist noch einmal größer unter den Parlamentskandidaten und erst recht unter den erfolgreichen, also den ins Parlament gewählten Abgeordneten.

Die Gründe liegen einmal darin, dass öffentliche Bedienstete in der Regel genügend Zeit für die Mitarbeit in den Parteigremien haben und auch den Wohnort nicht zu wechseln pflegen. Im Normalfall hat nur Chancen, in der Partei vorwärtszukommen, wer genug Zeit für die Ochsentour einbringen kann und viele Jahre lang am selben Ort verweilt; denn wenn er ihn wechselt, muss er in der neuen Parteigliederung wieder von vorn anfangen. Das gibt »Zeitreichen« und »Immobilen« besonders gute Chancen, und Beamte und vor allem Lehrer können meist über ihre Zeit verfügen. Umgekehrt werden gerade diejenigen Personen, die in Wirtschaft und Gesellschaft besonders gefragt und deshalb »zeitarm« sind und aus beruflichen Gründen immer wieder umziehen müssen, systematisch ausgeschieden. Gerade die Besten und Mobilsten können sich die Zeit fressende und einen Ortswechsel unmöglich machende Ochsentour nicht leisten.

Öffentlichen Bediensteten hilft aber auch ihre allgemeine Vertrautheit mit Staat und Verwaltung und die Beherrschung sozialer Techniken (Fähigkeit zum Formulieren und Argumentieren), die sie im Studium oder direkt in der Verwaltung erlernt haben und die ihnen auch in der Parteiarbeit zugute kommt. Hinzu kommt schließlich eine Reihe von rechtlichen Privilegien. So müssen öffentliche Bedienstete zwar meist ihr Amt niederlegen, wenn sie ins Parlament gewählt werden und das Mandat annehmen, haben aber einen Rückkehranspruch nach Ablauf ihres Mandats. Das gibt ein Mindestmaß an finanzieller Sicherheit, über das Arbeitnehmer aus dem privaten Bereich, Selbständige und Freiberufler meist nicht verfügen. Öffentliche Bedienstete können sogar auf Staatskosten Kommunalmandate erwerben, wenn sie in den Diensten des Bundes, eines Landes oder einer anderen Kommune stehen, was es ihnen erleichtert, in den Parteien Fuß zu fassen. Sie haben dann nämlich den rechtlichen Anspruch, für die Wahrnehmung des kommunalen Mandats von ihren Dienstpflichten freigestellt zu werden – bei ungekürzter Fortzahlung ihrer Bezüge.

Lobbyisten sind eher drin

Auch Interessenvertreter sind in den deutschen Parlamenten weit überrepräsentiert – sie sind nach den öffentlichen Bediensteten die zweitgrößte Berufsgruppe –, was ebenfalls auf einen beträchtlichen Wettbewerbsvorsprung hindeutet. Dies beruht einmal darauf, dass Verbände oft daran interessiert sind, im Parlament vertreten zu sein, und deshalb möglichen Aspiranten den zeitlichen und materiellen Bewegungsspielraum geben, der es ihnen erleichtert, sich in einer Partei erfolgreich um eine Nominierung zu bewerben. Zum anderen versprechen auch die Parteien sich von der Unterstützung relevanter Verbände eine Verbesserung ihrer Wahlchancen und bieten ihnen deshalb vorzugsweise Nominierungen an.

Einmal Abgeordneter – immer Abgeordneter

Wenn der Mandatsinhaber wieder kandidiert, ist seine erneute Nominierung in aller Regel praktisch sicher. Der Anspruch eines bisherigen Abgeordneten, wieder aufgestellt zu werden, wird meist widerspruchslos akzeptiert. Ihm wird sozusagen das Recht des ersten Zugriffs zugebilligt. Die Wiederwahlquote bei Bundestagswahlen liegt üblicherweise zwar bei drei Vierteln, das heißt, dass jeweils etwa 25 Prozent der Abgeordneten neu ins Parlament einziehen. Das beruht jedoch ganz überwiegend darauf, dass der bisherige Bundestagsabgeordnete im Wahlkreis nicht mehr kandidiert und deshalb den Weg für einen Neuling frei macht, und die Wahlkreiskandidatur ist nun mal Voraussetzung auch für einen Listenplatz. Wer es dagegen wagt, gegen amtierende Abgeordnete anzutreten, kämpft regelmäßig auf verlorenem Posten. Nur in fünf bis sechs Prozent der Fälle wurden gegen bisherige, sich zur Wiedernominierung stellende Abgeordnete Gegenkandidaten nominiert, und nur in drei Prozent dieser Fälle wiederum unterlag der Abgeordnete. Diese Zahlen, die zwar aus den Bundestagswahlen 1965 und 1969 stammen, aber mangels neuerer Erhebungen immer noch als repräsentativ gelten, sind deshalb so brisant, weil sie die gängige Behauptung, Politik sei ein besonders risikoreicher Beruf, infrage stellen. Wer es geschafft hat, ein Mandat zu erlangen, hat ausgesprochen gute Chancen, dieses – trotz der formal alle vier oder fünf Jahre nötigen Erneuerung des Mandats – so lange zu behalten, wie er es wünscht. Auch wenn es um die Platzierung vorne auf der Liste geht, haben amtierende Abgeordnete ein gewaltiges Plus. Das liegt schwerlich an der Leistung der Abgeordneten im Bundestag, denn diese spielt nach Angaben der Parlamentssoziologie für die Wiedernominierung praktisch keine Rolle. Es liegt vielmehr am »Amtsbonus«, den sie schon wegen ihres Bekanntheitsgrades besitzen. Es liegt aber auch daran, dass sie in jenen Parteigremien in Ort, Kreis und Land Führungspositionen innehaben, die die Kandidatenaufstellung steuern, und diese Positionen auch während des Mandats beibehalten, um die erneute Kandidatur abzusichern. Hinzu kommen, besonders bei Landtagsabgeordneten, sehr häufig Mandate in Kommunalvertretungen. Nach einer Untersuchung über niedersächsische Landtagsabgeordnete haben vier Fünftel von ihnen Mandate in einer Gemeinde- oder Kreisvertretung inne, davon ein Viertel sogar auf Gemeinde- *und* Kreisebene. Die lokalen Ämter bringen es mit sich, dass die parteiinterne Kommunikation üblicherweise vom Abgeordneten kontrolliert oder doch wesentlich mitbestimmt wird und er während der ganzen Wahlperiode, die seiner Wiedernominierung vorausgeht, in der Lage ist, die für seine Wiederwahl nötigen Fäden zu ziehen und innerhalb der Partei praktisch andauernd Wahlkampf für seine Wiedernominierung zu führen. Für den größten Teil der Bundestagsabgeordneten hat die Wahlperiode de facto also nicht vier Jahre, sondern eher zwölf, 16, 20 oder gar 24 Jahre.

Das Übergewicht der Mandatsinhaber wird dadurch weiter gesteigert, dass sie ihr Gehalt und ihre gesamte Amtsausstattung auch während des Wahlkampfs weiterbezahlt erhalten, auch wenn, wie in der heißen Phase, praktisch keine Parlamentsarbeit mehr stattfindet. Das wurde oben (S. 30) bereits dargestellt, so dass hier nur daran erinnert werden soll. In den Bundesländern war es vor allem die Aufwertung des Parlamentsmandats zu einer voll bezahlten Tätigkeit, die auf den ersten Blick in merkwürdigem Kontrast zu den objektiv immer weiter abnehmenden Aufgaben der Landesparlamente steht. Die Vollbezahlung als Abgeordneter erleichtert es, als staatsbezahlter Parteifunktionär im Heimatkreis alle für die Wiedernominierung wichtigen Bereiche möglichst unter Kontrolle zu halten. Darüber hinaus haben sich die Abgeordneten auch in den meisten Landesparlamenten inzwischen staatsfinanzierte Mitarbeiter bewilligt. Ein weiterer Wettbewerbsvorteil, der ins Gewicht fällt, ergibt sich aus den größeren Möglichkeiten der Mandatsinhaber, finanzielle Mittel von Dritten für den Wahlkampf einzuwerben.

Hinzu kommt, dass auch die beträchtlichen Mittel der Parlamentsfraktionen aus den öffentlichen Haushalten für die Öffentlichkeitsarbeit der Abgeordneten verwendet werden können. Das verschafft ihnen weitere Vorteile beim Wettbewerb um die Wiedernominierung, über die ihre Konkurrenten nicht verfügen. Sie können sich mit staatsfinanzierter Öffentlichkeitsarbeit bei Parteimitgliedern und Delegierten in Erinnerung rufen sowie die Wahlkampf-Power der örtlichen Partei erhöhen und auf diese Weise für die Partei noch unverzichtbarer werden.

Wie man sieht, haben Amtsinhaber ihre ohnehin starke Stellung also noch dadurch gewaltig gesteigert, dass sie ihre Bezahlung, ihre Amtsausstattung und die Fraktionsfinanzierung im Laufe der Jahre weit überproportional ausgeweitet haben, was ihnen die Möglichkeit gibt, im Wahlkreis ständig präsent zu sein – sei es persönlich, sei es vertreten durch ihre Mitarbeiter – und die Fäden für die Wiedernominierung auf diese Weise umso sicherer unter Kontrolle zu halten. Die Regelungen bringen Mandatsinhabern beim Wettbewerb um die Nominierung gewaltige Vorteile gegenüber möglichen Herausforderern.

Vermachtung statt Leistungswettbewerb

Die Gesamtbeurteilung der für die allgemeinen Wahlen vorentscheidenden Nominierungsprozesse innerhalb der Parteien ergibt ein für den Außenstehenden fast unvorstellbares Ausmaß an Vermachtung. Zwar werden der Wettbewerbs- und der Leistungsgedanke und die Grundsätze der Demokratie als politische Formeln in Sonntagsreden fast ununterbrochen bemüht. Tatsächlich aber ist die Wirklichkeit nirgendwo weiter von diesen Prinzipien entfernt als hier. Statt Offenheit und Wettbewerb herrschen Absprachen und Kooptation.

Um nicht in den Verdacht einer einseitigen Beurteilung zu kommen, wollen wir den früheren Vorsitzenden der Deutschen Vereinigung für Politische Wissenschaft Michael Greven zitieren, einen der wenigen Politikwissenschaftler, die sich nicht scheuen, die Dinge beim Namen zu nennen:

»Diese Ausleseprozesse [sind] nur in formaler Hinsicht als Wahlen zu bezeichnen. … Die Auswahl der Mandatsträger … erfolgt nicht durch das Volk, nicht durch das Parteivolk, nur in geringem Maße durch dafür bestellte Versammlungen und Delegiertenkonferenzen, und sie erfolgt nicht in einer den Anforderungen der demokratischen Ideologie entsprechenden Weise, also öffentlich, in gleichberechtigter Konkurrenz verschiedener Kandidaten, unter sachlichen und programmatischen Gesichtspunkten.

Durch die praktizierten Verfahren ... wird ein innerparteiliches und gesellschaftliches Bewusstsein erzeugt, es handelt sich dabei um demokratische Wahlprozesse, zu denen jeder Zugang und die Möglichkeit kritischer Kontrolle habe. In Wahrheit aber sind kleine relativ stabile Oligarchien in der Lage, den eigentlichen Auswahlprozess zu monopolisieren. ... Das in der demokratischen Ideologie viel gepriesene personelle Wahlverfahren, nach dem jeder zwar nicht den Marschallstab im Tornister, aber doch die Chance auf ein Abgeordnetenmandat hat, wenn es ihm nur gelingt, in der demokratischen Konkurrenz seine Qualitäten gegenüber den Mitbewerbern ins rechte Licht zu rücken, erweist sich damit ... als ein durch den politischen Prozess selbst permanent reproduzierter Mythos, der geeignet ist, die Macht einer kleinen Schicht wenig kontrollierter Politiker zu stärken, die im Besitz dieser Macht stehend sich der Vorteile bedienen, die einem solche Positionen verschaffen können, und deren Rekrutierung von ihnen selbst nach ihren eigenen Maßstäben erfolgt. Im Wesentlichen beschließen sie selbst, wer aus ihrem Kreis ausscheidet – in der Regel aus Altersgründen – und wer dafür nachrückt; das demokratische Verfahren der Wahl auf entsprechenden Versammlungen und Konferenzen dient in diesen Fällen der nachträglichen Akklamation und Legitimierung der getroffenen Auswahl.«

C. Bundestagswahlen

I. Allmacht der Parteien: Ohnmacht der Bürger

Die Bevormundung der Wähler durch die Parteien wurde bereits im Zusammenhang dargestellt (siehe S. 58 ff.). Parteifunktionäre haben Schlüsselentscheidungen an sich gerissen, die in einer Demokratie eigentlich den Bürgern gebühren. Dieses fundamental wichtige Thema soll nun mit zahlreichen konkreten Beispielen weiter vertieft und dabei vor allem auf Bundestagswahlen abgestellt werden.

1. Sichere Wahlkreise: Scheinwahl von Abgeordneten

Sichere Wahlkreise sind solche, die eine bestimmte Partei bei früheren Wahlen so hoch gewonnen hat, dass ihr Kandidat normalerweise auch bei der anstehenden Wahl gewinnt. Hier können die meisten Wähler wegen bestimmter sozio-kultureller Bedingtheiten gar nicht anders, als sich für den Kandidaten »ihrer« Partei zu entscheiden. In solchen Wahlkreisen ist der Kampf um das Mandat mit der Nominierung durch die dominierende Partei also bereits entschieden. Spötter nennen das »Besenstiel-Theorie«, weil selbst einem Besenstiel das Direktmandat nicht mehr zu nehmen sei, wenn er nur von der richtigen Partei aufgestellt sei. Umso intensiver ist allerdings oft der parteiinterne Kampf um die Nominierung, besonders wenn der bisherige Positionsinhaber nicht mehr antritt und deshalb der Nominierungsprozess halbwegs offen erscheint. Die Partei kann, so hat es das Bundesverfassungsgericht aus der Sicht der Bürger ausgedrückt, »in sicheren Wahlkreisen den Wählern ihren Wahlkreisbewerber faktisch diktieren« und sich dadurch »vom Willen der Wähler entfernen«.[1] Von einer unmittelbaren Wahl der Abgeordneten durch das

---

[1] BVerfGE 41, 399 (418).

Volk kann deshalb nicht die Rede sein,[1] obwohl das Grundgesetz sie ausdrücklich vorschreibt (siehe S. 59, 72 f.).

Über sichere Bundestagswahlkreise, bei denen also der Sieger *im Vorhinein* bereits feststeht, verfügen nur CDU, CSU und SPD, nicht auch andere Bundestagsparteien, selbst wenn diese, wie die bisherige PDS und jetzige Linke sowie 2002 und 2005 der Grüne Hans-Christian Ströbele, gelegentlich einen Wahlkreis gewinnen. Dem Begriff »sicherer Wahlkreis« steht auch nicht unbedingt entgegen, wenn unter außergewöhnlichen Umständen doch einmal der Gegenkandidat die meisten Stimmen erhält. Ein Beispiel ist der Wahlkreis Mannheim. Hier hat von 1949 bis 2005 stets der SPD-Kandidat gewonnen, mit einer Ausnahme: 1994 siegte der CDU-Bewerber. Dies aber nur, weil der SPD-Mann wegen einer Erkrankung im Wahlkampf gar nicht in Erscheinung trat.

Sichere Wahlkreise liegen regelmäßig in sogenannten Hochburgen der Union oder der SPD, also in Regionen, wo eine der beiden Parteien seit Langem dominiert und traditionell große Teile der Wählerschaft bindet. In solchen Hochburgen hat die »zuständige« Partei oft ununterbrochen seit der ersten Bundestagswahl von 1949 den Wahlkreis gewonnen.

Hochburgen der Union sind regelmäßig eher ländlich geprägt, sie weisen eine niedrige Bevölkerungsdichte, überdurchschnittlich viele Landwirte und einen unterdurchschnittlichen Anteil an Angestellten und Beamten auf. Sie sind oft auch gleichzeitig Hochburgen des Katholizismus, wobei dieses Element bei der CSU noch deutlicher hervortritt als bei der CDU. CDU-Zentren liegen beispielsweise im Nordwesten Niedersachsens (wo z. B. die Wahlkreise Cloppenburg-Vechta, Mittelems und Unterems liegen) und im Süden Baden-Württembergs (etwa mit den Wahlkreisen Rottweil-Tuttlingen, Zollernalb-Sigmaringen, Ravensburg, Bodensee und Biberach). In Bayern prägt die CSU fast überall das politische Klima. Ausnahmen sind größere Städte wie München und Nürnberg.

In der ganzen Republik sind Hochburgen der SPD überwiegend städtisch geprägt. Sie verfügen typischerweise über einen überdurchschnittlich großen Arbeiteranteil. SPD-Hochburgen liegen schwerpunktmäßig in Großstädten von Nordrhein-Westfalen, wie Duisburg,

---

[1] *Hans Herbert von Arnim*, Wählen wir unsere Abgeordneten unmittelbar?, Juristenzeitung 2002, S. 578.

Gelsenkirchen, Essen und Dortmund, aber zum Beispiel auch im Norden Niedersachsens und in Hamburg.

Sichere Wahlkreise setzen allerdings nicht unbedingt die hegemoniale Stellung einer Partei voraus. Wenn – aufgrund regionaler Gegebenheiten – kleinere Bundestagsparteien, wie die FDP, die Grünen und die Linke, überdurchschnittliches Gewicht erlangen und ihre Kandidaten deshalb anderen einen erheblichen Teil der Stimmen wegnehmen, kann der Wahlkreis auch mit einem relativ niedrigen Stimmenanteil gewonnen werden. Ist der Abstand zum Zweitplatzierten dauerhaft groß, kann man auch hier von einem sicheren Wahlkreis der erfolgreichen Partei sprechen. Solche Wahlkreise kann es also auch in Gegenden geben, die nicht zu den ausgesprochenen Hochburgen der Union oder der SPD gehören. Beispiele finden sich vor allem im Osten, soweit es dort überhaupt sichere Wahlkreise gibt, weil dort die Linke oft stärker ist als die CDU oder die SPD. Beispiele können sich aber auch im Westen finden, etwa wenn Grüne und FDP besonders stark sind.

Im Laufe der Jahrzehnte haben die beiden großen Volksparteien immer mehr an Stimmen eingebüßt. Kleinere Parteien sind im Parlament dazugekommen oder erstarkt und machen den Großen zunehmend Anteile am Wählerreservoir streitig (siehe S. 187 ff.). Das hat auch Einfluss auf bisher sichere Wahlkreise und hat ihre Zahl verringert. Da Wahlkreise aber nicht nur mit absoluter, sondern auch mit relativer Mehrheit sicher gewonnen werden können, hält sich dieser Effekt in Grenzen. Hinzu kommt, dass sich die Stärke kleiner Parteien oft eher in ihren Zweitstimmen zeigt, weniger in den Erststimmen. Da ihre Kandidaten in der Regel doch keine Chance haben, einen Wahlkreis zu gewinnen, konzentrieren sich ihre Wähler, jedenfalls die überlegt handelnden, auf die Zweitstimme und wählen mit der Erststimme einen aussichtsreicheren Kandidaten, mit dem sie zur Not leben können. Nach wie vor gibt es deshalb bei Bundestags- und Landtagswahlen eine große Zahl sicherer Wahlkreise. Kleinere Bundestagsparteien buhlen häufig sogar darum, ihnen »nur« die Zweitstimme zu geben. Die FDP hat darin in der Vergangenheit geradezu eine Meisterschaft entwickelt und immer wieder versucht, solches Stimmen-Splitting als sinnvolles Aufteilen des Stimmgewichts auf zwei Parteien darzustellen. Das ist natürlich eine grobe Irreführung der Wähler. Denn für die Zahl der Mandate, die eine Partei erhält, sind im Normalfall allein die Zweitstimmen maßgeblich.

Gleichwohl zeigen sozio-politische Großtrends, wie der sogenannte Wertewandel und die Angleichung der Profile der beiden großen Parteien, dass der Anteil der Stammwähler, die längerfristig auf eine Partei festgelegt sind, allmählich ab- und die Zahl der sog. Wechselwähler zunimmt. Auch das dürfte auf Dauer nicht ohne Einfluss auf den Erhalt sicherer Wahlkreise bleiben.

Obwohl in sicheren Wahlkreisen der Kampf um das Direktmandat lange vor der »Volkswahl« bereits entschieden ist, pflegen alle Parlamentsparteien mit viel Getöse und großer Resonanz der lokalen Medien ihre Kandidaten in den Kampf zu schicken, selbst wenn diese nicht die geringste Chance besitzen, den Wahlkreis zu erobern. Der Zweck dieser merkwürdigen Show ist denn auch in Wahrheit gar nicht der Sieg im Wahlkreis. Vielmehr sollen die Kandidaten Werbung für ihre Parteien machen, um deren Zweitstimmenanteil zu erhöhen, von dem letztlich abhängt, wie viele Mandate die Partei erhält. Hinzu kommt bei vielen Kandidaten die Gewissheit, dass sie bei Aufstellung der Landesliste ihrer Partei berücksichtigt werden. Denn dafür kommen aufgrund parteiinterner Konvention in der Regel nur Personen in Betracht, die auch bereit sind, im Wahlkreis zu kandidieren. Dass bei diesem Spektakel dem Wähler, der die Zusammenhänge nicht durchschaut, etwas vorgemacht wird, scheint kaum jemanden zu stören. So sehr hat man sich bereits an die längst entschiedenen Scheingefechte um die Wahlkreisstimme gewöhnt.

Im Folgenden sind 100 sichere Bundestagswahlkreise der SPD, der CDU und der CSU aufgelistet, gereiht nach dem Stimmenanteil, den die 2005 in den Bundestag gewählten Abgeordneten erhalten haben. Zusätzlich sind die Namen der Männer und Frauen aufgeführt, die für die Bundestagswahl 2009 nominiert sind und deshalb schon jetzt das Mandat in der Tasche haben. Wahlkreise, in denen neue Kandidaten antreten, sind mit einem Kreuz (+) gekennzeichnet. Für 2009 wurde eine Reihe von Wahlkreisen in ihrem Gebietszuschnitt – meist allerdings nur geringfügig – verändert. In Sachsen und Sachsen-Anhalt fällt je ein Wahlkreis weg, in Baden-Württemberg und Niedersachsen kommt je einer hinzu. Wenn sich dadurch die Nummerierung der Wahlkreise geändert hat, ist die neue Nummer in Klammern hinzugesetzt. Die veränderten Wahlkreise, die sich in den Ländern Brandenburg, Sachsen, Sachsen-Anhalt sowie in Baden-Württemberg, Hamburg und Niedersachsen befinden, sind mit einem Stern markiert.

36 sichere Bundestagswahlkreise der SPD

Wkr. Nr.		Wkr. Name	Abgeordnete(r) 2005–2009	Erststimmen in %	Kandidat(in) bei Wahl 2009
117		Duisburg II	Pflug, Johannes	61,6	Pflug
124		Gelsenkirchen	Poß, Joachim	59,7	Poß
142		Herne-Bochum II	Bollmann, Gerd	59,4	Bollmann
120		Essen II	Hempelmann, Rolf	58,4	Hempelmann
25		Aurich-Emden	Duin, Garrelt	58,3	Duin
118		Oberhausen-Wesel III +	Grotthaus, Wolfgang	58,2	Groschek, Mike
144		Dortmund II	Burchardt, Ursula	57,9	Burchardt
143		Dortmund I	Bülow, Marco	56,3	Bülow
126		Bottrop-Recklinghausen III +	Grasedieck, Dieter	56,0	Gerdes, Michael
116		Duisburg I +	Weis, Petra	55,9	Bas, Bärbel
141		Bochum I	Schäfer, Axel	55,7	Schäfer
122		Recklinghausen I	Schwabe, Frank	55,7	Schwabe
146		Hamm-Unna II	Wiefelspütz, Dr. Dieter	55,0	Wiefelspütz
123		Recklinghausen II +	Lehn, Waltraud	55,0	Groß, Michael
145		Unna I +	Stöckel, Rolf	54,8	Kaczmarek, Oliver
55	(56)	Bremen II-Bremerhaven	Beckmeyer, Uwe Karl	54,4	Beckmeyer
42	(43)	Stadt Hannover II	Bulmahn, Edelgard	54,3	Bulmahn
41	(42)	Stadt Hannover I +	Andres, Gerd	52,8	Tack, Kerstin

Wkr. Nr.		Wkr. Name	Abgeordnete(r) 2005–2009	Erststimmen in %	Kandidat(in) bei Wahl 2009
119		Mülheim-Essen I	Schaaf, Anton	52,6	Schaaf
140		Ennepe-Ruhr-Kreis II	Humme, Christel	52,4	Humme
49	(50)	Salzgitter-Wolfenbüttel	Gabriel, Sigmar	52,3	Gabriel
139		Hagen-Ennepe-Kreis	Röspel, René	52,3	Röspel
171		Werra-Meißner-Hersfeld	Roth, Michael	51,7	Roth
47	(48)	Hannover-Land II	Miersch, Dr. Matthias	51,5	Miersch
50	(51)	Braunschweig	Reimann, Dr. Carola	51,5	Reimann
45	(46)	Gifhorn-Peine	Heil, Hubertus	51,1	Heil
48	(49)	Hildesheim	Brinkmann, Bernhard	51,0	Brinkmann
24		Hamburg-Bergedorf-Harburg	Klose, Hans-Ulrich	51,0	Klose
5		Kiel	Bartels, Dr. Hans-Peter	50,7	Bartels
96		Köln III	Mützenich, Dr. Rolf	50,5	Mützenich
170	(169)	Kassel	Eichel, Hans	50,5	Pfeffermann, Rainer
52	(53)	Goslar-Northeim-Osterode	Priesmeier, Dr. Wilhelm	50,5	Priesmeier
46	(47)	Hameln-Pyrmont-Holzminden	Lösekrug-Möller, Gabriele	50,2	Lösekrug-Möller
169	(168)	Waldeck +	Hartenbach, Alfred	50,2	Meßmer, Ullrich
172	(171)	Schwalm-Eder +	Höfer, Gerd	50,1	Franke, Edgar
29		Delmenhorst-Wesermarsch-Oldenburger-Land	Ortel, Holger	50,1	Ortel

Die Parteivorstände bereiten die Nominierung vor, und die Delegierten- oder Mitgliederversammlungen erteilen den Vorstandsvoten in aller Regel den formalen Segen. Nur selten kommt es zu Kampfabstimmungen zwischen mehreren Kandidaten. Im Übrigen sind sich die Parteigremien darüber völlig klar, dass faktisch sie es sind, die das Bundestagsmandat vergeben, egal, wer nominiert wird. Dem Wähler bleibt gar keine Alternative, als den ihm von der Partei Aufgedrückten abzunicken. Die Einzelauswertung für die Wahl am 27. September 2009 ergibt Folgendes:

In den allermeisten Fällen wurden die Amtsinhaber, wenn sie weitermachen wollten, auch wieder aufgestellt. In den Parteiversammlungen geschah dies durchweg mit überwältigender Mehrheit und ohne Gegenkandidat(in). Typisch war die Wiedernominierung von Dieter Wiefelspütz als SPD-Kandidat im Wahlkreis 146 Hamm-Unna II. Für ihn votierten 96 Prozent der Delegierten. Christel Humme, 59 Jahre alt und seit 1998 im Bundestag, wurde im Wahlkreis 140, dem Ennepe-Ruhr-Kreis II, sogar einstimmig wieder nominiert. Auch dem 72-jährigen Alt-Abgeordneten Hans-Ulrich Klose sprach die große Mehrheit seiner Genossen wieder das Vertrauen aus. Der Wahlkreis 24 Hamburg-Bergedorf ist seit 1983 in seiner Hand. Seit 1949 hatte er nur einen einzigen Vorgänger: Herbert Wehner, der den Wahlkreis bis 1983 für die SPD vertrat. Selbst Wilhelm Priesmeier wurde im Wahlkreis 52 (53) Goslar-Northeim-Osterode wieder nominiert; dass er laut Pressebericht mit Alkohol am Steuer erwischt worden war und der Bundestag deshalb seine Immunität aufgehoben hatte, tat dem keinen Abbruch. Auch der 39-Jährige Michael Roth, der seit 1998 im Bundestag sitzt und eigentlich Minister in einer SPD-geführten Landesregierung unter Andrea Ypsilanti hatte werden wollen, erklärte seinen »Ausflug in die Landespolitik« für »definitiv beendet« und wurde im Wahlkreis 171 Werra-Meißner-Hersfeld mit 98 Prozent der Delegiertenstimmen wieder aufgestellt. Hier bestätigt sich, dass Abgeordnete einen gewaltigen Amtsbonus besitzen, wenn es um ihre Wiedernominierung geht, so dass mögliche innerparteiliche Herausforderer von vornherein abgeschreckt werden (siehe S. 29 ff.).

Falls es überhaupt einen Wechsel gab, dann in der Regel nur, weil der oder die Abgeordnete von sich aus nicht mehr kandidierte. Beispiele sind Gerd Andres (58 Jahre alt), der nach 23 Jahren im Bundestag und gleichzeitigen neun Jahren als Parlamentarischer Staatssekretär im Wahlkreis 41 (42) Stadt Hannover I, mit Pensionen gut ausgestattet, nicht mehr antrat, oder Gerd Höfer (66 Jahre), der sich nach 15 Jahren im Bundestag für den Wahlkreis 172 (171) Schwalm-Eder aus Altersgründen zurückzog. Waltraud Lehn kandidierte in »ihrem« Wahlkreis 123 Recklinghausen aus Gesundheitsgründen nicht mehr.

Wird der Wahlkreis vom Amtsinhaber auf diese Weise freigegeben, treten regelmäßig mehrere Bewerber an, und es kommt zur Kampfabstimmung. Die Aussicht, in einem sicheren Wahlkreis nominiert zu werden und damit das Bundestagsmandat in der Tasche zu haben, ist ja auch eine verführerische Sache. Ein Beispiel ist der Wahlkreis 169 (168) Waldeck, wo der 66-Jährige Alfred Hartenbach nach 15 Bundestagsjahren und sieben Jahren als Parlamentarischer Staatssekretär, ebenfalls wohlversorgt, in den Ruhestand geht. Beim Kampf um die Nachfolge gaben 110 Wahlkreisdelegierte Ullrich Meßmer ihre Stimme, sein Gegenkandidat Horst Behle unterlag mit 54 Stimmen. Im Wahlkreis 126 Bottrop-Recklinghausen III tritt der 64-Jährige Dieter Grasedieck, der seit 1994 im Bundestag sitzt, nicht mehr an. Dort setzte sich Michael Gerdes gegen seinen Konkurrenten Jens Bennarend durch.

Dass Abgeordnete gegen ihren Willen von ihrer Partei nicht wieder nominiert wurden, war die große Ausnahme. Unter den oben aufgelisteten 36 sicheren Wahlkreisen der SPD waren nur zwei Fälle. In Unna I wurde dem Abgeordneten Ralf Stöckel unter anderem übel genommen, dass er vehement für die Diätenerhöhung (siehe S. 173 f.) eingetreten war. Kritisiert wurde auch mangelnde Präsenz im Wahlkreis. In einer Kampfabstimmung unterlag er dem Vorsitzenden des SPD-Unterbezirks, Oliver Kaczmarek, mit 49 zu 66 Stimmen. Der andere Fall ist Duisburg I, wo die Amtsinhaberin Petra Weis knapp mit fünf Stimmen gegenüber Bärbel Bas das Nachsehen hatte. Auch Weis wurde unter anderem ihr Eintreten für die Diätenerhöhung vorgeworfen. Gewiss waren die Diäten nicht der einzige Grund. Auch andere SPD-Abgeordnete hatten dafür gestimmt und wurden doch wieder aufgestellt. Aber bei umstrittenen Abgeordneten fiel es eben zusätzlich ins Gewicht.

31 sichere Bundestagswahlkreise der CDU

Wkr. Nr.		Wkr. Name	Abgeordnete(r) 2005 bis 2009	Erststimmen in %	Kandidat(in) bei Wahl 2009
33		Cloppenburg-Vechta	Holzenkamp, Franz-Josef	64,4	Holzenkamp
148		Hochsauerlandkreis +	Merz, Friedrich	57,7	Sensburg, Patrick
127		Borken II	Röring, Johannes	56,1	Röring
32		Mittelems	Kues, Dr. Hermann	55,6	Kues
295		Zollernalb-Sigmaringen*	Bareiß, Thomas	55,5	Bareiß
138		Paderborn +	Wächter, Gerhard	54,9	Linnemann, Dr. Carsten
277	(276)	Odenwald-Tauber +	Segner, Kurt	53,9	Gerig, Alois
293	(292)	Biberach* +	Romer, Franz	52,4	Rief, Josef
286	(285)	Rottweil-Tuttlingen	Kauder, Volker	52,2	Kauder
99		Rhein-Sieg-Kreis II	Röttgen, Dr. Norbert	51,8	Röttgen
128		Coesfeld-Steinfurt II	Schiewerling, Karl Richard Maria	51,6	Schiewerling
90		Heinsberg	Dautzenberg, Leo	51,4	Dautzenberg
182	(181)	Main-Taunus	Riesenhuber, Prof. Dr. Heinz	51,1	Riesenhuber
285	(284)	Offenburg	Schäuble, Dr. Wolfgang	50,5	Schäuble
113		Kleve	Pofalla, Ronald	50,3	Pofalla
202	(201)	Mosel/Rhein-Hunsrück	Bleser, Peter	50,1	Bleser
261	(260)	Böblingen	Binninger, Clemens	49,8	Binninger

Wkr. Nr.		Wkr. Name	Abgeordnete(r) 2005 bis 2009	Erststimmen in %	Kandidat(in) bei Wahl 2009
294	(293)	Ravensburg – Bodensee[1]	Schockenhoff, Dr. Andreas	49,6	Riebsamen, Lothar (Bodensee)
294	(294)	Ravensburg – Bodensee[1]	Schockenhoff, Dr. Andreas	49,6	Schockenhoff (Ravensburg)
274	(273)	Rastatt	Götz, Peter	49,3	Götz
281	(280)	Calw	Fuchtel, Hans-Joachim	49,2	Fuchtel
290	(289)	Reutlingen	Beck, Ernst-Reinhard	49,1	Beck
204	(203)	Bitburg +	Rauen, Peter Harald	49,0	Schnieder, Patrick
292	(291)	Ulm	Schavan, Dr. Annette	48,7	Schavan
263	(262)	Nürtingen	Hennrich, Michael	47,9	Hennrich
179	(178)	Rheingau-Taunus-Limburg	Willsch, Klaus-Peter	47,5	Willsch
26		Unterems	Connemann, Gitta	47,1	Connemann
266	(265)	Ludwigsburg +	Wissmann, Matthias	46,3	Bilger, Steffen
200	(199)	Koblenz	Fuchs, Dr. Michael	45,4	Fuchs
288	(287)	Konstanz	Jung, Andreas	43,9	Jung
159		Sächsische Schweiz-Weißeritzkreis	Brähmig, Klaus Peter	40,9	Brähmig
176		Fulda	Brand, Michael	39,1	Brand

[1] Statt des bisherigen Wahlkreises 294 Ravensburg – Bodensee (2005) gibt es 2009 die beiden Wahlkreise 293 Bodensee und 294 Ravensburg.

* In ihrem Zuschnitt veränderte Wahlkreise.

Natürlich ist man sich auch in den sicheren Wahlkreisen der CDU darüber klar, dass mit der Nominierung des Kandidaten bereits die Wahl entschieden ist. Im Wahlkreis 33 Cloppenburg-Vechta kann Franz-Josef Holzenkamp es sich scheinbar großzügig leisten, auf einen aussichtsreichen Platz auf der niedersächsischen CDU-Liste zu verzichten. Der Wahlkreis ist seit 1949 fest in der Hand der CDU, und 2005 hat Holzenkamp ihn erneut gewonnen – mit 64,4 Prozent Erststimmen. Für die Bundestagswahl 2009 haben die Delegierten ihn wieder nominiert, und das einstimmig. Auch das ist typisch. Kandidaten, die bereits das Mandat besitzen, werden auch bei der CDU fast überall mit großer Mehrheit wieder nominiert, selten unter 90 Prozent. Gegenkandidaten gibt es nicht. Die einzige Ausnahme war Annette Schavan. Sie musste sich im Wahlkreis Ulm, der ebenfalls als »bombensicher« für die CDU gilt und für den sie seit 2005 im Bundestag sitzt, mit drei Mitbewerbern auseinandersetzen und wurde mit nur 57 Prozent der gültigen Stimmen wieder nominiert. Gerügt wurden ihre Kühle und Abgehobenheit sowie ihre mangelnde Präsenz und Verwurzelung im Wahlkreis. Normalerweise pflegt die Basis sich in der Medienpräsenz ihrer Bundesminister zu sonnen und bringt Verständnis für deren mangelnde Anwesenheit im Wahlkreis auf. Im Wahlkreis Offenburg wurde Innenminister Wolfgang Schäuble, der diese CDU-Bank seit 1972 innehat, mit 96 Prozent erneut aufgestellt. Nur bei der Bundesministerin für Bildung und Forschung war es anders. Kampfkandidaturen gab es ansonsten ausschließlich in den wenigen Wahlkreisen, wo der bisherige Abgeordnete von sich aus nicht mehr antrat. So im Hochsauerlandkreis, wo Friedrich Merz das Handtuch warf, nachdem er innerparteilich an Angela Merkel und juristisch mit seiner Klage zu seinen vielfältigen Einkommen neben dem Mandat beim Bundesverfassungsgericht gescheitert war. Im Kampf um die Nachfolge setzte sich schließlich der 37-Jährige Patrick Sensburg gegen drei Mitbewerber durch. Der Wahlkreis Ludwigsburg war durch den Wechsel von Matthias Wissmann zum Automobilverband frei geworden und konnte, da es sich um ein Überhangmandat handelte, während der Wahlperiode nicht mehr besetzt werden. Um Wissmann zu beerben, traten nicht weniger als acht Kandidaten an, von denen die Mitgliederversammlung schließlich den Landesvorsitzenden der Jungen Union, Steffen Bilger, kürte. In Biberach kandidierte Franz Romer nicht mehr. Dort setzte sich schließlich der Schweinebauer Josef Rief, seit Langem örtlicher Parteivor-

33 sichere Wahlkreise der CSU

Wkr. Nr.		Wkr. Name	Abgeordnete(r) 2005 bis 2009	Erst-stimmen %	Kandidat(in) bei Wahl 2009
232	(231)	Straubing	Hinsken, Ernst	68,0	Hinsken
218	(217)	Ingolstadt	Seehofer, Horst Lorenz	65,9	Brandl, Dr. Reinhard
231	(230)	Rottal-Inn	Straubinger, Max	65,0	Straubinger
214	(213)	Altötting	Mayer, Stephan	64,7	Mayer
226	(225)	Traunstein	Ramsauer, Dr. Peter	63,9	Ramsauer
257	(256)	Oberallgäu	Müller, Dr. Gerd	61,5	Müller
228	(227)	Deggendorf	Kalb, Bartholomäus	61,0	Kalb
258	(257)	Ostallgäu	Rossmanith, Kurt	60,9	Stracke, Stephan
255	(254)	Donau-Ries	Raidel, Hans	60,7	Lange, Ulrich
224	(223)	Rosenheim	Raab, Daniela	60,3	Raab
241	(240)	Kulmbach	Guttenberg, Karl-Theodor Freiherr von und zu	60,0	Guttenberg
254	(253)	Augsburg-Land	Oswald, Eduard	59,9	Oswald
225	(224)	Starnberg	Aigner, Ilse	59,7	Aigner
227	(226)	Weilheim	Dobrindt, Alexander	59,4	Dobrindt
229	(228)	Landshut	Götzer, Dr. Wolfgang	59,0	Götzer
233	(232)	Amberg	Karl, Alois	58,8	Karl
230	(229)	Passau	Scheuer, Dr. Andreas	58,5	Scheuer

Wkr. Nr.		Wkr. Name	Abgeordnete(r) 2005 bis 2009	Erst- stimmen %	Kandidat(in) bei Wahl 2009
215	(214)	Erding – Ebersberg	Lehmer, Dr. Maximilian	58,4	Lehmer
235	(234)	Schwandorf	Hofbauer, Klaus	58,1	Holmeier, Karl
237	(236)	Bamberg	Silberhorn, Thomas	57,4	Silberhorn
250	(249)	Main-Spessart	Zöller, Wolfgang	56,8	Zöller
256	(255)	Neu-Ulm	Nüßlein, Dr. Georg	56,8	Nüßlein
216	(215)	Freising	Obermeier, Franz	56,5	Obermeier
238	(237)	Bayreuth	Koschyk, Hartmut	56,1	Koschyk
217	(216)	Fürstenfeldbruck	Hasselfeldt, Gerda	55,5	Hasselfeldt
242	(241)	Ansbach	Göppel, Josef	54,3	Göppel
251	(250)	Schweinfurt	Glos, Michael	54,1	Glos
234	(233)	Regensburg	Eichhorn, Maria	53,0	Aumer, Peter
223	(222)	München-Land	Fahrenschon, Georg	52,7	Hahn, Florian
248	(247)	Aschaffenburg	Geis, Norbert	52,4	Geis
247	(246)	Roth	Mortler, Marlene	51,0	Mortler
253	(252)	Augsburg-Stadt	Ruck, Dr. Christian	49,2	Ruck
252	(251)	Würzburg	Lehrieder, Paul	47,2	Lehrieder

sitzender, gegen mehrere andere Kandidaten durch, unter anderem gegen den zur CDU gewechselten Oswald Metzger. Dieser versuchte es dann – unter großer Medienbeteiligung – im neu gebildeten Wahlkreis 293 Bodensee, unterlag aber auch dort dem örtlichen Bürgermeister Lothar Riebsamen im dritten Wahlgang mit 327 zu 356 Stimmen. Bayerische Bundestagswahlkreise gehören zu den schwärzesten überhaupt. Nirgendwo sind derart viele Wahlkreise derart sicher in der Hand einer Partei. Während Kandidaten der CDU und der SPD 2005 bundesweit gerade mal in je einem Wahlkreis mehr als 60 Prozent Erststimmen ergattert haben, erreichten CSU-Kandidaten solche Traumergebnisse in nicht weniger als zehn Wahlkreisen. In Straubing hatte der 66-jährige Bäckermeister und »Tourismusbeauftragte der Bundesregierung«, Ernst Hinsken, seit 1980 im Bundestag, mit 68 Prozent das Rekordergebnis eingefahren, mehr als dreimal so viel wie die 19,9 Prozent seines SPD-Konkurrenten. Natürlich geht in solchen Erbhöfen gern der Spruch um, dass selbst ein Ochse gewählt würde, wenn ihn nur die CSU aufstellt. Auch wenn der Nimbus bei der letzten Landtagswahl gelitten hat, dürfte sich doch an der beherrschenden Position der CSU in den bayerischen Bundestagswahlkreisen auch 2009 nichts Wesentliches ändern. Die Abgeordneten werden von Delegierten (und nicht von Mitgliederversammlungen) nominiert – und wenn sie wieder antreten, mit geradezu totalitären Resultaten. Der 64-Jährige Michael Glos, MdB seit 1976, wurde, als er noch Bundeswirtschaftsminister war, in seinem Wahlkreis Schweinfurt, durchaus nicht amtsmüde, einstimmig für 2009 wieder nominiert, genauso wie der Chef der CSU-Gruppe im Bundestag, Peter Ramsauer, im Wahlkreis Traunstein. 100 Prozent verzeichnete auch Stephan Mayer in Altötting, während Christian Ruck in Augsburg-Stadt »nur« 106 von 107 Delegiertenstimmen erhielt. Bei solchen Verhältnissen muss es bereits als Majestätsbeleidigung erscheinen, wenn ein amtierender Abgeordneter mal mit weniger als 90 Prozent nominiert wird. Umso mehr fällt auf, dass der 70-Jährige Norbert Geis, von 1981 bis 1986 im Bayerischen Landtag und seit 1987 Bundestagsabgeordneter von Aschaffenburg, tatsächlich einen jüngeren Gegenkandidaten hatte. Die Delegierten nominierten Geis nur mit 99 zu 37 Stimmen. Schlechter noch erging es Hans Raidel im Wahlkreis Donau-Ries. Der fast 68-Jährige hatte schon lange angekündigt, nach 19 Jahren im Bundestag nicht noch einmal kandidieren zu wollen, sich dann aber ganz kurzfristig umentschieden. Da aber hatten schon mehrere Kandidaten ihren Hut in den Ring geworfen. Von den Delegierten bekam Raidel mit nicht einmal halb so vielen Stimmen wie Ulrich Lange die Quittung. Geschadet hatte Raidel auch seine Äußerung zur Diätenerhöhung (»Das bin ich mir wert«). Seine Entschuldigung vor den Delegierten half nichts mehr. Sonst fiel nirgendwo ein amtierender Abgeordneter bei der Nominierung durch.

2. Listenkandidaten: zwischen Sicherheit und Willkür

Auf den ersten Blick präsentiert sich das System ganz einfach: Eine Partei erhält umso mehr Abgeordnete, je besser sie abschneidet. Werden viele Stimmen für sie abgegeben, haben auch mehr ihrer Abgeordneten Erfolg. Das scheint dafür zu sprechen, dass dann auch umso mehr Kandidaten auf den Listen ins Parlament kommen. Tatsächlich trifft dies bei den kleineren Bundestagsparteien durchaus zu. Sofern sie die Sperrklausel überspringen, entspricht die Zahl ihrer Mandate ziemlich genau den für sie abgegebenen Stimmen. So stehen etwa die ersten fünf Abgeordnete der niedersächsischen FDP und der niedersächsischen Grünen (darunter auf Platz 2 Jürgen Trittin), die ihre Landeslisten für die Bundestagswahl 2009 bereits aufgestellt haben, längst fest.

Bei den Listen der CDU/CSU und der SPD sind die Zusammenhänge dagegen sehr viel komplizierter und unübersichtlicher. Hier kann es sich genau umgekehrt verhalten: In Ländern, wo eine Partei gut abschneidet, kommen oft nur wenige oder gar keine Listenkandidaten zum Zuge. Beispiele sind Bayern, Baden-Württemberg und Sachsen. In Bayern kamen bei der Bundestagswahl 2005 von den 45 CSU-Bundestagsabgeordneten lediglich zwei über die Liste ins Parlament. Und in Baden-Württemberg und Sachsen hatte nicht einmal ein einziger auf der CDU-Liste Erfolg. In Bremen, Hamburg und Niedersachsen schnitt umgekehrt die SPD gut ab – mit der Folge, dass in den beiden Stadtstaaten im Jahr 2005 kein SPD-Kandidat über die Liste ins Berliner Parlament einzog und in Niedersachsen lediglich zwei. Diese scheinbar paradoxen Ergebnisse rühren daher, dass vor Berücksichtigung der Listenabgeordneten zunächst die von der Partei mit den Erststimmen in den Wahlkreisen errungenen Direktmandate abgezogen werden. Und je erfolgreicher eine Partei ist, desto mehr Wahlkreise pflegt sie zu erobern, desto mehr werden also vorab abgezogen. Da der Sieg im Wahlkreis allerdings schon bei einem –

möglicherweise geringen – Mehr errungen wird, kann es vorkommen, dass eine Partei zwar alle oder fast alle Wahlkreise gewinnt, insgesamt aber nicht viel mehr Stimmen erhält als die nächstgrößere Partei. Da die Gesamtzahl ihrer Stimmen sich dann in Grenzen hält, kommt möglicherweise gar kein Listenabgeordneter mehr zum Zug, und sie bekommt eventuell sogar Überhangmandate. Dies war 2005 bei der CDU in Baden-Württemberg der Fall (Zweitstimmen CDU 39,2 Prozent – SPD 30,1 Prozent), die mittels Überhangmandate drei zusätzliche Abgeordnete nach Berlin entsandte (siehe S. 135). Ebenso umgekehrt bei der SPD im Saarland (SPD 33,3 Prozent Zweitstimmen – CDU 30,2 Prozent – FDP 7,4 Prozent – Die Linke 18,5 Prozent – Grüne 5,9 Prozent). Die SPD erhielt dort ein Überhangmandat. In Bayern errang die CSU mit 49,2 Prozent der Zweitstimmen beinahe doppelt so viele Stimmen wie die SPD (25,5 Prozent). Auf sie entfielen deshalb sehr viele Abgeordnete, so dass sie trotz des Gewinns fast aller Wahlkreise noch zwei weitere Abgeordnete über die Liste in den Bundestag schicken konnte. In östlichen Bundesländern, in denen die Linke stark ist, kann ein nur relativ großer Stimmenanteil der SPD dazu führen, dass sie alle nach den Zweitstimmen auf sie entfallenden Sitze bereits durch Direktkandidaten gewinnt, so dass kein einziger ihrer Listenabgeordneten mehr zum Zuge kommt. So 2005 in Brandenburg (SPD 35,8 Prozent Zweitstimmen – CDU 20,6 Prozent – Die Linke 26,6 Prozent – FDP 6,9 Prozent – Grüne 5,1 Prozent), in Sachsen-Anhalt (SPD 32,7 Prozent – Die Linke 26,6 Prozent – CDU 24,7 Prozent – FDP 8,1 Prozent) und Thüringen (SPD 29,8 Prozent – Die Linke 26,1 Prozent – CDU 25,7 Prozent – FDP 7,9 Prozent). Immer wieder übersteigen die Direktmandate dort die der SPD nach den Zweitstimmen gebührende Mandatszahl, so dass ihr bei der letzten Bundestagswahl in Brandenburg drei und in Sachsen-Anhalt sogar vier Überhangmandate verblieben.

Viele und auch absolut sichere Listenplätze hat somit – neben den kleineren Bundestagsparteien – paradoxerweise oft gerade diejenige der beiden größeren Parteien zu vergeben, die in dem betreffenden Land in der Underdog-Position ist, also z.B. die SPD in Baden-Württemberg und Bayern oder die CDU in Niedersachsen und Hamburg. In Bayern kamen 2005 23 SPD-Listenabgeordnete in den Bundestag, in Baden-Württemberg 19. Da die SPD in beiden Bundesländern ihre Listen für die Bundestagswahl 2009 bereits aufgestellt hat, stehen viele ihrer künftigen Abgeordneten bereits jetzt fest. Beide Listen sind im Folgenden wiedergegeben. Im größten deutschen Bundesland, Nordrhein-Westfalen, in dem die SPD zwar bei Bundestagswahlen traditionell ein Übergewicht hat (2005: SPD 40,0 Prozent Zweitstimmen – CDU 37,4 Prozent – FDP 10,0 Prozent – Grüne 7,6 Prozent – Die Linke 5,2 Prozent) und die meisten Direktmandate gewinnt, ist aber auch die CDU in zahlreichen Wahlkreisen verwurzelt, so dass 2005 insgesamt 14 SPD-Abgeordnete und 22 von der CDU über die Liste in den Bundestag kamen, von denen viele, vor allem bei der CDU, traditionell als sicher gelten. Dabei können dann auch Kandidaten, die auf der Liste weiter hinten stehen, noch zum Zuge kommen, falls weiter vorne platzierte Mitbewerber bereits im Wahlkreis gewonnen haben und deshalb nicht mitgezählt werden.

Insgesamt also ein höchst kompliziertes, vielfach ineinander verschachteltes Verfahren, dessen Ergebnisse – abgesehen von den sicheren Plätzen auf der Liste und den Erfolgen in sicheren Wahlkreisen – weder für den Wähler noch für die Kandidaten voraussehbar sind, mit den Intentionen der Wähler fast gar nichts mehr zu tun haben und an schiere Willkür grenzen. Insoweit herrscht ein reines Lotterieverfahren.

Wer ins Parlament kommt, steht also entweder längst vor der Wahl fest, oder dies beruht auf der Willkür eines verrückten Systems – in beiden Fällen jedenfalls nicht auf der Entscheidung der Wähler. Immerhin, eins ist sicher: Je weiter vorn auf der Liste, desto besser sind in der Regel die Chancen, wie immer das Wahlergebnis auch ausfallen mag. Angesichts des Umfrage-Tiefs der SPD in den ersten Monaten des Jahres 2009 kursierten Berechnungen, dass die SPD bei einem 25-Prozent-Ergebnis im Herbst fast ein Drittel ihrer Bundestagsmandate verlieren würde. Die Folge war, dass bei der gerade in diese Zeit fallenden Aufstellung der Landeslisten der parteiinterne Kampf um vordere Plätze an Schärfe und Verbitterung deutlich zunahm.

Landesliste der SPD Baden-Württemberg für die Bundestagswahl 2009

Platz	Kandidat(in)	Platz	Kandidat(in)
1	Vogt, Ute	5	Mattheis, Hilde
2	Erler, Gernot	6	Roth, Karin
3	Kressl, Nicolette	7	Kumpf, Ute
4	Lange, Christian	8	Scheer, Hermann

Platz	Kandidat(in)	Platz	Kandidat(in)
9	Friedrich, Peter	23	Teichmann, Gabriele
10	Arnold, Rainer	24	Fechner, Johannes
11	Drobinski-Weiß, Elvira	25	Weigle, Sebastian
12	Gerster, Martin	26	Godawa, Angela
13	Mast, Katja	27	Majer, Thorsten
14	Binding, Lothar	28	Esken, Saskia
15	Juratovic, Josip	29	Binder, Sascha
16	Schwarzelühr-Sutter, Rita	30	Engehausen, Franziska
17	Rebmann, Stefan	31	Fischer, Peter
18	Sawade, Annette	32	Jenter, Anne
19	Jung, Johannes	33	Jehle, Jochen
20	Rosemann, Martin	34	Scheerer, Friedrich
21	Zirra, Jana	35	Henn, Werner
22	Castellucci, Lars	36	Krögner, Walter

Landesliste der SPD in Bayern für die Bundestagswahl 2009

Platz	Kandidat(in)	Platz	Kandidat(in)
1	Pronold, Florian	18	Teuchner, Jella
2	Kastner, Susanne	19	Dressel, Carl-Christian
3	Gloser, Günter	20	Koch, Helga
4	Ernstberger, Petra	21	Unfried, Harald
5	Barthel, Klaus	22	Tausend, Claudia
6	Schieder, Marianne	23	Spitz, Rolf
7	Paula, Heinz	24	Reuther, Marion
8	Graf, Angelika	25	Falk, Peter
9	Schurer, Ewald	26	Dullinger, Angelica
10	Rupprecht, Marlene	27	Beyer, Christian
11	Hofmann, Frank	28	Nowotny, Hannedore
12	Kramme, Annette	29	Schwarz, Andreas
13	Burkert, Martin	30	Engelen-Kefer, Ursula
14	Fograscher, Gabriele	31	Parr, Andreas
15	Schieder, Werner	32	Hackl, Maria
16	Kofler, Bärbel	33	Strehlke, Reinhard
17	Berg, Axel	34	Hagl, Rita

Platz	Kandidat(in)
35	Fischer, Roland
36	Lenz-Aktas, Ingrid
37	Söllner, Karl
38	Stamm-Fibich, Martina
39	Stenglein, Claus
40	Rützel, Bernd
41	Brunner, Karl-Heinz
42	Groß, Werner
43	Adam, Michael
44	Dörnhöfer, Georg
45	Vorländer, Hans Christian

Platz	Kandidat(in)
46	Riesterer, Eva
47	Eckert, René van
48	Gierlings, Elisabeth
49	Weßling, Claudia
50	Abele, Sebastian
51	Thannheiser, Evi
52	Nou, Dominique
53	Burger, Thomas
54	Müller, Josef
55	Schuster, Alfred

3. Illegitime Vertreter: Wahlkreise mit mehreren Abgeordneten

Die 299 Bundestagswahlkreise sind erklärtermaßen Einer-Wahlkreise. In jedem Wahlkreis wird nur ein Kandidat oder eine Kandidatin gewählt und nach Berlin in den Bundestag entsandt. Tatsächlich aber gibt es viele Wahlkreise, die von zwei, drei, vier oder gar fünf Abgeordneten vertreten werden, also nicht nur von demjenigen, der die meisten Stimmen erhalten und die Wahl gewonnen hat, sondern auch von den Zweit-, Dritt- oder Viertplatzierten, die die Bürger also gar *nicht* gewählt und denen sie gerade *nicht* das Vertrauen ausgesprochen haben. Dieser politische Zauber, der erfolglose Wahlkreiskandidaturen wie durch ein Wunder doch noch in einen Erfolg verwandelt, wird durch unser aberwitziges Wahlsystem bewirkt. Wer im Wahlkreis verliert, kommt oft trotzdem noch über die Liste zum Erfolg. Die politische Klasse tut so, als hätten wir Zweier-, Dreier-, Vierer- oder Fünferwahlkreise.

Ein Beispiel ist der Wahlkreis 20 Hamburg-Altona. Seit 1998 hält Olaf Scholz (SPD) den Wahlkreis, was allerdings keine Kunst ist. Seine Partei ist seit Langem auf das Mandat abonniert. Scholz war Generalsekretär der SPD unter Gerhard Schröder. In der großen Koalition wurde er zunächst Erster Parlamentarischer Geschäftsführer der SPD-Bundestagsfraktion. Mit dem Rücktritt von Franz Müntefering als Bundessozialminister hat er dessen Amt übernommen. Sein Wahlkreis-Rivale Marcus Weinberg von der CDU erhielt bei der Bundestagswahl 2005 zwar 12,1 Prozentpunkte weniger Stimmen als Scholz, zog aber dennoch über die Liste ins Parlament. Solche Absicherungen von im Wahlkreis unterlegenen Kandidaten sind keineswegs die Ausnahme, sondern die Regel. So wird die Mehrzahl der Wahlkreise nicht nur von einem, sondern gleich von zwei oder noch mehr Abgeordneten vertreten, von einem, der Erfolg hatte im Wahlkreis, und anderen, die sich am Wählervotum vorbei durch die Hintertür der Landesliste ins Parlament geschlichen haben.

Im Wahlkreis 42 (2009: 43) Stadt Hannover II drängen sich nicht weniger als fünf Abgeordnete, die alle den Anspruch erheben, den Wahlkreis in Berlin zu vertreten. Er ist seit jeher »rot«. Von Hannover aus hatte nach dem Krieg der erste Bundesvorsitzende der SPD, Kurt Schumacher, die Geschicke der Partei gelenkt. Die derzeitige SPD-Vertreterin Edelgard Bulmahn, die Gerhard Schröder aus Niedersachsen mitbrachte und zur Bundesministerin für Bildung und Forschung machte, kommt seit 1998 in den Genuss des sicheren Wahlkreises, 2005 mit 54,3 Prozent der Erststimmen. Friedbert Pflüger kam bei der Bundestagswahl 2005 über Platz 1 der niedersächsischen CDU-Landesliste nach Berlin und ergatterte kurzzeitig das begehrte Amt eines Parlamentarischen Staatssekretärs. Aufgrund seines anschließenden Ausflugs in die Berliner Landespolitik rückte im November 2006 Hans Peter Thul über die Liste nach. Die Wahlkreiskandidaten Patrick Döring (FDP), Silke Stokar von Neuforn (Grüne) und Dr. Jörg-Diether Dehm-Desoi (Die Linke) zogen ebenfalls über die Liste in den Bundestag. Das alles dürfte sich bei der Bundestagswahl 2009 wiederholen. Bulmahn hat den Wahlkreis schon jetzt wieder in der Tasche. Statt Pflüger tritt Ursula von der Leyen an und ist natürlich auf Platz 1 der CDU-Liste abgesichert, und Döring und Dehm haben auch wieder sichere Listenplätze. Stokar von Neuforn kandidiert nicht mehr.

Auch der Wahlkreis 48 (2009: 49) Hildesheim ist seit jeher fest in der Hand der SPD. Mit 51 Prozent wurde deshalb 2005 der wenig bekannte Bernhard Brinkmann wiedergewählt. Aber auch für Eckart von Klaeden, Bundesschatzmeister der CDU, und Brigitte Pothmer (Grüne), die auf den Listenplätzen 2 bzw. 1 ihrer Parteien abgesichert waren, stand von vornherein fest, dass sie in den Bundestag einziehen würden.

Den Wahlkreis 54 (2009: 55) Bremen I beanspruchen gleich vier Abgeordnete zu vertreten: der SPD-Mann Volker Kröning, dem 2005 um seine Direktwahl nicht bange sein musste. Seine Partei gewinnt den Wahlkreis seit Gründung der Republik. Seine Konkurrenten

Bernd Otto Neumann, derzeitiger Kulturstaatsminister, von der CDU, Marieluise Beck von den Grünen und Dr. Axel Troost von der Linken, die allesamt im Wahlkreis nicht die geringste Chance haben, kamen über vordere Listenplätze in den Bundestag.

Auch im Wahlkreis 73 (2009: 74) Halle fühlen sich vier Bundestagsabgeordnete zuständig. Die Mehrheit der Erststimmen erhielt 2005 zwar nur Christel Riemann-Hanewinkel (SPD) mit 36 Prozent der Erststimmen. Aber auch der mit 24,8 Prozent unterlegene Dr. Christoph Bergner (CDU), früher Ministerpräsident von Sachsen-Anhalt, die mit 27,4 Prozent zweitplatzierte Dr. Petra Sitte (Die Linke) und sogar die Generalsekretärin der FDP, Cornelia Pieper, die nur 4,9 Prozent der Erststimmen erhielt, kamen ins Parlament. Alle drei standen auf Platz 1 der Landeslisten ihrer Parteien.

Der Wahlkreis 99 Rhein-Sieg-Kreis II ist sicher in der Hand der CDU, wobei ihrem Kandidaten auch ein großer Teil der dort zahlreichen Anhänger der FDP den Vorzug gibt. Ihr Direktkandidat hat ohnehin keine Chance. Das macht sich der smarte Norbert Röttgen seit 1994 zunutze. Er ist seit 2005 Erster parlamentarischer Geschäftsführer der CDU/CSU-Fraktion, wurde aber im Kabinett von Angela Merkel nicht berücksichtigt und besaß deshalb Mitte 2006 die Chuzpe, neben seinem Bundestagsmandat gleichzeitig noch Hauptgeschäftsführer des Bundesverbandes der Deutschen Industrie werden zu wollen, was schließlich am Protest der Öffentlichkeit, der eigenen Fraktion und des Verbandes scheiterte. Als Vertreterin des Wahlkreises Rhein-Sieg-Kreis II fühlt sich aber auch Ulrike Merten, obwohl sie bei den Erststimmen hoffnungslos abgeschlagen war. Sie ist über die SPD-Landesliste in den Bundestag gekommen.

Den Wahlkreis 118 Oberhausen-Wesel III beanspruchen wiederum drei Abgeordnete. Der SPD-Abgeordnete Wolfgang Grotthaus gewann 2005 mit 58,2 Prozent der Erststimmen. Doch auch seine weit abgeschlagenen Konkurrenten Marie-Luise Dött (CDU) und Bärbel Höhn (Grüne) kamen über sichere Listenplätze ins Parlament.

Aus dem Wahlkreis 148 Hochsauerlandkreis kommt seit 1994 Friedrich Merz, der vorher schon fünf Jahre lang im Europäischen Parlament gesessen hatte. 2005 erhielt er 57,7 Prozent der Erststimmen. Seine SPD-Konkurrentin seit 1994, Dagmar Schmidt, kam stets über die Liste ins Parlament, 2005, als sie sich mit 34,1 Prozent begnügen musste, auf dem sicheren Listenplatz sechs. Sie verstarb allerdings im November 2005. Ihr über die Liste nachgerückter Kollege

Christoph Pries kann natürlich erst recht nicht als Volksvertreter angesehen werden. Der Wahlkreis ist für die SPD derart aussichtslos, dass Franz Müntefering, der früher dort kandidiert hatte, später auf eine Wahlkreiskandidatur verzichtete und sich nur noch über die Liste wählen ließ. Merz hatte nach der Bundestagswahl 2002 den Vorsitz der CDU/CSU-Bundestagsfraktion an Angela Merkel abgeben müssen, die dies hinter dem Rücken von Merz mit Stoiber verabredet hatte – als Gegenleistung für ihre Zustimmung zu Stoibers (allerdings erfolgloser) CDU/CSU-Spitzenkandidatur bei der Bundestagswahl 2002. Merz widmete sich daraufhin verstärkt seinem Beruf als viel beschäftigter Wirtschaftsanwalt und klagte beim Bundesverfassungsgericht gegen den Passus im Abgeordnetengesetz, dass die Ausübung des Mandats im Mittelpunkt der Tätigkeit eines Bundestagsabgeordneten zu stehen habe. Als Merz auch damit scheiterte und die CDU zudem immer weiter von ihren Leipziger Beschlüssen abrückte, verlor er endgültig die Lust an der Politik und tritt zur Bundestagswahl 2009 nicht mehr an.

Der Wahlkreis 170 (2009: 169) Kassel ist wieder ein Vierer-Wahlkreis. Das Direktmandat hatte 2005 Hans Eichel, der vorher Kasseler Oberbürgermeister und hessischer Ministerpräsident gewesen war, mit 50,5 Prozent der Erststimmen gewonnen. Für die CDU zog der rechtspolitische Sprecher der Unionsfraktion, Jürgen Gehb, über die Landesliste in den Bundestag (30,6 Prozent der Erststimmen). Aber auch die FDP-Kandidatin Mechthild Dyckmans und Nicole Maisch von den Grünen kamen ins Parlament. Da Eichel nicht mehr antrat, kam es bei der Aufstellung des SPD-Wahlkreiskandidaten für 2009 zur Kampfabstimmung, die schließlich Rainer Pfeffermann gewann.

Im Wahlkreis 230 (2009: 229) Passau geht das Direktmandat seit der Zeit des legendären Bundesfinanzministers der Fünfzigerjahre, Fritz Schäffer, stets an die CSU. Es heißt, man könne dort selbst einen Esel ins Rennen schicken, er würde doch das Direktmandat ergattern. Den Wahlkreis gewann 2005 Dr. Andreas Scheuer mit 58,5 Prozent der Erststimmen. Diesem Jungpolitiker war es mit Hilfe der Jungen Union gelungen, seine Klientel bei der CSU-internen Kandidatennominierung zu mobilisieren und den bisherigen Abgeordneten Klaus Rose zu verdrängen. Rose hatte den Wahlkreis zweieinhalb Jahrzehnte im Bundestag vertreten und es bis zum Parlamentarischen Staatssekretär gebracht. »Als kurz darauf die Staatsanwaltschaft prüfte, ob Scheuer seinen Doktortitel zu Recht trägt, hatte Passau seinen Lokalskandal«, heißt es im Bericht einer überregionalen Zeitung. Scheuers Mandat und seiner Nominierung auch für 2009 tat das keinen Abbruch. Als Vertreter des Wahlkreises fühlen sich auch Jella Teuchner (SPD) und Dr. Max Josef Stadler (FDP). Beide sind bei den Erststimmen zwar stets hoffnungslos abgeschlagen, aber doch seit 1994 im Bundestag – über die Landeslisten ihrer Parteien.

Im Wahlkreis 253 (2009: 252) Augsburg-Stadt wollen vier Abgeordnete den Wahlkreis vertreten, der seit 1949 – bis auf das SPD-Jahr 1972 unter Willy Brandt – stets der CSU zufiel. 2004 wurde Dr. Christian Rock mit 29,2 Prozent der Erststimmen gewählt. Über die Landesliste kamen Paula Heinz (SPD), Miriam Krebs (FDP) und die Bundesvorsitzende der Grünen, Claudia Roth, ins Parlament.

Der Wahlkreis 265 (2009: 264) Waiblingen wurde 2005 vom CDU-Abgeordneten Dr. Joachim Pfeiffer mit 46,9 Prozent der Erststimmen gewonnen, der auch schon 2002 erfolgreich war. Vorher hatte bereits Paul Laufs hier siebenmal in Folge für die CDU gewonnen. Ursprünglich hatte, man mag es heute kaum mehr glauben, die FDP den Wahlkreis wiederholt für sich reserviert. Der Landkreis Waiblingen war in der Anfangszeit der Bundesrepublik eine ausgesprochene Hochburg des südwestdeutschen Liberalismus. Dort lagen u.a. die Wurzeln von Reinhold Maier, dem einzigen Ministerpräsidenten der FDP. 2005 langte es dem FDP-Kandidaten Hartfrid Wolff aber nur noch zu 5,4 Prozent, so dass er nur mittels seines 5. Platzes auf der FDP-Landesliste in den Bundestag kam. Neben Wolff und Pfeiffer, der bundesweit bekannt wurde, als er vom früheren baden-württembergischen Europaminister Palmer (CDU) eine Ohrfeige bekam, will noch ein Dritter für den Wahlkreis sprechen. Hermann Scheer, Lobbyist der Solarzellenindustrie, der im Wahlkreis mit 39,2 Prozent unterlegen, aber auf der SPD-Landesliste (Platz 2) abgesichert war, ist heute der bekannteste Waiblinger Politiker. Er hatte Ypsilantis Umweltminister werden wollen, hat sich nach dem Scheitern des hessischen Abenteuers aber reumütig in Waiblingen zurückgemeldet (»Ich war nie weg«) und tritt auch bei der Bundestagswahl 2009 dort wieder an.

Im Folgenden sind alle Wahlkreise aufgelistet, in denen seit der Bundestagswahl 2005 zwei oder mehr Abgeordnete eine Vertretung beanspruchen. Bei Wahlkreisen, deren Nummer sich bei der Bundestagswahl 2009 geändert hat, ist die neue Nummer in Klammern hinzugesetzt. Die 16 Wahlkreise, die einen neuen Namen erhalten haben, sind grau unterlegt.

Wahlkreise mit zwei oder drei Abgeordneten (Bundestagswahl 2005)

Wkr.	Wkr.-Name	Direkt				Liste				Liste			
		Name	Partei	%	Listenplatz	Name	Partei	%	Listenplatz	Name	Partei	%	Listenplatz
Schleswig-Holstein													
1	Flensburg-Schleswig	Wodarg, Dr. Wolfgang	SPD	44,2	7	Börnsen, Wolfgang	CDU	44,0	1	Bettin, Grietje	GRÜNE	4,2	1
3	Steinburg-Dithmarschen Süd	Koschorrek, Dr. Rolf	CDU	44,9	11	Thießen, Jörn	SPD	41,2	8	Koppelin, Jürgen	FDP	4,4	1
4	Rendsburg-Eckernförde	Bernhardt, Otto	CDU	44,1	4	Rix, Sönke	SPD	43,7	5				
7	Pinneberg	Schröder, Dr. Ole	CDU	44,2	2	Rossmann, Dr. Ernst Dieter	SPD	42,8	1	Steenblock, Rainder	GRÜNE	5,0	2
8	Segeberg-Stormarn-Nord	Storjohann, Gero	CDU	43,9	5	Thönnes, Franz	SPD	42,6	3				
10	Herzogtum Lauenburg-Stormarn-Süd	Bismarck, Carl-Eduard Graf von	CDU	44,4	7	Happach-Kasan, Dr. Christel	FDP	4,8	2				
11	Lübeck	Hiller-Ohm, Gabriele	SPD	49,7	4	Eymer, Anke	CDU	35,6	3				
Mecklenburg-Vorpommern													
12	Wismar-Nord-westmecklenburg-Parchim	Hoffmann, Iris	SPD	37,8	4	Bunge, Dr. Martina	Die Linke	21,8	2				
13	Schwerin-Ludwigslust	Hacker, Hans-Joachim	SPD	41,0	1	Bartsch, Dr. Dietmar Gerhard	Die Linke	21,3	1	Ahrendt, Christian	FDP	3,9	1

Wkr.	Wkr.-Name	Direkt				Liste				Liste			
		Name	Partei	%	Listen-platz	Name	Partei	%	Listen-platz	Name	Partei	%	Listen-platz
14	Rostock	Kleiminger, Christian	SPD	37,7		Rehberg, Eckhardt	CDU	25,6	2	Terpe, Dr. Harald Frank	GRÜNE	9,4	1
Hamburg													
19	Hamburg-Mitte	Kahrs, Johannes	SPD	49,5		Blumenthal, Antje	CDU	27,5	3	Sager, Krista	GRÜNE	11,4	1
20	Hamburg-Altona	Scholz, Olaf	SPD	45,9	3	Weinberg, Marcus	CDU	33,8	4				
22	Hamburg-Nord	Carstensen, Christian	SPD	43,3	6	Fischer, Dirk	CDU	39,5	1	Hajduk, Anja	GRÜNE	9,7	2
23	Hamburg-Wandsbek	Runde, Ortwin	SPD	49,6	1	Klimke, Jürgen	CDU	35,7	2				
Niedersachsen													
25	Aurich-Emden	Duin, Garrelt	SPD	58,3	30	Hoppe, Thilo	GRÜNE	6,2	4				
26	Unterems	Connemann, Gitta	CDU	47,1	12	Goldmann, Hans-Michael	FDP	4,7	3				
27	Friesland-Wilhelmshaven	Evers-Meyer, Karin	SPD	50,4	4	Kammer, Hans-Werner	CDU	33,7	14				
28	Oldenburg-Ammerland	Multhaupt, Gesine	SPD	44,7	23	Kossendey, Thomas	CDU	35,6	5	Dückert, Dr. Thea Gerda	GRÜNE	10,0	5
29	Delmenhorst-Wesermarsch-Oldenburg-Land	Ortel, Holger	SPD	50,1	20	Brunkhorst, Angelika	FDP	5,1	5				

Wkr.	Wkr.-Name	Direkt				Liste				Liste			
		Name	Partei	%	Listen-platz	Name	Partei	%	Listen-platz	Name	Partei	%	Listen-platz
30	Cuxhaven-Osterholz	Faße, Annette	SPD	49,8	27	Ferlemann, Enak	CDU	35,6	8				
31	Stade-Cuxhaven	Wetzel, Dr. Margrit	SPD	48,1	18	Krogmann, Dr. Martina	CDU	42,5	3				
33	Cloppenburg-Vechta	Holzenkamp, Franz-Josef	CDU	64,4	29	Groneberg, Gabriele	SPD	26,6	9				
35	Rotenburg-Verden	Stünker, Joachim	SPD	44,2	10	Grindel, Reinhard	CDU	49,3	16	Lenke, Ina	FDP	5,0	2
36	Soltau-Falling-bostel-Winsen L.	Griefahn, Monika	SPD	44,2	12	Grosse-Brömer, Michael	CDU	42,2	7	Schui, Dr. Herbert	Die Linke	3,4	3
39 (40)	Stadt Osnabrück	Schwanholz, Dr. Martin	SPD	44,1	6	Thiele, Carl-Ludwig	FDP	5,3	1				
41 (42)	Stadt Hannover I	Andres, Gerd	SPD	52,8	29	Pawelski, Rita	CDU	31,8	9	Winterstein, Dr. Claudia	FDP	3,9	4
43 (44)	Hannover-Land I	Marks, Caren	SPD	49,9	14	Brüning, Monika	CDU	38,2	18				
44 (45)	Celle-Uelzen	Struck, Dr. Peter	SPD	46,7	3	Otte, Henning	CDU	41,5	19				
45 (46)	Gifhorn-Peine	Heil, Hubertus	SPD	51,1	15	Möllring, Dr. Eva	CDU	36,8	15				
47 (48)	Hannover-Land II	Miersch, Dr. Matthias	SPD	51,5	8	Flachsbarth, Dr. Maria Franziska	CDU	36,1	6				
48 (49)	Hildesheim	Brinkmann, Bernhard	SPD	51,0	22	Klaeden, Eckart von	CDU	36,8	2	Pothmer, Brigitte	GRÜNE	5	1

Wkr.		Wkr.-Name	Direkt				Liste				Liste			
			Name	Partei	%	Listen-platz	Name	Partei	%	Listen-platz	Name	Partei	%	Listen-platz
49	(50)	Salzgitter-Wolfen-büttel	Gabriel, Sigmar	SPD	52,3	5	Fromme, Jochen-Konrad	CDU	35,6	11				
50	(51)	Braunschweig	Reimann, Dr. Carola	SPD	51,5	19	Müller, Carsten	CDU	35,3	20				
52	(53)	Goslar-Northeim-Osterode	Priesmeier, Dr. Wilhelm	SPD	50,5	26	Faust, Dr. Hans Georg	CDU	36,8	17				
53	(54)	Göttingen	Oppermann, Thomas	SPD	46,8	13	Fischer, Hartwig	CDU	35,7	10	Trittin, Jürgen	GRÜNE	7,8	2
Brandenburg														
56	(57)	Prignitz-Ost-prignitz-Ruppin-Havelland I	Bahr, Ernst	SPD	38,5	11	Tackmann, Dr. Kirsten	Die Linke	25,2	5				
57	(58)	Uckermark-Barnim I	Meckel, Johannes-Markus	SPD	39,6	9	Koeppen, Jens	CDU	23,0	4				
59	(60)	Märkisch-Oder-land-Barnim II	Bierwirth, Petra	SPD	35,4	8	Enkelmann, Dr. Dagmar	Die Linke	33,1	2				
60	(61)	Brandenburg an der Havel-Pots-dam-Mittelmark I-Havelland III-Teltow-Fläming I	Spielmann, Dr. Margrit	SPD	41,2	2	Voßhoff, Andrea Astrid	CDU	22,5	3	Golze, Diana	Die Linke	26,3	3
61	(62)	Potsdam-Potsdam-Mittelmark II-Teltow-Fläming II	Wicklein, Andrea	SPD	40,7	6	Reiche, Kathe-rina	CDU	22,1	1	Lanfer-mann, Heinz	FDP	3,6	1

Wkr.		Wkr.-Name	Direkt				Liste				Liste			
			Name	Partei	%	Listen-platz	Name	Partei	%	Listen-platz	Name	Partei	%	Listen-platz
63	(64)	Frankfurt (Oder)-Oder-Spree	Vogelsänger, Jörg Willi	SPD	35,5	3	Bisky, Prof. Lothar	Die Linke	33,3	1				
64	(65)	Cottbus-Spree-Neiße	Reiche, Steffen	SPD	37,6	7	Behm, Cornelia	GRÜNE	2,8	1				
65	(66)	Elbe-Elster-Oberspreewald-Lausitz II	Hilsberg, Stephan	SPD	34,8	1	Stübgen, Michael	CDU	25,9	2				
Sachsen-Anhalt														
66	(67)	Altmark	Mühlstein, Marko	SPD	33,2	5	Jordan, Dr. Hans-Heinrich	CDU	31,1	5	Kunert, Katrin	Die Linke	27,3	3
68	(69)	Harz	Steppuhn, Andreas	SPD	33,8	3	Kurth, Undine	GRÜNE	4,2	1				
69	(70)	Magdeburg	Küster, Dr. Uwe	SPD	40,8	8	Heynemann, Bernd Reinhold Gerhard	CDU	23,3	3				
70	(68)	Börde	Kasparick, Ulrich	SPD	36,4	10	Ackermann, Jens	FDP	5,9	2				
71	(72)	Anhalt	Wistuba, Engelbert	SPD	33,6	4	Petzold, Ulrich	CDU	30,4	4				
72		Bernburg-Bitterfeld-Saalkreis	Hübner, Klaas	SPD	36,1	6	Korte, Jan	Die Linke	22,2	2				
74		Burgenland	Reichel, Maik	SPD	31,6	1	Claus, Roland	Die Linke	26,2	4				
75		Mansfelder Land	Schmidt, Silvia	SPD	32,8	11	Heller, Uda Carmen Freia	CDU	28,1	2				

Wkr.	Wkr.-Name	Direkt				Liste				Liste			
		Name	Partei	%	Listen-platz	Name	Partei	%	Listen-platz	Name	Partei	%	Listen-platz
Berlin													
76	Berlin-Mitte	Spiller, Jörg-Otto	SPD	41,9	7	Wieland, Wolfgang	GRÜNE	13,9	2				
79	Berlin-Spandau-Charlottenburg Nord	Schulz, Swen	SPD	46,8		Wegner, Kai Peter	CDU	35,6	5				
80	Berlin-Steglitz-Zehlendorf	Wellmann, Karl-Georg	CDU	40,0	5	Benneter, Klaus Uwe	SPD	38,7	3	Löning, Markus	FDP	5,3	1
81	Berlin-Charlottenburg-Wilmersdorf	Merkel, Petra-Evelyne	SPD	44,0	3	Schmitt, Ingo	CDU	33,6	2				
85	Berlin-Treptow-Köpenick	Gysi, Dr. Gregor	Die Linke	40,4		Königshaus, Hellmut	FDP	2,4	2				
86	Berlin-Marzahn-Hellersdorf	Pau, Petra	Die Linke	42,6	1	Grütters, Prof. Monika	CDU	16,2	1				
Nordrhein-Westfalen													
89	Kreis Aachen	Großmann, Achim	SPD	46,0	4	Brandt, Helmut	CDU	39,6	29				
91	Düren	Rachel, Thomas	CDU	45,0	13	Schäfer, Paul	Die Linke	4,3	4				
92	Erftkreis I	Frechen, Gabriele	SPD	47,8	39	Zylajew, Willi	CDU	39,5	23				
93	Euskirchen-Erftkreis II	Bauer, Dr. Wolf	CDU	46,3		Kühn-Mengel, Helga	SPD	39,3	12				

Wkr.	Wkr.-Name	Direkt				Liste				Liste			
		Name	Partei	%	Listen-platz	Name	Partei	%	Listen-platz	Name	Partei	%	Listen-platz
94	Köln I	Dörmann, Martin	SPD	48,6	42	Heinen, Ursula	CDU	33,9	6				
95	Köln II	Akgün, Dr. Lale	SPD	43,8	28	Beck, Volker	GRÜNE	10,0	4	Hoyer, Dr. Werner	FDP	7,6	4
96	Köln III	Mützenich, Dr. Rolf	SPD	50,5	67	Müller, Kerstin	GRÜNE	9,3	5				
97	Bonn	Kelber, Ulrich	SPD	42,0	27	Westerwelle, Dr. Guido	FDP	8,7	1				
99	Rhein-Sieg-Kreis II	Röttgen, Dr. Norbert	CDU	51,8	2	Merten, Ulrike	SPD	35,3	22				
102	Leverkusen-Köln IV	Lauterbach, Prof. Dr. Karl	SPD	49,0	78	Loske, Dr. Reinhard	GRÜNE	5,3	2	Lötzer, Ursula	Die Linke	4,4	2
103	Wuppertal I	Zöllmer, Manfred Helmut	SPD	47,9	18	Hintze, Peter	CDU	35,5	7				
106	Mettmann II	Griese, Kerstin	SPD	43,5	8	Parr, Detlef	FDP	5,3	10				
107	Düsseldorf I	Müller, Hildegard	CDU	44,6	12	Müller, Michael	SPD	40,6	10	Piltz, Gisela	FDP	5,2	2
108	Düsseldorf II	Kortmann, Karin	SPD	45,9	26	Philipp, Beatrix	CDU	38,6	21				
109	Neuss I	Gröhe, Hermann	CDU	47,7	30	Bodewig, Kurt	SPD	40,3	13				
111	Krefeld I-Neuss II	Wimmer, Willy	CDU	47,4	41	Scheelen, Bernd	SPD	38,6	15	Fricke, Otto	FDP	5,1	7
113	Kleve	Pofalla, Ronald	CDU	50,3	4	Hendricks, Dr. Barbara	SPD	37,2	5	Friedhoff, Paul Klemens	FDP	4,9	9

Wkr.	Wkr.-Name	Direkt				Liste				Liste			
		Name	Partei	%	Listen-platz	Name	Partei	%	Listen-platz	Name	Partei	%	Listen-platz
114	Wesel I	Krüger, Dr. Hans-Ulrich	SPD	49	30	Falk, Ilse	CDU	39,2	3				
115	Krefeld II-Wesel II	Ehrmann, Siegmund	SPD	50,7	61	Dagdelen, Sevim	Die Linke	4,0	7				
118	Oberhausen-Wesel III	Grotthaus, Wolfgang	SPD	58,2	59	Dött, Marie-Luise	CDU	26,4	15	Höhn, Bärbel	GRÜNE	5,9	1
119	Mülheim-Essen I	Schaaf, Anton	SPD	52,6	53	Schmidt, Andreas	CDU	32,8	33	Flach, Ulrike	FDP	3,3	6
120	Essen II	Hempelmann, Rolf	SPD	58,4	57	Königshofen, Norbert	CDU	27,4	10				
121	Essen III	Hinz, Petra	SPD	48,1	43	Gehring, Kai Boris	GRÜNE	5,6	8				
122	Recklinghausen I	Schwabe, Frank	SPD	55,7	41	Mißfelder, Philipp	CDU	31,0	28				
123	Recklinghausen II	Lehn, Waltraud	SPD	55,0	37	Borchert, Johann-Joachim	CDU	32,2	26				
124	Gelsenkirchen	Poß, Joachim	SPD	59,7	58	Meckelburg, Wolfgang	CDU	26,4	31				
125	Steinfurt I-Borken I	Spahn, Jens	CDU	51,2		Arndt-Brauer, Ingrid	SPD	38,0	14				
128	Coesfeld-Steinfurt II	Schiewerling, Karl Richard Maria	CDU	51,6		Schwall-Düren, Dr. Angelica	SPD	36,3	2				

Wkr.	Wkr.-Name	Direkt				Liste				Liste			
		Name	Partei	%	Listen-platz	Name	Partei	%	Listen-platz	Name	Partei	%	Listen-platz
131	Warendorf	Paziorek, Dr. Peter Paul	CDU	50,3		Schultz, Reinhard Walter	SPD	38,0	21				
132	Gütersloh	Deittert, Hubert	CDU	48,9	42	Brandner, Klaus	SPD	38,9	9				
133	Bielefeld	Wend, Dr. Rainer	SPD	47,2		Strothmann, Lena	CDU	37,8	24	Haßelmann, Britta	GRÜNE	6,5	3
135	Minden-Lübbecke I	Ibrügger, Lothar	SPD	47,5	45	Kampeter, Steffen	CDU	40,8	19				
136	Lippe I	Becker, Dirk	SPD	48,0	27	Kopp, Gudrun	FDP	4,4	5				
138	Paderborn	Wächter, Gerhard	CDU	54,9		Berg, Ute	SPD	31,4	17				
141	Bochum I	Schäfer, Axel	SPD	55,7	50	Lammert, Dr. Norbert	CDU	30,0	1				
142	Herne-Bochum II	Bollmann, Gerd	SPD	59,4		Fischbach, Ingrid Marianne	CDU	25,6	9				
143	Dortmund I	Bülow, Marco	SPD	56,3	52	Kurth, Markus	GRÜNE	5,1	6	Kauch, Michael	FDP	3,0	11
144	Dortmund II	Burchardt, Ursula	SPD	57,9	55	Fritz, Erich G.	CDU	29,1	14				
145	Unna I	Stöckel, Rolf	SPD	54,8	81	Hüppe, Hubert	CDU	31,6	22				
146	Hamm-Unna II	Wiefelspütz, Dr. Dieter	SPD	55,0	31	Meyer, Laurenz	CDU	32,8	25	Essen, Jörg Ludwig van	FDP	4,4	3
147	Soest	Schulte-Drüggelte, Bernhard	CDU	46,3	16	Hovermann, Eike Anna Maria	SPD	41,1	3				

Wkr.	Wkr.-Name	Direkt				Liste				Liste			
		Name	Partei	%	Listen-platz	Name	Partei	%	Listen-platz	Name	Partei	%	Listen-platz
148	Hochsauerland-kreis	Merz, Friedrich	CDU	57,7		Schmidt, Dagmar	SPD	34,1	6				

Sachsen

Wkr.	Wkr.-Name	Name	Partei	%	Listen-platz	Name	Partei	%	Listen-platz	Name	Partei	%	Listen-platz
153	Leipzig I	Fornahl, Rainer	SPD	33,0	6	Höll, Dr. Barbara	Die Linke	23,9	5				
154	Leipzig II	Weißgerber, Gunter	SPD	35,3		Lazar, Monika	GRÜNE	7,2	1				
155	Leipziger Land-Muldentalkreis	Landgraf, Katharina	CDU	34,9	9	Waitz, Christoph	FDP	5,5	4				
157	Löbau-Zittau-Görlitz-Niesky	Kretschmer, Michael	CDU	38,5		Seifert, Dr. Ilja	Die Linke	23,5	6	Gunkel, Wolfgang Michael	SPD	18,5	5
160	Dresden I	Lämmel, Andreas Gottfried	CDU	37,0		Kipping, Katja	Die Linke	19,2	1	Volkmer, Dr. Marlies Eva	SPD	32,1	2
161	Dresden II-Meißen I	Vaatz, Arnold Eugen Hugo	CDU	35,2	1	Mücke, Jan	FDP	7,5	2				
162	Freiberg-Mittlerer Erzgebirgskreis	Bellmann, Veronika Maria	CDU	38,5	6	Haustein, Heinz-Peter	FDP	13,1	3				
163	Döbeln-Mittweida-Meißen II	Jahr, Dr. Dieter Peter	CDU	38,9		Hettlich, Peter	GRÜNE	2,6	2				
165	Chemnitzer Land-Stollberg	Wanderwitz, Marco	CDU	37,5		Wunderlich, Jörn	Die Linke	23,1	4	Violka, Simone	SPD	25,0	4

Wkr.	Wkr.-Name	Direkt				Liste				Liste			
		Name	Partei	%	Listen-platz	Name	Partei	%	Listen-platz	Name	Partei	%	Listen-platz
167	Zwickauer Land-Zwickau	Luther, Dr. Michael Andreas	CDU	34,6	2	Zimmermann, Sabine	Die Linke	26,1	3	Weigel, Andreas	SPD	25,2	3
168	Vogtland-Plauen	Hochbaum, Robert	CDU	36,1		Schwanitz, Rolf	SPD	25,2	1	Günther, Joachim	FDP	6,5	1
Hessen													
172 (171)	Schwalm-Eder	Höfer, Gerd	SPD	50,1	7	Siebert, Bernd	CDU	33,9	5				
174 (173)	Lahn-Dill	Lopez, Helga	SPD	42,2	18	Pfeiffer, Sibylle	CDU	40,6	6	Hinz, Priska	GRÜNE	4,4	5
175 (174)	Gießen	Veit, Rüdiger	SPD	43,3	4	Solms-Hohensolms-Lich, Dr. Hermann Otto Prinz zu	FDP	7,2	2				
177 (176)	Hochtaunus	Haibach, Holger-Heinrich	CDU	45,1	18	Schmidt, Dr. Frank	SPD	35,6	9	Gerhardt, Dr. Wolfgang	FDP	9,1	1
180 (179)	Wiesbaden	Wieczorek-Zeul, Heidemarie	SPD	44,1	1	Köhler, Kristina	CDU	41,1	9				
182 (181)	Main-Taunus	Riesenhuber, Prof. Dr. Heinz	CDU	51,1	2	Lührmann, Anna	GRÜNE	7,6	3				
183 (182)	Frankfurt/Main I	Amann, Gregor	SPD	39,8	20	Otto, Hans-Joachim	FDP	5,7	4				
184 (183)	Frankfurt/Main II	Steinbach, Erika	CDU	37,3	3	Fischer, Joseph	GRÜNE	18,7	2	Gehrcke-Reymann, Wolfgang	Die Linke	4,7	1

Wkr.	Wkr.-Name	Direkt				Liste				Liste			
		Name	Partei	%	Listen-platz	Name	Partei	%	Listen-platz	Name	Partei	%	Listen-platz
185 (184)	Groß-Gerau	Reichenbach, Gerold	SPD	47,1	10	Weiß, Gerald	CDU	36,4	7	Wolf, Margareta	GRÜNE	6,1	1
186 (185)	Offenbach	Lippold, Dr. Klaus Wilhelm	CDU	43,7	4	Zapf, Uta	SPD	40,0	6				
187 (186)	Darmstadt	Zypries, Brigitte	SPD	44,8	13	Storm, Andreas	CDU	37,7	8				
188 (187)	Odenwald	Lips, Patricia	CDU	42,0	12	Kolb, Dr. Heinrich Leonhard	FDP	5,2	3				
189 (188)	Bergstraße	Meister, Dr. Michael	CDU	44,4	10	Lambrecht, Christine	SPD	41,6	3				

Thüringen

Wkr.	Wkr.-Name	Direkt				Liste				Liste			
192 (191)	Kyffhäuserkreis-Sömmerda-Weimarer Land I	Albach, Peter	CDU	30,9	9	Naumann, Kersten	Die Linke	27,3	2				

Rheinland-Pfalz

Wkr.	Wkr.-Name	Direkt				Liste				Liste			
199 (198)	Neuwied	Bätzing, Sabine	SPD	44,3	10	Hoff, Elke	FDP	4,0	3	Winkel-meier, Gert	Die Linke	3,9	1
200 (199)	Ahrweiler	Sebastian, Wilhelm Josef	CDU	49,6	8	Nahles, Andrea Maria	SPD	35,9	4				
201 (200)	Koblenz	Fuchs, Dr. Michael	CDU	45,4	13	Mogg, Ursula	SPD	39,2	6	Winkler, Josef Philip	GRÜNE	5	2
203 (202)	Kreuznach	Klöckner, Julia	CDU	43,0	6	Körper, Fritz Rudolf	SPD	41,7	1				

Wkr.	Wkr.-Name	Direkt				Liste				Liste			
		Name	Partei	%	Listen-platz	Name	Partei	%	Listen-platz	Name	Partei	%	Listen-platz
204 (203)	Bitburg	Rauen, Peter Harald	CDU	49,0	3	Höfken-Deipenbrock, Ulrike	GRÜNE	3,8	1				
205 (204)	Trier	Kaster, Bernhard	CDU	43,1	12	Diller, Karl	SPD	40,6	7				
207 (206)	Mainz	Hartmann, Michael	SPD	40,9	9	Granold, Ute	CDU	39,2	9	Brüderle, Rainer	FDP	8,7	1
209 (208)	Ludwigshafen-Frankenthal	Barnett, Doris	SPD	43,3	2	Böhmer, Prof. Dr. Maria	CDU	39,6	2				
211 (210)	Kaiserslautern	Herzog, Gustav	SPD	44,2	5	Ulrich, Alexander	Die Linke	8,3	2				
212 (211)	Pirmasens	Schäfer, Anita	CDU	42,4	7	Westrich, Lydia Maria Elisabeth	SPD	36,6	8,3				
213 (212)	Südpfalz	Göbel, Ralf	CDU	43,2	11	Schmitt, Heinz	SPD	37,7	11	Wissing, Dr. Volker	FDP	6,3	2
Bayern													
215 (214)	Erding-Ebersberg	Lehmer, Dr. Maximilian	CSU	58,4		Schurer, Ewald	SPD	24,8	19				
218 (217)	Ingolstadt	Seehofer, Horst Lorenz	CSU	65,9	5	Bulling-Schröter, Eva	Die Linke	2,7	2				
220 (219)	München-Ost	Frankenhauser, Herbert	CSU	43,4	18	Stinner, Dr. Rainer	FDP	2,9	4				
221 (220)	München-Süd	Gauweiler, Dr. Peter	CSU	43,8		Montag, Jerzy	GRÜNE	8,2	4				
224 (223)	Rosenheim	Raab, Daniela	CSU	60,3		Graf, Angelika	SPD	21,9	10				

Wkr.		Wkr.-Name	Direkt				Liste				Liste			
			Name	Partei	%	Listen-platz	Name	Partei	%	Listen-platz	Name	Partei	%	Listen-platz
225	(224)	Starnberg	Aigner, Ilse	CSU	59,7		Barthel, Klaus	SPD	22,0	11	Leutheusser-Schnarrenberger, Sabine	FDP	7,9	1
226	(225)	Traunstein	Ramsauer, Dr. Peter	CSU	63,9		Kofler, Dr. Bärbel	SPD	21,7	18				
228	(227)	Deggendorf	Kalb, Bartholomäus	CSU	61,0		Irber, Brunhilde	SPD	23,8	12				
230	(229)	Passau	Scheuer, Dr. Andreas	CSU	58,5		Teuchner, Jella	SPD	21,3	22	Stadler, Dr. Max Josef	FDP	9,9	3
231	(230)	Rottal-Inn	Straubinger, Max	CSU	65,0		Pronold, Florian	SPD	22,2	7				
234	(233)	Regensburg	Eichhorn, Maria	CSU	53,0	3	Meierhofer, Horst	FDP	4,7	5				
235	(234)	Schwandorf	Hofbauer, Klaus	CSU	58,1	14	Schieder, Marianne	SPD	28,1	14				
236	(235)	Weiden	Rupprecht, Albert	CSU	48,4	20	Stiegler, Ludwig	SPD	27,5	1				
238	(237)	Bayreuth	Koschyk, Hartmut	CSU	56,1		Kramme, Anette	SPD	28,7	24	Friedrich, Horst	FDP	5,3	2
239	(238)	Coburg	Michelbach, Hans	CSU	52,0	14	Dressel, Dr. Carl-Christian	SPD	33,2	21				
240	(239)	Hof	Friedrich, Dr. Hans-Peter	CSU	50,1	13	Ernstberger, Petra	SPD	37,1	6	Scharfenberg, Elisabethe	GRÜNE	3,3	7

	Wkr.	Wkr.-Name	Direkt				Liste				Liste			
			Name	Partei	%	Listen-platz	Name	Partei	%	Listen-platz	Name	Partei	%	Listen-platz
243	(242)	Erlangen	Müller, Stefan	CSU	47,4	15	Schmidt, Renate	SPD	39,5	2	Rohde, Jörg	FDP	3,5	7
244	(243)	Fürth	Schmidt, Christian	CSU	49,0	19	Rupprecht, Marlene Dorothe Henriette	SPD	34,6	16				
245	(244)	Nürnberg-Nord	Wöhrl, Dagmar	CSU	42,0	6	Gloser, Günter	SPD	39,9	9				
246	(245)	Nürnberg-Süd	Blank, Renate	CSU	44,0	12	Burkert, Martin	SPD	38,8	23				
247	(246)	Roth	Mortler, Marlene	CSU	51,0	10	Schuster, Marina	FDP	4,4	8				
248	(247)	Aschaffenburg	Geis, Norbert	CSU	52,4		Scheel, Christine	GRÜNE	11,4	3				
249	(248)	Bad Kissingen	Lintner, Eduard	CSU	57,5		Kastner, Susanne	SPD	24,4	4	Fell, Hans Josef	GRÜNE	6,1	2
250	(249)	Main-Spessart	Zöller, Wolfgang	CSU	56,8		Wright, Heidemarie	SPD	28,8	20				
251	(250)	Schweinfurt	Glos, Michael	CSU	54,1	2	Hofmann, Frank	SPD	28,0	15	Ernst, Klaus	Die Linke	6,1	1
252	(251)	Würzburg	Lehrieder, Paul	CSU	47,2		Kolbow, Walter	SPD	32,3	5				
255	(254)	Donau-Ries	Raidel, Hans	CSU	60,7		Fograscher, Gabriele	SPD	22,7	8				
256	(255)	Neu-Ulm	Nüßlein, Dr. Georg	CSU	56,8		Deligöz, Ekin	GRÜNE	6,7	5				
Baden-Württemberg														
260	(259)	Stuttgart II	Kumpf, Ute	SPD	42,1	7	Bender, Birgitt	GRÜNE	6,6	7	Maurer, Ulrich	Die Linke	4,7	1

Wkr.	Wkr.-Name	Direkt				Liste				Liste			
		Name	Partei	%	Listen-platz	Name	Partei	%	Listen-platz	Name	Partei	%	Listen-platz
261 (260)	Böblingen	Binninger, Clemens	CDU	49,8		Toncar, Florian	FDP	5,0	8				
262 (261)	Esslingen	Grübel, Markus	CDU	46,8		Roth, Karin	SPD	39,2	12				
263 (262)	Nürtingen	Hennrich, Michael	CDU	47,9		Arnold, Rainer	SPD	33,9	16	Eid, Dr. Ursula	GRÜNE	9,0	1
264 (263)	Göppingen	Riegert, Klaus	CDU	48,3	14	Riester, Walter	SPD	36,5	10				
265 (264)	Waiblingen	Pfeiffer, Dr. Joachim	CDU	46,9		Scheer, Dr. Hermann	SPD	39,2	2	Wolff, Hartfrid	FDP	5,4	5
267 (266)	Neckar-Zaber	Gienger, Eberhard	CDU	46,4		Leibrecht, Harald	FDP	7,1	4				
268 (267)	Heilbronn	Strobl, Thomas	CDU	50,3	11	Juratovic, Josip	SPD	33,6	15	Link, Michael	FDP	4,4	9
270 (269)	Backnang-Schwäbisch Gmünd	Barthle, Norbert	CDU	48,8		Lange, Christian	SPD	34,7	6				
273 (272)	Karlsruhe-Land	Fischer, Axel	CDU	48,3	6	Tauss, Jörg	SPD	35,6	8	Meinhardt, Patrick	FDP	5,0	7
274 (273)	Rastatt	Götz, Peter	CDU	49,3		Kressl, Nicolette	SPD	34,6	3				
276 (275)	Mannheim	Mark, Lothar	SPD	45,9	11	Schick, Gerhard	GRÜNE	5,8	8				
278 (277)	Rhein-Neckar	Schmidbauer, Bernd	CDU	47,4	6	Weisskirchen, Gert	SPD	36,9	18				
280 (279)	Pforzheim	Krichbaum, Gunther	CDU	46,9		Mast, Katja	SPD	34,4	17				

Wkr.	Wkr.-Name	Direkt				Liste				Liste			
		Name	Partei	%	Listen-platz	Name	Partei	%	Listen-platz	Name	Partei	%	Listen-platz
281 (280)	Calw	Fuchtel, Hans-Joachim	CDU	49,2		Gradistanac, Renate	SPD	30,3	14				
282 (281)	Freiburg	Erler, Gernot	SPD	45,1	4	Andreae, Kerstin	GRÜNE	11,0	3				
284 (283)	Emmendingen-Lahr	Weiß, Peter	CDU	44,9		Bonde, Alexander	GRÜNE	8,9	4				
285 (284)	Offenburg	Schäuble, Dr. Wolfgang	CDU	50,5	1	Drobinski-Weiß, Elvira	SPD	31,2	19	Laurischk, Sibylle	FDP	5,1	6
286 (285)	Rottweil-Tuttlingen	Kauder, Volker	CDU	52,2	2	Burgbacher, Ernst	FDP	9,2	3				
288 (287)	Konstanz	Jung, Andreas	CDU	43,9		Friedrich, Peter	SPD	31,7	13	Homburger, Birgit	FDP	10,5	1
289 (288)	Waldshut	Dörflinger, Thomas	CDU	46,7		Schwarzelühr-Sutter, Rita	SPD	37,4	22				
292 (291)	Ulm	Schavan, Dr. Annette	CDU	48,7	3	Mattheis, Hildegard	SPD	32,9	9				
293 (292)	Biberach	Romer, Franz	CDU	52,4		Gerster, Martin	SPD	20,5	20				

Saarland

Wkr.	Wkr.-Name	Direkt				Liste				Liste			
297	Saarlouis	Schreiner, Ottmar	SPD	40,4	1	Altmaier, Peter	CDU	35,9	2				

4. Nachrücker: Abgeordnete aus Zufall

Scheidet ein Abgeordneter aus dem Parlament aus, sei es durch Tod, sei es durch Verzicht auf das Mandat oder durch Ausschluss, so wird er in der Regel durch einen anderen ersetzt. Wie werden solche »Nachrücker« bestimmt? Früher fand eine Nachwahl im Wahlkreis statt, jedenfalls wenn ein *direkt* gewählter Abgeordneter ausgeschieden war. In der ersten Wahlperiode des Bundestags geschah dies 14-mal. Auch in anderen Ländern mit Direktwahlsystem wie Großbritannien, Frankreich oder den Vereinigten Staaten sind solche Nachwahlen selbstverständlich.

Bei uns aber hat die politische Klasse die Nachwahl abgeschafft. Sie war nämlich eine wirkliche Wahl durch die Bürger und ließ deshalb den Charakter der Schein-Wahlen, die ansonsten in Deutschland prägend sind, besonders krass aufscheinen. Seit 1953 werden nun direkt gewählte Abgeordnete durch Kandidaten ersetzt, die bei der Hauptwahl nicht zum Zuge gekommen sind, weil sie zu weit hinten auf der Liste standen. Beim Ausscheiden von Listenabgeordneten mag dies nachvollziehbar sein. Im Falle direkt Gewählter ist es, genau genommen, ein Skandal. Der Nachrücker besitzt in der Regel keinerlei Bezug zum Wahlkreis, hat ihn im Zweifel niemals besucht, und es kennt ihn dort auch keiner. Hier zeigt sich deutlich, dass die sogenannte Direktwahl nur eine Fassade ist und wir in Deutschland reine Parteiwahlen haben, bei denen es nicht auf die Entscheidung der Wähler, sondern auf die der Parteien ankommt. Ein Fall unter vielen (siehe die folgende Liste für den derzeitigen Bundestag) ist Matthäus Strebl, der am 10. November 2008 für den im Wahlkreis Ingolstadt direkt gewählten Horst Seehofer nachrückte, als dieser bayerischer Ministerpräsident wurde. Strebl räumte öffentlich ein, von Ingolstadt noch nicht viel gesehen zu haben. Der gelernte Kraftfahrzeugmechaniker und Bankkaufmann, der immer ein reiner Listenkandidat war, hat übrigens Routine im Nachrücken. Er folgte schon 1995 und 1999 ausscheidenden CSU-Abgeordneten. Alle waren direkt gewählt.

Ausgeschiedene Abgeordnete und deren Nachfolger im 16. Deutschen Bundestag (2005 bis 2009, Stand: Januar 2009)

Ausgeschie-den/verstor-ben am:	Abgeordnete/r	Direktwahl (D) oder Lis-tenwahl (L)	Nachfolger/in	Eingetreten am:
12.01.2009	Staffelt, Dr. Ditmar (SPD)	(D)	Högl, Dr. Eva (SPD)	12.01.2009
05.11.2008	Seehofer, Horst (CDU/CSU)	(D)	Strebl, Matthäus (CDU/CSU)	10.11.2008
01.11.2008	Zeil, Martin (FDP)	(L)	Lotter, Dr. Erwin (FDP)	01.11.2008
01.11.2008	Rohde, Jörg (FDP)	(L)	Volk, Dr. Daniel (FDP)	01.11.2008
01.10.2008	Müller, Hildegard (CDU/CSU)	(D)	Mahlberg, Tho-mas (CDU/CSU)	07.10.2008
09.05.2008	Müller, Bernward (CDU)	(L)	Hirte, Christian (CDU/CSU)	15.05.2008
08.05.2008	Hajduk, Anja (Bündnis 90/Die Grünen)	(L)	Sarrazin, Manuel (Bündnis 90/Die Grünen)	13.05.2008
25.02.2008 (gest.)	Krummacher, Johann-Henrich (CDU)	(D)	Überhangmandat	
04.01.2008	Wolf, Margareta (Bündnis 90/Die Grünen)	(L)	Strengmann-Kuhn, Dr. Wolf-gang (Bündnis 90/Die Grünen)	04.01.2008
10.12.2007	von Bismarck, Carl Eduard (CDU)	(D)	Lamp, Helmut (CDU/CSU)	20.12.2007
08.11.2007	Fahrenschon, Georg (CSU)	(D)	Seib, Marion (CDU/CSU)	08.11.2007
01.09.2007	Loske, Dr. Rein-hard (Bündnis 90/Die Grünen)	(L)	Herlitzius, Bettina (Bündnis 90/Die Grünen)	03.09.2007
01.09.2007	Paziorek, Dr. Peter (CDU)	((D)	Eisel, Dr. Stephan (CDU/CSU)	03.09.2007
07.07.2007	Göhner, Dr. Rein-hard (CDU)	(L)	Caesar, Cajus (CDU/CSU)	09.07.2007
01.06.2007	Uhl, Hans-Jürgen (SPD)	(D)	Steinecke, Dieter (SPD)	02.06.2007

Ausgeschieden/verstorben am:	Abgeordnete/r	Direktwahl (D) oder Listenwahl (L)	Nachfolger/in	Eingetreten am:
01.06.2007	Wissmann, Matthias (CDU)	(D)	Überhangmandat	
19.02.2007	Berninger, Matthias (Bündnis 90/ Die Grünen)	(L)	Maisch, Nicole (Bündnis 90/Die Grünen)	20.02.2007
24.11.2006	Pflüger, Dr. Friedbert (CDU)	(L)	Thul, Hans Peter (CDU/CSU)	25.11.2006
31.08.2006	Fischer, Joseph (Bündnis 90/Die Grünen)	(L)	Nouripour, Omid (Bündnis 90/Die Grünen)	01.09.2006
25.11.2005	Müller, Peter (CDU)	(L)	Scharf, Hermann-Josef (CDU/CSU)	30.11.2005
23.11.2005	Schröder, Gerhard (SPD)	(L)	Bollen, Clemens (SPD)	29.11.2005
22.11.2005	Beckstein, Dr. Günther (CSU)	(L)	Bär, Dorothee (CDU/CSU)	23.11.2005
09.11.2005 (gest.)	Schmidt, Dagmar (SPD)	(L)	Pries, Christoph (SPD)	16.11.2005
08.11.2005	Stoiber, Dr. Edmund (CSU)	(L)	Singhammer, Johannes (CDU/CSU)	11.11.2005

Ein Beispiel war Carl Eduard von Bismarck. Als Peter Harry Carstensen, der den Wahlkreis 2 Nordfriesland-Ditmarschen-Nord 2002 gewonnen hatte, im April 2005 aus dem Bundestag ausschied, um Ministerpräsident von Schleswig-Holstein zu werden, rückte Bismarck nach, der auf Platz 10 der schleswig-holsteinischen CDU-Liste gestanden hatte. Viel Engagement dürfte er in dem Wahlkreis, der ihn und den er nicht kannte, nicht an den Tag gelegt haben. Er wurde dann zwar bei der Bundestagswahl 2005 im Wahlkreis 10 Herzogtum Lauenburg-Stormarn-Süd gewählt, hatte sich aber offenbar so sehr daran gewöhnt, Wahlkreis- und Parteiarbeit auf die leichte Schulter zu nehmen, dass er schließlich als »faulster Abgeordneter Deutschlands« verschrien wurde und – aufgrund öffentlichen Drucks – im Dezember 2007 sein Mandat aufgeben musste.

Dass das automatische Nachrücken von Listenkandidaten in verwaiste Wahlkreise nicht in Ordnung ist, hat das Bundesverfassungsgericht 1998[1] immerhin für eine Fallgruppe anerkannt: Werden *Überhangmandate* frei, dürfen sie nicht durch Listenkandidaten ersetzt werden. Das Gericht gab zur Begründung an, solche Listenkandidaten seien bei der früheren Hauptwahl gar nicht mitgewählt worden – eine abenteuerliche Argumentation. Geht man davon aus, dass Listenabgeordnete überhaupt als vom Bürger gewählt anzusehen sind (siehe S. 62 ff.), dann hat der Wähler ja doch sämtliche Listenabgeordnete angekreuzt, d.h. mitwählen wollen und auch mitgewählt, nicht etwa nur die, die bei der Hauptwahl dann tatsächlich zum Zuge kamen.

Das letztlich entscheidende Argument für das Nicht-Nachrücken von Listenabgeordneten ist die Erkenntnis, dass bei einer Mehrheitswahl »der Abgeordnete als Person und nicht als Exponent einer Partei gewählt« wird, wie das Gericht selbst ausdrücklich bestätigt.[2] Eine solche Personalwahl hat bei Listenabgeordneten aber gerade nicht stattgefunden. Eigentlich hätte das Gericht deshalb *jedes* Nachrücken von Listenabgeordneten in vakante Wahlkreise unterbinden müssen, nicht nur in Überhangmandate. Um diesen Schritt zu vermeiden, verfiel es offenbar auf seine wenig einleuchtende Begründung. Nachdem das Gericht Überhangmandate – aufgrund einer rein parteipolitisch geprägten Entscheidung (siehe S. 132) – weiterhin zugelassen und auch das Nachrücken von Listenabgeordneten in vakante Wahlkreise gebilligt hatte, bleiben eben nun nur noch argumentative Verrenkungen. Das ist der Fluch der bösen Tat, dass sie fortzeugend immer Böses muss gebären.

Die Zulassung von Überhangmandaten bei gleichzeitigem Ausschluss von Nachrückern führt auch sonst zu reinen Zufallsresultaten, die im Grenzfall sogar fatale Auswirkungen haben können. Im 16. Bundestag (2005 bis 2009) schieden zwei baden-württembergische CDU-Abgeordnete vorzeitig aus: Matthias Wissmann am 1. Juni 2007, um Präsident des Verbandes der Automobilindustrie zu werden, und Johann-Henrich Krummacher, der am 25. Februar 2008 starb. Da die CDU in Baden-Württemberg bei der Bundestagswahl 2005 drei Überhangmandate erlangt hatte, konnte niemand nachrücken mit der Folge, dass die Union zwei Bundestagsmandate verlor und damit ihre Mehrheit gegenüber der SPD (223:222 Sitze) auf einen einzigen Abgeordneten schrumpfte. Gleichzeitig wurde der Bundes-

---

[1] BVerfGE 97, 317.
[2] BVerfGE 97, 317 (327).

128

tag um zwei Sitze kleiner, was auch Auswirkungen auf die Bundesversammlung hat, die den Bundespräsidenten wählt (siehe S. 299).
Sie verkleinerte sich um vier Sitze.

II. Große Koalitionen: große Übel?

Mit dem Erfolg der Linken auch im Westen und dem daraus resultie-
renden Fünf-Parteien-System sind Große Koalitionen aus CDU/CSU
und SPD fast alltäglich geworden. Wir sehen sie nicht nur seit 2005 im
Bund, sondern derzeit auch in den fünf Ländern Brandenburg, Mecklenburg-Vorpommern, Sachsen, Sachsen-Anhalt und Schleswig-Holstein. Allerdings: In den neuen Bundesländern von Großer Koalition
zu sprechen, wenn CDU und SPD zusammengehen, erscheint schief.
Die Linke ist dort inzwischen häufig zweitstärkste Partei. Der Begriff
»Große Koalition« ist eigentlich auf eine Situation gemünzt, wo die
beiden stärksten Parteien koalieren, nicht aber, wenn die zweitstärkste
Partei in der Opposition steht. Insofern ist hier der Begriff selbst zu
überdenken. Im Bund ist die Möglichkeit durchaus gegeben, dass es
2009 zur Fortsetzung der CDU/CSU/SPD-Koalition kommt. Frank-
Walter Steinmeier, Peer Steinbrück und Franz Müntefering (alle SPD)
warben noch im Jahr 2008 gelegentlich ganz offen dafür. Auch Angela Merkel (CDU) hätte sicher nichts dagegen. Anfang 2009 ergab
die Sonntagsfrage zwar eine Mehrheit für Schwarz-Gelb. Abgerech-
net aber wird erst am Wahltag, und die Bundestagswahl 2005 zeigte,
wie sich in wenigen Monaten alles noch ändern kann.

Gegen Große Koalitionen bestehen demokratietheoretisch allerdings erhebliche Vorbehalte. Die Demokratie braucht eine starke
Opposition. Wenn die beiden Hauptkonkurrenten ein Kartell bilden,
entfällt der politische Wettbewerb. Das begünstigt ihre dauerhafte Degeneration zu »Kartellparteien«. Kleine Oppositionsparteien bilden
kein ausreichendes Gegengewicht und werden von der Übermacht
leicht erdrückt. Sie können kaum alle politischen Bereiche abdecken
und die Regierung wirksam kontrollieren. Das gilt erst recht, wenn die
Opposition wie derzeit in drei kleine Parteien aufgesplittet ist. Dass
unser System nicht auf Große Koalitionen eingestellt ist, sieht man
auch daran, dass die derzeitige Opposition nicht einmal einen Nor-
menkontrollantrag zum Bundesverfassungsgericht stellen kann. Dafür braucht es ein Drittel der Bundestagsmitglieder, und das bringen

selbst alle drei kleinen Oppositionsparteien gemeinsam nicht zusammen. Allenfalls einen Untersuchungsausschuss, für dessen Einsetzung ein Viertel der Abgeordneten nötig ist, können sie erzwingen. Doch haben sie oft unterschiedliche Interessen. Daran ist zum Beispiel die Einsetzung eines Untersuchungsausschusses in Sachen IKB gescheitert. Die FDP wollte nicht. Im Übrigen können Große Koalitionen mit ihrer Zweidrittelmehrheit die Verfassung ändern und auf diese Weise sogar die verfassungsgerichtliche Kontrolle leerlaufen lassen. Auch die politische Kontrolle wird geschwächt. Der Wähler kann keine der beiden Volksparteien gesondert zur Verantwortung ziehen, da sie alles gemeinsam beschließen. Bei Großen Koalitionen ist es um die Kontrolle also schlecht bestellt.

Gewiss kann der Bürger als Reaktion die Kleinen wählen. Große Koalitionen pflegen in der Tat kleinen Parteien einen Aufschwung zu verschaffen. Das zeigt sich am Erfolg der Linken, die in der Zeit der Großen Koalition ihren Durchbruch im Westen geschafft hat, ebenso am Anwachsen der FDP und der Grünen. Auch extremistische Ränder des politischen Spektrums können sich verstärken. In der Zeit der ersten Großen Koalition kam die NPD auf und hätte bei der Bundestagswahl 1969 fast die Sperrklausel übersprungen.

Mit der Stärkung von Oppositions- und Randparteien erhöht die Große Koalition aber nur die Wahrscheinlichkeit ihrer eigenen Fortsetzung. Die Volksparteien mögen einige Prozent verlieren, behalten zusammen aber doch die Mehrheit. So drohen Große Koalitionen sich eine Zeit lang zu verewigen. Für die Wähler ist dies höchst ernüchternd. Warum sollen sie überhaupt noch zur Urne gehen, wenn das Ergebnis schon vorher feststeht? Volksparteien sollten deshalb im eigenen Interesse Große Koalitionen möglichst meiden. Von einem großen Partner geführte Koalitionen erlauben diesem eine ganz andere Profilierung als beim Ringen zweier fast gleich starker Kräfte. Zudem leidet die Glaubwürdigkeit beider Partner. In der Regierung müssen sie kooperieren, was ihnen die Unterscheidbarkeit nimmt. Im Wahlkampf aber müssen sie sich voneinander absetzen und Konfrontation demonstrieren, nur um dann, wenn sie später doch wieder zusammengehen, alles zu vergessen. Für die SPD etwa bietet die Erneuerung der Großen Koalition vermutlich die einzige Chance, auch nach der Bundestagswahl 2009 an der Regierung zu bleiben. Im Wahlkampf aber muss sie erklärtermaßen für Rot-Grün oder für eine Ampel kämpfen, obwohl beides ziemlich unwahrscheinlich ist.

Große Koalitionen können jedoch, auch wenn sie aus der Not geboren sind, Dinge durchsetzen, die kleine nie wagen würden – aus Furcht, die andre Volkspartei würde dies im Hinblick auf Öffentlichkeit und Wähler ausschlachten. Das kann gut sein oder schlecht. Beispiele waren die Notstands- und die Finanzreformgesetze der ersten Großen Koalition und die gewaltigen Steuererhöhungen Anfang 2006, mit der die zweite Große Koalition begann, und die riesigen Konjunkturpakete um die Jahreswende 2008/9. Auch wenn es um die höchsteigenen Interessen der politischen Klasse geht, pflegen Große Koalitionen hemmungsloser zuzugreifen als kleine. Auch dafür gibt es zahlreiche Beispiele aus Zeiten Großer Koalitionen (siehe S. 24 f.). Große Koalitionen haben auch im Bundesrat eher die Mehrheit. Dagegen litten kleine Koalitionen in der Vergangenheit meist darunter, dass sie sich im Bundesrat einer gegnerischen Mehrheit gegenüber sahen und bei wichtigen Gesetzen auf die Zustimmung der anderen Volkspartei angewiesen waren. Vordergründig hatten wir damit eine Beinahe-Große Koalition. Nur trug die Regierung die Verantwortung vor der Öffentlichkeit, so dass die Opposition versucht war zu blockieren, um die Regierung zu demontieren. In einer echten Großen Koalition tragen dagegen beide Volksparteien – unübersehbar – Mitverantwortung. Die Merkel-Koalition hatte lange auch im Bundesrat die Mehrheit, hat diese aber seit der Hessenwahl im Januar 2009 verloren. Bei einer künftigen Großen Koalition könnte das Bundesrats-Abstimmungssystem, durch welches auch kleine Parteien in den Ländern auf Bundesebene eine Blockademacht erhalten, wieder eine fatale Rolle spielen (siehe S. 155).

III. Verfassungswidriges Wahlrecht: Basis der Bundestagswahl 2009

1. Überhangmandate: verdeckt verfassungswidrig

Überhangmandate sind eine Besonderheit des bundesdeutschen Wahlrechts und letztlich eine perverse Nebenfolge des Bemühens der politischen Klasse, das Wahlsystem in ihrem Sinne zu regeln. Überhangmandate entstehen, wenn eine Partei in einem Bundesland mehr Direktmandate erlangt, als ihr nach den Zweitstimmen zustehen. Normalerweise werden die von einer Partei errungenen Direktmandate von der Gesamtzahl der ihr zustehenden Abgeordneten abgezogen. Ist die Zahl der Direktmandate aber höher, kann nichts mehr abgezogen werden. Es entstehen »Überhangmandate«, und die darf die Partei behalten. Bei Landtagswahlen erhalten die anderen Parteien einen Ausgleich, bei Bundestagswahlen aber nicht. Die Normalgröße des Bundestags (598 Abgeordnete) erhöht sich um die Überhangmandate (§ 6 Abs. 5 Bundeswahlgesetz), in den Ländern zusätzlich auch um die Ausgleichsmandate.

Überhangmandate führen in den Ländern zur willkürlichen Aufblähung der Mandate, und im Bund verfälschen sie das Wahlergebnis. So gewann z.B. bei der Bundestagswahl 1994 die CDU in Baden-Württemberg alle 37 Wahlkreise und somit 37 Direktmandate. Nach den Zweitstimmen in Baden-Württemberg hatte sie jedoch nur Anspruch auf 35 Mandate, so dass zwei Überhangmandate entstanden. Insgesamt gab es 1994 bundesweit 16 Überhangmandate: vier für die SPD und zwölf für die CDU. Dadurch konnte die von Helmut Kohl geführte Union/FDP-Regierungskoalition ihren – nach Auszählung der Zweitstimmen – sehr knappen Vorsprung gegenüber der Opposition stabilisieren. Statt zwei Mandate hatte sie nun zehn mehr. Hier wurde ganz deutlich, dass mit den Überhangmandaten ein reiner Zufallsfaktor ins Wahlgesetz eingefügt war, der im äußersten Fall sogar über die Regierungsmehrheit entscheiden kann. Umso nachdrücklicher wurde nun auch die Frage der Verfassungsmäßigkeit von Überhangmandaten gestellt. Die niedersächsische SPD/Grünen-Regierung unter Ministerpräsident Gerhard Schröder klagte vor dem Bundesverfassungsgericht. Dieses konnte die Verfassungswidrigkeit in seiner Entscheidung vom 10. April 1997[1] allerdings nicht feststellen, weil sich die acht Richter des Zweiten Senats ein 4:4-Abstimmungs-Patt lieferten. Getreu der politischen Farbenlehre votierten die vier von der SPD vorgeschlagenen Richter für »verfassungswidrig«, während sich die vier, die der CDU ihr Amt verdankten, nicht genierten, geschlossen für »Verfassungskonformität« zu stimmen. Noch 1988, also nur sechs Jahre vorher, hatte derselbe Senat entschieden, Überhangmandate seien allenfalls in »engen Grenzen« zulässig.[2] Damals war es um ein einziges Überhangmandat gegangen, welches der CDU in Baden-Württemberg bei der Bundestagswahl 1987 zugefallen war,

---

[1] BVerfGE 95, 335.
[2] BVerfGE 79, 169 (172).

weshalb das Gericht die Regelung noch als verfassungsgemäß hatte durchgehen lassen. Das eine Mandat hatte dazu geführt, dass zum Beispiel die Grünen bei der Bundestagswahl 1987 im Durchschnitt lediglich ein Prozent mehr Stimmen für ein Mandat benötigt hatten als die CDU. Deshalb seien »die engen Grenzen, in denen die Differenzierung des Stimmgewichts« zulässig sei, noch »nicht überschritten« worden. 1994 war die Situation dann eine völlig andere: Die Grünen benötigten nun aufgrund der zwölf Überhangmandate der CDU pro Mandat sechs Prozent mehr Zweitstimmen als die CDU. Der Gleichheitssatz war nun offensichtlich verletzt.

Auch wenn das Gericht aufgrund der Parteinähe seiner Mitglieder die Verfassungswidrigkeit nicht offiziell feststellen konnte, ändert dies nichts daran, dass Überhangmandate einen groben Systemfehler des deutschen Wahlrechts darstellen, der eigentlich längst beseitigt gehört. Dass »der Gesetzgeber« sich dazu bisher nicht aufraffen konnte, liegt am Eigeninteresse der großen Mehrheit der Abgeordneten. Da Überhangmandate den beiden großen Parteien SPD und CDU zugute kommen, sträuben sich diese gegen die Abschaffung, zumal die Zahl von Überhangmandaten seit der Wiedervereinigung noch weiter angewachsen ist – und damit auch die Problematik. In den ersten vier Jahrzehnten der Bundesrepublik waren insgesamt 16 Überhangmandate angefallen. Zwischen 1990 und 2005 gab es bereits 54, davon 46 im Osten. Bei der Bundestagswahl 2005 fielen 16 Überhangmandate an, neun für die SPD und sieben für die CDU. Wollen beide großen Parteien wirklich so lange warten, bis der Zufallsfaktor Überhangmandate eines Tages über die Regierungsmehrheit entscheidet? Dann wäre die Verfassungswidrigkeit so offensichtlich, dass selbst die verbohrtesten Machtpolitiker sie nicht mehr leugnen könnten. Aber auch Ausgleichsmandate sind keine gute Lösung, sie führen vielmehr vom Regen in die Traufe. Mit ihnen beseitigt man zwar die Verzerrung zwischen den Parteien, bläht die ohnehin zu großen Parlamente aber noch weiter auf, schafft also eine Verzerrung zu Lasten der Bürger und Steuerzahler.

Überhangmandate im Deutschen Bundestag

Wahljahr	Überhang-Mandate	Überhangmandate pro Bundesland		Partei
1949	2	Baden	1	CDU
		Bremen	1	SPD
1953	3	Schleswig-Holstein	2	CDU
		Hamburg		DP
1957	3	Schleswig-Holstein	3	CDU
1961	5	Schleswig-Holstein	4	CDU
		Saarland	1	CDU
1965	0	–	–	–
1969	0	–	–	–
1972	0	–	–	–
1976	0	–	–	–
1980	1	Schleswig-Holstein	1	SPD
1983	2	Bremen	1	SPD
		Hamburg	1	SPD
1987	1	Baden-Württemberg	1	CDU
1990	6	Sachsen-Anhalt	3	CDU
		Mecklenburg-Vorpommern	2	CDU
		Thüringen	1	CDU
1994	16	Sachsen	3	CDU
		Thüringen	3	CDU
		Baden-Württemberg	2	CDU
		Mecklenburg-Vorpommern	2	CDU
		Sachsen-Anhalt	2	CDU
		Brandenburg	3	SPD
		Bremen	1	SPD
1998	13	Sachsen-Anhalt	4	SPD
		Thüringen	3	SPD
		Brandenburg	3	SPD
		Mecklenburg-Vorpommern	2	SPD
		Hamburg	1	SPD
2002	5	Hamburg	1	SPD
		Sachsen-Anhalt	2	SPD
		Thüringen	1	SPD
		Sachsen	1	CDU

Quelle: Deutscher Bundestag

Überhangmandate haben verschiedene Ursachen. Eine kann darin liegen, dass die Wahlbeteiligung in einem Land deutlich niedriger liegt als im Bundesdurchschnitt und deshalb weniger Listenstimmen auf die dortigen Parteien entfallen, während die Zahl der Direktmandate unverändert bleibt. So liegt die Wahlbeteiligung bei Bundestagswahlen im Osten deutlich niedriger als im Westen: 2002 betrug der Abstand 7,9 Prozentpunkte, 2005 4,2 Prozentpunkte. Am allerniedrigsten war die Wahlbeteiligung 2005 in Sachsen-Anhalt – 71,0 Prozent und damit 6,7 Prozentpunkte unter dem bundesweiten Durchschnitt von 77,7 Prozent. Das war einer der Gründe für die vier Überhangmandate in Sachsen-Anhalt.

Weiter kann es zu Überhangmandaten kommen, wenn kleinere Bundestagsparteien besonders gut abschneiden und den Großen Zweitstimmen wegnehmen, so dass deren Anteil an Listenmandaten sich verringert. Da die großen Parteien die Wahlkreise regelmäßig unter sich aufteilen, können CDU oder SPD mehr Direktmandate erhalten, als ihnen nach ihren – eben relativ geringen – Zweitstimmen eigentlich zukommen. So wurden 2005 in den Ländern Brandenburg, Sachsen, Sachsen-Anhalt und Thüringen sämtliche 53 Direktmandate von einer jener beiden Parteien gewonnen. Aufgrund der Konkurrenz vor allem durch die Linke, aber auch durch die NPD und DVU, die im Osten ebenfalls deutlich stärker waren als im Westen, wurden die Wahlkreise meist nur mit geringer Mehrheit gewonnen, teilweise sogar mit weniger als 30 Prozent der Stimmen. In Brandenburg und Sachsen-Anhalt holte die SPD sämtliche Wahlkreise und in Sachsen die CDU 14 von insgesamt 17, was die drei beziehungsweise vier Überhangmandate der SPD und die vier der CDU erklärt. Dagegen teilten sich beide Parteien in Mecklenburg-Vorpommern und Thüringen die Direktmandate deutlich paritätischer, so dass es zu keinen Überhangmandaten kam. In Baden-Württemberg wies die CDU – ähnlich wie in Sachsen – eine relative Dominanz auf und gewann 2005 von den 37 Wahlkreisen 33, was ihre drei Überhangmandate in diesem Bundesland miterklärt.

Da Überhangmandate dann entstehen, wenn eine Partei viele Wahlkreise gewinnt, aber relativ wenig Zweitstimmen erhält, könnten die Wähler, die eine bestimmte Regierungskoalition befürworten, in den betreffenden Ländern durch massenhaftes Stimmensplitting der Koalition zusätzliche Mandate verschaffen. So äußerte die SPD z. B. vor der Bundestagswahl 1957 nachdrücklich die Befürchtung, dass Stimmensplitting zugunsten Adenauers Koalition – Erststimmen für die CDU, Zweitstimmen für die FDP – geübt werde. Derartiges strategisches Handeln scheitert aber meist bereits an der mangelnden Kenntnis unseres überkomplizierten Wahlsystems. Zudem ist oft im Vorhinein nicht sicher, ob die gesplittete Zweitstimme wirklich der gewünschten Koalition zugute kommt. Selbst die Erkenntnis, dass die Kandidaten kleinerer Parteien im Wahlkreis keine Chance haben und es deshalb keinen Sinn hat, ihnen die Erststimme zu geben, ist wenig verbreitet.

Für die vielen Überhangmandate im Osten ist zusätzlich die schleichende Entvölkerung vieler Wahlkreise mitverantwortlich. Die Zahl der Wahlkreise jedes Bundeslandes war ursprünglich proportional zu seiner Bevölkerung festgelegt worden. Nimmt diese aber im Laufe der Zeit ab, können dort die Direktmandate mit immer weniger Stimmen erlangt werden, während die Zahl der Listenmandate sich – aufgrund der Verbindung der Landeslisten mit anderen Ländern – nach den abgegebenen Wählerstimmen richtet und deshalb mit diesen abnimmt.

Um dem wenigstens etwas abzuhelfen, wurden für die Bundestagswahl 2002 im Zuge einer Wahlkreisreform, durch welche der Bundestag verkleinert wurde – von bisher 656 gesetzlichen Mitgliedern auf 598 –, auch die Wahlkreise entsprechend der geänderten Bevölkerung neu zugeschnitten. In der Tat reduzierte sich dadurch die Zahl der Überhangmandate von 13 (1998) auf fünf bei der Bundestagswahl 2002. Vier davon bekam die SPD. Nur dadurch wurde sie zur stärksten Fraktion und stellte deshalb von 2002 bis 2005 mit Wolfgang Thierse den Bundestagspräsidenten. 2005 wuchsen die Überhangmandate aber wieder auf 16 an, davon wiederum elf in den neuen Ländern. Für die Bundestagswahl 2009 hat man deshalb einige Wahlkreise entsprechend der geänderten Bevölkerungszahl neu zugeschnitten. Dadurch entfällt auf Baden-Württemberg und Niedersachsen je ein Wahlkreis mehr und auf Sachsen und Sachsen-Anhalt je ein Wahlkreis weniger. Das Problem Überhangmandate bleibt jedoch aktuell. Das ist umso misslicher, als Überhangmandate auch das inzwischen vom Bundesverfassungsgericht für verfassungswidrig erklärte Paradoxon des negativen Stimmgewichts begründen (siehe S. 139 ff.).

Es gibt mehrere Möglichkeiten, das Problem Überhangmandate zu entschärfen. Einmal könnte der Gesetzgeber Ausgleichsmandate vorsehen, wie es in mehreren Bundesländern bereits der Fall ist. Doch dann würde der Bundestag noch größer und seine Arbeitsfähigkeit noch weiter eingeschränkt.

Ein zweiter Weg wäre, die Zweitstimmen über die Ländergrenzen hinweg zu verrechnen. Überhangmandate einer Partei würden dann ihre Listenmandate in einem anderen Bundesland verringern.

Eine dritte Möglichkeit wäre die Einführung des sogenannten Grabensystems. Dabei wird zwischen Direktmandaten und Listenmandaten ein »Graben« gezogen, ihre Verbindung also aufgehoben. Dann bestimmen nicht mehr die Listen die Gesamtzahl der Mandate, von der die Wahlkreismandate abgezogen werden. Die Listen legen stattdessen nur noch die Hälfte der Mandate fest, zu der dann die Direktmandate hinzukommen. Überhangmandate kann es dann nicht mehr geben, so dass auch Ausgleichsmandate nicht mehr nötig sind.

In Sachsen gibt es in der laufenden Wahlperiode (2004 bis 2009) zwei Überhangmandate der CDU, die durch zwei Ausgleichsmandate (je eins für SPD und PDS) kompensiert werden. Ihre Zahl darf die der Überhangmandate nicht überschreiten.

In Sachsen-Anhalt gewannen in der 4. Wahlperiode (2002 bis 2006) die CDU-Kandidaten 48 der 49 Wahlkreise. Nach Verhältniswahl standen ihr aber nur 41 Mandate zu, d.h., sie erzielte nicht weniger als sieben Überhangmandate. Diese wurden durch Ausgleichsmandate derart kompensiert, dass eine Sitzverteilung erreicht wurde, die dem Ergebnis der Verhältniswahl entspricht. Das waren dann sogar neun Ausgleichsmandate, also mehr als die Überhangmandate. Der 4. Landtag wuchs damit über seine gesetzliche Größe von 99 Sitzen hinaus auf 115 Sitze. Trotz Senkung der gesetzlichen Größe des Landtags von 99 auf 91 und des Neuzuschnitts der Wahlkreise gibt es auch derzeit (5. Wahlperiode 2006 bis 2010) sechs Zusatzmandate: Die CDU hat drei Überhangmandate, die SPD zwei und die Linke ein Ausgleichsmandat.

In Brandenburg gab es bisher nur einmal, in der 3. Wahlperiode (1999 bis 2004), ein Überhangmandat, das an die SPD fiel.

In Nordrhein-Westfalen fielen seit 1985 stets Überhangmandate an, die durch Ausgleichsmandate kompensiert wurden, wobei die Sitzzahl des Landtags in jedem Fall ungerade bleiben muss. Die genauen Ergebnisse zeigt die folgende Tabelle.

Die Überhangmandate im Landtag Nordrhein-Westfalen

Wahl-jahr	Gesetzl. Größe	Überhang-mandate	Partei	Ausgleichs-mandate	Partei	Gesamt-zahl der Sitze
1985	201	14	SPD	11 1	CDU FDP	227
1990	201	18	SPD	13 2 1	CDU FDP SPD	235
1995	201	9	SPD	8 3	CDU Grüne	221
2000	201	13	SPD	11 4 2	CDU FDP Grüne	231
2005	181	3	CDU	3	SPD	187

Die Übersicht zeigt, wie sehr Parlamente durch Überhang- und Ausgleichsmandate willkürlich aufgebläht werden können. Den Gipfel bildet 1990 mit 34 Zusatzmandaten. Auch nach der Verkleinerung der gesetzlichen Größe des Landtags auf 181 Sitze und dem Neuzuschnitt der Wahlkreise kam es wieder zu sechs Zusatzmandaten.

In Baden-Württemberg fielen 2006 elf Überhangmandate für die CDU an, die durch acht Ausgleichsmandate kompensiert wurden, davon fünf für die SPD, eins für die FDP und zwei für die Grünen. Seit 1984 summiert sich die Gesamtzahl der Überhangmandate auf 57 und die der Ausgleichsmandate auf 42, zusammen also 99 völlig überflüssige und nur dem aberwitzigen Wahlsystem zu verdankende Mandate.

Die Überhangmandate im Landtag Baden-Württemberg

Wahl-jahr	Gesetzl. Größe	Überhang-mandate	Partei	Ausgleichs-mandate	Partei	Gesamt-zahl der Sitze
1984	120	4	CDU	2	SPD	126
1988	120	4	CDU	1	SPD	125
1992	120	14	CDU	12	SPD: 9 Grüne: 1 FDP: 1 Rep.: 1	146
1996	120	18	CDU	17	SPD: 8 Grüne: 4 DVP: 2 Rep.: 3	155
2001	120	6	CDU	2	SPD	128
2006	120	11	CDU	8	SPD: 5 Grüne: 2 FDP: 1	139
Zusammen		57		42		

Auch bei den jüngsten Landtagswahlen gab es Überhang- und Ausgleichsmandate. In Bayern erhielt die CSU bei der Wahl im September 2008 vier Überhangmandate, die durch zwei Mandate der SPD und eines der Grünen in etwa ausgeglichen wurden. In Hessen fielen am 18. Januar 2009 erstmals in der Wahlgeschichte dieses Landes Überhangmandate an, nämlich vier für die CDU. Dafür bekam die SPD zwei Mandate und die FDP und die Grünen je eines zum Ausgleich.

2. Negatives Stimmgewicht: offen verfassungswidrig

Bei der Bundestagswahl kann ein Mehr an Stimmen, die für eine Partei abgegeben werden, dazu führen, dass diese Partei weniger Bundestagssitze erhält. Und umgekehrt können weniger Stimmen mehr Mandate bringen. Diese »Paradoxie des negativen Stimmgewichts« (Bundesverfassungsgericht) wurde besonders eklatant, als kurze Zeit nach der Bundestagswahl vom 18. September 2005 im Wahlkreis 160 (Dresden I) wegen des plötzlichen Todes der Direktkandidatin der NPD die Wahl ausgesetzt und eine Nachwahl anberaumt wurde. Da das Wahlergebnis im gesamten übrigen Bundesgebiet vor der Nachwahl feststand, ließ sich der Effekt des negativen Stimmgewichts in diesem Fall im Voraus berechnen: Sollte die CDU mehr als rund 41.500 Zweitstimmen erhalten, würde sie ein Mandat verlieren, bei einer niedrigeren Zweitstimmenzahl dagegen ein Mandat gewinnen. Deshalb forderte die CDU ihre Wähler öffentlich zu strategischem Verhalten auf und erhielt lediglich 38.208 Zweitstimmen, rund 12.000 weniger als bei der Bundestagswahl 2002. Den Wahlkreis gewann die CDU gleichwohl mit 57.931 Erststimmen und sicherte sich so das erhoffte Mehr-Ergebnis.

Das negative Stimmgewicht rührt daher, dass Zweitstimmen, die in einem Bundesland für eine Partei abgegeben werden und ihr ein zusätzliches Listenmandat verschaffen, dieser Partei dann nichts nützen, wenn sie in dem Bundesland bereits Überhangmandate erlangt. Reichen die Zweitstimmen aber nicht zur Zuteilung eines weiteren Sitzes in diesem Land aus, werden sie als Reststimmen derselben Partei in einem anderen Bundesland zugeschlagen, so dass diese dort ein zusätzliches Mandat erhält; Voraussetzung ist natürlich, dass sie dort keine Überhangmandate hat. Dieser Austausch von Reststimmen beruht darauf, dass Landeslisten derselben Partei nach § 7 Abs. 1 Bundeswahlgesetz als miteinander verbunden gelten. Hat also eine Partei in einem Bundesland Überhangmandate, so schadet es ihr nichts, wenn sie dort weniger Zweitstimmen bekommt, als für ein zusätzliches Listenmandat erforderlich sind – die Reststimmen kommen den Parteifreunden in einem anderen Land zugute. Wenn die Partei dort aufgrund der übertragenen Zweitstimmen ein Mandat mehr gewinnt, erhält auch die Bundespartei insgesamt einen Sitz im Bundestag mehr. Weniger Zweitstimmen in Ländern mit Überhangmandaten können der Partei in anderen Bundesländern also mehr Mandate erbringen.

In Sachsen hat die CDU bei der Nachwahl im Wahlkreis Dresden I das Mandat aufgrund ihres guten Erststimmenergebnisses gewonnen. Da sie aus der Hauptwahl bereits drei Überhangmandate hatte, hätte ihr ein Zweitstimmenergebnis von über 41.500, bei welchem sie eigentlich Anspruch auf einen weiteren Listenplatz gehabt hätte, nichts gebracht. Jedoch hätte die CDU insgesamt ein Mandat verloren. Der Verlust wäre im Saarland eingetreten, da die CDU in diesem Land dann – mangels Zweitstimmen-Übertragung aus dem Wahlkreis 160 – einen zu geringen Stimmenanteil erreicht hätte, um ein zusätzliches Mandat im Rahmen der Verteilung der Reststimmen zu erlangen.

Profitiert von diesem Paradoxon hat Annette Hübinger, die auf der saarländischen CDU-Liste noch in den Bundestag rutschte.

Das Problem kann auch folgendes Beispiel illustrieren: Wären bei der Bundestagswahl 2005 in Hamburg für die SPD etwa 19.500 Zweitstimmen weniger abgegeben worden, hätte diese Partei im Ergebnis einen Sitz mehr im Deutschen Bundestag beanspruchen können. 19.500 Wähler der SPD in Hamburg haben dieser Partei mit ihrer Stimme im Ergebnis also geschadet. Darüber hinaus ließe sich eine Fülle weiterer Fälle vorrechnen, in welchen geringe Verschiebungen der Zweitstimmen zu ähnlich paradoxen Umverteilungen der Mandate geführt hätten.

Derart willkürliche Ergebnisse sind mit den Grundsätzen der Gleichheit und Unmittelbarkeit der Wahl nicht mehr in Einklang zu bringen. Der Wählerwille wird in sein Gegenteil verkehrt, ohne dass der Wähler sich darauf einstellen könnte. Er vermag – wegen des überkomplizierten Systems – den eventuellen negativen Effekt seiner Stimme im Normalfall nicht vorauszusehen. Bei knappen Mehrheiten könnte das negative Stimmgewicht sogar die Regierungsbildung beeinflussen. Deshalb hat das Bundesverfassungsgericht in seinem Urteil vom 3. Juli 2008 die Verfassungswidrigkeit der entsprechenden Bestimmungen des Bundeswahlgesetzes festgestellt.

Das negative Stimmgewicht könnte z.B. dadurch beseitigt werden, dass Überhangmandate abgeschafft werden, indem sie etwa mit den Mandaten verrechnet werden, die den Parteien im gesamten Bundesgebiet zustehen. Die Verfassungsmäßigkeit von Überhangmandaten ist ohnehin zweifelhaft. Das Bundesverfassungsgericht konnte 1997 ihre Verfassungswidrigkeit nur deshalb nicht feststellen, weil es zu einer Patt-Entscheidung kam (siehe S. 132). Eine andere Möglichkeit, den Missstand zu beseitigen, wäre die Einführung des sogenannten Grabensystems, bei dem ein Teil der Sitze durch Mehrheitswahl und der andere Teil durch Verhältniswahl bestimmt wird, aber, anders als bisher, keine Verrechnung stattfindet (siehe S. 137). Das Gericht hat die Verfassungskonformität des Grabensystems ausdrücklich bestätigt.

Trotz Verfassungswidrigkeit wegen Verstoßes gegen die Gleichheit und Unmittelbarkeit der Wahl hat das Gericht die Bundestagswahl 2005 nicht für ungültig erklärt, was die Auflösung des derzeit noch amtierenden 16. Deutschen Bundestags zur Folge gehabt hätte, so dass unverzüglich Neuwahlen erforderlich gewesen wären. Das ist nachvollziehbar. Denn wer hätte dann die Korrektur der Fehler im Wahlgesetz vornehmen sollen? Das Bundesverfassungsgericht hat dem Gesetzgeber darüber hinaus aber auch noch eine Frist bis zum Juni 2011 gelassen, um den Mangel zu beseitigen. Schöpft der Gesetzgeber diese Frist aus, erfolgt die Bundestagswahl 2009 wiederum auf verfassungswidriger Grundlage, was, für sich genommen, nur schwer nachvollziehbar wäre. Auch nach Auffassung des Gerichts wäre die Bundestagswahl im Herbst 2009 durchaus nicht gefährdet, wenn der Bundestag das Wahlgesetz bis zum April 2009 ändern würde.

Fast sieht es so aus, als habe das Gericht ein schlechtes Gewissen und mache dem Gesetzgeber deshalb so großzügige Konzessionen. Die unsinnigen Ergebnisse, zu denen das negative Stimmgewicht führt, waren nämlich bereits in dem erwähnten mehr als ein Jahrzehnt zurückliegenden Verfahren vor demselben Zweiten Senat des Bundesverfassungsgerichts vom Antragsteller gerügt worden. Das Gericht war auf die Rüge damals aber nicht eingegangen, obwohl bereits bei der Wahl 1994 nicht weniger als 16 Überhangmandate aufgetreten waren. Das Gericht trägt also Mitverantwortung dafür, dass die Bundestagswahlen 1998, 2002 und 2005 auf verfassungswidriger Grundlage erfolgten.

Unter den Parteien war zunächst unklar, ob man eine rasche Behebung der Fehler vornehmen solle. Grüne und Linke plädierten dafür, erklärtermaßen auch die SPD, und wollten dabei zugleich die Verzerrungen durch Überhangmandate beseitigen. Auch Bundestagspräsident Norbert Lammert (CDU) warnte öffentlich davor, die Bundestagswahl 2009 auf verfassungswidriger Grundlage vorzunehmen. Doch die Union widersetzte sich und wurde dabei von der FDP unterstützt. Angesichts der Umfragewerte im März 2009 hoffte die Union bei der Bundestagswahl ihre Position durch Überhangmandate zu verbessern, und die SPD fügte sich aus Koalitionsräson. Der Aufschub könnte allerdings auch etwas Gutes haben, vorausgesetzt, die Parteien im Bundestag würden sich nicht auf die Beseitigung des vom Verfassungsgericht gerügten Mangels beschränken, sondern die Gelegenheit nutzen, auch weitere schwerwiegende Mängel des Wahlsystems endlich zu beseitigen. Diese bestehen nicht nur in den Überhangmandaten, sondern vor allem darin, dass die Parteien darüber bestimmen, welche Personen ins Parlament kommen. Wen sie in sicheren Wahlkreisen aufstellen oder auf sichere Listenplätze setzen, dem kann der Wähler nichts mehr anhaben. Das verletzt den Verfassungsgrundsatz der Unmittelbarkeit der Wahl der Abgeordneten durch die Bürger und macht die Wahl nach richtiger Auffassung ebenfalls verfassungswidrig. Eine frühere andere Entscheidung des Bundesverfassungsgerichts aus den Fünfzigerjahren ist überholt (siehe S. 73). Der Gesetzgeber sollte diese gravierenden Mängel der Legitimation des Bundestags und damit auch aller von ihm gewählten Verfassungsorgane endlich beseitigen. Dafür bedürfte es dann in der Tat möglicherweise längerer Zeit. Ein weiteres Zuwarten wäre deshalb allenfalls dann gerechtfertigt, wenn eine umfassende Wahlrechtsreform, die eine echte Direktwahl der Abgeordneten wiederherstellt, vorgenommen und dies vor der Wahl 2009 auch öffentlich angekündigt würde. Auch das Gericht hat dem Gesetzgeber die längere Frist nicht zuletzt deshalb eingeräumt, um ihm die Möglichkeit zu geben, »das für den Wähler kaum noch nachzuvollziehende Regelungsgeflecht der Berechnung der Sitzzuteilung im Deutschen Bundestag auf eine neue, normenklare und verständliche Grundlage zu stellen«.

3. Wahlprüfung: Prüfungsverhinderungsverfahren

Nach Art. 41 Abs. 1 Grundgesetz ist die Wahlprüfung »Sache des Bundestages«. Er entscheidet darüber, ob bei der Wahl Verstöße gegen geltendes Recht vorgekommen sind und ob die Wahl des gesamten Bundestags deshalb ungültig ist oder einzelne Abgeordnete ihre Mitgliedschaft verlieren. Dass dies eine – wie immer problematische – Entscheidung des Parlaments in eigener Sache darstellt, liegt auf der Hand. Deshalb schließt § 17 Abs. 1 Wahlprüfungsgesetz einzelne Abgeordnete, deren Wahl zur Prüfung steht, von der Beratung und Beschlussfassung im Wahlprüfungsverfahren aus. Dies gilt allerdings nicht, so fährt § 17 Abs. 2 fort, »wenn in einem Verfahren die Wahl von mindestens zehn Abgeordneten angefochten wird«, und erst recht nicht, wenn es um die Gültigkeit der Wahl des gesamten Bundestags geht. Da das Parlament aber auch bei solchen Entscheidungen natürlich befangen ist, kann gegen seine Entscheidung das Bundesverfassungsgericht angerufen werden (Art. 41 Abs. 2 Grundgesetz). Einspruch erheben und damit das Prüfungsverfahren in Gang bringen kann jeder Wahlberechtigte.

In »erster Instanz« bleibt es allerdings bei der Entscheidung des Bundestags in eigener Sache. Das ist historisch zu erklären. Früher nahmen der Monarch und seine Gerichtsbarkeit das Recht der Wahlprüfung für sich in Anspruch. Das gab ihnen die Möglichkeit zu Manipulationen, um unliebsame Parlamentarier auf dem Wege der Wahlprüfung aus dem Parlament zu entfernen. Dagegen richtete sich der – schließlich erfolgreiche – Kampf der Parlamente um Demokratie und Gewaltenteilung. Hierzu zählten sie auch die Befugnis, selbst darüber zu entscheiden, ob einer ihrer Kollegen zu Recht im Parlament saß oder nicht.

Trotz Einschaltung des Bundesverfassungsgerichts bleibt das Verfahren aber »ein einziger rechtsstaatlicher Skandal« (so mit Recht der Staatsrechtslehrer Hans Meyer). Das hat mehrere Gründe.

Erstens gibt es keinerlei Frist für die Wahlprüfung, und der Bundestag lässt sich häufig jahrelang Zeit mit seiner Entscheidung. Das gilt auch für das Bundesverfassungsgericht, so dass die Wahlperiode zum Zeitpunkt der Entscheidung oft schon fast beendet ist und damit eine Ungültigkeitserklärung keinen rechten Sinn mehr machen würde.

Zweitens hat in der fast 60-jährigen Praxis noch nie eine mündliche Verhandlung mit öffentlicher Erörterung des Pro und Contra vor dem Wahlprüfungsausschuss, der die Entscheidung des Bundestags vorbereitet, stattgefunden. Dabei sollte dies nach dem Wahlprüfungsgesetz eigentlich die Regel sein, von der nur dann ausnahmsweise abgewichen werden darf, wenn der Einspruch unzulässig oder »offensichtlich unbegründet« ist. Die zahlreichen Paragraphen des Wahlprüfungsgesetzes, die die mündliche Verhandlung auf das Penibelste regeln, stehen sämtlich nur noch auf dem Papier.

Drittens: Da der Bundestag es nicht als seine Aufgabe ansieht, die Verfassungsmäßigkeit des Wahlgesetzes zu überprüfen – das sei Sache des Bundesverfassungsgerichts –, weist er Einsprüche, die auf der Verfassungswidrigkeit des Gesetzes basieren, als offensichtlich unbegründet zurück. In völligem Widerspruch dazu erörtert der Bundestag eine eventuelle Verfassungswidrigkeit dennoch regelmäßig lang und breit, obwohl sie erklärtermaßen keinerlei Relevanz für seine Entscheidung besitzt. Das widersprüchliche und jeder Prozessökonomie spottende Verfahren verzögert seine Entscheidung erheblich.

Viertens: Es ist dem Bürger, der seinen Wahleinspruch auf die Verfassungswidrigkeit des Wahlgesetzes gründet, schlechterdings nicht zuzumuten, erst das langwierige Verfahren beim Bundestag zu durchlaufen, obwohl von vornherein feststeht, dass dieser es ablehnt, aus der Verfassungswidrigkeit irgendwelche Konsequenzen zu ziehen, und dem Bürger deshalb keinesfalls helfen kann.

Fünftens sieht sich der Bürger auf dem Weg zum Bundesverfassungs-

144

gericht gewaltigen praktischen Schwierigkeiten gegenüber. Nach der Zurückweisung seines Antrags durch den Bundestag muss er nämlich mindestens 100 Unterstützungsunterschriften von Wahlberechtigten beibringen. Sonst wird seine Beschwerde vom Gericht als unzulässig abgewiesen. Diese nicht unerhebliche Hürde hat das Parlament gesetzlich dekretiert (§ 48 Bundesverfassungsgerichtsgesetz), obwohl davon im Grundgesetz kein Wort steht.

Umso weniger ist sechstens nachvollziehbar, dass der Bürger gegen Beeinträchtigungen seines gesetzlichen Wahlrechts bei Aufstellung der Kandidaten und allen sonstigen Maßnahmen allein auf das Wahlprüfungsverfahren verwiesen wird. Solche Verletzungen seines demokratischen Fundamentalrechts, mögen sie vor oder bei der Wahl erfolgt sein, können weder mit Verwaltungsklage noch mit der Verfassungsbeschwerde angegriffen werden, sondern lediglich nachträglich im Wahlprüfungsverfahren.

Siebtens kommt hinzu, dass das Bundesverfassungsgericht in solchen Verfahren außerordentlich restriktiv urteilt. Über Jahrzehnte hinweg hatte es überhaupt keine erfolgreiche Wahlprüfungsbeschwerde gegeben. In einer Entscheidung vom 10. April 1997[1], wo die Verfassungswidrigkeit eigentlich klar war, hat das Gericht ihre Feststellung mit einem 4:4-Votum hintertrieben. Dabei verhinderten die von der Union vorgeschlagenen vier Richter geschlossen die Feststellung der Verfassungswidrigkeit der damals nicht weniger als 16 Überhangmandate, von denen zwölf der Union zugute kamen (siehe S. 134). Und in der Wahlprüfungssache zum sogenannten negativen Stimmgewicht, in welcher das Gericht schließlich gar nicht mehr anders konnte, als die Verfassungswidrigkeit des Bundeswahlgesetzes mit Urteil vom 3. Juli 2008 festzustellen, gibt es dem Gesetzgeber nunmehr Zeit bis 2011, die Mängel zu beseitigen, lässt also nicht nur die Verfassungswidrigkeit der Bundestagswahl 2005 ungeahndet, sondern nimmt auch die Verfassungswidrigkeit der anstehenden Bundestagswahl 2009 sehenden Auges hin. Das Gericht sucht dies mit der kurzen Frist bis zur Wahl zu begründen, ist daran aber zusammen mit dem Bundestag selbst schuld: Die Wahlberechtigten hatten ihre Ansprüche im November 2005 eingelegt. Der Bundestag hatte sie aber erst ein

---

[1] BVerfGE 95,335. Die Entscheidung erging allerdings nicht im Wahlprüfungsverfahren, sondern im Verfahren der sogenannten abstrakten Normenkontrolle auf Antrag der Landesregierung Niedersachsen.

gutes Jahr später, am 14. Dezember 2006, zurückgewiesen, obwohl sie angeblich »offensichtlich unbegründet« waren und es deshalb bei ökonomischer Verfahrensführung sehr viel rascher zu einer Entscheidung hätte kommen können. Dagegen gingen die beiden Kläger im Januar und Februar 2007 vors Bundesverfassungsgericht, das darüber aber erst am 3. Juli 2008, also eineinhalb Jahre später, entschied – trotz der offensichtlich gebotenen Eile. Hätte der Prozess nicht fast drei Jahre gedauert, wäre es dem Bundesverfassungsgericht unmöglich gewesen, dem Bürger noch eine weitere als verfassungswidrig festgestellte Wahl zuzumuten. Dass das Wahlprüfungsverfahren zur Farce geworden ist, liegt daran, dass der Bundestag hier in eigener Sache entscheidet. Er hat nicht nur versäumt, eine Frist ins Gesetz zu schreiben, sondern pflegt das Verfahren auch rücksichtslos in die Länge zu ziehen. Da er die Prüfung der Verfassungsmäßigkeit des Wahlgesetzes ablehnt, aber gleichwohl nicht darauf verzichtet, verschleppt er das Verfahren weiter. Alles zusammen bewirkt, dass der Bundestag hier in eigener Sache in Wahrheit ein »Wahlprüfungsverhinderungsverfahren« (Hans Meyer) geschaffen hat. Hinzu kommt, dass das Bundesverfassungsgericht dem Bestandsinteresse des Bundestags, der ja auch für die Wahl von Bundesverfassungsrichtern mit zuständig ist, zu viel Gewicht beimisst und deshalb selbst bei erkannter Rechtswidrigkeit vor Ungültigkeitserklärungen zurückschreckt.

Das ausnehmend geringe materielle Gewicht, welches unsere vom Bundestag in eigener Sache geschaffene »Rechts«ordnung dem Wahlrecht der Bürger trotz seiner fundamentalen Bedeutung in der Demokratie beimisst (siehe S. 42 ff.), findet hier auch im Verfahrensrecht seine fatale Entsprechung.

Ein erster Schritt zur Abhilfe müsste die Einführung kurzer Fristen für Wahlprüfungsentscheidungen des Bundestags und des Bundesverfassungsgerichts sein. Zudem sollte das Gericht, wenn der Einspruch die Verfassungsmäßigkeit des Wahlgesetzes betrifft, sogleich angerufen werden können und so das überflüssige und langwierige Vorverfahren beim Bundestag übersprungen werden.

4. Bundestag: ohne demokratische Legitimation

Der Bundestag gilt als das einzige demokratisch legitimierte Verfassungsorgan. Deshalb muss er wichtige Entscheidungen selbst treffen.

Zudem vermittelt er allen anderen Bundesorganen demokratische Legitimation, indem er sie wählt: der Regierung, dem Bundespräsidenten, dem Verfassungsgericht und anderen Bundesgerichten, den Beamten und vielen weiteren vom Parlament gewählten oder von der Regierung ernannten Personen und Organisationen. Auch die Europäische Union bezieht ihre demokratische Legitimation, was Deutschland anlangt, entweder über den Bundestag, der Änderungen der EU-Verträge (oder der neuen europäischen Verfassung) ratifizieren muss, oder über die vom Bundestag gewählte Regierung, die vor allem im Rat der Europäischen Union zentrale Entscheidungen trifft. Alle leben zum großen Teil von der demokratischen Legitimation, die ihnen das angeblich von den Bürgern gewählte Parlament sozusagen einhaucht.

Doch dessen Legitimität wird durch eine ganze Reihe von Faktoren erschüttert. Das Parlament als zentrale Drehscheibe für die Weitergabe demokratischer Legitimation ist deshalb selbst nicht legitimiert. Die unmittelbare Wahl durch die Bürger, die ihm die Legitimation verschaffen soll, ist verfassungswidrig. Ihr Ergebnis ist verzerrt und entspricht nicht dem Willen der Wähler. Das hat das Bundesverfassungsgericht mit Urteil vom 3. Juli 2008 festgestellt. Die Entscheidung betraf das sogenannte negative Stimmgewicht (siehe S. 141). Zu einer noch viel stärkeren Verzerrung können Überhangmandate führen. Auch insoweit ist das Wahlgesetz verfassungswidrig. Das Gericht hat es allerdings unterlassen, dies ebenfalls festzustellen. Die politische Klasse besetzt das Gericht eben mit Richtern, die in zentralen politischen Fragen offenbar loyal zu denen stehen, denen sie ihr Amt verdanken. Es ist einzigartig, dass am 27. September 2009 eine Wahl des Bundestags auf erklärtermaßen verfassungswidriger Grundlage erfolgt.

Hinzu kommt, dass die Mitglieder des Bundestags auch 2009 gar nicht vom Volk gewählt werden, obwohl das Grundgesetz dies zwingend vorschreibt. Die angebliche Volkswahl ist zum formalen Abnicken längst feststehender Resultate degeneriert. Tatsächlich bestimmen die Parteien nach ihren Maßstäben, wer ins Parlament kommt, nicht die Bürger. Diese entscheiden auch nicht, wer regiert. Dies regeln vielmehr Parteiführer unter sich, *nach* der Wahl im Wege von Koalitionsabsprachen. Die demokratische Legitimation des Parlaments läuft letztlich auf eine Fiktion hinaus.

Dies gilt auch für einen zweiten demokratischen Legitimationsstrang, den Staatsrechtslehre und Verfassungsgericht konstruieren, die sogenannte »verfassungsunmittelbare institutionelle und funktionelle demokratische Legitimation«: Da die Verfassung auf dem Willen des Volkes beruhe, von dem alle Staatsgewalt auszugehen habe, übertrage sie die Legitimation auch auf die von ihr geschaffenen und mit bestimmten Funktionen – wie beim Bundestag zum Beispiel der Gesetzgebung – ausgestatteten Organe.

In Wahrheit aber beruht das Grundgesetz gar nicht auf dem Willen des Volkes. Vielmehr waren die westlichen Besatzungsmächte Initiator und Geburtshelfer des Grundgesetzes. Die Bürger haben ihm nie zugestimmt, weder direkt durch Volksabstimmung noch indirekt, indem sie etwa den Parlamentarischen Rat, der das Grundgesetz konzipierte, gewählt hätten. Die fehlende demokratische Legitimation des Grundgesetzes wurde auch nie nachgeholt, nicht einmal nach der Vereinigung im Jahre 1990. Damit entfällt sowohl eine vom Grundgesetz gespeiste demokratische Legitimation, eben weil dieses nicht auf dem Willen des Volkes beruht, als auch eine auf der angeblichen Direktwahl des Bundestags fußende, weil die Abgeordneten gar nicht vom Volk gewählt sind.

Die ganze Konzeption der repräsentativen Demokratie ist also ohne Fundament. Die Bürger könnten das Grundgesetz nur dann als ihre Verfassung anerkennen, wenn sie Gelegenheit gehabt hätten, darüber zu entscheiden. Die Bürger könnten die Abgeordneten nur dann als ihre Repräsentanten akzeptieren, die von ihnen beschlossenen Gesetze als bindend und die von ihnen gewählten Verfassungsrichter und Rechnungshöfler als demokratisch legitimiert anerkennen, wenn sie ihre Abgeordneten wirklich *gewählt* hätten, frei und unmittelbar (wie es das Grundgesetz ja auch ausdrücklich vorschreibt). Alles das ist aber nicht der Fall.

Die im Parlament von Berufsabgeordneten über die Parteigrenzen hinweg gebildete politische Klasse entscheidet praktisch selbst über ihre Wiederwahl und darüber, wer regiert. Sie hat die dem Parlament anvertraute gewaltige Entscheidungsmacht an sich gerissen, wozu auch die Befugnis gehört, alle Ämter nach ihren Vorstellungen zu besetzen. Das hat ihren politischen Einfluss enorm ausgeweitet. Nach außen wird dies allerdings hinter der angeblichen direktdemokratischen Legitimation der Verfassung und des Parlaments verborgen. Die Legitimation wird vorgeschützt, um die wahren Machtverhältnisse zu verschleiern: die Monopolherrschaft der politischen Klasse. Via Ämterherrschaft hat diese auch die Deutungshoheit über

Demokratie und Verfassung an sich gerissen. Das hat es ihr bisher ermöglicht, Legitimation zu postulieren, wo tatsächlich gar keine vorhanden ist.

Die angebliche demokratische Legitimation ist nichts weiter als eine »politische Formel«, mit der die politische Klasse versucht, ihrer Herrschaft eine höhere Weihe zu geben. Schon der italienische Staatstheoretiker Gaetano Mosca, der auch der Schöpfer des Begriffs »politische Klasse« ist, hatte beobachtet, dass sie ihre Macht »nicht einfach durch deren faktischen Besitz« zu rechtfertigen pflegt, sondern sie auf »ein moralisches Prinzip« zu gründen sucht. Die so geschaffenen »Lehren und Glaubenssätze«, die Mosca »politische Formeln« nennt, entfalteten ihre Wirkung, »auch wenn (sie) der empirischen Wirklichkeit« widersprächen und eine bloße »Illusion« darstellten. Der Begriff »politische Formel« ist damit auf ein fundamentales Prinzip auch unserer Verfassung geradezu gemünzt: Die demokratische Legitimation des Parlaments aufgrund der angeblichen Direktwahl und der angeblich auf dem Willen des Volkes beruhenden Verfassung gilt bei uns ebenfalls als politischer und verfassungsrechtlicher Glaubenssatz, obwohl er nur eine auf raffinierte Weise verbreitete Illusion widerspiegelt, die mit der Wirklichkeit nichts zu tun hat.

Beide Legitimationsstränge ließen sich allerdings durch gezielte Reformen herstellen: Die demokratische Legitimation der Verfassung durch Einführung von Volksbegehren und Volksentscheid in Bezug auch auf die Verfassung, die demokratische Legitimation der Mitglieder des Bundestags und der von ihnen gewählten Organe durch Beseitigung des negativen Stimmgewichts und der Überhangmandate sowie durch Einführung von Vorwahlen und flexiblen Listen oder durch Einführung der Mehrheitswahl.

IV. Kleine Parteien: großes Übergewicht

Ein schwerer Mangel unseres Wahlsystems wird in der Öffentlichkeit kaum thematisiert, ja regelrecht totgeschwiegen. Zur Rechtfertigung der Verhältniswahl führt man regelmäßig ihre angebliche Gerechtigkeit ins Feld. Von der Fünfprozentklausel und von (nicht ausgeglichenen) Überhangmandaten einmal abgesehen, bewirkt unser Wahlsystem in der Tat eine Repräsentanz der Parteien im Parlament, die dem Anteil der für sie abgegebenen Zweitstimmen entspricht. Eine

Partei, die sechs Prozent der Wählerstimmen erhält, bekommt in der Regel auch sechs Prozent der Mandate. Ist die Größe der Parlamentsfraktionen aber das richtige Kriterium für den Gerechtigkeitsmaßstab? Ist es nicht ungleich viel wichtiger, ob eine Fraktion, mag sie nun klein oder groß sein, die Regierung (mit) bildet und deshalb unmittelbar an der Staatsmacht teilhat? Bestimmt die Regierungsmehrheit nicht ganz allein die Richtung der Politik? Bestimmt sie nicht ganz allein, welche Gesetze beschlossen werden? Besetzt sie nicht fast alle wichtigen Posten in Regierung und Verwaltung mit ihren Leuten? Hat nicht sie allein Sitz und Stimme in den Machtzentren der Europäischen Union, dem Europäischen Rat und dem Ministerrat?

Trotz aller Bedeutung einer starken Opposition für die Kontrolle des Regierungshandelns (siehe S. 129 ff.) bleibt die Feststellung unbestreitbar, dass parlamentarische Minderheiten nun einmal grundsätzlich keine politische Gestaltungsmacht besitzen. Das bedeutet: Die für die Opposition abgegebenen Wählerstimmen haben, was die politische Gestaltung und die Besetzung der meisten einflussreichen Posten angeht, kein Gewicht, entscheidend sind die Stimmen der Regierungsparteien. Machtbewusste Politiker geben hinter vorgehaltener Hand auch unumwunden zu, Opposition sei »Mist«, und Franz Müntefering sagt dies sogar ganz offen. Sie scheuen deshalb oft die undankbare Rolle auf den sprichwörtlich »harten Bänken der Opposition« und verabschieden sich rasch, wenn es ihnen bei Wahlen nicht gelungen ist, die Regierungsmacht zu behalten oder zu erwerben, wie z. B. Gerhard Schröder und Joschka Fischer nach 2005, der SPD-Spitzenkandidat Michael Naumann nach der letzten Bürgerschaftswahl in Hamburg und der als SPD-Umweltminister im Kabinett von Andrea Ypsilanti vorgesehene Hermann Scheer, nach Ypsilantis Scheitern in Hessen.

Angesichts der überragenden politischen Rolle der Regierung und der sie tragenden Parlamentsmehrheit geht die Frage nach der gerechten Verteilung der Mandate auf *Parlaments*ebene am eigentlichen Problem völlig vorbei, auch wenn sie von den Verteidigern des Status Quo immer wieder beschworen wird. Von entscheidendem Gewicht ist vielmehr, wer die *Regierung* bildet und wie die dafür nötige Mehrheit im Parlament zustande kommt.

Wer also entscheidet darüber, wer regiert? In der Demokratie sollte das eigentlich der Wähler sein. Tatsächlich aber bleibt er in Deutschland von dieser wichtigsten aller Entscheidungen ausgeschlossen. Die

Regierungsfrage wird vielmehr *nach* der Wahl über die Köpfe der Wähler hinweg von Parteiführern im Wege von Koalitionsverhandlungen abgesprochen. Der Wähler bestimmt lediglich die Größe der Parlamentsfraktionen. Da nach unserem Wahlsystem aber in aller Regel keine Fraktion mehr als die Hälfte der Mandate besitzt, kann, wenn Minderheitsregierungen nicht in Betracht kommen, eine Regierungsmehrheit nur durch das Zusammengehen von zwei oder mehr Fraktionen gebildet werden.

Dabei besteht dann aber keinerlei Automatismus, dass die stärkste Fraktion, der der Wähler also die meisten Mandate gegeben hat, auch die Regierung bildet. Durch Koalitionsverhandlungen kann es vielmehr umgekehrt leicht zu einer »Koalition der Verlierer«[1] kommen. Weder 1969 noch 1976 oder 1980 stellte die größte Fraktion (CDU/ CSU) auch die Bundesregierung. Diese bildete vielmehr die SPD, weil es ihr gelang, ein Regierungsbündnis mit der FDP zu schließen. Und damit sind wir beim Kern unseres Wahlsystems: Sofern keine Große Koalition oder Minderheitsregierung zustande kommt, entscheiden in aller Regel kleine Parteien nach der Wahl, mit welcher der großen Parteien sie eine Koalition eingehen und die Regierung bilden. Besonders deutlich wurde dies in den zwei Jahrzehnten von Anfang der Sechziger- bis Anfang der Achtzigerjahre. Im damaligen »Zweieinhalb-Parteiensystem« entschied letztlich nur eine Partei, wer in Deutschland regiert, die FDP, also die bei Weitem kleinste Bundestagspartei. 1982 wechselte sie sogar mitten in der Wahlperiode von einer Koalition mit der SPD zur CDU/CSU, stürzte Helmut Schmidt als Bundeskanzler und inthronisierte eine von Helmut Kohl geführte neue Koalitionsregierung. Otto Graf Lambsdorff, der Ehrenvorsitzende der FDP, hat die Rolle seiner Partei beim sechzigsten Geburtstag der Partei am 12. Dezember 2008 mit wenigen Worten auf den Punkt gebracht: »Da gab es zwei große Parteien und eine wichtige.«

In den sechzig Jahren Bundesrepublik von 1949 bis 2009 war die FDP 41 Jahre an der Regierung beteiligt: vom Kabinett Adenauer bis zum Kabinett Kohl. Lediglich die Großen Koalitionen unter Kiesinger (1966 bis 1969) und Merkel (2005 bis 2009) und die rot-grüne Regierung unter Schröder (1998 bis 2005) kamen ohne Liberale zu-

---

[1] *Eckhard Jesse*, Wahlrecht zwischen Kontinuität und Reform. Eine Analyse der Wahlsystemdiskussion und der Wahlrechtsänderungen in der Bundesrepublik Deutschland 1949-1983, 1985, S. 132.

stande. Hinzu kommen noch die vier Jahre 1957 bis 1961, in denen – einmalig in der Geschichte der Republik – eine Fraktion, die CDU/ CSU, allein die absolute Mehrheit im Parlament besaß.

Über die zentrale Frage, wer die Regierung bildet und damit die Staatsmacht erwirbt, wird also nicht entsprechend der Größe der Fraktionen entschieden. Unsere Verhältniswahl kann vielmehr kleinen Parlamentsparteien einen – im Verhältnis zu ihren Wählerstimmen und ihren Mandaten – weit überproportionalen Einfluss verschaffen, der demokratietheoretisch durch nichts zu rechtfertigen ist. Anders ausgedrückt: Wenn es um die Regierungsbildung geht, hat nicht jedes Parlamentsmandat dasselbe Gewicht. Vielmehr haben die Mandate kleiner Zünglein-an-der-Waage-Parteien ein unverhältnismäßig viel größeres Gewicht als die anderer Fraktionen. Damit bestimmen letztlich kleine Parteien (und die verhältnismäßig wenigen für sie abgegebenen Wählerstimmen), welches Gewicht die Stimmen haben, die die große Mehrheit der Bürger für die eine oder andere größere Partei abgegeben hat, ob also »ihre« Partei die Politik gestaltet oder ihre Stimmen – was die Gestaltung und die Besetzung einflussreicher Posten anlangt – nur »Papierkorbstimmen«[1] waren. Das ist nicht nur ungerecht, sondern läuft auch auf eine Verzerrung der Wahl und eine Entmachtung des Gros der Wähler hinaus.

1998 konnten die Wähler noch selbst mit ihren Stimmzetteln die Wahl entscheiden. Sie konnten zwischen zwei »Lagern« wählen: Schwarz-Gelb unter Kohl (CDU/CSU)/Kinkel (FDP) und Rot-Grün mit den Spitzenkandidaten Gerhard Schröder (SPD)/Joschka Fischer (Bündnis 90/Die Grünen) – und votierten zugunsten einer rot-grünen Regierung. Ähnlich war es 2002, als die Schröder/Fischer-Regierung ihre Mehrheit knapp behauptete. Die PDS war unter der Sperrklausel geblieben und spielte noch keine Rolle. Seit der Bundestagswahl 2005 aber hat sich die Lage grundlegend geändert. Die Linke.PDS brachte mit 8,7 Prozent der Zweitstimmen 54 Abgeordnete in den Bundestag, so dass es für keines der beiden Lager zur Mehrheit reichte. Da die SPD vor der Wahl eine Koalition mit der Linken und die FDP eine Koalition mit der SPD ausgeschlossen hatten, kam es als Notlösung zur Großen Koalition. Auch in Hessen machte die Linke nach der

---

[1] *Gerd Strohmeier*, Ein Plädoyer für die »gemäßigter Mehrheitswahl«: optimale Lösung für Deutschland, Vorbild für Österreich und andere Demokratien, Zeitschrift für Parlamentsfragen 2007, S. 578 (584).

Landtagswahl von 2008 eine Mehrheit für jedes der beiden Lager unmöglich. Die Folge ist, dass die Parteien sich in Zukunft vor Wahlen möglichst viele Koalitionsoptionen offen halten und die »Ausschließeritis« (so der hessische Grünen-Fraktionschef Tarek Al-Wazir) nicht mehr als kluge Strategie gilt.

1998 und 2002 war die Macht der beiden Kleinen gering. Sie konnten, wenn ihr Lager die Mehrheit erreichte, gar nicht anders als die entsprechende Koalition eingehen. Jetzt aber, mit dem Aufkommen der Linken, dürften Lagerkoalitionen zur Ausnahme werden. In Zukunft gehen möglicherweise nur Große oder Dreier-Koalitionen. Dann ist, jedenfalls auf längere Sicht, wieder ein Werben der Volksparteien um FDP und Grüne angesagt. Jamaika- oder Ampel-Koalitionen werden realistische Alternativen, so dass jede Volkspartei versuchen muss, zwei Kleine auf ihre Seite zu ziehen. Bei der Bundestagswahl 2009 mag das noch Zukunftsmusik sein. Im Herbst geht es wohl eher um die Frage Schwarz-Gelb oder Große Koalition. Völlig ausgeschlossen erscheint eine Ampel aber nicht. Dann hinge schon 2009 viel von der FDP und den Grünen ab. Später aber, wenn auch die Linke (dann vielleicht ohne Lafontaine) koalitionsfähig geworden ist, wird es immer wahrscheinlicher, dass FDP und Grüne zu Zünglein an der Waage werden und sich Koalitionen in der Form von Jamaika, Ampel oder Rot-Rot-Grün ergeben. Damit entscheiden, wenn es nicht zur Großen Koalition kommt, aber wieder die Kleinen, wer die Regierungsmehrheit und damit die politische Gestaltungsmacht erhält. Nicht die stärkste Partei bildet die Regierung, sondern diejenige, der es gelingt, andere Parteien als Bundesgenossen ins politische Boot zu holen.

Die Schlüsselrolle kleiner Parlamentsparteien verschafft ihnen auch in jüngerer Zeit einen überproportionalen personellen und programmatischen Einfluss auf die Regierungspolitik. Die Konkurrenz mehrerer kleiner Parlamentsparteien mag ihn vermindern. Er bleibt aber groß, und in der Regierung kommt ihren Anliegen ein – im Verhältnis zu den erlangten Wählerstimmen – übermäßiges Gewicht zu. Partikulare Belange werden zu Lasten allgemeiner Belange begünstigt. Was die Verhältniswahl an Gerechtigkeit bei der Wahl der Volksvertretung gewinnt, geht bei der Bildung der Regierung (und der Konzeption ihrer Politik) wieder verloren. Dabei ist die Ebene der Regierungsbildung die eigentlich wichtige. Kein Wunder, dass die Verteidiger des bestehenden Wahlsystems bemüht sind, diesen gravierenden Mangel unseres Systems aus der öffentlichen Diskussion auszublenden.

Dass die Vorstellung von der Gerechtigkeit der Verhältniswahl sich – trotz ihrer krassen Ungerechtigkeit – so lange halten konnte, beruht nicht zuletzt auf einem überkommenen, tatsächlich aber längst überholten Parlamentsverständnis. Danach würden freie Abgeordnete um die richtige Entscheidung ringen. Die Argumente würden in der Absicht ausgetauscht, die Kollegen zu überzeugen, und die Entscheidungen kämen durch Beratung, Diskussion und Abwägung zustande. Träfe diese Auffassung zu, dann käme es tatsächlich auf die Zusammensetzung des Parlaments entscheidend an. Denn dann könnte man davon ausgehen, dass die Wertungen, Belange und Interessen der Wähler, entsprechend der Zahl der von ihnen gewählten Abgeordneten, in den Prozess der Willensbildung eingingen. Dann wäre das Parlament nicht nur formell, sondern auch materiell das Zentrum der Politik, und die Opposition hätte ihren Anteil daran. Dann »wäre das Gewicht einer bestimmten Meinungsrichtung bei den Plenarberatungen umso größer, je mehr Abgeordnete dieser Richtung im Parlament vertreten sind,«[1] und es käme auf seine proportionale Zusammensetzung wirklich an.

Diese altliberale Vorstellung ist in Wahrheit längst überholt. Heute werden Entscheidungen ganz anders getroffen. Das zentrale politische Gestaltungsorgan ist nicht das Parlament, sondern die Regierung, und an dieser hat die Opposition eben keinen Anteil. Selbst bei der Kernkompetenz des Parlaments, der Gesetzgebung, gibt die Regierung den Ton an. Gesetzentwürfe werden regelmäßig von der Ministerialbürokratie ausgearbeitet, von der Regierung beschlossen und dann ins Parlament eingebracht, wo sie in der Regel von der Regierungsmehrheit gestützt und gegen die Opposition verteidigt werden. Wenn noch Änderungen vorgenommen werden, dann in der Regel seitens der Regierungsmehrheit im Parlament und seiner Ausschüsse, nicht seitens der Opposition. Das Parlament ist lediglich noch eine Art öffentlicher Resonanzboden für die Arbeit und Politik der Regierung. Damit verliert die Vorstellung, für die Beurteilung unseres Wahlsystems komme es auf die Gerechtigkeit der Mandatsverteilung im Parlament an, erst recht ihre Grundlage.

---

[1] *Eberhard Schütt-Wetschky*, Wahlsystem und politisches System in der parlamentarischen Demokratie, in: Politische Bildung, 19. Jahrgang (1986), S. 3 (14).

Der Einfluss kleiner Parteien wird durch eine Besonderheit des Abstimmungsverfahrens im Bundesrat noch weiter vergrößert. Für Beschlüsse des Bundesrats ist stets die absolute Mehrheit der Stimmen erforderlich. Stimmenthaltungen wirken daher wie Gegenstimmen. Da nun die Vereinbarungen von Koalitionsregierungen in den Ländern regelmäßig vorsehen, dass das Land sich bei unterschiedlichen Auffassungen der Koalitionspartner im Bundesrat seiner Stimmen enthält, gewinnen kleine Landesparteien im Bund eine Vetoposition. Denn wenn ein kleinerer Koalitionspartner es wünscht, werden die Stimmen des ganzen Landes als Nein gewertet, mag der größere Koalitionspartner auch eigentlich mit Ja stimmen wollen. Damit wackelt sozusagen der Schwanz mit dem Hund. Der verrückte Mechanismus bewirkt im Ergebnis, dass kleine Landesparteien das Zustandekommen von Bundesgesetzen möglicherweise blockieren können und so erst recht ein politisches Gewicht gewinnen, welches in keinem Verhältnis mehr zur Zahl ihrer Wähler steht. So hat die Große Koalition nach der Landtagswahl in Hessen Anfang 2009, wo die FDP in die bisherige CDU-Regierung eintrat, ihre Mehrheit im Bundesrat verloren. Nun ist sie auf die Linken, die in Berlin mitregieren, die Grünen, die in Hamburg und Bremen die Regierung mit bilden, und die FDP angewiesen. Die FDP, die in den fünf größten Bundesländern an der Regierung ist (Baden-Württemberg, Bayern, Hessen, Niedersachsen und Nordrhein-Westfalen), besitzt bei Änderungen des Grundgesetzes, die eine Zweidrittelmehrheit verlangen, sogar eine Sperrminorität, kann sie im Bundesrat also blockieren.

V. Mehrheitswahl: für immer gescheitert?

Geschichte

Es gab in Deutschland vier historische Situationen, in denen das Mehrheitswahlrecht ausführlich diskutiert wurde: in der Paulskirche (1848/49), am Anfang der Weimarer Republik (1918/19), im Parlamentarischen Rat (1948/49) und schließlich in der Zeit der ersten Großen Koalition (1966 bis 1969). Die Nationalversammlung in der Paulskirche hatte ein (absolutes) Mehrheitswahlrecht (erforderlichenfalls mit zwei Wahlgängen) für die Wahl zum Volkshaus beschlossen, das zunächst nicht vollzogen wurde (wie auch die Paulskirchenverfassung insgesamt). Dieses Wahlrecht erlangte aber praktische Bedeutung, als der Norddeutsche Bund es 1866 übernahm und für die Wahl seiner Bundesversammlung in Kraft setzte; von dort wurde es dann auch zum Wahlrecht des Reichstags im Deutschen Reich von 1871.

Die damalige Ausgestaltung hatte jedoch zwei Mängel, die die Diskussion um das Mehrheitswahlrecht auch in Zukunft belasten sollten: Einmal wurde an der ursprünglichen Wahlkreiseinteilung über Jahrzehnte festgehalten, obwohl gewaltige Bevölkerungswanderungen dazu geführt hatten, dass in den Wahlkreisen industrieller Ballungszentren schließlich sehr viel mehr Bürger vorhanden waren als in ländlichen Wahlkreisen. Die Folge waren grobe Verzerrungen des Stimmgewichts, die den konservativen Kräften zugute kamen und die Sozialdemokratie benachteiligten. Zum Zweiten führte das praktizierte Wahlrecht statt zu zwei Parteien zu einem Vielparteiensystem, und man schrieb dies – in Verkennung der Unterschiede zwischen absoluter und einfacher Mehrheitswahl – dem Mehrheitswahlsystem insgesamt zu.

So wurde den Befürwortern der Mehrheitswahl in der Weimarer Nationalversammlung, als die neue Verfassung diskutiert wurde, von Hugo Preuß entgegengehalten, die Mehrheitswahl münde gar nicht unbedingt in ein Zweiparteiensystem. Demgegenüber hatte Friedrich Naumann für die relative Mehrheitswahl plädiert (wie sie zum Beispiel in Großbritannien und den Vereinigten Staaten praktiziert wird): Wohl sei das Verhältniswahlsystem das »äußerlich gerechteste Wahlsystem«, doch müsse an die Konsequenzen gedacht werden. Die Folge des Verhältniswahlsystems sei »die Unmöglichkeit des parlamentarischen Regierungssystems; parlamentarisches System und Proporz schließen sich gegenseitig aus. England, das Urbild des parlamentarischen Systems, beruht auf dem Zweiparteiensystem [...]. Wollen wir also darauf hinaus, uns nach dem englischen Zweiparteiensystem parlamentarisch zu regieren, so müssen wir das englische Wahlrecht annehmen, müssen wir uns gegen die Verhältniswahl aussprechen.« Naumann hatte keinen Erfolg. Die Weimarer Verfassung schrieb bekanntlich die Verhältniswahl fest. Seitdem wird die Frage diskutiert, wie sehr diese das Aufkommen der Nationalsozialisten erleichtert hat. Gegen die Mehrheitswahl gab es damals allerdings Gründe, die über die bloßen Eigeninteressen der politischen Klasse hinausgingen. Gegen die Einführung der Mehrheitswahl sprach vor allem die Parteienstruktur. Im Deutschen (Bismarck-)Reich fehlte den Parteien die gemeinsame Plattform, wie sie in Großbritannien und den USA bestand: Diejenigen, die die damals bestehende Staats- und Gesellschaftsstruktur bejahten (Konservative und Nationalliberale), standen in fundamentalem Gegensatz zu denen, die sie von Grund auf reformieren wollten (Linksliberale, Sozialdemokraten und das katholische Zentrum, das jedoch mehr und mehr eine Position zwischen beiden Gruppen einnahm). Dieses System lebte in der Weimarer Republik mit seinen fünf Traditionsparteien fort. Auch der Gegensatz lebte fort, nur jetzt mit umgekehrten Vorzeichen: Sozialdemokraten, Demokraten und Zentrum bildeten den verfassungstreuen Flügel, Deutschnationale und Deutsche Volkspartei die Verfassungsopposition.

40 Jahre später, im Parlamentarischen Rat, traten bei Konzeption des Grundgesetzes vor allem die CDU und die CSU für die Einführung der relativen Mehrheitswahl ein. In einem gemeinsamen Papier stellten sie fest, die einfache Mehrheitswahl sei »ein wirksames Mittel gegen alle Parteizersplitterung«, sie bringe »klare Regierungsverhältnisse ohne Koalitionsstreitigkeiten und ohne Kompromisse«, während es bei der Verhältniswahl die Parteibürokratie in der Hand habe, »Listen aufzustellen, auf denen nur die ... willfährigen und gehorsamen Kandidaten einen Platz angewiesen bekommen«. Bei der Mehrheitswahl sei dies weniger wahrscheinlich, da der Erfolg der Partei mehr von der Attraktivität der von ihr präsentierten Kandidaten abhänge.

Aufschlussreich ist, dass auch profilierte Vertreter anderer Parteien sich grundsätzlich für das Mehrheitswahlrecht aussprachen, die Zeit dafür aber noch nicht für gekommen hielten. Vor allem weil die Deutschen wegen der »alliierten Besatzungsherrschaft« (Carlo Schmid) noch keine »echten Entscheidungen« zu treffen hatten (Theodor Heuss).

Diese Vorbehalte haben inzwischen ihre Grundlage verloren. Die Bundesrepublik ist heute souverän, das Besatzungsstatut und die sonstigen alliierten Vorbehaltsrechte sind lange aufgehoben. Die Bundesrepublik hat wichtige Entscheidungen zu treffen, und ihr Problem besteht heute just in der – durch das Wahlsystem mitbedingten – Entscheidungsschwäche.

Auch von der Parteienkonstellation her sind heute die Voraussetzungen für die Einführung von Mehrheitswahlen gegeben. Zu Anfang der Bundesrepublik hatten sich die beiden größeren Parteien (Union und SPD) noch in zentralen wirtschafts-, innen- und außenpolitischen Fragen fundamental unterschieden. Die großen Erfolge der CDU/CSU-geführten Regierung in der Wirtschafts- und Sozialpolitik der Fünfzigerjahre brachten die SPD aber dazu, auf den Erfolgskurs einzuschwenken (Godesberger Programm von 1959). Und umgekehrt übernahm die Union die Ostpolitik der seit 1969 SPD-geführten Bundesregierung. Entsprechendes ergab sich nach der Wiedervereinigung: Die SPD baute seit 1998 weitgehend auf der Wiedervereinigungs- und Europapolitik der Kohl-Regierung (1982 bis 1998) auf. Heute sind die Gegensätze weitgehend verschwunden. Beide große Parteien drängeln sich in der Mitte und versuchen diese zu besetzen. Die FDP hat kein davon völlig abweichendes Programm, und sogar den Grünen werden seit ihren Regierungsbeteiligungen in den Bundesländern (ursprünglich Hessen und Nordrhein-Westfalen) und von 1998 bis 2005 auch auf Bundesebene ihre früheren Sonderthemen, soweit sie nicht selbst davon abgehen (Afghanistan), von den anderen Parteien immer mehr streitig gemacht (z.B. Umwelt).

Von daher würde es seit Längerem eigentlich nicht mehr fernliegen, die Väter des Grundgesetzes beim Wort zu nehmen und die relative Mehrheitswahl einzuführen.

Eine weitere große Diskussionsrunde hatte es bereits in den Sechzigerjahren gegeben. Damals hatten sich Union und SPD bereits auf die Einführung der (einfachen) Mehrheitswahl geeinigt. Auch ein vom Bundesinnenminister Lücke berufener »Beirat für Fragen der Wahlrechtsreform« votierte für die Mehrheitswahl. Das Projekt scheiterte dennoch, und zwar aus rein machtpolitischen Gründen: Als sich abzeichnete, dass die FDP bei der Wahl des Bundespräsidenten Gustav Heinemann mit der SPD zusammengehen würde, sah die SPD-Spitze die Möglichkeit zu einer SPD/FDP-Koalition nach der Bundestagswahl von 1969. Die SPD scherte deshalb in letzter Minute aus, so dass das Projekt Mehrheitswahl nicht mehr zustande kam. Aufschlussreich ist, dass damals in der Sache offenbar weitgehende Einigkeit, jedenfalls zwischen den beiden großen Parteien, bestand – ähnlich wie 1948/49, als Carlo Schmid und Theodor Heuss nur situationsbedingte, später nicht mehr zutreffende Einwände erhoben hatten.

Aktuelle Diskussion

Seit einigen Jahren wird wieder über die Mehrheitswahl diskutiert. Bei der Bundestagswahl 2005 erhielt keines der beiden »Lager« die für die Bildung einer stabilen Regierung erforderlichen Stimmen. Die erstarkte Partei »Die Linke« verhinderte sowohl Schwarz-Gelb als auch Rot-Grün. Nach einigem Hin und Her kam es deshalb zur Bildung einer Großen Koalition – eine Notlösung.

Bei den Landtagswahlen gelang es der Linken ab 2007, auch in den westlichen Bundesländern in die Parlamente einzuziehen, so dass aus dem bisherigen Vier-Parteien- häufig ein Fünf-Parteien-System wird. Nach dem erstmaligen Erfolg Freier Wähler bei der bayerischen Landtagswahl im Herbst 2008 könnte sogar noch eine sechste Gruppierung hinzukommen. Die Zunahme der Parlamentsparteien kann die Regierungsbildung auch in den Ländern erschweren. Ein Beispiel ist Hessen. Dort reichte es nach der Landtagswahl von 2008 weder Schwarz-Gelb noch Rot-Grün zur Mehrheit und zur Bildung einer neuen Landesregierung. Andrea Ypsilanti, die Vorsitzende der SPD, wollte sich deshalb – entgegen ihrer Aussage im Wahlkampf – auch von der Linken zur Ministerpräsidentin wählen lassen und eine von dieser Partei mitgetragene rot-grüne Regierung bilden. Das scheiterte an vier SPD-Abgeordneten, die nicht bereit waren, den »Wortbruch« mit zu vollziehen, so dass es Anfang 2009 bereits nach Jahresfrist zu Neuwahlen kam.

Schon zu Beginn des laufenden Jahrzehnts hatten Politikwissenschaftler vorausgesagt, es könnte zu einem Wiederaufflammen der Wahlrechtsdiskussion kommen,

– wenn das Parteiensystem sich weiter auffächere,
– wenn die Regierungsbildung durch eine als »regierungsunfähig« geltende Partei verhindert werde oder
– wenn andere Koalitionen gebildet würden als vor der Wahl verkündet.[1]

Genau diese Situation ist jetzt da. Hinzu kommt, dass das Bundesverfassungsgericht im Juli 2008 das Bundeswahlsystem für grundgesetzwidrig erklärt hat, so dass eine Neuregelung ohnehin unausweichlich ist.

Die (relative) Mehrheitswahl nach britischem Vorbild hätte den großen Vorteil, dass eine Partei regelmäßig den eindeutigen Regierungsauftrag erhielte und mit stabiler Mehrheit für die Dauer der

---

[1] So z.B. *Eckhard Jesse*, Reformvorschläge zur Änderung des Wahlrechts, Aus Politik und Zeitgeschichte, B 52 (2003), S. 3.

Wahlperiode verantwortlich handeln könnte. Koalitionen zwischen zwei oder mehr Parteien wären dann nicht mehr erforderlich, und erst recht entfiele die Gefahr, dass eine mehrheitsbildende Koalition überhaupt nicht zustande kommt, denn meist teilen bereits die Wähler einer Partei die Mehrheit der Parlamentssitze zu. Mehrheitswahlen führen zwar nicht zwangsläufig dazu, dass eine Partei die absolute Mehrheit bekommt. Es ist auch dann nicht undenkbar, dass mehr als zwei Parteien ins Parlament einziehen. Doch die Chance, dass allein der Wähler darüber entscheidet, wer Regierungspartei wird, und dazu keine Koalitionsverhandlungen erforderlich sind, ist denkbar groß – jedenfalls unvergleichlich viel größer als beim bestehenden Verhältniswahlsystem. Wer die Regierung bildet und den Kanzler stellt, entschieden dann nicht mehr Parteiführer in Koalitionsabsprachen nach der Wahl, sondern die Wähler selbst. Das wäre nicht nur demokratischer, sondern auch gerechter. Entscheidend für die Frage, wer die Regierungsmacht erhält und die Politik im Lande bestimmt, ist nämlich nicht die Zusammensetzung des Parlaments, die bei der Verhältniswahl allenfalls dem Verhältnis der Wählerstimmen entspricht. Entscheidend ist vielmehr die Regierungsbildung. Und dabei können Zufälle und persönliche Präferenzen oder Animositäten den Ausschlag geben und kleine Zünglein-an-der-Waage-Parteien eine völlig unverhältnismäßige Rolle spielen (siehe S. 149 ff.). Damit wäre es beim Übergang zur Mehrheitswahl vorbei.

Das Gerechtigkeitsargument hinkt auch insofern, als kleinere (und damit auch neue) Parteien schon wegen der Sperrklausel auf Bundes-, Landes- und Europaebene ohnehin im Normalfall kaum Chancen besitzen. Da Sperrklauseln eine abschreckende Wirkung auf die Wähler entfalten, errichten sie sogar noch eine beträchtlich höhere Hürde, als der Satz von fünf Prozent zu signalisieren scheint. Die Gefahr, dass die eigene Stimme aufgrund der Sperrklausel unter den Tisch fällt, hält viele Wähler nämlich von der Wahl einer bestimmten Partei ab, obwohl sie sie wählen würden, wenn sie sicher sein könnten, dass sie ins Parlament einzieht. Außer den Grünen und der PDS (jetzt: Die Linke), deren Entstehung auf Sonderfaktoren beruht, ist es seit fast fünfzig Jahren denn auch keiner neuen Partei mehr gelungen, die Fünfprozentklausel auf Bundesebene zu überspringen oder drei Direktmandate zu erlangen.

Auch die gängige Behauptung, bei Verhältniswahlen bestehe wegen der größeren Zahl wählbarer Parteien eine breitere Auswahl für die Wähler, erweist sich bei näherem Hinsehen als Scheinargument. Richtig ist zwar: Bei der Mehrheitswahl entsteht ein starker Anreiz zum Zusammenschluss von Parteien, weil nur größere Parteien Chancen haben, Parlamentsmandate zu erlangen. Doch in Wahrheit gibt es eine ganz ähnliche Tendenz zur Konzentration auch bei Verhältniswahlen – auch wenn sie dort erst nach der Wahl einsetzt. Auch hier muss zur Bildung einer Regierung ein Bündnis von Koalitionspartnern zustande kommen, das ähnliche Kompromisse verlangt, wie sie im Zweiparteiensystem schon im Vorfeld der Wahlen getroffen werden müssen. In den Koalitionsverhandlungen wird aus den Einzelprogrammen der Koalitionspartner ein relativ konturenloses Programm der Regierungskoalition, und dieses unterscheidet sich grundsätzlich nicht vom Wahlprogramm einer großen Partei im Zweiparteiensystem. Der Hauptunterschied zwischen Mehrheitswahl und Verhältniswahl liegt also darin, dass die Parteienbündnisse und ihre programmatischen Kompromisse bei der Mehrheitswahl bereits *vor* den Wahlen geschlossen werden und dem Wähler die Entscheidung überlassen bleibt, welches Bündnis er vorzieht. Hier können die Wähler entscheiden, welches Wahlprogramm zum Regierungsprogramm und welcher Spitzenkandidat Kanzler wird. Dadurch wird eine klare politische Verantwortlichkeit begründet und das System insgesamt durchlässiger gemacht für den Common Sense der Bürger. Dagegen werden bei der Verhältniswahl die Bündnisse erst *nach* den Wahlen über die Köpfe der Wähler hinweg geschlossen und die Verantwortlichkeit aufgrund der Mehr-Parteienkoalition verwischt. »Die Mehrheitswahl veranlasst die Akteure dazu, sozusagen die Koalitionsverhandlungen vorzuverlegen, sie schon vor der Wahl abzuschließen und die fertig ausgehandelten Programme den Wählern zur Entscheidung vorzulegen.« (So der Politikwissenschaftler Eberhard Schütt-Wetschky, der sich besonders intensiv mit Fragen des Wahlsystems befasst hat.[1])

Die Erweiterung des Spektrums durch die Auswahl unter mehr als zwei Parteien, die immer wieder als positive Folge der Verhältniswahl hervorgehoben wird, ist somit in Wahrheit ein Scheinargument. Tatsächlich entscheiden nicht die Wähler, sondern wenige politische Spitzenfunktionäre nach der Wahl im Wege von Koalitionsverhandlungen darüber, wer die Regierung bildet, wer ihr Chef wird und wie

---

[1] Eberhard Schütt-Wetschky, Wahlsystem und politisches System in der parlamentarischen Demokratie, in: Politische Bildung, 19. Jahrgang (1986), S. 3 (12).

das Regierungsprogramm aussieht. Bei Lichte besehen stellt dies eine ungeheure Anmaßung dar, die allerdings durch das System bedingt ist. Dagegen erlaubt die Mehrheitswahl dem Bürger, wirklich auszuwählen, und gibt ihm dadurch eine echte politische Mitwirkungschance. Dabei bezieht sich die Auswahlmöglichkeit nicht nur auf den Kanzler, die Partei und ihr Programm, sondern auch auf die Kandidaten in den einzelnen Wahlkreisen. Diese Auswahlmöglichkeit würde noch erhöht, wenn auch Vorwahlen, etwa nach amerikanischem Vorbild, eingeführt würden. Dann bliebe den Wählern auch in sogenannten sicheren Kreisen eine Wahl.

Eine Ein-Parteien-Regierung besitzt eine starke Position und kann die Interessen des ganzen Landes besser vertreten und einseitigen Lobby-Forderungen entschiedener entgegentreten als eine Koalitionsregierung, die der Klientel der kleinen Koalitionspartner oft übermäßigen Tribut zollen muss.

Die (relative) Mehrheitswahl hat zusammengefasst also folgende Vorteile:

1. Die Wähler (und nicht irgendwelche Parteiführer nach der Wahl) bestimmen, wer die Regierung bildet, wer Kanzler wird und welches Regierungsprogramm gilt.
2. Die Regierung und die eine sie tragende Partei tragen die klare politische Verantwortung für ihr Handeln und ihr Unterlassen.
3. Der überproportionale Einfluss kleiner Parteien auf die Bildung der Regierung sowie ihr Programm (und das unangemessene Gewicht der Interessen ihrer Wähler) entfallen.

Unser real existierendes Wahlrecht ist – neben dem degenerierten Föderalismus – der zweite grundlegende Mangel unseres politischen Systems. Beide begründen die viel beklagte organisierte Unverantwortlichkeit, die Deutschland lähmt. Eine Koalitionspartei blockiert die andere, und beide werden oft vom Bundesrat ausgebremst. Dabei wäre – angesichts großer Herausforderungen wie Arbeitslosigkeit, Demographie, Globalisierung, Zusammenwachsen von Ost und West und Finanzkrise – politische Handlungsfähigkeit eigentlich besonders gefordert. Gewiss, kleine Parteien haben bei relativer Mehrheitswahl wenig Chancen. Das erscheint als Nachteil. Doch politische Parteien sind kein Selbstzweck, und in der historischen Situation Deutschlands könnte man durchaus zu dem Ergebnis kommen, dass die mangelnde

Handlungsfähigkeit, die eingeschränkte politische Verantwortlichkeit und der übermäßige Einfluss kleiner Parlamentsparteien, die unsere Verhältniswahl bewirkt, sehr viel schwerer wiegen. Die politischen Köpfe kleinerer Parteien gingen nicht verloren, sondern würden dann im Zuge des parteilichen Konzentrationsprozesses von den großen integriert.

Im Übrigen ließen sich die Härten der Mehrheitswahl für kleinere Parteien dadurch abfedern, dass man daran festhält, einen – allerdings kleineren – Teil der Abgeordneten über Listen zu wählen. Eine solche »gemäßigte Mehrheitswahl« könnte so ausgestaltet werden, dass drei Viertel oder fünf Sechstel der Abgeordneten in Einer-Wahlkreisen und das restliche Viertel oder Sechstel aufgrund von Listen gewählt würde.[1] Dadurch könnte beides erreicht werden: eine stabile, vom Bürger gewählte und ihm verantwortliche Regierungspartei und eine gewisse parlamentarische Vertretung auch kleinerer Parteien. Ein konkretes Beispiel könnte so aussehen:

– Der Anteil der Direktmandate, die mit der Erststimme gewählt werden, wird massiv erhöht und der Anteil der Listenmandate, die mit der Zweitstimme bestimmt werden, entsprechend gesenkt. Der Anteil der Wahlkreismandate ist so hochzusetzen, dass die Partei mit den meisten Wählerstimmen in aller Regel eine absolute Mehrheit der Mandate erhält.[2] Außerdem müssen die Wahlkreise so zugeschnitten werden, dass die Wahlchancen für beide Parteien längerfristig in etwa gleich groß sind.[3]
– Der Wähler bekommt die Möglichkeit, die Reihenfolge der Kandidaten auf den Listen mit Präferenzstimmen zu verändern. Vorwahlen in den Wahlkreisen verhindern, dass die Parteien in ihren Hochburgen den Bürgern ihre Kandidaten aufzwingen können.

---

[1] *Gerd Strohmeier*, Ein Plädoyer für die »gemäßigte Mehrheitswahl«: optimale Lösung für Deutschland, Vorbild für Österreich und andere Demokratien, Zeitschrift für Parlamentsfragen 2007, S. 578 (587 ff.).

[2] *Strohmeier*, S. 587, Fußn. 70.

[3] *Strohmeier*, S. 590. Damit erledigen sich auch Einwände von *Frank Decker*, Zeitschrift für Parlamentsfragen 2007, S. 857; *Harald Schön*, Zeitschrift für Parlamentsfragen 2007, S. 862, und *Stefan Köppl*, Zeitschrift für Parlamentsfragen 2008, S. 163. Sie alle argumentieren letztlich auf der Basis des bestehenden Systems.

– Eine Verrechnung von Wahlkreismandaten mit Listenmandaten unterbleibt (Grabensystem). Die Sperrklausel kann entfallen.

Eine solche Reform liegt umso näher, als die Einführung eines Grabensystems auch aus anderen Gründen angezeigt wäre. Denn es würde zwei Absurditäten des derzeitigen Wahlrechts auf einen Schlag beseitigen: das verfassungswidrige sogenannte negative Stimmgewicht (siehe S. 139 ff.) und die nicht weniger problematischen Überhangmandate (siehe S. 131 ff.). Deshalb hatte auch das Bundesverfassungsgericht das Grabensystem in seiner jüngsten Entscheidung ausdrücklich ins Gespräch gebracht.

Eine solche Reform wird allerdings nur eine Große Koalition beschließen können. Aller Erfahrung nach lassen sich Wahlrechtsreformen nur durchsetzen, wenn die dafür notwendigen Parteien davon profitieren.[1] Das wären im vorliegenden Fall nur die Union und die SPD, während in anderen Koalitionen eine solche Reform am Protest der kleinen Koalitionspartner scheitern würde. Es ist ein großer Mangel, dass die derzeitige Große Koalition ein solches Vorhaben nicht angepackt und selbst nach der Entscheidung des Bundesverfassungsgerichts nicht einmal angekündigt hat. Sollte es nach der Bundestagswahl 2009 wieder zu einer Großen Koalition kommen, dürfte das Thema aber auf der Tagesordnung stehen.

---

[1] *Samuel F. Finer*, Adversary Politics and Electoral Reform, London 1975, S. 31.

D. Abgeordnetenrecht

I. Im Vorhof der Wahl: der Status von Politikern

Das allgemeine und gleiche Wahlrecht findet eine wichtige Ergänzung in der angemessenen finanziellen Ausstattung von Abgeordneten. Solange man mangels staatlicher Bezahlung nicht von der Politik leben kann, wird nämlich die formal für alle gleiche Freiheit, gewählt zu werden, tatsächlich leicht zum Vorrecht der Besitzenden. Eine »plutokratische Rekrutierung der politisch führenden Schichten« (Max Weber) ist aber unvereinbar mit dem Gedanken der Demokratie. Erst die angemessene Bezahlung der Abgeordneten macht es auch demjenigen möglich, zu kandidieren, gewählt zu werden, ein Mandat zu übernehmen und in Unabhängigkeit auszuüben, der nicht von seinem Vermögen leben kann, sondern darauf angewiesen ist, sich seinen Lebensunterhalt zu erarbeiten. Dies gilt jedenfalls dann, wenn die Ausübung des Mandats einen wesentlichen Teil der Arbeitskraft des Abgeordneten verlangt oder gar zur Hauptbeschäftigung (»Fulltime-Job«) wird, wie es das Bundesverfassungsgericht für das Bundestagsmandat mit Recht angenommen hat. Die angemessene Bezahlung von Abgeordneten ist somit die materielle Ergänzung des formell gleichen passiven Wahlrechts. Zugleich erschwert sie es, wirtschaftliche Macht durch Zuwendungen an Abgeordnete in politische Macht zu transformieren und so die Gleichheit des aktiven Wahlrechts aller Bürger faktisch zu unterlaufen.

Die Erstreckung des Wahlrechts auf alle geht also einher mit einem Wandel im Leitbild des Abgeordneten: Nicht mehr nur die Angehörigen einer finanziell unabhängigen Oberschicht, sondern jedermann (und jede Frau) soll nun die Möglichkeit haben, einen Sitz im Parlament zu erringen, wenn es ihm nur gelingt, das Vertrauen der Wähler zu gewinnen, zu denen eben jetzt alle volljährigen Deutschen gehören. Aus dem bürgerlich-liberalen Honoratioren-Abgeordneten sollte der

Volksabgeordnete werden, dessen Rekrutierungsbasis das ganze Volk unter Einschluss aller Schichten und Klassen darstellt.

Neben dem Ob ist auch das Wie der Bezahlung von großer staatspolitischer Bedeutung. Der finanzielle Status der Abgeordneten kann Auswirkungen auf die soziologische Zusammensetzung der Parlamente haben – und damit auch auf die Art und Qualität ihrer Arbeit. So steht die viel kritisierte Verbeamtung der Parlamente, die auch ihre Denk- und Handlungsweise mit bestimmt, im Zusammenhang mit den Vorteilen, die Abgeordnete, die aus dem öffentlichen Dienst kommen, genießen.

Auch die Gestaltung etwa der Besteuerung und der Altersversorgung von Abgeordneten kann auf ihre Denk- und Arbeitsweise ausstrahlen. Müssten Parlamentarier ihre Bezüge voll versteuern und für ihre Altersversorgung selbst sorgen, hätten sie vermutlich eine andere Einstellung zu den drückenden Abgabenlasten der Bürger und zu deren Sorge um die Alterssicherung, weil die Abgeordneten dann beide Probleme voll am eigenen Leib zu spüren bekämen.

Abgeordnete sind die einzige Berufsgruppe, die über ihre Bezahlung selbst beschließt. Aus aller geschichtlichen Erfahrung wissen wir aber, dass jede Form staatlicher Gewalt der wirksamen Kontrolle bedarf; dies gilt erst recht, wenn das Parlament in eigener Sache entscheidet und durch All-Parteien-Kartelle den Wähler entmachtet und die öffentliche Kontrolle schwächt. Dann liegt die Gefahr oder jedenfalls der Verdacht der »Selbstbedienung« besonders nahe. Kaum etwas ist aber für das Vertrauen der Bürger in ihre politischen Repräsentanten und damit in das Funktionieren und Gedeihen der parlamentarischen Demokratie schädlicher als der Eindruck, die Abgeordneten würden Privilegien zu ihren Gunsten beschließen oder konservieren.

II. Geschichte: zwischen Selbstbedienung, Verfassungsgericht und Öffentlichkeit

Das Wort »Diäten« leitet sich vom lateinischen Wort »dies« (Tag) ab und bedeutete ursprünglich »Tagegelder«. Ihre Ausgestaltung (oder auch Verweigerung) hängt eng mit dem jeweiligen Staats- und Parlamentsverständnis zusammen. Unsere heutige Demokratievorstellung verlangt angemessene Diäten, weil sich sonst Personen, die auf den Ertrag ihrer Arbeit angewiesen sind, die Übernahme eines

Mandats nur schwer leisten können. Im 19. Jahrhundert sahen viele aber umgekehrt in der Vorenthaltung von Diäten geradezu ein Instrument, »Bürgern von Besitz und Bildung« den Zugang zum Parlament zu reservieren, weil man allein diese für politisch kompetent hielt. Die Diätenlosigkeit erschien in dieser Sicht als probates Mittel, die abhängigen Massen – trotz der sich allmählich durchsetzenden Legalisierung des Wahlrechts – von der politischen Macht möglichst fernzuhalten. Der Diätenlosigkeit wurde geradezu die Funktion eines »Korrektives gegen das allgemeine Wahlrecht« (so der Staatsrechtler Julius Hatschek) zugeschrieben.

Dies war vor allem die Auffassung des späteren Reichskanzlers Otto von Bismarck, die sich in der Verfassung des Norddeutschen Bundes von 1867 und in der Verfassung des Deutschen Reiches von 1871 niederschlug. Bismarck hielt an seiner 1849 erstmals öffentlich geäußerten Auffassung bis zu seinem Tode im Jahre 1898 beharrlich, ja geradezu starrsinnig fest und war die beherrschende Kraft für die Einführung und die Aufrechterhaltung des Diätenverbots. Artikel 32 der Reichsverfassung lautete:

»Die Mitglieder des Reichstages dürfen als solche keine Besoldung oder Entschädigung erhalten.«

Beide Begriffe, »Besoldung« (traitement) und »Entschädigung« (indemnité), waren seit der Diskussion um die belgische Verfassung von 1831 in der Diskussion. Die Befürworter einer Besoldung traten für die Gewährung eines richtig gehenden Gehalts ein. Die Befürworter einer bloßen Entschädigung befürchteten dagegen die Entwicklung zum Berufsparlamentarier, die für das Ansehen des Parlaments abträglich sei, und wollten nur den Mehraufwand erstattet wissen, der dem Abgeordneten durch sein Mandat erwächst. Diese Auffassung setzte sich in Belgien schließlich durch. Auch im süddeutschen Konstitutionalismus zu Beginn des 19. Jahrhunderts hatte es bereits Geld für Abgeordnete gegeben. In Baden, Bayern, Württemberg und Hessen wurden Tagegelder an Abgeordnete gezahlt. Die französische Verfassung von 1848 und die preußische Verfassung von 1850 sahen ebenfalls Entschädigungen vor, und zum Zeitpunkt der Reichsgründung erhielten die Abgeordneten in fast allen einzelstaatlichen Parlamenten Aufwandsentschädigungen und Reisekostenersatz. Das Besoldungs- und Entschädigungsverbot im Deutschen Reich stellte also einen massiven Rückschritt dar.

Im Erfurter Programm der Sozialdemokratischen Partei von 1891 war eine finanzielle Entschädigung für Parlamentsabgeordnete vorgesehen, und im Reichstag wurden immer wieder Anträge auf Einführung von Diäten eingebracht und auch angenommen. Sie wurden aber vom Bundesrat, der in der Hand der monarchischen Regierungen der von Preußen dominierten Einzelstaaten war, ebenso regelmäßig abgelehnt.

Erst als die Diätenlosigkeit immer häufiger zur Beschlussunfähigkeit des Reichstags geführt hatte, weil vor allem Sozialdemokraten sich eine Teilnahme finanziell nicht leisten konnten, wurde schließlich – nach 39 Jahren Diätenkampf – das Entschädigungsverbot aufgehoben. Es blieb aber beim Besoldungsverbot. Der 1906 neugefasste Artikel 32 der Verfassung lautete:

»Die Mitglieder des Reichstages dürfen als solche keine Besoldung beziehen. Sie erhalten eine Entschädigung nach Maßgabe des Gesetzes.«

Das daraufhin ergangene Gesetz brachte Reichstagsabgeordneten eine jährliche Aufwandsentschädigung von 3000 Mark zur pauschalen Abgeltung des Mehraufwandes, welche für jeden versäumten Sitzungstag um 20 Mark gekürzt wurde.

Das Recht der Abgeordneten auf freie Eisenbahnfahrt war bereits 1873 eingeführt worden, wurde 1884 allerdings auf Fahrten zwischen dem Wohnort des Abgeordneten und der Hauptstadt beschränkt. Bismarck begründete das damit, man wolle den Parteien »die Ausnutzung der Freifahrt für Agitationsreisen ihrer Abgeordneten« unmöglich machen (so der Verfassungshistoriker Ernst Rudolf Huber), eine Beschränkung, die 1906 entfiel.

Das Besoldungsverbot wurde auch in die Weimarer Reichsverfassung von 1919 hineingelesen, obwohl es dort nicht mehr ausdrücklich aufgeführt war. Ihr Artikel 40 lautete:

»Die Mitglieder des Reichstages erhalten das Recht zur freien Fahrt auf allen deutschen Eisenbahnen sowie Entschädigungen nach Maßgabe eines Reichsgesetzes.«

Die Abgeordneten erhielten zunächst monatliche 1500 Mark mit Abzügen von täglich 50 Mark für das Fernbleiben von Plenarsitzungen. Später wurde die Entschädigung an die Besoldung von Ministern angekoppelt und machte 25 Prozent ihres Grundgehaltes aus. Das waren 1927 36.000 Mark jährlich. Die Entschädigung betrug also 9000 Mark. 1930 wurde die Koppelung wieder aufgehoben und für Mitglieder des Reichstags eine Aufwandsentschädigung von monatlich 600 Mark festgesetzt mit Abzügen beim Fernbleiben von Plenarsitzungen.

An Art. 40 WRV knüpfte man auch bei der Konzeption des Grundgesetzes an, fügte vor »Entschädigung« aber noch die Worte »ihre Unabhängigkeit sichernde« hinzu. Art. 48 Abs. 3 GG lautet dementsprechend:

»Die Abgeordneten haben Anspruch auf eine angemessene, ihre Unabhängigkeit sichernde Entschädigung. Sie haben das Recht der freien Benutzung aller staatlichen Verkehrsmittel. Das Nähere regelt ein Bundesgesetz.«

Im ersten Bundestag bewilligten sich die Abgeordneten eine steuerfreie »Aufwandsentschädigung« von monatlich 600 Mark mit Abzügen für unentschuldigtes Fernbleiben plus Tagegeld und Unkostenpauschalen. Nach gewissen Steigerungen im zweiten Bundestag wurde die »Aufwandsentschädigung« 1958 an die Besoldung eines Bundesministers geknüpft und betrug 22,5 Prozent seines Amtsgehalts. Das waren damals 1100 Mark. Hinzu kamen mehrere Unkostenpauschalen. Alles blieb steuerfrei.

1968, also in der Zeit der Großen Koalition, wurde eine Altersversorgung für Bundestagsabgeordnete eingeführt, nachdem die Landtage von Nordrhein-Westfalen (1965) und Schleswig-Holstein (1967) bereits vorangegangen waren. Finanziert wurde die Altersversorgung teils durch einen Bundeszuschuss, teils durch Beiträge der Abgeordneten, die dafür 25 Prozent ihrer Aufwandsentschädigung abzuführen hatten. Eine Schmälerung ihres laufenden Einkommens ergab sich daraus aber nicht, da die Aufwandsentschädigung gleichzeitig von 22,5 auf 33 1/3 Prozent des Amtsgehalts eines Ministers erhöht worden war. Das bedeutete einen Anstieg der Entschädigung von 1595 auf 2450 Mark, der den Abzug eines Viertels der Entschädigung weit überkompensierte. Die Gesamtbezüge wurden also nicht nur durch die Einführung der Altersversorgung, sondern auch durch die Erhöhung der laufenden Einkommen wesentlich ausgeweitet. In den Genuss einer noch sehr viel größeren Erhöhung kamen der Präsident des Bundestags, der seitdem eine dreifache Entschädigung erhält, und seine Stellvertreter mit anderthalbfacher Entschädigung.

Einen historischen Einschnitt brachte das Diätenurteil des Bundesverfassungsgerichts von 5. November 1975.[1] Bis dahin war die Ent-

---

[1] BVerfGE 40, 296.

schädigung, auch die Grundentschädigung, steuerfrei. Da diese sich aber mit der Zeit immer mehr zu einem regelrechten Gehalt entwickelt hatte, war dies mit dem Grundsatz der steuerlichen Gleichbehandlung nicht mehr zu vereinbaren. Das Gericht musste die Steuerfreiheit deshalb für verfassungswidrig erklären, wobei drei Gutachten des Verfassers dabei Pionierdienste leisteten.[1]

Zugleich beseitigte das Gericht die traditionelle, immer noch herumgeisternde Vorstellung von der Ehrenamtlichkeit des Bundestagsmandats und interpretierte den grundgesetzlichen Entschädigungsanspruch um in einen Anspruch auf eine angemessene »Vollalimentation«, sagte aber gleichzeitig, dass 3000 Mark monatlich, die seinerzeit saarländische Landtagsabgeordnete erhielten, eine Vollalimentation darstellten. Weitere Leistungen aus der Staatskasse seien mit dem Gleichheitssatz grundsätzlich nicht vereinbar, sondern müssten miteinander verrechnet werden. Nur Parlamentspräsidenten und ihre Stellvertreter dürften mehr erhalten. Die Befugnis von Abgeordneten, neben dem Mandat noch einen privaten Beruf auszuüben und daraus Einkommen zu beziehen, hielt das Gericht allerdings ausdrücklich aufrecht.

Das Gericht erklärte aber vorzeitige Pensionsansprüche, die Abgeordnete aus dem öffentlichen Dienst damals zusätzlich zu ihrer Entschädigung erhielten, ohne dafür irgend etwas zu tun, für verfassungswidrig. Beamte, die ins Parlament eintraten, waren nämlich bis dahin kraft Gesetzes in den einstweiligen Ruhestand versetzt worden und hatten unabhängig von ihrem Lebensalter eine Pension erhalten. Zugleich wurden Zahlungen, die Abgeordnete von Unternehmen oder Verbänden erhalten, ohne dafür eine vorzeigbare Gegenleistung zu erbringen, wegen Verstoßes gegen die Grundsätze der Gleichheit und der Unabhängigkeit der Abgeordneten für verfassungswidrig erklärt. Solche Zahlungen begründen den bösen Schein, dass Abgeordnete damit – in der Sprache der Korruption – »angefüttert« werden sollen.

Auch die Koppelung der Entschädigung an die Ministerbesoldung, die die öffentliche Kontrolle erschwert und die Unbefangenheit des Parlaments bei Entscheidungen über die Besoldung des öffentlichen Dienstes infrage stellt, wurde als verfassungswidrig kassiert.

---

[1] *Hans Herbert von Arnim*, Parlamentsreform, 1970; *ders.*, Die Abgeordnetendiäten, 1974; *ders.*, Abgeordnetenentschädigung und Grundgesetz, 1975. Siehe auch Frankfurter Allgemeine Zeitung vom 31.10.1975, S. 1 und 5.

Zugleich machte das Gericht die Problematik von Entscheidungen des Parlaments in eigener Sache ausdrücklich zum Thema. Öffentlichkeit sei hier die einzige wirksame Kontrolle. Deshalb müsse über die Bezüge von Parlamentariern im Wege des Gesetzes entschieden werden. Eine Bewilligung lediglich im Haushaltsplan, in dessen Tausenden von Seiten man Regelungen gut verstecken kann, reiche nicht aus (siehe S. 16).

Das Urteil machte eine Neuordnung des finanziellen Status von Bundes- und Landtagsabgeordneten nötig. Mit Gesetz von 1977 wurde die Entschädigung für Bundestagsabgeordnete auf monatlich 7500 Mark festgesetzt, die steuerpflichtig waren. Hinzu kamen eine steuerfreie Aufwandspauschale in Höhe von monatlich 4500 Mark plus Ansprüche auf Übergangsgeld und eine staatsfinanzierte Pension; ein eigener Beitrag ist nicht mehr vorgesehen. Was aber kaum noch einer weiß: Damit verdoppelte sich praktisch das Gehalt von Abgeordneten. 1976 hatte die Entschädigung noch 3850 Mark betragen. Die ab dem 1. April 1977 gezahlten 7500 Mark unterlagen nun zwar der Einkommensteuer. Andererseits müssen Abgeordnete seit damals keinen Beitrag mehr zur Altersversorgung zahlen, da diese nunmehr allein vom Staat finanziert wird. Beide Faktoren dürften sich im Durchschnitt etwa ausgeglichen haben, so dass die Bruttobezüge *vorher* (einschließlich des Eigenbeitrags zur Altersversorgung) und *nachher* (einschließlich der Einkommensteuer) fast übereinstimmten, und diese hatten sich eben annähernd verdoppelt.

Noch krasser fiel die Anhebung der Entschädigung in vielen Landesparlamenten aus. Sie hatte vorher nur einen Bruchteil der Bundesdiäten betragen, näherte sich diesen nunmehr aber teilweise fast an. Wenn Landesparlamente sich dabei auf das Diätenurteil beriefen, war dies in Wahrheit eine gezielte Fehlinterpretation. Der Berichterstatter des Diätenurteils, der Richter Willi Geiger, und der damalige Bundespräsident Walter Scheel übten denn auch massive Kritik an der völlig überzogenen und missbräuchlichen Hochsetzung, die auf das Urteil folgte.

Berechtigte Kritik zog auch die steuerfreie Kostenpauschale auf sich, die für Bundestagsabgeordnete 4500 DM monatlich betrug. In einem Urteil von 1978 lehnte das Bundesverfassungsgericht zwar eine Entscheidung in der Sache ab, weil es den Kläger, einen Privatmann mit hohen berufsbedingten Werbungskosten, nicht für klagebefugt hielt, das Gericht machte aber dennoch ziemlich unverblümt seine Ansicht deutlich, dass es die Pauschale für verfassungswidrig erachtete.

1995 wollte der Bundestag mal wieder seine Diäten gewaltig erhöhen, sie den Gehältern von Bundesrichtern angleichen und auch für die Zukunft an deren Entwicklung koppeln. Das widersprach dem Diätenurteil von 1975, das man deshalb durch eine Änderung des Grundgesetzes aus dem Weg räumen wollte. Darin waren sich alle vier Bundestagsparteien einschließlich der Grünen einig. Die Wortführer der geplanten Änderung, Bundestagspräsidentin Rita Süssmuth (CDU) und ihr Vizepräsident Hans-Ulrich Klose (SPD), sprachen von einer bloßen »Diätenanpassung«. Sie beriefen sich auf ein angebliches Zurückbleiben der Diäten hinter der allgemeinen Einkommensentwicklung, verschwiegen aber ihre Verdoppelung im Jahre 1977, bei deren Einbeziehung die Diäten der allgemeinen Einkommensentwicklung immer noch weit vorauseilten. Der Beschluss des Bundestags kam tatsächlich mit der für Verfassungsänderungen nötigen Zweidrittelmehrheit zustande, bedurfte aber noch der Zustimmung des Bundesrats. Um dies zu verhindern, hatte der Verfasser seine Analyse des Vorhabens inzwischen als Taschenbuch drucken lassen[1] und den Ministerpräsidenten zugesandt. Da die Bundestagsspitze versucht hatte, in der Öffentlichkeit den Eindruck zu vermitteln, der Verfasser stehe mit seiner Kritik allein unter den Verfassungsjuristen, reagierten 86 Staatsrechtslehrer mit einem offenen Brief an den Bundesrat und forderten ihn auf, seine Zustimmung zu dem Gesetz zu verweigern, was dieser schließlich mit großer Mehrheit auch tat. Damit war das Vorhaben gescheitert.[2] Die Gesellschaft für deutsche Sprache erklärte »Diätenanpassung« zum »Unwort des Jahres 1995«. Eine Grundgesetzänderung, die der Bundestag in eigener Sache durchboxen wollte, bloß um ein Urteil des Bundesverfassungsgerichts zu überspielen, empfanden viele schlicht als ungehörig.

Die Parlamente gingen – trotz des grundsätzlichen Verbots im Diätenurteil von 1975 – vielfach dazu über, Funktionsträgern Zulagen aus der Staatskasse zu gewähren, und zwar nicht nur dem Präsidenten und seinen Stellvertretern, sondern auch Fraktionsvorsitzenden und deren Stellvertretern, parlamentarischen Geschäftsführern sowie den Vorsitzenden von Fraktionsarbeitskreisen und Parlamentsausschüssen. In

---

[1] *von Arnim*, Der Staat sind wir, 1995.
[2] *von Arnim*, Das neue Abgeordnetengesetz, 2. Aufl., 1997.

Schleswig-Holstein erhielten in den Neunzigerjahren 50 der 75 Mitglieder des Landtags solche Zulagen. Auch hier griff das Bundesverfassungsgericht ein und erklärte in einem Urteil von 2000 die meisten Zulagen für verfassungswidrig. Das Gericht lockerte aber seine frühere Rechtsprechung, indem es nunmehr neben den Präsidenten und ihren Stellvertretern auch Fraktionsvorsitzenden eine Zulage erlaubte.[1]

Aufgrund mehrerer spektakulärer Fälle von Abgeordnetenkorruption verschärfte die rot-grüne Koalition im Jahr 2005 – am Ende ihrer Wahlperiode und gegen den Widerstand von Union und FDP – das Abgeordnetengesetz. »Arbeitslose« Zahlungen an Abgeordnete wurden ausdrücklich untersagt und mussten an das Parlament abgeführt werden. Damit wurde die schon im Diätenurteil vom 1975 ausgesprochene Pflicht des Gesetzgebers, hier tätig zu werden, endlich erfüllt. Zudem sollten Nebeneinkünfte publiziert werden, zumindest der Größenordnung nach, damit die Öffentlichkeit sich ein Urteil bilden könne, ob sie die Unabhängigkeit des Abgeordneten gefährden oder seine Arbeitskraft zu sehr absorbieren. Nach dem Übergang zur Großen Koalition Ende 2005 verzögerte der neue Bundestagspräsident Norbert Lammert (CDU) die Durchführung des Gesetzes. Erst seitdem das Bundesverfassungsgericht die Neuregelung mit Urteil vom 3. Juli 2007 als verfassungsgemäß abgesegnet hat,[2] müssen die Abgeordneten ihre Nebeneinnahmen publizieren.

Nach dem oben geschilderten Scheitern der automatischen Koppelung der Diäten an die Bezüge von Richtern im Jahr 1995 hatte der Bundestag trotzig ins Abgeordnetengesetz geschrieben, die Diäten sollten sich in Zukunft an den Bezügen von Bundesrichtern und Oberbürgermeistern (Besoldungsgruppe B 6) wenigstens »orientieren«. Auf diese Messlatte berief sich dann die zweite Große Koalition im Mai 2008, als sie die Beamtengehälter um sechs Prozent erhöht hatte und eine Steigerung der Diäten um denselben Prozentsatz durchzusetzen versuchte, obwohl die Diäten erst ein halbes Jahr vorher um fast zehn Prozent angehoben worden waren, wobei man eine weitere Erhöhung vor dem Jahr 2010 ausdrücklich ausgeschlossen hatte. Als dieser Widerspruch publik wurde,[3] zog die SPD unter dem

---

[1] BVerfGE 102, 224.
[2] Aktenzeichen: 2 BvC 1/07, BvC 7/07.
[3] *Hans Herbert von Arnim*, Die Diäten-Lüge, Frankfurter Rundschau vom 16. Mai 2008, S. 1.

Druck ihrer empörten Basis ihre Mitwirkung zurück, so dass auch dieses Vorhaben scheiterte.

Ab Januar 2009 beträgt die Entschädigung für Bundestagsabgeordnete 7668 Euro monatlich. Die Kostenpauschale von 3782 Euro (2008) wird nach wie vor allen Bundestagsabgeordneten in gleicher Weise gezahlt, und die Höhe wird nicht im Abgeordnetengesetz, sondern bloß im Haushaltsplan festgelegt. Zudem erhalten Bundestagsabgeordnete nach einem halben Arbeitsleben (23 Jahre im Parlament) eine Vollversorgung von 72 Prozent ihrer Entschädigung ab dem 57. Lebensjahr. Seit 2007 haben sie bereits nach einem Parlamentsjahr einen später fällig werdenden Ruhegeldanspruch.

Der geschichtliche Überblick zeigt, dass neben dem in eigener Sache entscheidenden Parlament auch das Bundesverfassungsgericht und die Öffentlichkeit zu den politischen Akteuren gehören und eine beachtliche Rolle bei der Kontrolle des Parlaments spielen.

III. Maßstäbe: gerechter Sold

Abgeordnetendiäten sind ein öffentlicher Dauerbrenner. Das liegt im Kern wohl an dem verbreiteten Empfinden eines Missverhältnisses: Dem ausgesprochen niedrigen Ansehen, das sogenannte Volksvertreter in der Bevölkerung genießen, steht eine im Verhältnis dazu als recht üppig angesehene finanzielle Ausstattung gegenüber, und diese bewilligen sich die Abgeordneten auch noch selbst (»Selbstbedienung«). Es lohnt sich deshalb, die Maßstäbe für die Bezahlung von Abgeordneten etwas genauer zu beleuchten.

Anhaltspunkte gibt zunächst einmal das Grundgesetz. Nach Art. 48 Abs. 3 GG haben Bundestagsabgeordnete »Anspruch auf eine angemessene, ihre Unabhängigkeit sichernde Entschädigung. Sie haben das Recht der freien Benutzung aller staatlichen Verkehrsmittel. Das Nähere regelt ein Bundesgesetz.« Das auf dieser Grundlage ergangene Abgeordnetengesetz enthält eine detaillierte Regelung. Man könnte deshalb meinen, damit sei auch die Frage nach den Maßstäben geklärt. Doch das Problem besteht darin, dass die Abgeordneten das Gesetz selbst erlassen haben. Wie immer, wenn Staatsorgane in eigener Sache, also nicht wirklich neutral und unabhängig, entscheiden, liegt auch hier der Verdacht oder zumindest der böse Schein der eigenen Begünstigung nahe. Es gilt also, unabhängig von dem befangenen

Gesetzgeber, Maßstäbe zu entwickeln, an denen das Abgeordnetengesetz gemessen werden kann und die über die rudimentären Ansätze
des Grundgesetzes hinausgehen.

Einen wichtigen Grundsatz hat das Bundesverfassungsgericht formuliert. Er betrifft das Entscheidungsverfahren: Da das Parlament
über Diäten in eigener Sache entscheidet und dabei oft auch die parlamentarische Opposition mit eingebunden ist, muss ein Mindestmaß
an Kontrolle auf andere Weise gesichert werden. Dafür kommt neben dem Verfassungsgericht selbst nur die Öffentlichkeit in Betracht
(siehe S. 16). Das bedeutet zweierlei: Erstens muss die Regelung durch
Gesetz getroffen werden. Das Gesetzgebungsverfahren setzt einen als
Drucksache veröffentlichten Gesetzentwurf voraus, verlangt mindestens zwei öffentliche Verhandlungen im Plenum des Parlaments, und
das Ergebnis wird Wort für Wort im Bundesgesetzblatt veröffentlicht.
Auf diese Weise kann die öffentliche Kontrolle noch am ehesten wirksam werden und Missbrauch verhindern. Dem Gebot der Öffentlichkeit und Transparenz widerspricht es – zweitens – auch, wenn Abgeordnetenbezüge an die Beamtenbesoldung gekoppelt werden. Eine
solche Koppelung ist, wie das Bundesverfassungsgericht mit Recht
hervorgehoben hat, »der Intention nach dazu bestimmt, das Parlament der Notwendigkeit zu entheben, jede Veränderung in der Höhe
der Entschädigung im Plenum zu diskutieren und vor den Augen der
Öffentlichkeit darüber als eine selbständige politische Frage zu entscheiden«.[1] Das Gericht hat die frühere Koppelung der Abgeordnetenentschädigung an die Beamtenbesoldung deshalb für verfassungswidrig erklärt und beendet.

Dem Grundsatz der Öffentlichkeit widerspricht es ebenso, wenn
das Parlament andere Mechanismen konstruiert, die die Diäten –
unter Umgehung des öffentlichkeitswirksamen Gesetzgebungsverfah-
rens – automatisch erhöhen, etwa durch Koppelung an die allgemeine
Einkommensentwicklung oder durch stufenweise Erhöhungen ohne
weitere parlamentarische Entscheidung. Auch Derartiges ist erkennbar von der Absicht getragen, Diätenerhöhungen gerade *nicht* im Plenum diskutieren und »vor den Augen der Öffentlichkeit« darüber als
eine selbständige politische Frage entscheiden zu müssen. Anschau-
ungsunterricht lieferte die im Herbst 2007 beschlossene zweistufige
Erhöhung der Entschädigung für Bundestagsabgeordnete. Ihre zweite

---

[1] BVerfGE 40, 296 (316 f.).

Stufe, Erhöhung um 329 Euro zum 1. Januar 2009, ging, wie sicher beabsichtigt, fast unbemerkt über die Bühne. Dagegen war ein im Mai 2008 geplantes weiteres Draufsatteln durch ein Änderungsgesetz, das rückwirkend zum 1. Januar 2008 die Entschädigung noch einmal erhöhen sollte, am öffentlichen Protest gescheitert. Erfreulich ist auch, dass ein im Herbst 2008 im Landtag von Nordrhein-Westfalen vorgelegter Gesetzentwurf, wonach zum Anfang der fünfjährigen Legislaturperiode das Parlament nur einmal über Diäten abstimmen sollte und diese dann Jahr für Jahr nach einem vom statistischen Landesamt ermittelten Wert automatisch steigen sollten, schließlich am massiven öffentlichen Protest, der sich ganz wesentlich auf die Verfassungswidrigkeit eines solchen Verfahrens stützte, gescheitert ist.

Die Abgeordnetengesetze des Bundes und der Länder enthalten durchweg mehrere Hauptbestandteile, für die unterschiedliche Grundsätze gelten:

1. Die »Entschädigung mit Alimentationscharakter« (Bundesverfassungsgericht) umfasst wiederum zwei Unterfälle, einmal laufende Zahlungen während des Mandats, nämlich die sogenannte Grundentschädigung und die Beihilfeberechtigung in Krankheits-, Geburts- und Todesfällen, zum anderen die sogenannte Aufwandsentschädigung zur Abdeckung des mandatsbedingten Aufwandes.
2. Hinzu kommen Zahlungen nach Beendigung des Mandats: das Übergangsgeld und die Versorgung des Abgeordneten und eventueller Hinterbliebener im Alter und bei Invalidität.

Für die Bezahlung aktiver Abgeordneter hat das Bundesverfassungsgericht folgende Leitsätze formuliert: Die in Art. 48 Abs. 3 GG geforderte angemessene, ihre Unabhängigkeit sichernde Entschädigung muss für Bundestagsabgeordnete und ihre Familien »während der Dauer ihrer Zugehörigkeit zum Parlament eine ausreichende Existenzgrundlage abgeben können. Sie muss außerdem der Bedeutung des Amtes unter Berücksichtigung der damit verbundenen Verantwortung und Belastung und des diesem Amt im Verfassungsgefüge zukommenden Ranges gerecht werden«.[1] Bei Konkretisierung dieser Begriffe darf allerdings nicht von irgendeiner höheren Idee des Parlaments und seiner Mitglieder ausgegangen werden. Vielmehr ist die

---

[1] BVerfGE 40, 296 (315).

176

faktische Situation zugrunde zu legen. Sie war es ja auch, die das Gericht veranlasst hat, die von den Vätern der Verfassung noch als bloße Entschädigung für ein Nebenamt gedachten Diäten zu einer »Vollalimentation« aufzuwerten.[1] Hier ist deshalb zu berücksichtigen, dass Abgeordnete ihr Amt keineswegs den Wählern verdanken, sondern ihrer Partei. Sie sind mitnichten vom Vertrauen der Bürger getragen. Ihr Ansehen ist im Gegenteil völlig im Keller. Das hängt auch damit zusammen, dass sie nicht vom Volk gewählt, sondern von den Parteien bestimmt werden (siehe S. 58 ff.). Sie entscheiden in aller Regel nicht frei als repräsentative Abgeordnete, sondern fühlen sich in ihre Fraktion eingebunden und vollziehen deren Entscheidungen. Sie tragen also in Wahrheit gar nicht die Verantwortung, die sie vorgeben, sondern laden diese bei ihrer Fraktion oder Partei ab, wo sie sich in der Anonymität der großen Gruppe verflüchtigt. Kurz, sie sind in Wahrheit gar keine Volksvertreter, sondern Fraktions- und Parteivertreter oder zugespitzt formuliert: Parteisoldaten (so ausdrücklich auch der frühere SPD-Spitzenpolitiker Hans Apel, der es ja wissen muss). Diese tatsächlichen Verhältnisse müssen natürlich auch bei der Bezahlung von Abgeordneten berücksichtigt werden. Der politischen Klasse fällt es schwer, dieses Realbild des Abgeordneten zu akzeptieren. Sie hält mit allen ihr zur Verfügung stehenden Mitteln der Einflussnahme auf die veröffentlichte Meinung an einem unrealistisch hehren Abgeordnetenbild fest. Denn dieses eignet sich hervorragend, der üppigen finanziellen Ausstattung, die Abgeordnete nach wie vor genießen, das Mäntelchen der Rechtfertigung umzuhängen und zu behaupten, dem hohen Stand der Abgeordneten müssten auch die Bezüge und besondere Privilegien entsprechen. So wird bei Diätenerhöhungen stets die Verantwortung und die Direktwahl der Abgeordneten betont: Das Mandat sei »eine sehr verantwortungsvolle Tätigkeit«, und »direkt gewählt werden kann man vom Volk nur zum Abgeordneten« (so Olaf Scholz, damals noch Parlamentarischer Geschäftsführer der SPD-Bundestagsfraktion, bei der Erhöhung der Bundestagsdiäten im Herbst 2007). Und sein Kollege Norbert Röttgen, Parlamentarischer Geschäftsführer der CDU/CSU-Fraktion, ergänzte bei derselben Gelegenheit: Gerade Mandatsträger unterlägen »einer strengen und regelmäßigen Leistungskontrolle«. Denn der Wähler selbst entscheide »mit seiner Stimme, ob der Abgeordnete sein Amt dem Einkommen

---

[1] BVerfGE 40, 296 (315 f.).

entsprechend ausgefüllt« habe. Röttgen bezog sich dabei auch auf die Besoldung von Bürgermeistern, an deren Einkommen sich der Bundestag ausrichtet, und sagte:»Ich denke, dass wir mit der Orientierung an den Einkommen von Bürgermeistern... eine weitgehend akzeptierte Richtlinie haben.« Beide Fraktionsgeschäftsführer ignorieren, dass Abgeordnete gerade nicht vom Wähler bestimmt und deshalb auch nicht von ihm zur Verantwortung gezogen werden können. Deshalb kehrt sich auch der Vergleich mit Bürgermeistern gerade gegen sie. Bürgermeister werden wirklich direkt vom (Gemeinde-)Volk gewählt und bei Wiederwahlen von diesem kontrolliert. Sie sind auch nicht in eine Fraktionsdisziplin eingebunden und deshalb für ihr politisches Handeln individuell voll verantwortlich, so dass sie sich nicht hinter einer Gruppe verstecken können. Insgesamt haben Bürgermeister also wirklich eine hervorgehobene demokratische Stellung mit viel Verantwortung, völlig anders als die Parteifunktionäre, die Abgeordnete tatsächlich sind. Wollte man die Bezahlung von Abgeordneten dagegen als Frust-Prämie rechtfertigen, weil sie keine zurechenbare Verantwortung tragen, vom Vertrauen ihrer Mitbürger gerade nicht getragen sind, aber dennoch immer so tun müssen, als ob, was die Bürger instinktiv durchschauen und die Abgeordneten auch spüren lassen, so würde eher ein Schuh daraus.

Was die Altersversorgung anlangt, besteht kein verfassungsrechtlicher Anspruch des Abgeordneten. Die in Art. 48 Abs. 3 Grundgesetz genannte Entschädigung umfasst nicht notwendig auch eine Altersversorgung. Wenn der Gesetzgeber sie dennoch einführt, unterliegt sie aber ebenso dem Gebot der Angemessenheit wie die Entschädigung aktiver Abgeordneter. Das Bundesverfassungsgericht lässt denn auch ausdrücklich allenfalls eine begrenzte Altersversorgung zu.[1] Damit ist eine Regelung, die den Abgeordneten schon nach einem halben Arbeitsleben eine Vollversorgung verschafft, und dies dann auch noch zehn Jahre vor der allgemeinen, für Normalbürger geltenden Altersgrenze, schwerlich vereinbar. Eine solche Überversorgung besteht im Bund und in vielen Ländern.

Ein besonderes Kapitel sind die umfangreichen Erstattungen, welche Abgeordnete zur Abdeckung ihrer mandatsbedingten Kosten zusätzlich erhalten. Dazu gehört auch die allgemeine Kostenpauschale in Höhe von 3868 Euro, die Bundestagsabgeordnete jeden Monat

---

[1] BVerfGE 32, 157 (165).

ausgezahlt bekommen, völlig unabhängig davon, wie hoch ihre Aufwendungen tatsächlich sind. Jährlich sind das über 46.416 Euro, die Abgeordnete ohne jeden Nachweis erhalten. Problematisch ist dies unter den unten angeführten vier Gesichtspunkten. Dabei ist auch zu berücksichtigen, dass die Abgeordneten sich die Kostenpauschale selbst bewilligt haben. Das veranlasst zu einer strengen Prüfung. Die Gründe für das Privileg in eigener Sache müssen wirklich triftig sein, um Bestand haben zu können.

1. Die Pauschale verschafft allen Abgeordneten, die geringere Aufwendungen haben, etwa, weil sie in Berlin wohnen und deshalb zum Beispiel keine Zweitwohnung und weniger Pkw-Kilometer benötigen, ein weiteres und auch noch steuerfreies Einkommen. Das widerspricht dem Gleichheitssatz gleich doppelt: Abgeordnete dürfen keine privat verwendbaren Zusatzbezüge aus der Staatskasse erhalten, und diese dürfen schon gar nicht steuerfrei sein.
2. Es ist auch kein tragfähiger Grund ersichtlich, warum ausgerechnet Abgeordnete von der großen Mühe befreit werden sollten, Belege zu sammeln und ihre berufsbedingten Aufwendungen gegenüber dem Finanzamt im Einzelnen nachzuweisen – eine Last, die jeden Normalverbraucher ohne Wenn und Aber trifft.
3. Die Höhe der Pauschale ist nicht im Abgeordnetengesetz festgelegt, sondern lediglich im Haushaltsplan. Das widerspricht dem verfahrensrechtlichen Grundsatz, dass alle Teile der Abgeordnetendiäten vor den Augen der Öffentlichkeit durch Gesetz festzulegen sind. Der Haushaltsplan, in dessen Unzahl von Einzeltiteln sich eine Diätenerhöhung leicht verstecken lässt, ist definitiv kein solches Gesetz.
4. Ebenfalls im Widerspruch zu jenem Grundsatz steht die automatische Erhöhung der Pauschale, die entsprechend einem bestimmten Index jährlich erfolgt.

Das Bundesverfassungsgericht hat Pauschalen, die verdeckte Einkommensbestandteile darstellen, ausdrücklich für verfassungswidrig erklärt. Nur Leistungen, die »einen Ausgleich für sachlich begründeten, besonderen, mit dem Mandat verbundenen finanziellen Aufwand darstellen«, seien neben der steuerpflichtigen Entschädigung noch zulässig. Nur sie dürften auch steuerfrei bleiben.[1] Eine Pauschalierung sei zwar nicht von vornherein unzulässig. Voraussetzung sei aber, dass sie sich in engen Grenzen halte und »in Orientierung am tatsächlichen Aufwand« erfolge. Dass das Gericht die hohen Pauschalen, die Bundestagsabgeordnete erhalten, unausgesprochen für verfassungswidrig hält, hat es schon in einem Urteil von 1978 deutlich gemacht. Auf die Verfassungsbeschwerde eines Bürgers, der selbst hohe berufsbedingte Aufwendungen hatte, erklärte das Gericht die Regelung offenbar nur deshalb nicht für verfassungswidrig, weil es dem Kläger die Klagebefugnis vorenthielt: Er werde durch die Regelung nicht in seinen Rechten verletzt. Auch bei ihrer Änderung habe er persönlich nichts davon, da die Einführung einer entsprechenden Pauschale für ihn »offensichtlich« ausscheide.[2]

An demselben formalen Hindernis scheiterte auch die Initiative eines Finanzrichters. Er rügte, in seiner Eigenschaft als normaler Steuerzahler, die Ungerechtigkeit, die darin liege, dass ihm – anders als Abgeordneten – eine entsprechende Pauschale mit verdecktem steuerfreien Zusatzeinkommen vorenthalten würde. Mehrere Finanzgerichte gaben ihm Recht. Der Bundesfinanzhof schien dies zunächst auch zu tun. Jedenfalls forderte er den Bundestag auf, einen umfassenden Katalog mit Fragen zur Sache zu beantworten. Am Ende bekam das höchste deutsche Steuergericht aber offenbar kalte Füße und verweigerte eine Entscheidung in der Sache – auch wieder mit der Begründung, die Verfassungswidrigkeit komme dem Kläger nicht zugute, weshalb er kein Recht auf ihre Feststellung habe.[3] Das hätte er aber auch gleich, ohne die umfassenden Erhebungen in der Sache, entscheiden können.

Hier zeigt sich eine fundamentale Schwäche der Verfassungskontrolle: Dem Bürger und Steuerzahler wird eine Klagebefugnis vorenthalten. Klagen können nur die Betroffenen selbst, also Abgeordnete und Regierung. Das hat die absurde Konsequenz, dass Bürger, die klagen wollen, nicht können, und die, die klagen können, nicht wollen. Offensichtliche Verfassungsverstöße wie die Selbstbewilligung übermäßiger Kostenpauschalen durch Bundestagsabgeordnete bleiben so – ungesühnt – über Jahrzehnte aufrecht erhalten.

---

[1] BVerfGE 40, 296 (318, 328).
[2] BVerfGE 49, 1 (9).
[3] Urteil des Bundesfinanzhofs vom 11.9.2008, Aktenzeichen VI R 13/06.

Diese Schwäche bestätigt sich auch bei Beurteilung der Fonds, die Bundestagsabgeordnete zur Bezahlung von Mitarbeitern zur Verfügung haben. Jeder Bundestagsabgeordnete kann monatlich bis zu 13.660 Euro Steuergeld für Mitarbeiter ausgeben, worin Weihnachts- und Urlaubsgeld sowie Arbeitgeberanteile zur Sozialversicherung noch gar nicht enthalten sind. Das Volumen der bewilligten Mittel wird kaum kontrolliert. Das liegt auch am Verfahren. Die Beträge stehen nicht etwa im Abgeordnetengesetz, wie es eigentlich erforderlich wäre, sondern lediglich im Haushaltsplan. Das schwächt die öffentliche Kontrolle und erleichtert gewaltige Erhöhungen. So wurden die Beträge im Herbst 2006 schnell einmal um 28 Prozent erhöht, und kaum jemand hat es bemerkt.

Bei der Erörterung unangemessener Privilegien von Abgeordneten geht es nicht nur um Neid und Populismus, worauf die Betroffenen die Kritik am liebsten reduziert sehen möchten. Schon die geistigen Väter der Demokratie hatten nachdrücklich gefordert, dass die von den Volksvertretern gemachten Gesetze in vollem Umfang auch auf diese selbst angewendet werden. Das entspricht nicht nur demokratischer Gleichheit, sondern hat auch eine wichtige erzieherische Wirkung. Denn dann spürt der Parlamentarier am eigenen Leib, wo die Bürger der Schuh drückt, und lässt diese Erfahrung auch in sein politisches Handeln einfließen. In einer Zeit, in der die Bevölkerung unter hohen Abgaben leidet und immer mehr Angst um die eigene Altersversorgung haben muss, erscheinen überzogene steuerfreie Pauschalen und Überversorgungen im Alter erst recht unangemessen. Hinter der öffentlichen Kritik steckt also etwas Urdemokratisches.

IV. Schwarzgeld für Minister: verfassungswidrige Bezahlung de luxe

»Schwarzgeldaffäre« war früher einmal das Wort des Jahres. Es betraf die CDU und ihren Vorsitzenden Helmut Kohl und ging um verfassungswidrig vereinnahmte Spenden in Millionenhöhe. Eine andere Form von verfassungswidrigem Schwarzgeld gibt es aber immer noch, und davon profitieren – parteiübergreifend – zahlreiche Politiker an der Spitze des Bundes und mancher Länder. Minister, die gleichzeitig ein Abgeordnetenmandat besitzen, werden nämlich mehrfach bezahlt. Sie erhalten neben ihrem regulären Gehalt und ihrer Dienstaufwandspauschale noch zwei Zusatzeinkommen:

- eine zweite, meist nur unzureichend gekürzte steuerfreie Kostenpauschale aus dem Abgeordnetenmandat und
- einen großen Teil der steuerpflichtigen Diäten aus dem Abgeordnetenmandat.

Ganz abgesehen davon, dass es bereits unter dem Aspekt der Gewaltenteilung problematisch ist, wenn Regierungsmitglieder gleichzeitig einen Sitz im Parlament innehaben, ist die Gewährung eines zweiten Gehalts und einer zweiten Kostenpauschale aus dem Mandat erst recht nicht nachvollziehbar. Ihre Existenz wird denn auch gezielt unter der Decke gehalten, und erst recht völlig im Dunkeln liegt, was sie so problematisch macht: Regierungsmitglieder sind normalerweise derart in Anspruch genommen, dass gar keine Zeit bleibt für die zusätzliche Arbeit eines Abgeordneten, die nach der eigenen Einschätzung des Bundestags und der meisten Landesparlamente einen »Fulltime-Job« darstellt. Mangels entsprechenden Aufwandes in der Abgeordneten-Funktion stellt auch die Aufwandspauschale ein Einkommen dar, welches auch noch steuerfrei ist. Zwischen der Höhe der Abgeordnetenbezüge vieler Regierungsmitglieder und der Geringfügigkeit ihrer Leistungen als Abgeordnete besteht ein krasses Missverhältnis.

Die Kanzlerin und ihre Kabinettskollegen mit Abgeordnetenmandat erhalten zusätzlich eine halbe steuerpflichtige Entschädigung. Diese beträgt derzeit 7668 Euro, von denen an Regierungsmitglieder also monatlich 3834 Euro fließen. Des weiteren bekommen Regierungsmitglieder drei Viertel der Kostenpauschale von 3868 Euro, also 2901 Euro. Die Kürzung um ein Viertel wird damit begründet, dass Minister einen Dienstwagen zur Verfügung haben. Die verbleibenden drei Viertel sind aber immer noch viel zu hoch.

Die völlige Unangemessenheit solcher Zusatzeinkommen gehört zu den Tabus, über welche die politische Klasse nur ungern spricht. Gelegentlich findet allerdings auch in der Politik jemand klare Worte. So hat der jetzige saarländische Ministerpräsident Peter Müller (CDU), als er noch Oppositionsführer war, den Sachverhalt beim Namen genannt:

»Tatsache ist, wer in diesem Lande Minister ist, nimmt Verpflichtungen als Abgeordneter nicht mehr wahr, hat keinen Aufwand als Abgeordneter mehr, und deshalb ist es auch nicht sinnvoll, dass er dafür noch etwas Zusätzliches bezieht. Viele sind in diesem Punkt für die Nulllösung.«[1]

Was Müller für saarländische Landesminister festgestellt hat, gilt erst recht für die Minister größerer Länder und für Bundesminister, die noch viel stärker eingespannt sind. Und, was noch schwerer wiegt: Die Zusatzeinkommen, die etwa Mitglieder der Bundesregierung erhalten, sind verfassungswidrig. Das Bundesverfassungsgericht hat enge Grenzen gezogen: »Nur wirklich entstandener Aufwand – nur soweit dieser wirklich entstandene Aufwand auch sachlich angemessen ist und nur soweit er mit dem Mandat verbundener besonderer Aufwand ist – kann mit der steuerfreien Aufwandsentschädigung ausgeglichen werden.« Der »allgemeine Aufwand, wie er auch sonst in jedem Beruf anfällt und von dem besonderen, berufseigenen Aufwand zu unterscheiden ist, kann mit einer steuerfreien Aufwandsentschädigung« also nicht ausgeglichen werden.[2] An diesen Kriterien muss sich auch die Pauschalierung orientieren. Danach ist das Verdikt der Verfassungswidrigkeit der Abgeordnetenpauschale für Mitglieder der Bundesregierung eindeutig. Eine zusätzliche Aufwandsentschädigung verbietet sich,

- weil Regierungsmitglieder ohnehin regelmäßig ihren Dienstsitz am Ort des Parlaments haben, so dass sie denjenigen Teil der Abgeordnetenpauschale, der auf Wohnung und Verpflegung in der Landeshauptstadt entfällt, nicht benötigen,
- weil sie als Minister einen Stab von Hilfskräften und alle möglichen Transportmittel zur Verfügung haben,
- weil sie – wegen der Arbeitsbelastung durch das Ministeramt – für ihr Abgeordnetenmandat ohnehin kaum noch etwas tun können und deshalb auch ihr sonstiger mandatsbedingter Aufwand gering ist,
- weil sie als Abgeordnete für monatlich bis zu 13.660 Euro Mitarbeiter einstellen können, die ihnen eventuell anfallende Mandatstätigkeit weitgehend abnehmen.

---

[1] Landtag des Saarlandes, 10. Wahlperiode, 51. Sitzung am 7.7.1993, Protokoll S. 2834.
[2] BVerfGE 49, 1 (2).

183

Auch die halbe steuerpflichtige Entschädigung, die Bundesminister aus ihrem Abgeordnetenmandat erhalten, also derzeit monatlich 3834 Euro, ist unangemessen. Das ergibt sich schon daraus, dass die meisten Länder die Abgeordnetenentschädigung für Regierungsmitglieder gestrichen haben (so Niedersachsen und das Saarland) oder wenigstens auf ein Viertel reduziert haben (wie Hessen, Schleswig-Holstein, Brandenburg, Mecklenburg-Vorpommern und Sachsen-Anhalt). Da Regierungsmitglieder ihr Mandat kaum wirklich ausüben können, macht die Gewährung von Diäten an Regierungsmitglieder ebenso keinen Sinn. Das wird schon optisch dadurch deutlich, dass sie im Parlament auf der Regierungsbank sitzen. An der eigentlichen Arbeit des Parlaments in Fraktions- und Ausschusssitzungen nehmen sie regelmäßig nicht teil. Das Bundesverfassungsgericht hat deshalb mit Recht festgestellt, dass es »an jedem sachlich zureichenden Grund« fehlt, das Zusammentreffen von Minister- und Abgeordnetenbezügen anders als nach den beamtenrechtlichen Anrechnungsgrundsätzen zu behandeln »und die Abgeordneten zu privilegieren. ... Das wäre unvereinbar mit dem Gleichheitssatz.«[1] Da nach dem Beamtenrecht aber grundsätzlich niemand zweimal aus öffentlichen Kassen alimentiert werden darf, ist die Zahlung der hälftigen Diäten an Regierungsmitglieder mit dem Verfassungsrecht nicht in Einklang zu bringen. Die Diäten für Mitglieder der Bundesregierung und Parlamentarische Staatssekretäre sind verfassungswidrig.

Selbst wenn man zugunsten der Regierungsmitglieder unterstellt, sie würden von ihrer Pauschale von 2901 Euro rund 1000 Euro benötigen, etwa für die Anmietung eines Büros in ihrem Wahlkreis, so bliebe ihnen immer noch ein steuerfreies Zusatzeinkommen von 1901 Euro. Das entspricht einem Bruttoeinkommen von rund 3500 Euro; zusammen mit der Abgeordnetenentschädigung von 3868 Euro ergibt sich ein Zusatzeinkommen von monatlich 7368 Euro, 88.416 Euro im Jahr. Es erhöht sich also auf verfassungswidrigem Wege das Gehalt von Bundesministern, das 12.860 Euro beträgt (verheiratet, ohne Kind), um nicht weniger als 57 Prozent auf 20.228 Euro. Das Gehalt der Bundeskanzlerin von 15.800 Euro steigt auf 23.168 Euro – ein Mehr von 47 Prozent. Die steuerfreie Dienstaufwandsentschädigung, die Bundesminister in Höhe von 307 Euro monatlich und die Kanzlerin in Höhe von 1023 Euro erhalten, ist darin nicht einmal berücksichtigt.

---

[1] BVerfGE 40, 196 (329 f.).

Was die Bezahlung der Regierungsmitglieder anlangt, gibt es also eine heimliche Zweiklassengesellschaft: Die zehn Bundesminister und -ministerinnen, die gleichzeitig ein Abgeordnetenmandat innehaben, erhalten um 57 Prozent höhere Bezüge als die fünf ohne Mandat. Ohne Mandat sind Ursula von der Leyen, Thomas de Maizière, Peer Steinbrück, Frank-Walter Steinmeier und Wolfgang Tiefensee. Die Bundeskanzlerin Angela Merkel und alle übrigen Minister haben gleichzeitig noch ein Mandat und erhalten die verfassungswidrigen Boni: Wolfgang Schäuble, Brigitte Zypries, Karl-Theodor zu Guttenberg, Ilse Aigner, Olaf Scholz, Franz Josef Jung, Ulla Schmidt, Sigmar Gabriel, Annette Schavan und Heidemarie Wieczorek-Zeul.

Das Schwarzgeld, scheinbar legalisiert durch selbst gemachte Gesetze, muss sofort abgebaut werden. Es ist schon schlimm genug, dass Regierungsmitglieder in der Vergangenheit Riesensummen an verfassungswidrigen Zahlungen erhalten haben. Von einem normalen Bürger würden derartige Gelder unerbittlich zurückgefordert. Umso unerträglicher ist es, dass die Zahlungen immer noch weiterlaufen – an Amtsträger, die in ihrem Amtseid geschworen haben, die Verfassung zu wahren und zu schützen.

Eine Zweiklassengesellschaft aufgrund verfassungswidrigen Schwarzgeldes gibt es auch in manchen Ländern, so z.B. in Sachsen: Der dortige Ministerpräsident Stanislaw Tillich und vier seiner Minister sind gleichzeitig Abgeordnete: Thomas Jurk, Roland Wöller, Christine Clauß und Franz Kupfer. Sie alle erhalten neben ihren Ministerbezügen noch zusätzlich die Hälfte der Abgeordnetenentschädigung von 4481 Euro, also 2241 Euro. Ferner beziehen sie die Kostenpauschale für Abgeordnete, die je nach Entfernung ihres Hauptwohnsitzes von Dresden zwischen 1908 und 2770 Euro beträgt. Davon werden ihnen wegen des Dienstwagens lediglich lächerliche 215 Euro abgezogen. Auch hier gelten das verfassungsrechtliche Verbot der Doppelalimentation und die Feststellung, dass Regierungsmitglieder sich dem Mandat gar nicht mehr widmen können. Auch hier muss das Schwarzgeld unverzüglich beseitigt werden. Die fünf übrigen Kabinettsmitglieder haben kein Abgeordnetenmandat inne: Albrecht Buttolo, Geert Mackenroth, Georg Unland, Eva-Maria Stange und Johannes Beermann.

Die Doppelalimentation setzt sich auch nach Beendigung des Regierungsamts fort. So erhält z.B. der Vorsitzende der CDU-Fraktion im Sächsischen Landtag, Steffen Flath, aus seiner knapp zehnjährigen

Amtszeit als sächsischer Minister bereits jetzt eine Pension von monatlich rund 5600 Euro, obwohl er erst am 10.2.2009 52 Jahre alt geworden ist (siehe auch S. 249 f.). Als Fraktionsvorsitzender bekommt er eine zweifache Entschädigung von 8962 Euro. Hinzu kommt noch die nur um 50 Prozent gekürzte Ministerpension, so dass er insgesamt erheblich mehr bezieht, als das Amtsgehalt eines sächsischen Ministers beträgt. Wie unangemessen eine solche Kumulation von Einkommen ist, zeigt auch der Vergleich mit ehemaligen Bundesministern. Diese erhalten neben der Abgeordnetenentschädigung lediglich 20 Prozent der Ministerversorgung (also nicht 50 Prozent wie in Sachsen und einigen anderen Ländern). Die Kürzung um 80 Prozent folgt, wie es in der Begründung des Gesetzes – unter ausdrücklichem Verweis auf die Rechtsprechung des Bundesverfassungsgerichts – heißt, aus dem Verbot der Doppelalimentation.[1] Es ist nicht einzusehen, warum dieses verfassungsrechtliche Verbot nur für Bundesminister und nicht auch für Landesminister gelten soll.

---

[1] Bundestagsdrucksache 14/2660, S. 9 f.

E. Parteien

I. Verlust der Basis: Volksparteien ohne Volk

Der Begriff »Volkspartei« markiert einen Gegensatz zu den früheren Weltanschauungs- und reinen Interessentenparteien der Kaiserzeit vor 1919 und teilweise auch noch der Weimarer Republik. Der Begriff geht auf den Politikwissenschaftler Otto Kirchheimer zurück, der in einem bahnbrechenden Aufsatz mit dem Titel »Der Wandel des westdeutschen Parteiensystems« (1965) das Aufkommen der »Allerweltspartei (catch-all party)« beschrieb. Später setzte sich der Begriff »Volkspartei« durch. Damit ist ein Parteityp gemeint, der für möglichst breite Bevölkerungskreise wählbar sein möchte. In Deutschland stellte sich die CDU/CSU unter Adenauer schon früh und mit großem Wahlerfolg als Volkspartei dar. Die SPD eiferte dem – seit ihrem Godesberger Programm von 1959 ebenfalls mit zunehmendem Erfolg – nach.

Dem Trend zur Volkspartei entsprach die Konzentration auf wenige große und ein Absterben der kleinen Parteien, eine Entwicklung, der die Regierungsparteien und die SPD durch Manipulationen des Wahlsystems noch kräftig nachhalfen. Während im ersten Deutschen Bundestag noch zehn Parteien vertreten waren, gab es im 1961 gewählten vierten Bundestag nur noch die Union, die SPD und die FDP. Die FDP hielt sich, weil sie – abgesehen von der Zeit der absoluten Mehrheit der Union (1957 bis 1961) und der Großen Koalition 1966 bis 1969 – als Zünglein an der Waage abwechselnd der einen oder anderen Volkspartei zur Regierung verhalf.

Der Trend hat sich in den vergangenen Jahrzehnten allerdings wieder gedreht: Ende der Siebzigerjahre kamen die Grünen zunächst in die Landtage, ab 1983 auch in den Bundestag, und seit 1990 kam im Osten noch die zur PDS gewendete SED hinzu. Nachdem diese mit der WASG fusioniert ist, zieht die daraus hervorgegangene »Linke« seit

Kurzem auch in die Landtage westlicher Bundesländer ein. Sie ist inzwischen in zehn Landesparlamenten vertreten. Darüber hinaus ist in Sachsen (2004: 9,2 Prozent) und in Mecklenburg-Vorpommern (2006: 7,3 Prozent) auch die NPD im Landtag, in Brandenburg die DVU (2004: 6,1 Prozent), und in Bayern haben im Herbst 2008 die Freien Wähler ein zweistelliges Wahlergebnis eingefahren (10,2 Prozent).

Die Folge des neuen Fünf- (oder Noch-Mehr-)Parteiensystems ist, dass Regierungen oft nur noch durch Große Koalitionen oder Dreierkoalitionen zustande kommen, wenn nicht überhaupt eine lähmende gegenseitige Blockade entsteht wie in Hessen nach der Wahl vom 27. Januar 2008. Dort hatte die CDU als Quittung für das schlechte Image und die verfehlte Wahlkampfstrategie von Roland Koch spektakuläre zwölf Prozentpunkte verloren und ihre absolute Mehrheit eingebüßt, während die SPD unter Andrea Ypsilanti 7,6 Punkte dazugewonnen hatte. Beide Volksparteien waren nun etwa gleich stark, konnten mit ihren jeweiligen Wunschpartnern FDP bzw. Grüne aber nicht die Regierung bilden, weil die Linke mit 5,1 Prozent in den Landtag eingezogen war. Es kam deshalb am 18. Januar 2009 zu Neuwahlen.

Auch die weiteren Wahlen des Jahres 2008 zeigen, dass das seit Längerem abnehmende Gewicht der Volksparteien neuerdings in ein Stadium noch verstärkter Erosion übergegangen ist. Bei der Landtagswahl in Niedersachsen, die am selben Tag wie in Hessen stattfand, verlor die CDU fast sechs Prozentpunkte, Christian Wulff konnte seine Koalition mit der FDP, die 8,2 Prozent erreicht hatte, dennoch ungefährdet fortsetzen. Die SPD büßte über drei Punkte ein, profitierte also mitnichten von den Verlusten der CDU und schloss mit dem schlechtesten Ergebnis ab, das sie je in Niedersachsen erzielt hatte. Viele Stimmen hatte ihr die Linke abgenommen, die mit 7,1 Prozent locker in den Landtag kam.

Auch bei der kurz darauf stattfindenden Wahl in Hamburg erlangte die Linke aus dem Stand 6,4 Prozent. Die CDU unter von Beust verlor ihre absolute Mehrheit, die sie – für Hamburg ziemlich ungewöhnlich und nicht zuletzt durch die vielen Schill-Stimmen, die ihr zugefallen waren – bei der vorangehenden Wahl erlangt hatte. Beust musste mit den Grünen eine Regierungskoalition eingehen, auf Landes- oder Bundesebene ein absolutes Novum. Die FDP hatte zwar zwei Prozentpunkte gewonnen, war aber mit 4,8 Prozent an der Sperrklausel gescheitert.

Ein Merkzeichen für den Niedergang der Volksparteien waren auch die Kommunalwahlen in Schleswig-Holstein am 25. Mai und in Sachsen am 8. Juni 2008. Dabei errangen einerseits Freie Wählergemeinschaften, andererseits extremistische Parteien spektakuläre Erfolge – und das auf Kosten der Volksparteien. In Flensburg, der drittgrößten Stadt Schleswig-Holsteins, erhielt eine Bürgerbewegung mit dem Namen »Wir in Flensburg« die meisten Stimmen. In Sachsen bekam die NPD bei der Kreistagswahl 5,1 Prozent. Bei der vorangegangenen Wahl 2004 hatte sie noch bei 1,3 Prozent gelegen. Im Landkreis Sächsische Schweiz-Osterzgebirge erzielte die NPD in der Ortschaft Reinhardtsdorf-Schöna sogar 25,2 Prozent der Stimmen. Die Freien Wähler kamen auf noch höhere 26,8 Prozent, beide weit vor der CDU und der SPD.

Drastisch war der Einbruch bei der bayerischen Landtagswahl am 28. September 2008. Die seit 46 Jahren mit absoluter Mehrheit regierende CSU verlor nicht weniger als 17,3 Prozentpunkte und konnte die Regierung nur mit Hilfe der FDP fortsetzen, die nach 14 Jahren Abwesenheit nun wieder im Landtag vertreten ist, und gleich mit acht Prozent. Selbst die Freien Wähler, die bis dahin nirgendwo bei Landtagswahlen die Fünfprozenthürde überwunden hatten, zogen in den Landtag des Freistaats ein, und dies sogar mit einem besseren Ergebnis als die Grünen, die 9,4 Prozent erhielten. Die Linke scheiterte allerdings an der Sperrklausel, erreichte aber immerhin 4,4 Prozent. Die SPD hatte von den gewaltigen Verlusten der CSU – ähnlich wie in Niedersachsen gegenüber der CDU – nicht profitieren können, sondern sogar noch einen Prozentpunkt verloren und liegt jetzt bei 18,6 Prozent, ihrem schlechtesten Ergebnis in Bayern überhaupt.

Die erste Landtagswahl im Jahr 2009, am 18. Januar in Hessen, war für die SPD eine Katastrophe. Mit minus 13 Prozentpunkten kam sie unter ihrem neuen Spitzenkandidaten Thorsten Schäfer-Gümbel nur noch auf 23,7 Prozent, das schlechteste Ergebnis, welches die alte Volkspartei jemals im früher »roten« Hessen erzielt hat. Das war offenbar die Quittung für den »Wortbruch«. Ihre Vorsitzende Andrea Ypsilanti hatte vor der Wahl von 2008 ein Zusammengehen mit der Linken rigoros ausgeschlossen, dann aber doch gleich zweimal versucht, sich mit ihrer Hilfe zur Regierungschefin wählen zu lassen, was zunächst am Nein der SPD-Abgeordneten Dagmar Metzger und dann an noch drei weiteren SPD-Abgeordneten scheiterte – ein moralischer *und* ein machtpolitischer Offenbarungseid. Die großen Verluste der

SPD kamen nun aber keineswegs der CDU unter Roland Koch zugute, die mit 37,2 Prozent ähnlich schlecht abschnitt wie ein Jahr zuvor; sie erreichte 2009 nur 0,4 Prozentpunkte mehr. Gewaltig profitiert hat dagegen die FDP. Mit sensationellen 16,2 Prozent (6,8 Prozentpunkte mehr als 2008) kam sie fast an die einst von Möllemann und Westerwelle angepeilten 18 Prozent heran. Sie hatte sich unter ihrem ansonsten wenig profilierten Vorsitzenden Jörg-Uwe Hahn nach der ersten Wahl konsequent an ihre Koalitionsaussage zugunsten der CDU gehalten und rot-grünen Koalitionsverlockungen widerstanden. Das verschaffte ihr den Nimbus der Verlässlichkeit, der angesichts des SPD-Wortbruchs besonders hell strahlte. Genau so profitierten die Grünen mit 13,7 Prozent (plus 6,2 Prozentpunkte), dem besten Ergebnis, das sie jemals in einem Flächenland eingefahren haben. Die Linke übersprang trotz schädlicher innerparteilicher Querelen mit 5,4 Prozent wieder die Sperrklausel. Obwohl die FDP ihr Gewicht vor allem mit Hilfe früherer CDU-Wähler gesteigert hatte, ermöglichte gerade sie Koch die Fortsetzung der Regierung in einer Koalition. In Hessen zeigen sich der Rückgang der Volksparteien und der Aufschwung der drei anderen besonders nachdrücklich, auch wenn die Ergebnisse zum Teil auf die speziellen hessischen Verhältnisse zurückzuführen sind. Zugleich wurde eine Auswirkung auf die Bundespolitik deutlich. Denn mit dem Einzug der FDP in die hessische Landesregierung verlor die Große Koalition ihre Mehrheit im Bundesrat.

Indikatoren für den Verlust der Bedeutung der Volksparteien und ihrer Verankerung im Volk sind:

– der Schwund ihrer Wähler,
– der Schwund ihrer Mitglieder und
– der Rückgang der Beteiligung der Bürger an Wahlen überhaupt.

Wählerschwund

Die beiden großen Volksparteien haben in den vergangenen drei Jahrzehnten massiv Stimmen verloren. Schaut man auf ihre Anteile an den Wahlberechtigten, so ist der Verlust noch größer. Das zeigt das folgende Schaubild:

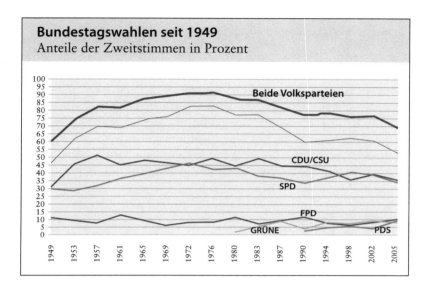

Im Osten ist die Linke vielfach stärker als die CDU oder die SPD. In Bayern bekommt die SPD schon lange kaum mehr als 20 Prozent und befindet sich allmählich in einer Diasporasituation. In Thüringen ist sie bei der letzten Wahl sogar auf 15 und in Sachsen erstmals in einem Bundesland auf einen einstelligen Prozentsatz geschrumpft. Wie bereits dargelegt, hat sich der Trend bei den Wahlen der Jahre 2008 und 2009 noch verstärkt. Die Schwäche der CSU in Bayern bescherte den Freien Wählern ein Traumergebnis, und die Schwäche der beiden Noch-Volksparteien ließ die FDP und die Grünen in Hessen zu bisher unbekannten Höhenflügen aufsteigen. Es wird erwartet, dass der Trend sich bei den vier weiteren Landtagswahlen des Jahres 2009 fortsetzt. In Thüringen und im Saarland ist nicht nur die absolute CDU-Mehrheit in Gefahr. Es könnte sogar erstmals ein Linker Ministerpräsident werden. Und im Bund rechnen viele damit, dass die Große Koalition auch nach dem 27. September fortgesetzt wird. Das könnte den Oppositionsparteien noch mehr Auftrieb geben.

In Hessen kamen Union und SPD gemeinsam nur noch auf gut 60 Prozent der abgegebenen Wählerstimmen. Das waren gerade mal 37 Prozent der Wahlberechtigten.

Schwund und Überalterung der Mitglieder

Enthüllend für die nachlassende Attraktivität der ehemaligen Volksparteien ist der Schwund ihrer Mitglieder. Die beiden großen Parteien verlieren jeden Monat im Schnitt über 1000 Parteigänger, die SPD sogar noch weit mehr, die CDU etwas weniger. Die SPD hatte – nach der durch die Willy-Brandt-Regierung ab 1969 hervorgerufenen Aufbruchstimmung – 1976 mit 1,022 Millionen Genossen den höchsten Mitgliederstand. Im November 2008 waren es mit 522.686 nur noch wenig mehr als die Hälfte – siehe das folgende Schaubild:

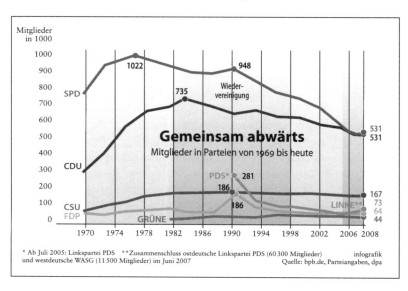

Die CDU erreichte – auch aufgrund der gezielten Aktivitäten des damaligen CDU-Generalsekretärs Kurt Biedenkopf (1973 bis 1977) – 1983 ihren Höchststand mit gut 735.000 Mitgliedern. Seitdem gaben mehr als 200.000 Mitglieder ihr Parteibuch zurück. Der Verlust ist geringer als der der SPD, so dass die CDU die SPD im Juni 2008 mitgliedermäßig sogar überholte. CDU-Generalsekretär Roland Pofalla frohlockte und sprach von einem historischen Tag, verschwieg aber, dass dies auf stark abgesenktem Niveau geschah und die CDU genauso an Auszehrung leidet. Dennoch markiert der Mitgliederschwund gerade der SPD eine historische Zäsur der Parteienentwicklung in Deutschland, war die SPD doch im 19. und 20. Jahrhundert *die* Mitgliederpartei schlechthin, während bürgerliche Parteien immer Probleme mit der Rekrutierung von Mitgliedern hatten.

Geradezu fatal ist die krasse Überalterung beider Parteien. In der SPD ist der Anteil der Mitglieder unter 21 Jahren geringer als der Anteil der über 90-Jährigen. Geradezu beängstigend ist die Schrumpfung der Jungsozialisten (Alter: bis 35 Jahre). 1975 hatte es noch über 300.000 gegeben. Dreieinhalb Jahrzehnte später sind es kaum mehr als 70.000. Dramatischer geht es kaum. In der Union und der SPD sind rund acht Mal so viele Mitglieder über 59 Jahre (ca. 49 Prozent) als unter 30 (ca. 5,5 Prozent). Der wichtigste Grund für den Rückgang der Zahl der Mitglieder sind nicht die Austritte, sondern die Überalterung – und die Nicht-Ersetzung der Wegsterbenden durch Neue. Ein Sechstel der Ortsvereine der SPD hat seit Jahren kein einziges Neumitglied mehr aufgenommen.

Die Überalterung ist nicht nur ein physisches Problem, sondern prägt auch die innerparteiliche Debatte. Nicht umsonst spricht man von Vergreisung und Verkalkung, worunter natürlich die Lebendigkeit und Beweglichkeit leidet. Rentner und Pensionäre des öffentlichen Dienstes geben den Ton an. Junge Leute werden davon nicht gerade angezogen – und oft auch alles andere als mit offenen Armen aufgenommen. Sie könnten ja die eingefahrene Routine stören und das Machtgleichgewicht in den Gremien gefährden. Da immer weniger nachwächst, drohen Überalterung und Mitgliederschwund und der daraus resultierende Verlust an physischer und geistiger Spannkraft auch in Zukunft fortzuschreiten. Damit wird auch das Rekrutierungsreservoir für politische Führungskräfte immer dünner.

Rückgang der Wahlbeteiligung

Die Wahlbeteiligung ist in den vergangenen 25 Jahren deutlich zurückgegangen, auch auf Bundesebene, noch stärker allerdings in den Ländern und erst recht bei Europawahlen (vgl. das Schaubild auf der folgenden Seite).

An der Europawahl 2004 hatten sich in Deutschland nur noch 43 Prozent der Wahlberechtigten beteiligt, in den Ländern ohne gleichzeitige Kommunalwahl sogar nur 39 Prozent. Bei der hessischen Landtagswahl 2009 war die Wahlbeteiligung mit 61 Prozent die niedrigste, die in diesem Land jemals gemessen worden war. In anderen Ländern lag sie aber noch erheblich darunter. Bei den Kommunal-

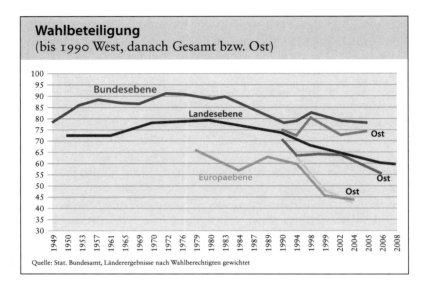

wahlen geht – bei großen Unterschieden im Einzelnen – die Beteiligung ebenfalls zurück und erreichte im April 2007 in Sachsen-Anhalt mit 36,5 Prozent ihr historisches Tief. In Schleswig Holstein hatte sie im Mai 2008 noch 49,5 Prozent betragen, wovon 1,7 Prozent allerdings ungültige Stimmen waren.

Ein Grund für den Rückgang der Wahlbeteiligung liegt sicher im Verlust und in der Überalterung der Mitglieder, denn das schwächt natürlich die Mobilisierungs- und Kampagnefähigkeit der Parteien. Der Rückgang der Wahlbeteiligung trifft die SPD besonders. Denn in ihrer klassischen Wählerschaft ist der Anteil der Nichtwähler groß. Das untere Drittel der Wahlberechtigten läuft entweder zur Linken über oder geht gar nicht mehr hin. Dagegen profitiert die Union bislang noch von den Resten staatsbürgerlichen Pflichtgefühls bürgerlicher Schichten.

Ansonsten sind für den Mitgliederschwund und teilweise wohl auch für den Rückgang der Wahlbeteiligung gewisse soziologische Hauptströmungen mitverantwortlich, die keineswegs auf Parteien beschränkt sind, sondern auch andere Großorganisationen treffen. Zu nennen sind hier vor allem der Vormarsch des Individualismus und der Wertewandel von den Pflicht- und Akzeptanzwerten hin zu den Selbstentfaltungswerten. Das spüren auch Kirchen und Gewerkschaften, die ebenfalls an Auszehrung leiden. Da sie zu den Hauptunterstützern der Union bzw. der SPD gehören, schlägt das natürlich auch auf diese durch. Ihre typischen »Milieus«, aus denen sie lange ihre Kraft bezogen, schmelzen dahin, und die Bindung an »ihre« Partei lässt nach. Bei der SPD sind dies vor allem die Arbeiterschaft und eben die Gewerkschaften, bei der Union besonders Katholiken und Selbstständige. Zum Rückgang der Wähler- und Mitgliedergunst dürfte darüber hinaus die programmatische Angleichung der Volksparteien und ihre Profillosigkeit beitragen, die sich gerade aus dem Wunsch speist, es möglichst vielen recht zu machen. Beide drängeln sich in der Mitte. Das war einmal ein Erfolgsrezept. Doch heute droht es sich gegen die Volksparteien zu kehren. Sie sind kaum noch voneinander zu unterscheiden. Die frühere Gewissheit eines gemeinsamen Ziels und Sinnes ist verloren gegangen. Manager der Macht, Spindoktoren, Marketingberater und Demoskopen geben den Ton an. Das stößt ab.

Der Staat als Beute

Im Unterschied zu Kirchen und Gewerkschaften bereiten der Rückgang der Wahlbeteiligung (solange er sich gleichmäßig auf die Parteien verteilt) und die Ausdünnung und Überalterung der Mitglieder den Berufspolitikern innerhalb der Parteien aber keine großen Schmerzen. Denn sie halten sich stattdessen an die staatlichen Posten, die sie sich unter den Nagel reißen, und tun sich an den staatlichen Finanzen gütlich, die sie sich in eigener Sache bewilligen. Das hat geradezu einen Teufelskreis in Bewegung gesetzt: Die immer üppigere Subventionierung macht die Parteiführungen von der Basis, auf die sie immer weniger Rücksicht nehmen müssen, weitgehend unabhängig. Das zieht junge Leute, die etwas bewegen wollen, aber in den Parteien nichts zu sagen haben, immer weniger an. Zugleich schafft das Staatsgeld mehr und besser dotierte Posten in den Parteien, ihren Fraktionen und Stiftungen, als Mitarbeiter von Abgeordneten und als Mandats- oder Amtsträger. So geraten die Parteien immer mehr in den Fokus politischer Karrieristen, was ihre Attraktivität für politisch Engagierte erst recht mindert. Wer in den Parteien Kraft und Zeit investiert, tut dies, um Max Webers berühmtes Wort aufzugreifen, zunehmend nicht, um *für* die Politik zu leben, sondern *von* ihr. Herbert Wehner, der frühere SPD-Fraktionsvorsitzende im Bundestag, hatte schon vor Jahrzehnten davor gewarnt, die Staatsfinanzierung der Parteien werde die Mitglieder demotivieren und die Parteien deformieren. Genau das ist eingetreten. Die Volksparteien haben den Löwenanteil der staatlichen Posten und Gelder an sich gerissen. Es gibt also speziell von den Volksparteien zu verantwortende Gründe für ihren Niedergang, die über die allgemeinen soziologischen Trends hinausgehen.

Die Staatsfinanzierung der Parteien ist eine deutsche Erfindung. Sie hat dazu geführt, dass die Parteien bei uns wie im Schlaraffenland leben, wie schon Richard von Weizsäcker feststellte. Die vom Bundesverfassungsgericht gezogenen Grenzen umgingen die Parteien, indem sie die staatlichen Mittel ihren Hilfsorganisationen zuleiteten. Die Staatsfinanzierung von Parlamentsfraktionen und Parteistiftungen hat sich dadurch in den letzten vier Jahrzehnten vervielfältigt (siehe S. 222 f.). Das konnte im Stillen geschehen, weil dafür meist keine Gesetzesänderung erforderlich war. Abgeordnete in den Ländern, die eigentlich nur einen Teilzeitjob ausüben, bewilligen sich eine volle Alimentierung und stehen deshalb, sofern sie keinen privaten Beruf ausüben, tagein, tagaus den Parteien zur Verfügung – auf Staatskosten. Und damit der Geldstrom auch bei rückläufiger Wahlbeteiligung nicht versiegt, haben die Schatzmeister der Parteien, die dem Gesetzgeber in Sachen Parteienfinanzierung regelmäßig die Hand führen, Vorkehrungen getroffen. Sie haben ihre staatlichen Geldquellen nämlich so ausgestaltet, dass diese von der Höhe der Wahlbeteiligung völlig unabhängig sind. Selbst bei weiter starkem Absinken der Wahlbeteiligung gibt es doch immer den Höchstbetrag an »Staatsknete«. Auch die Zahl der Parlamentsmandate geht nicht etwa zurück, wenn weniger Wähler zu den Urnen gehen. Anders war es bemerkenswerter Weise in Weimar, wo es für je 60.000 Stimmen einen Parlamentssitz gab. Die Größe des Reichstags variierte also je nach Höhe der Wahlbeteiligung (siehe S. 51).

Die staatlichen Posten reißen die Parteien immer ungenierter und vielfach selbst dort an sich, wo sie von Verfassungs und Gesetzes wegen eigentlich nichts zu suchen hätten, etwa in der Verwaltung, in öffentlichen Unternehmen, in öffentlich-rechtlichen Rundfunkanstalten und in der Gerichtsbarkeit. Das hebt schwerlich die Qualität. Denn die Auswahl unter den Mitgliedern wird immer kleiner. Dagegen steigt die Attraktivität der Parteien für Karrieristen, drängt die Thematisierung der eigentlichen Probleme aber erst recht in den Hintergrund.

Weil die meisten öffentlichen Funktionsträger den Parteien ihren Job verdanken und diese auch die politische Bildung dominieren, beherrschen sie auch die veröffentlichte Meinung, so dass die Mängel unseres politischen Systems kaum öffentlich erörtert werden. Völlig verbergen lassen sie sich aber nicht, und das trägt dann erst recht dazu bei, dass Volksparteien sich ihrer Basis entfremden und Wähler und Mitglieder immer weniger anziehen.

Die Verselbständigung gegenüber Basis und Wählerschaft wird dadurch komplettiert, dass die politische Klasse sich ein Wahlsystem auf den Leib geschnitten hat, welches es den Wählern unmöglich macht, missliebige Abgeordnete notfalls abzuwählen und stattdessen Vertreter ihrer Wahl einzusetzen. Das verschafft den Parteien auch die Alleinherrschaft über das politische Personal, also eine Auswahlkompetenz, die nach demokratischen Grundsätzen eigentlich dem Volk zustehen müsste. Diesem wird auf diese Weise die Möglichkeit genommen, »schlechte Politiker ohne Blutvergießen wieder loszuwerden« (Karl Popper). Wen die Parlamentsparteien in ihren Hochburgwahlkreisen aufstellen oder auf vordere Listenplätze setzen, dem können die Wähler nichts mehr anhaben (siehe S. 85 ff.). Und Einfluss auf die hinter verschlossenen Türen gebildeten Koalitionen, die nach unserem System über Regierungsmehrheiten entscheiden, hat er schon gar nicht. Wenn aber die Wähler ihren Unwillen mit bestimmten Maßnahmen nicht mehr ausdrücken und unliebsame Abgeordnete nicht nach Hause schicken können, bleibt ihnen ja gar nichts anderes übrig, als die etablierten Parteien durch Wahlverweigerung und Protestwahl abzustrafen.

Kartell- und Fraktionsparteien

Staatliche Parteienfinanzierung, Ämterpatronage, das Aufzwingen ungeliebter »Volksvertreter« durch raffiniert-missbräuchliche Ausgestaltung des Wahlrechts und die dadurch forcierte Abschottung vom Volk betreiben die Abgeordneten aller Parteien häufig in augenzwinkernder Übereinstimmung. Anders ausgedrückt: Sie bilden politische Kartelle. Und diese haben prägende Rückwirkungen auf Erscheinungsbild und Selbstverständnis der Parteien, die sich so – nach dem Verständnis einer neueren politikwissenschaftlichen Forschungsrichtung – geradezu zu »Kartellparteien« entwickeln. Das ist zwar keine auf Deutschland beschränkte Entwicklung. Doch die deutschen Parteien stehen hier an der Spitze. Symbolischen Ausdruck findet dies in der Geschwindigkeit, mit der die politische Klasse agiert, wenn es um ihre eigenen Belange geht. Dann kann es oft nicht schnell genug gehen. Ein Beispiel war die Erhöhung der Staatsfinanzierung der Parteien um 15 Prozent, welche diese sich im Sommer 2007 bewilligen wollten. Ein anderes Beispiel war die im Frühjahr 2008 geplante abermalige Steigerung der erst ein halbes Jahr vorher um fast zehn Prozent erhöhten Bundestagsdiäten. Beides hatte die Große Koalition ausgeheckt, und es wäre ratzfatz über die Bühne gegangen – wenn es da nicht noch eine öffentliche Kontrolle gegeben hätte, die, da Gesetzesänderungen erforderlich waren, in diesem Fall auch richtig greifen konnte.

Die Verlagerung der Ressourcen und Aufgaben auf die »Hilfstruppen« der Parteien hat der frühere Generalsekretär der CDU und spätere Berliner Senator Peter Radunski in einer programmatische Studie nicht nur beschrieben, sondern auch nachdrücklich befürwortet. Er spricht – ohne jede verfassungsrechtliche Rücksicht – von einer Wandlung der Parteien von ehemaligen Mitgliederparteien hin zu »Fraktionsparteien«, in denen die politische Klasse von Berufspolitikern innerhalb und außerhalb der Parteien immer mehr den Ton angibt. Die allmähliche Abkoppelung von der Basis wird dadurch erleichtert, dass die Vorkehrungen, welche – nach dem Willen des Bundesverfassungsgerichts – ein Minimum an Offenheit des politischen Wettbewerbs, an öffentlicher Kontrolle und an Verwurzelung der Parteien in der Gesellschaft sicherstellen sollen und welche das Gericht in jahrzehntelangem Ringen für die Parteien durchgesetzt hat, für Fraktionen, Parteistiftungen, Abgeordnete und ihre Stäbe meist nicht gelten: die absolute Obergrenze, die Beteiligung auch von außerparlamentarischen Parteien an der Staatsfinanzierung, die Regelung durch Gesetz und die öffentliche Rechenschaftslegung.

Wenn die großen Parteien sich den Staat zur Beute machen, wie Richard von Weizsäcker formuliert, und gleichzeitig dem Bürger, sprich: dem nominellen Souverän, die Möglichkeit nehmen, daran mit seiner Wahlstimme etwas zu ändern, muss Politikerverdrossenheit geradezu geschürt werden. Natürlich sind die Selbstbedienung der Parteien und ihre Abschottung vom Wählervolk nicht die einzigen Gründe für ihren Niedergang. Würden die Parteien ihre Aufgaben erfüllen, würde man ihnen ihr innerstaatliches Expansionsstreben vermutlich eher nachsehen. Doch gerade das ist nicht der Fall. Weizsäcker sprach schon vor Jahren von der »Machtvergessenheit« der Parteien. Das Vertrauen, dass die Parteien die Herausforderungen, vor denen unser Land steht, bewältigen, befindet sich seit einigen Jahren geradezu in einem Sturzflug. 2008 trauten zwei Drittel der Menschen den politischen Parteien die Lösung der anstehenden Probleme nicht mehr zu. Vor 35 Jahren waren es noch halb so viele.

Für die beschränkte Handlungsfähigkeit sind allerdings auch Entwicklungen verantwortlich, die die deutsche Politik nur begrenzt beeinflussen kann. So kann sich den Eigengesetzlichkeiten der Globalisierung und Europäisierung kein Land wirklich entziehen, schon gar kein Land, dessen Wohlstand so sehr auf Exporten beruht wie der Deutschlands. Doch die Abnahme der Leistungsfähigkeit unserer politischen Systeme hat auch hausgemachte Gründe. Ein Menetekel war die politische Lähmung in Hessen im ganzen Jahr 2008.

Auch dass jetzt oft nur noch Dreier- oder Große Koalitionen die Bildung einer Regierung erlauben, trägt nicht unbedingt zur Verbesserung des Ansehens der Parteien bei. In Dreier-Koalitionen muss jede Partei verstärkt ihre jeweilige Klientel bedienen. Die »zuständigen« Lobby-Organisationen setzen sich immer leichter durch, und das Gemeinwohl bleibt erst recht auf der Strecke. Große Koalitionen führen dagegen allmählich zu ihrer eigenen Dezimierung: Die kleinen Oppositionsparteien wachsen dann erst recht, so dass Große Koalitionen immer kleiner werden und es am Ende vielleicht nicht mal mehr reicht, die Regierung zu bilden. Und über die notwendigen Systemänderungen überhaupt nur nachzudenken, etwa die Direktwahl der Ministerpräsidenten und die Änderung des parlamentarischen Wahlrechts, weigert sich die politische Klasse – aus Furcht, ihre dominierende Stellung als Spinne im Netz zu schwächen. Auch das übliche Wettrennen um Wahlgeschenke ist nicht gerade dazu angetan, Vertrauen zu erwecken.

Das Erscheinungsbild der Volksparteien wird auch dadurch getrübt, dass die SPD derzeit geradezu im Keller des öffentlichen Ansehens ist. Wie die Maus auf die Schlange starrt sie auf die von Oskar Lafontaine diabolisch geführte Linke, die sie geradezu vorzuführen scheint. Der 2008 abgelöste Parteivorsitzende Kurt Beck und die frühere SPD-Spitzenfrau in Hessen, Andrea Ypsilanti, waren spektakuläre Opfer dieser Situation. Von den Verlusten der SPD kann aber auch die Union nicht wirklich profitieren. Stattdessen steigen die politischen Aktien der kleineren Parteien, der Linken, der Grünen, der FDP und der Freien Wähler bis hin zu Parteien wie der NPD.

Ähnlich war es auch schon bei der ersten Großen Koalition, als Union und SPD – nicht zuletzt aus Angst vor der NPD – sogar den

Übergang zur Mehrheitswahl verabredet hatten. Am Ende aber sprang die SPD ab, als sich ihr die Chance bot, mit der FDP die Bundesregierung zu stellen, nachdem beide Parteien vorher in der Bundesversammlung gemeinsam Gustav Heinemann zum Bundespräsidenten gewählt hatten (siehe S. 158 f.). Die jetzige Große Koalition hat nicht einmal laut darüber nachgedacht, was sie vielleicht noch bereuen wird.

Betrachtet man die Entwicklung insgesamt, so muss man feststellen, dass die Parteien heute zu Personalrekrutierungsorganisationen, die die Minimalanforderungen der Demokratie und des Rechtsstaates ignorieren, verkommen sind. Das demokratische Fundamentalrecht, die Wahl der Abgeordneten, haben sie den Bürgern aus der Hand genommen. Auch die Besetzung von Beamten- und Richterstellen haben sie an sich gerissen und dadurch den öffentlichen Dienst und die Gerichte, also den Hort des Rechtsstaats, ohne Rücksicht auf dessen Funktion schwer geschädigt. Die primäre Orientierung der Parteien an Posten und Macht schreckt politisch Interessierte ab, zieht politische Karrieristen aber umso mehr an, die kaum noch über Erfahrungen außerhalb von Universität und Parteipolitik verfügen. Der Trend zum Berufspolitiker macht den Kampf ums Mandat immer erbarmungsloser und vergiftet die parteiinterne Kommunikation. Die eigentlichen Aufgaben der Parteien treten zurück. Bei schrumpfender und immer einseitigerer Mitgliederbasis wird es schwieriger, qualifizierte Politiker aus den eigenen Reihen zu rekrutieren. Die Vergreisung der Mitglieder dämpft ihren Elan und macht sie immer unzugänglicher für neue Ideen und nötige Reformen. Aus allen diesen Gründen erfüllen die Parteien ihre eigentliche Funktion, ein Scharnier zwischen Bürgern und Staat zu bilden, nur noch höchst eingeschränkt. Die lebensfernen Partei- und reinen Politikkarrieren entfernen sie immer weiter von der Gesellschaft.

II. Farbenlehre: Tendenzen in einzelnen Parteien

SPD

Die Erosion der Volksparteien, die Defensive, in die sie geraten sind, betrifft zuallererst die SPD. Sie leidet am meisten. Der stark zunehmende Individualismus, der Wertewandel, die Dominanz von Berufspolitikern und ihrer politischen Klasse und die Degeneration zur Kartell- und Fraktionspartei setzen der SPD stark zu. Sie war früher die klassische Massenpartei. In ihr fühlten sich die Menschen geborgen »von der Wiege bis zur Bahre«. Seit dem Godesberger Programm hatte sie eine Entwicklung von der Arbeiter- zur Volkspartei durchlaufen und war spätestens mit Willy Brandt zu deren strahlender Verkörperung geworden. Sie zählte lange sehr viel mehr Mitglieder als alle anderen Parteien. Insofern musste es das Selbstverständnis der SPD, obwohl ihre Oberen das natürlich öffentlich nicht zeigten, aufs Tiefste treffen, als die CDU im Juni 2008 mitgliedermäßig an der SPD vorbeizog, wobei der bayerische Zweig, die CSU, noch gar nicht eingerechnet war. Hinzu kommt neben der lähmenden Überalterung der Mitgliedschaft der Rückzug der Arbeiter, deren Mitgliederanteil auf kaum mehr als zehn Prozent geschrumpft ist – und das in der einstigen Partei des Industrieproletariats. Sehr schädlich wirkte sich auch aus, dass die Mittlerrolle der Parteifunktionäre an der Basis zunehmend untergraben wurde, die einmal enorme Bedeutung für den Zusammenhalt und die Schlagkraft der Partei hatte. Der Medienkanzler Gerhard Schröder pflegte sich über Presse und Fernsehen direkt an die Bevölkerung und damit auch an die eigenen Parteimitglieder zu wenden, wodurch die Mitglieder- und Sympathisantenpflege im Ortsverband zum guten Teil ihre Funktion verlor.

Am schmerzlichsten für die SPD ist natürlich der Rückgang der Wähleranteile, zuletzt bei der Wahl in Hessen Anfang 2009. Er führt zu massiven Verlusten an Mandaten und Posten. Die SPD hat in den letzten zehn Jahren vier Fünftel ihrer Minister verloren. Im Bund regiert sie zwar noch mit, aber unter einer CDU-Kanzlerin. Große Koalitionen von der CDU Gnaden existieren auch in Sachsen, Sachsen-Anhalt und Schleswig-Holstein. Neben Brandenburg und Mecklenburg-Vorpommern sowie den Stadtstaaten Berlin und Bremen, wo die SPD jeweils eine Koalition führt, ist sie nur in Rheinland-Pfalz allein an der Macht, während die Union – trotz Verlusten – in Koalitionen mit der FDP immerhin die fünf größten Länder Nordrhein-Westfalen, Bayern, Baden-Württemberg, Niedersachsen und Hessen regiert, in Thüringen und im Saarland sogar allein. Gewiefte Ministerpräsidenten hatten im Wahlkampf auch auf die soziale Karte gesetzt und der SPD so die Themen genommen. Bei der Sonntagsfrage lag die SPD im Februar 2009 nur noch bei 25 Prozent, neun Prozentpunkte unter den auch schon dürftigen 34 Prozent bei der Bundestagswahl 2005. Die vielen Hoffnungen, die an den Wechsel zu Franz Müntefering und Frank-Walter Steinmeier geknüpft worden waren, sind, jedenfalls bis dato, nicht aufgegangen. Typisch ist der Verfall in Nordrhein-Westfalen, dem früheren Stammland der SPD. Dort verlor sie nicht nur die Macht an die von Jürgen Rüttgers geführte CDU/FDP-Regierung im Mai 2005, sondern büßte auch auf kommunaler Ebene Tausende von Mandaten ein, was ihre Schlagkraft und Kampagnefähigkeit auch für Landtags-, Bundestags- und Europawahlen natürlich mindert.

Ein Hauptgrund für das extreme Abbröckeln der SPD ist das Erstarken der Konkurrenz von links. Seit dem scheinbar unaufhaltsamen Vormarsch der Partei Die Linke auch im Westen ringt die SPD um ihre Haltung gegenüber der sozialistischen Schwester. Programmatisch findet das seinen Ausdruck in der Auseinandersetzung um die Arbeitsmarktreformen, die die Regierung Schröder/Fischer im Jahr 2003 unter dem Namen »Agenda 2010« – im Blick auf demografische und globale Entwicklungen – glaubte durchsetzen zu müssen. Dazu gehörten Kürzungen der Bezugsdauer des Arbeitslosengeldes, die Zusammenlegung von Arbeitslosen- und Sozialhilfe und Einschränkungen des Kündigungsschutzes. Dadurch bedingte Härten stießen bei einem Teil der Bevölkerung, vor allem den ärmeren Schichten, auf Unverständnis und Widerstand, den vor allem die Linke unter ihrem mephistophelischen Vorsitzenden Oskar Lafontaine anzufachen und auf ihre Mühlen zu lenken versteht. Gewerkschafter, Hartz-IV-Empfänger und viele, die um ihren Job bangen, wechselten zur Linken, die auch durch spektakuläre Symbolik wie den kollektiven Übertritt von 60 Gewerkschaftsfunktionären und 100 saarländischen Busfahrern auf sich aufmerksam machte.

Die Arbeitsmarktreform, der daraus resultierende Niedergang der SPD und das Erstarken der Linken haben die SPD in zwei Flügel gespalten. Zwar hatten schon in den Neunzigerjahren »Traditionalisten« und »Modernisten« um die Vorherrschaft in der SPD gerungen. Aber die Auseinandersetzung mit der Linken hat die Spaltung vertieft, die Flügelkämpfe verstärkt und die Mitte dezimiert. Der Parteivorsitz droht zwischen den Fronten zerrieben zu werden und gleicht zunehmend einem Himmelfahrtskommando, wie auch der schnelle Verschleiß beim Führungspersonal zeigt. Die SPD hat innerhalb weniger Jahre schon den fünften Vorsitzenden in die Schlacht geschickt, wobei der schmähliche Abgang von Kurt Beck im September 2008 den vorläufigen Tiefpunkt markierte. Lafontaine, Schröder, Müntefering, Matthias Platzeck waren seine Vorgänger. Dass die SPD danach wieder auf den 68-jährigen Müntefering zurückgriff, dem man 2005 seinen Wunschkandidaten Kajo Wasserhövel als SPD-Generalsekretär verweigert und so seinen Rückzug veranlasst hatte, zeigt einmal mehr die schmale Personaldecke, die ihrerseits natürlich auch eine Folge der Gesamtsituation der erodierenden Volkspartei ist.

Immerhin hat Müntefering damit den Machtkampf mit Beck doch noch gewonnen, der die Partei zunehmend hinabgezogen hatte. Beck war Parteivorsitzender geworden, als nach dem Rücktritt Platzecks niemand sonst zur Verfügung stand. In Rheinland-Pfalz kam Becks volkstümliche Art gut an, auf Bundesebene aber reichte es nicht. Sein größter Fehler war seine Äußerung drei Tage vor der Landtagswahl in Hamburg, auf Landesebene sei eine Koalition mit der Linken doch in Erwägung zu ziehen, nachdem er diese vorher strikt abgelehnt hatte. Er fuhr damit dem Hamburger SPD-Spitzenkandidaten Michael Naumann voll in die Parade, der sich später bitter darüber beschwerte und Beck für die verlorene Wahl verantwortlich machte. Auch bei der Nominierung des Bundespräsidentenkandidaten ließ Beck sich das Heft aus der Hand nehmen. Ursprünglich hatte er sich wie Union und FDP für die Wiederwahl des populären Horst Köhler aussprechen wollen, zögerte aber mit der offiziellen Verkündung, bis die ehemalige Jusovorsitzende Andrea Nahles Gesine Schwan ins Gespräch brachte. Der Autorität Becks war auch dieses Manöver nicht gerade zuträglich. Nahles wurde als »heimliche Vorsitzende der SPD« apostrophiert. Im Frühjahr 2008 war die Zustimmung zur SPD auf unter 25 Prozent gefallen. Nur 15 Prozent wünschten sich Beck als Kanzlerkandidat, und unter den SPD-Anhängern waren es auch nur 20 Prozent. So wurde Becks Abgang im Herbst 2008 in der SPD überwiegend als Erlösung empfunden. Das Strukturproblem und die Kluft zwischen der rechten Führung in Berlin und den mehrheitlich Linken in den Bundesländern bestehen aber fort.

Der linke Flügel will die Reformen der Schröder/Fischer-Ära wieder zurückdrehen. Seine Vertreter meinen, die SPD habe mit der Agenda 2010, die für viele zum Symbol für neoliberalen Ökonomismus und soziale Kälte geworden sei, leichtfertig ihre Seele aufgegeben und damit auch ihre Wahlchancen als Volkspartei verspielt. Schließlich argumentiert und agitiert der abtrünnige Lafontaine im Jahre 2009 fast ebenso wie elf Jahre zuvor als SPD-Vorsitzender, und das hatte der Partei 1998 immerhin die Übernahme der Regierung eingebracht. Warum also nicht mit der Linken zusammengehen? Andrea Nahles,

Ottmar Schreiner und Klaus Wowereit stehen einer Zusammenarbeit offen gegenüber. Haben nicht linke Parteien (SPD, Grüne und Linke) im Bundestag schon seit 2005 eine rechnerische Mehrheit? Eine solche Mehrheit hatte ja auch Andrea Ypsilanti in Hessen zu ihrem Versuch verführt, die Regierung an sich zu reißen. In Berlin stützt sich Klaus Wowereit schon längst auf einen rot-roten Senat, dessen rigoroser Sanierungskurs die Linken allerdings entzaubert und ihre Popularität erheblich gedämpft hat. Bei der Wahl des Berliner Abgeordnetenhauses 2006 verlor die Linke fast die Hälfte ihrer Wähler. Viele Beobachter rechnen damit, dass dies auch andernorts geschieht, sobald die Linke Regierungsverantwortung übernimmt. Im Scheitern des Ypsilanti-Abenteuers, aber auch im fatalen Hin und Her des damaligen Vorsitzenden der Bundespartei, Kurt Beck, spiegelt sich die Zerrissenheit der Partei, die sich übrigens auch schon im Wahlkampf Gerhard Schröders vor der Bundestagswahl 2005 gezeigt hatte. Er hatte die Wahlen ja erklärtermaßen mit dem Ziel vorgezogen, für seine Agenda 2010 die Bestätigung der Wähler zu erhalten. Doch mitten im Wahlkampf riss er das Ruder herum, machte plötzlich in sozial und massiv Front gegen Angela Merkels Reformpolitik – und das durchaus mit Erfolg. Jedenfalls holte er den Rückstand fast auf. Und auch beim Rücktritt Becks als SPD-Chef (zugunsten von Franz Müntefering) und dem Verzicht auf die Kanzlerkandidatur (zugunsten von Frank-Walter Steinmeier) im Herbst 2008 ging es nicht nur um Macht, Personalien und Querelen. Dahinter stehen vielmehr auch langfristige strukturelle Probleme der Partei.

Die Entgrenzung der Wirtschaft durch Europäisierung und Globalisierung reduziert die sozialpolitischen Möglichkeiten, die abgeschottete Nationalstaaten noch besaßen. Der internationale Wettbewerb gerade auch mit Ländern mit sehr viel niedrigeren Löhnen und Steuern übt Druck auf den sozialpolitischen Spielraum der Bundesrepublik aus. Es scheint generell nicht mehr um die Ausweitung des Sozialen, sondern bestenfalls noch um seine Konsolidierung zu gehen. Die SPD und ihre klassischen Verbündeten, die Gewerkschaften, haben aber in der Durchsetzung immer neuer sozialer Errungenschaften lange geradezu ihre Existenzberechtigung gesehen. Ist es damit vorbei, muss es fast zwangsläufig zu einer Krise des bisherigen Selbstverständnisses der Partei kommen. Die Visionen früherer Zeiten verblassen, und neue sind nicht in Sicht, bei Organisatoren der Macht wie Steinmeier und Müntefering auch kaum zu erwarten. Ralf Dahrendorf sprach schon vor Jahren vom »Ende des sozialdemokratischen Jahrhunderts«. Seit dem Wegfall des Eisernen Vorhangs, der Öffnung des früher kommunistischen Machtbereichs und der Verschärfung des internationalen Wettbewerbs dürfte Dahrendorfs These an Gewicht jedenfalls nicht verloren haben. Hinzu kommen demografische Probleme. Rentner und Pensionäre leben immer länger. Ihr Unterhalt und die explodierenden Gesundheitskosten müssen im Umlageverfahren von immer weniger aktiven Beitrags- und Steuerzahlern aufgebracht werden. Das verlangt Einschränkungen, und zwar bei den Aktiven *und* den Rentnern, was sozialpolitische Optionen erst recht begrenzt.

Auf diese strukturellen Veränderungen suchten die Agenda 2010 und zum Beispiel auch die von Müntefering durchgesetzte Rente mit 67 eine Antwort zu geben, die angesichts der zwischenzeitlichen Gesundung der Wirtschaft von der vor wenigen Jahren noch viel beklagten »deutschen Krankheit« und des Rückgangs der Arbeitslosigkeit volkswirtschaftlich ganz falsch nicht gewesen sein kann. Die jetzige Parteiführung gehörte zu den Initiatoren der Reformen und hält erklärtermaßen an ihnen fest. Müntefering war damals Kabinettsmitglied und das erste Mal Parteivorsitzender, und Steinmeier war als Schröders Kanzleramtschef ebenfalls direkt beteiligt. Die Führung muss dem linken Flügel allerdings immer wieder Tribut zollen und Konzessionen machen, in der Sache, etwa bei der Verlängerung des Arbeitslosengeldes, aber auch in der Koalitionsfrage, indem sie der Partei in den *Ländern* jetzt ganz offiziell ein Zusammengehen mit der Linken freistellt. Solche Kompromisse wollten dem früheren Bundeswirtschaftsminister Wolfgang Clement gar nicht gefallen. Er trat nach einer verbalen Attacke auf Ypsilanti, von deren Wahl in Hessen er abgeraten hatte, aus der Partei aus. Ein Zusammengehen mit der Linken auf *Bundes*ebene nach der Wahl im Herbst 2009 haben Müntefering, Steinmeier und Steinbrück dagegen definitiv ausgeschlossen. Diese Zweispurigkeit, die von Gegnern gern als Doppelzüngigkeit gebrandmarkt wird, belastet natürlich die Glaubwürdigkeit der Gesamtpartei. Die offizielle Rechtfertigung, im Bund gehe es eben auch um Europa und den Bundeswehreinsatz etwa in Afghanistan, und in diesen Fragen könne man mit der Linken keinesfalls zusammenkommen, ist nur begrenzt schlüssig. Denn die Länder haben über den Bundesrat auch Einfluss auf die Bundespolitik. Und dass die SPD dem Sog der Macht widerstehen und die Offerten der Linken im Bund *auf Dauer* zurückweisen werde, glaubt ohnehin kaum jemand.

Im Bundestagswahlkampf hat die SPD nun mit einem weiteren Handicap zu kämpfen. Da ein Zusammengehen mit der Linken nach der Wahl aufgrund der definitiven Festlegung der SPD-Führung nicht in Betracht kommt und es für Rot-Grün schwerlich reichen dürfte, bleibt am Ende nur die Große Koalition, wenn die SPD an der Macht bleiben will, und das will ihre Führung. Man denke nur an Münteferings berühmtes Wort, Opposition sei Mist. Doch für eine Große Koalition kann man offiziell schlecht Wahlkampf führen, auch wenn man sie insgeheim anstrebt. Deshalb kämpft die SPD vordergründig für Rot-Grün oder Jamaika. Der ohnehin angekratzten Glaubwürdigkeit dient dieses Doppelspiel natürlich erst recht nicht.

Die Linke

Die Partei »Die Linke« ist am 16. Juni 2007 durch Beitritt der »WASG« zur »Linkspartei.PDS« offiziell entstanden und besteht damit aus zwei ziemlich ungleichen Schwestern. Die Linkspartei.PDS ist aus der SED, der ehemaligen DDR-Einheitspartei, hervorgegangen. In den neuen Ländern bildet sie quasi die dritte Volkspartei. Außer in Berlin ist sie zwar nur in Mecklenburg-Vorpommern an der Regierung beteiligt, macht im Osten mit ihren Wahlergebnissen aber der CDU den ersten Rang streitig, während die SPD noch in Brandenburg und Mecklenburg-Vorpommern eine Koalitionsregierung stellt, insgesamt aber doch ziemlich abgeschlagen ist. Das wäre vielleicht anders gelaufen, wenn ehemaligen SED-Mitgliedern nach der Wiedervereinigung nicht der Eintritt in die SPD verwehrt worden wäre. Die »Wahlalternative Arbeit und soziale Gerechtigkeit (WASG)« war als westliches Kind des Protestes gegen die Agenda 2010 im Januar 2005 vor allem von früheren SPD-Mitgliedern und Gewerkschaftsfunktionären wie Klaus Ernst gegründet worden. Nach der nordrhein-westfälischen Landtagswahl im Mai 2005, bei der die WASG mit 2,2 Prozent immerhin einen Achtungserfolg erzielt hatte, und nach der Ankündigung vorgezogener Bundestagswahlen trat Oskar Lafontaine bei und brachte das Bündnis mit der PDS ins Gespräch, das bei der Wahl im Herbst 2005 aus dem Stand 8,7 Prozent und 54 Sitze erlangte. Das Schwergewicht lag mit 25,3 Prozent zwar nach wie vor im Osten. Aber die durchschnittlich 4,9 Prozent, die die Linke im Westen mit seinem sehr viel größeren Wählerreservoir errang, ließen aufhorchen.

Zum eigentlichen Gewährsmann für den Erfolg besonders im Westen wurde Lafontaine, der sich offenbar rehabilitieren möchte für seinen schmählichen Abgang Ende 1998, als er die Ämter des Finanzministers und des Parteivorsitzenden der SPD vor die Füße warf. Er hat jetzt als Vorsitzender der Linken (zusammen mit Lothar Bisky) und auch ihrer Bundestagsfraktion (zusammen mit Gregor Gysi) innerparteilich die Schlüsselstellungen inne. Anfängliche Spekulationen, der Egomane Lafontaine käme in dem doppelten Duo nicht zurecht, sind verflogen. Gysi und Bisky lassen ihm erkennbar den Vortritt, und nichts ist erfolgreicher als der Erfolg. Lafontaines populistisch gekonnten Attacken, die Schwächen und Ungereimtheiten der offiziellen Politik in zugespitzter Weise bloß legen, haben der Partei ein dröhnendes Sprachrohr verschafft, und seine rhetorischen Gaben machen ihn auch zum oft geladenen Gast in bundesweiten Talkrunden. Kaum einer war häufiger bei Anne Will, Maybrit Illner oder Frank Plasberg zu sehen. Seit der Bremer Bürgerschaftswahl im Mai 2007, wo Die Linke 8,4 Prozent erhielt, zog sie 2008 und 2009 auch in andere westliche Landesparlamente ein, so in Niedersachsen, Hamburg und beide Male auch in Hessen. In Bayern, wo Sozialisten es traditionell schwer haben, verfehlte sie die Fünf-Prozent-Hürde nur knapp. Und die Mitgliederzahl der Linken wächst – entgegen dem Trend bei den bisherigen Volksparteien – vor allem im Westen.

Die Linke nimmt sich der Arbeitslosen, der schulisch und beruflich gering Qualifizierten und der um ihren Arbeitsplatz Bangenden an. Ihre Kern-Klientel sind das »abgehängte Prekariat« und die bedrohte »Arbeitnehmer-Mitte«, die sich von der SPD vernachlässigt glauben. Hier hat geradezu ein Austausch des politischen Fürsprechers stattgefunden. Auch große Gewerkschaften wie ver.di und IG Metall, einst wichtige Bundesgenossen der SPD, sind praktisch zur Linken »übergelaufen«. Das ist bekannt. Für viele überraschend dürfte aber sein, dass die Linke keineswegs nur »Unterschichtenpartei« ist, sondern auch bei den sogenannten Eliten Erfolge erzielt. Im Osten schneidet sie schon seit Längerem bei Wählern mit Abitur und Studium gut ab, und auch im Westen punktet sie bei Landtagswahlen bei sogenannten Hochgebildeten. Im Kontext dieses Buches ist bemerkenswert, dass die Linke entschieden für die Einführung von Volksbegehren und Volksentscheid auch auf Bundes- und Europaebene und andere Formen verbesserter politischer Partizipation eintritt und Vorbehalte gegen den Lissabon-Vertrag hat.

Die größte Gefahr für die weitere Entwicklung der Linken dürfte paradoxerweise ihr Erfolg sein. Wohlfeile Proteste und blumige Versprechen, die Wähler mobilisieren, werden in der Regierungsverantwortung ziemlich rasch auf den Boden der ökonomischen Möglichkeiten zurückgeführt. Schon bisher kam ihr die Wählergunst in Ländern, wo sie an der Regierung beteiligt war oder ist, deutlich abhanden, so in Mecklenburg-Vorpommern und Berlin. Dennoch sagen Wahlsoziologen der Linken auch weiterhin eine gewichtige Rolle im bundesrepublikanischen Parteiensystem voraus. Mit ihr muss also auch in Zukunft gerechnet werden. Damit ist aus dem bisherigen Vier- ein Fünf-Parteien-System geworden – mit allen problematischen Folgen für die Bildung stabiler, handlungsfähiger und demokratisch legitimierter Regierungen.

CDU und CSU

Die Schwesterparteien CDU und CSU stehen auf den ersten Blick gar nicht schlecht da. Sie stellen mit Angela Merkel die Bundeskanzlerin, den Bundespräsidenten Horst Köhler, den Präsidenten das Bundestags Norbert Lammert, den Verfassungsgerichtspräsidenten Hans-Jürgen Papier und mit elf Länder-Regierungschefs auch meistens den Präsidenten des Bundesrats, der jährlich unter den 16 Ländern rotiert. Doch haben auch sie seit ihrem demoskopischen Hoch im Mai 2005 (45 Prozent bei der Sonntagsfrage der Forschungsgruppe Wahlen) im Bund und in den Ländern massiv an Zustimmung verloren. Seit der Bundestagswahl büßte die Union in zehn von elf Landtagswahlen Stimmen ein. Eine Ausnahme war nur Hessen Anfang 2009, und dort gewann die CDU nur 0,4 Prozentpunkte dazu, nachdem sie ein Jahr vorher zwölf verloren hatte (siehe S. 188 ff.). Der Einbruch der Union trübt das machtpolitische Erscheinungsbild bisher allerdings nicht entscheidend, weil die FDP umso größere Gewinne einfährt und die Union mit ihrer Hilfe (oder mit der SPD) weiterhin die meisten Regierungen stellt.

Unter Konrad Adenauer war die Union zur ersten großen Volkspartei geworden, die im Zuge des Wiederaufbaus nach dem Zusammenbruch ganz unterschiedliche bürgerliche Schichten zu binden verstand und durch geschickte Sozialpolitik, z.B. den Ausbau des Arbeitsrechts und die Rentenreform von 1957, auch für Arbeitnehmer-Kreise wählbar wurde. Sie betonte den Gegensatz zum kommunistischen Totalitarismus und zur zentral gelenkten Verwaltungswirtschaft und konnte sich lange als politisch und wirtschaftlich deutlich bessere Alternative profilieren. Seit dem Zusammenbruch des Kommunismus ist die Frontstellung allerdings weggefallen. Im Zuge der jüngsten Finanz- und Wirtschaftskrise hat das westliche Modell selbst mit Akzeptanzproblemen zu kämpfen. So drohen seit einiger Zeit strukturelle Entwicklungen auch die Position der Union in der Parteienlandschaft nachhaltig zu gefährden. Sie leidet an einem gewissen Erosionsprozess. Auch hier ist der Mitgliederrückgang beängstigend, wenn auch nicht ganz so dramatisch wie bei der SPD (siehe S. 190 ff.).

Die klassischen Milieus der Union, Katholiken und ältere Konservative, die zu ihren treuesten Wählern gehören, trocknen aus. Der Rückgang der Kirchenverbundenheit in Deutschland, der im Osten noch viel ausgeprägter ist, wirkt sich aus, besonders in den jüngeren und mittleren Altersgruppen. Bei den über 60-Jährigen dominiert die CDU zwar noch, doch aus dieser Gruppe sterben von Jahr zu Jahr mehr weg, als an Erstwählern nachwachsen, unter denen die CDU ohnehin kaum Chancen hat. Unabhängig vom Alter kommt die Union nur noch bei »Katholiken, Mittelständlern, Bauern und Dörflern« auf mehr als 40 Prozent. »Überall sonst ist sie keine Volkspartei mehr« (so der Parteiensoziologe Franz Walter). Sorgen muss sich die Partei vor allem deshalb machen, weil neben der Jugend auch die Bildungselite ganz überwiegend nach links tendiert und SPD, Grüne oder Linke wählt. Das urbane Bürgertum ist alles andere als schwarz, so dass die Union auf diese wichtigen stil- und meinungsprägenden Gruppen weitgehend verzichten muss.

Nach ihrem Fast-Desaster bei der Bundestagswahl 2005, als die CDU gemäß ihrem Leipziger Parteitag den neoliberalen Aufbruch geprobt hatte, ruderte sie gewaltig zurück und erscheint inzwischen manchem eher als verkappte SPD. In der Tat reüssierte etwa Jürgen Rüttgers bei der nordrhein-westfälischen Landtagswahl im Frühjahr 2005 nicht zuletzt damit, dass er der SPD geschickt die Themen genommen hatte. Er war sogar bei Arbeitern erfolgreich, also den klassischen SPD-Wählern, die bei der Bundestagswahl im Herbst 2005 dann aber wieder abwanderten, und zwar vor allem zur Linken. Das war ein Grund für das überraschende Absacken. Kurz vor der Wahl hatte die Union laut Umfragen noch wie der sichere Sieger ausgesehen.

Jürgen Rüttgers schiebt nun die ganze Bundes-CDU nach links, etwa bei der Durchsetzung der verlängerten Laufzeit des Arbeitslosengeldes I, und der Kanzlerin scheint dies gar nicht unlieb zu sein. 2005 hatte die Union auch bei jüngeren Frauen verloren. Das erklärt die starke familienpolitische Komponente und die Betonung der Betreuung von Kindern berufstätiger Mütter, die Merkel mit Hilfe ihrer Familienministerin Ursula von der Leyen pflegt. Der Links-Rutsch könnte allerdings konservative Kernanhänger der Union vor den Kopfstoßen.

Als im November 2006 der ehemalige General Jörg Schönbohm nicht mehr ins CDU-Präsidium gewählt wurde, sondern dem parteiintern auch nicht gerade beliebten Friedbert Pflüger weichen musste, empfanden viele das als symptomatisch. Die »Sozialdemokratisierung« der Union hinterlässt auch bei der Gruppe der auf Leistung und wirtschaftlichen Erfolg setzenden Wähler ein Vakuum, in welches die FDP mehr und mehr vorstößt.

Geradezu fatal ist der Einbruch der CSU (siehe S. 189). Sie hatte mit ihrem gewaltigen Übergewicht in Bayern stets ganz wesentlich zu Erfolgen der Union beigetragen. Wie tief der Sturz ist, sieht man daran, dass Horst Seehofer nach den Verlusten bei der Landtagswahl jetzt sogar um den Einzug der CSU ins Europäische Parlament bangt (siehe S. 321). Die Schwäche der Partei spiegelt sich auch darin, dass die Freien Wähler nach ihrem Erfolg bei der Landtagswahl übermütig geworden sind, zur Europawahl antreten und auch dort der CSU wichtige Prozente streitig machen wollen. Eine Erklärung für diese Entwicklung liegt in der Person Edmund Stoibers, bis vor Kurzem bayerischer Ministerpräsident und CSU-Vorsitzender. Stoiber hatte nach seiner nur knappen Niederlage bei der Bundestagswahl 2002 gegen Gerhard Schröder und nach dem fulminanten Sieg bei der Bayernwahl 2003, die der CSU die Zweidrittelmehrheit im Landtag bescherte, offenbar so abgehoben, dass ihm sein politischer Instinkt abhanden kam. Sein Abstieg begann nach der Bundestagswahl 2005, als er eigentlich Wirtschaftsminister in Berlin werden wollte, dann aber doch zurückzog und Michael Glos das ungeliebte Ministerium übernehmen musste.

Stoiber zerlegte sich derart, dass eine bis dahin unbekannte Landrätin namens Gabriele Pauli schließlich nur noch offen aussprechen musste, was ohnehin in der Luft lag, nämlich, dass seine Zeit vorbei war. Günther Beckstein und Erwin Huber teilten das Erbe unter sich auf, erweckten aber nicht den Eindruck, den Ämtern wirklich gewachsen zu sein. Sie ließen Stoiber viel Zeit für seinen endgültigen Rückzug und standen betreten daneben, als er die politische Agenda noch so festzurrte, dass sie nach Übernahme der Ämter praktisch nichts mehr zu entscheiden hatten. Hinzu kamen die Milliardenverluste der Bayerischen Landesbank. Der Stolz der CSU-Führung, die Neuverschuldung im Landeshaushalt auf null gedrückt zu haben, war nur noch Makulatur, und Huber trug als Finanzminister dafür die Mitverantwortung. Auch der Versuch, bundespolitisch Punkte zu sammeln, misslang. Merkel watschte die CSU bei den Themen Steuersenkung und Pendlerpauschale geradezu ab und demonstrierte damit, wie wenig ernst auch sie das neue Führungs-Duo nahm. Die Quittung kam mit der Landtagswahl. Seehofer wurde Ministerpräsident und Parteivorsitzender und versprach einen Neuanfang. Dieser fand auch auf Bundesebene seinen Ausdruck: personell durch Karl-Theodor zu Guttenberg, der den überraschend demissionierten Glos als Wirtschaftsminister ersetzte, inhaltlich dadurch, dass die CSU sich verstärkt zu profilieren und ihre Eigenständigkeit auch gegenüber ihrer CDU-Schwester hervorzuheben sucht.

Trotz allem erscheint die Union vor der Bundestagswahl 2009 in einer relativ komfortablen Situation. Es ist keineswegs ausgeschlossen, dass sie zusammen mit der FDP die Mehrheit gewinnt. Gelingt dies nicht, bleibt immer noch die Große Koalition, auf die die SPD sowieso hinsteuert (siehe S. 205 f.). Merkel dürfte dies ganz recht sein. Ihr ist die Kanzlerschaft in der Großen Koalition so schlecht nun auch wieder nicht bekommen.

FDP

Die FDP profitiert vornehmlich von der Nach-68er-Generation der mobilen Leistungs- und Marktorientierten, die sich in der Union immer weniger wiederfindet. Die Stärke der einen ist die Kehrseite der Schwäche der anderen. Das Überwechseln von früheren Unionswählern zur FDP wurde bei den letzten Landtagswahlen in Bayern und Hessen besonders deutlich (siehe S. 189 f.). Viele Wähler sehen in der FDP offenbar nicht nur den Mehrheitsbeschaffer für die Union, sondern gleichzeitig auch ihren Kontrolleur gegen einen allzu sozialdemokratischen Kurs. In der Tat befindet sich die vor einem Jahrzehnt noch totgesagte Partei in einem deutlichen Aufwind, was angesichts wachsender Vorbehalte gegen die freie Marktwirtschaft immerhin überrascht. Anfang 2009 gelangte sie in Umfragen sogar in die Nähe der zu Zeiten eines Jürgen Möllemann vergeblich angepeilten 18 Prozent. Dazu trägt natürlich auch die Große Koalition bei, die den Oppositionsparteien die dankbare Rolle des unverbindlichen Kritikers überlässt. Gegen den Trend bei den Volksparteien konnte die FDP die Zahl ihrer Mitglieder vergrößern und diese auch verjüngen. Dass die FDP ihre Wahlerfolge vornehmlich auf Kosten der Union erzielt, bedeutet aber auch, dass das bürgerliche Lage insgesamt kaum größer wird und deshalb nach wie vor keine sichere Mehrheit für Schwarz-Gelb besteht. Dafür könnte eine Erweiterung ihres Koalitionsspektrums um die Grünen in Betracht kommen. Aus der Sicht der CDU hat Ole von Beust mit seiner schwarz-grünen Koalition in Hamburg einen Anfang gemacht. Wie rasch auch die FDP unter Westerwelle sich den Grünen öffnet, wird sich zeigen. Jamaika-Koalitionen wären eine echte politische Innovation.

Die Grünen

Die Grünen sind nur noch in den beiden Stadtstaaten Bremen und Hamburg an der Regierung beteiligt. Dass sie im Bund, in Nordrhein-Westfalen und Schleswig-Holstein keine Regierungsverantwortung mehr tragen, liegt aber nicht an ihnen, sondern, abgesehen von Rheinland-Pfalz, wo die Grünen bei der Landtagswahl 2006 an der Sperrklausel scheiterten, an den großen Verlusten ihres bisherigen Koalitionspartners SPD. Und in Hamburg wurde das Mitregieren auch nur möglich, weil die Grünen sich erstmals auf Landesebene auf eine Koalition mit der CDU eingelassen haben. In der Wählergunst profitieren die Grünen ebenso wie die FDP von der Schwäche der beiden Volksparteien und stehen durchaus gut da. Bei den letzten Landtagswahlen in Bayern und Hessen gewannen sie kräftig dazu, und auch bei der Sonntagsfrage liegen sie derzeit bei zehn bis elf Prozent (Stand: Februar 2009). Auch die Zahl ihrer Mitglieder nimmt jedenfalls nicht ab. Insofern scheinen sie den Rückzug ihres charismatischen Spitzenmannes Joschka Fischer einigermaßen schadlos verkraftet zu haben. Doch die siebenjährige Regierungskoalition in Berlin hat geprägt. In der verbliebenen Spitzengruppe (Jürgen Trittin, Renate Künast, Claudia Roth und Fritz Kuhn, zu denen noch Cem Özdemir hinzugekommen ist) sind die Realos unter sich, die vor allem in dem Wunsch, wieder an die Regierung zu kommen, verbunden scheinen. Dass die

Partei diesem Kurs nicht unbedingt folgt, wurde auf einem Parteitag im September 2007 in Göttingen am Beispiel Afghanistan deutlich. Ein aus der Mitte der Delegierten gestellter Antrag auf einen Wechsel in der deutschen Afghanistanpolitik wurde von den gut 700 Delegierten mit Mehrheit angenommen, während der Antrag des Vorstandes, der künftige Koalitionen erleichtert hätte, durchfiel.

Frühere Partizipationsansätze sind längst verschüttet. Die Einführung von Volksbegehren und Volksentscheid auf Bundesebene hatte die Parteiführung, auch als sie noch an der Regierung war, nur höchst widerwillig betrieben, ja geradezu hintertrieben, obwohl das offiziell auf ihrer Agenda stand und immer noch steht. Rot-Grün hatte ja schließlich mit vollmundigen Partizipations- und Teilhabeversprechen begonnen. Um zu verschleiern, dass rebellische Attitüden bei den Pragmatikern der Macht längst verflogen sind, haben sie einen der Gründer von Attac, Sven Giegold, als Quereinsteiger gewonnen und ihm einen vorderen Listenplatz auf ihrer Europawahlliste gegeben.

Soziologisch sind die Grünen vor allem eine Partei der Beamten und öffentlichen Angestellten und die entschiedensten Verfechter von Einkommenserhöhungen im öffentlichen Dienst. Ihre Wähler haben die höchsten Bildungsabschlüsse und im Wählerdurchschnitt die höchsten Einkommen. Sie sind vor allem unter Akademikern und in urbanen Metropolregionen zu finden, so dass die Grünen gelegentlich sogar als »Partei der Intelligenz« apostrophiert werden. Es ist kein Zufall, dass die Universitätsstädte Freiburg und Tübingen von grünen Oberbürgermeistern regiert werden.

Im Fünfparteiensystem könnte den Grünen, wenn Große Koalitionen ausscheiden und es für keine der bisher üblichen Zweierkoalitionen reicht, eine Schlüsselstellung bei der Bildung von Dreierkoalitionen zukommen. Neben der zunächst wahrscheinlichsten rot-rot-grünen könnte auf Dauer auch eine Ampel- oder eine Jamaika-Koalition in Betracht kommen. Die FDP hat, da eine Koalition mit der Linken nicht vorstellbar erscheint, nur zwei solche Optionen.

Freie Wähler

Im Herbst 2008 schafften die Freien Wähler zum ersten Mal den Einzug in ein deutsches Landesparlament, und das gleich mit einem zweistelligen Ergebnis im zweitgrößten Bundesland. Kaum etwas signalisiert die Unzufriedenheit mit den Parteien deutlicher als dieses Ereignis. Das Terrain der Freien Wähler sind ja eigentlich die Gemeinden. Dort sind sie den Parteien strukturell überlegen, weil sie sich jeweils auf die spezifischen Probleme vor Ort konzentrieren und nicht dem Zentralismus der landes- und bundespolitisch organisierten Parteien unterliegen, der dazu tendiert, Unterschiede einzuebnen (siehe S. 290 f.). Auf höherer Ebene fehlen ihnen dagegen eine schlagkräftige Organisation und die einheitliche Linie, die aus dem unbedingten Willen zur Macht entstehen und für Parteien charakteristisch sind. Dass die Freien Wähler es in Bayern dennoch geschafft haben, liegt natürlich auch am desolaten Zustand der CSU in der Endphase der Stoiber-Ära und den anschließenden Auseinandersetzungen um die Erbfolge (siehe S. 210 f.), die viele CSU-Wähler zu ihnen wechseln ließen. Freie Wähler sind im Kern bürgerlich und in Bayern typischerweise »Fleisch vom Fleische der CSU«. Zudem hatten die Freien mit Gabriele Pauli ein bundesweit bekanntes Gesicht, an dem sich der Protest gegen das traditionelle Allmachtsgehabe der CSU festmachen konnte.

Die Freien begründen ihr Ausgreifen auf die Staaten- und Europaebene damit, dort würden wichtige kommunalpolitische Fragen vorentschieden, sie müssten also im Interesse der Gemeinden dort mitwirken. Dieses Argument hat viel für sich. Die Kommunen drohen in der Tat von oben her ausgehungert zu werden (siehe S. 290 ff.). Andererseits dürften kommunale Wählergemeinschaften, wenn sie sich auf höherer Ebene betätigen, den Parteien mit der Zeit immer ähnlicher werden. Damit droht ihnen der Verlust gerade der Eigenschaften, die sie in den Kommunen stark gemacht haben. Dementsprechend gespalten sind die Auffassungen innerhalb der Wählergemeinschaften. Der Landesverband Baden-Württemberg, wo die Wählergemeinschaften seit jeher die größten Erfolge einfahren, lehnt eine Kandidatur bei Landtagswahlen und erst recht bei Bundestags- und Europawahlen strikt ab. Er fürchtet, die Freien würden dadurch »ihre Seele verkaufen«.

Kaum eine Organisation aber kann die Mängel des Parteienstaates derart nachhaltig kritisieren und gleichzeitig Druck auf Abhilfe ausüben wie die Freien Wähler. Denn sie nehmen den Etablierten Macht, Posten und Mandate, die diese bisher unter sich aufgeteilt haben. Diese »Gefahr« zwingt die politische Klasse vielleicht am ehesten dazu, die überfälligen Reformen unserer demokratischen Infrastruktur endlich in Angriff zu nehmen. Insofern ist das Experiment, welches die Freien Wähler wagen, auch aus der übergeordneten Perspektive der Demokratiesicherung von größtem Interesse.

III. Parteiinterne Demokratie: ein frommer Wunsch

Das Grundgesetz verpflichtet die Parteien zur Demokratie. Nach Art. 21 Abs. 1 Satz 3 muss ihre innere Ordnung »demokratischen Grundsätzen entsprechen«. Doch die Wirklichkeit sieht anders aus. Das pfeifen inzwischen die Spatzen von den Dächern. Besonders deutlich wurde dies bei der wichtigsten personellen Weichenstellung, die die SPD vor dem Superwahljahr 2009 zu treffen hatte: der Bestimmung ihres Spitzenkandidaten Frank-Walter Steinmeier und ihres Parteivorsitzenden Franz Müntefering. Die Ämter waren Anfang September 2008 zwischen Müntefering, Steinmeier und teilweise auch noch Kurt Beck geheim ausgekungelt worden, und diese verkündeten ihre Absprache dann in einer Weise, die keinen Widerspruch duldete. Die Veröffentlichung schlug wie eine Bombe ein und war für sämtliche Parteimitglieder und selbst für die Funktionäre eine Überraschung. Niemand hatte Derartiges, zumal zu diesem Zeitpunkt, erwartet. Den an sich zuständigen Parteigremien blieb später nichts anderes übrig, als die längst getroffenen Entscheidungen formal abzusegnen. Die Parteiräson, dass künftige Vorsitzende und Spitzenkandidaten nicht beschädigt werden dürfen, erstickte jede ins Gewicht fallende Kritik bereits im Keime. Ganz ähnlich war es übrigens einige Jahre vorher beim Wechsel des Parteivorsitzes von Gerhard Schröder zu Müntefering zugegangen, den beide insgeheim verabredet hatten. Auch damals hatten weder die überraschten Mitglieder einen Einfluss, noch hatten die gewählten Gremien eine Alternative zur lammfrommen Akklamation. Auch die Kanzlerkandidatur Gerhard Schröders bei der Bundestagswahl 1998 war von Oskar Lafontaine ausgerufen worden, nachdem er vorher mit Schröder verabredet hatte, die niedersächsische Landtagswahl zum Plebiszit über die Kanzlerkandidatur zu machen, die Schröder dann mit dem nötigen Vorsprung gewann. Übrigens ist es auch bei der Union oft nicht viel anders. Vor der Bundestagswahl 2002 einigte sich Angela Merkel mit Edmund Stoiber auf dessen Spitzenkandidatur für die CDU/CSU, bedingte sich dafür aber den Vorsitz der Bundestagsfraktion der Union aus – zu Lasten des bisherigen Positionsinhabers, Friedrich Merz, der nach der von der Union verlorenen Wahl zum eigentlichen Opfer der Absprache wurde.

Auf Landesebene ist es häufig ganz ähnlich. Die Nachfolge von Edmund Stoiber als bayerischer Ministerpräsident und CSU-Vorsitzender wurde von Günther Beckstein und Erwin Huber im Hinterzimmer ausgekungelt, und Andrea Ypsilanti hat ihren Nachfolger Schäfer-Gümbel als Spitzenkandidaten der hessischen SPD praktisch allein ausgeguckt.

Auch bei Aufstellung der Kandidaten für Parlamentswahlen segnen die dafür zuständigen Parteigremien die von den Vorständen vorbereiteten Vorschläge häufig ohne große Diskussion einfach ab. Ein Beispiel war die Aufstellung der Bundesliste der SPD für die Europawahl im Juni 2009. Am 8. Dezember 2008 übernahm die Delegiertenversammlung in Berlin den von Martin Schulz angeführten und 98 weitere Namen enthaltenden Listenvorschlag des Vorstands, ohne daran irgendwelche Änderungen vorzunehmen (siehe S. 317). Es gibt aber auch Gegenbeispiele, vor allem, wenn ein Parteivorsitzender seine Allmachtsansprüche mutwillig überreizt. So musste Horst Seehofer, als er die Strauß-Tochter Monika Hohlmeier als CSU-Spitzenkandidatin für die Europawahl durchsetzen wollte – und das dann auch noch in Franken, der Heimat des vorher gerade als Ministerpräsident abgehalfterten Beckstein –, froh sein, dass die Delegierten ihr mit Platz 6 noch einen aussichtsreichen Listenplatz gewährten, falls die CSU denn überhaupt die Fünfprozenthürde nimmt (siehe S. 321 f.). Doch ansonsten sind die Beispiele für ein bloß formales Bestätigen von Vorstandslisten Legion. Auch bei der Aufstellung der Landeslisten der CDU und SPD für die hessische Landtagswahl am 18. Januar 2009 »ratifizierten« die Delegierten die Vorschläge der Landesvorstände ohne Änderungen, im Falle der CDU sogar ohne jegliche Diskussion und im Falle der SPD mit nur einer einzigen (erfolglosen und eher symbolischen) Gegenkandidatur – gegen die Aufstellung von Andrea Ypsilanti auf Platz 2 der insgesamt 148 Plätze umfassenden Liste. Allerdings gibt es Unterschiede. Bei der Linken und den Grünen ist man eher mal bereit, gegen die Regie von oben aufzumucken und gegen den Stachel zu löcken, und bei Europawahlen kommt das auch in etablierten Parteien vor. Diese Wahlen gelten als so wenig wichtig, dass den Oberen hier ohne Risiko ein Schuss vor den Bug gesetzt werden kann. Ein Beispiel ist die Aufstellung der Europawahl-Liste der hessischen CDU. Der vorbereitete Vorschlag, für den Roland Koch sich stark machte, wurde auf den aussichtsreichen ersten drei Plätzen von den Delegierten geradezu zerpflückt. Das wurde allgemein als Reaktion auf die schwachen CDU-Ergebnisse bei den beiden Landtagswahlen und die Unzufriedenheit mit Roland Koch verstanden, der dafür die Hauptverantwortung trug. Zugleich wehrte man sich dagegen, dass bisherige Europaabgeordnete etwa zu Gunsten eines langjährigen Weggefährten Kochs beiseite geschoben werden sollten. Auch bei Aufstellung zahlreicher anderer Kandidaturen im Superwahljahr 2009 gab es immer mal wieder Kampfabstimmungen, häufig wurden die Vorschläge von den Delegierten- oder Mitgliederversammlungen aber unverändert abgesegnet.

Die gewählten Delegierten und erst recht einfache Mitglieder der Parteien müssen sich durch solche eher feudalartigen Praktiken, die wenige Spitzenfunktionäre im – selbst definierten – tatsächlichen oder scheinbaren Interesse der Partei vornehmen, düpiert, vergrault und schlicht überflüssig vorkommen. Kein Wunder, dass sich unter ihnen der Verdacht breitmacht, die Mitgliederorganisation sei nur noch ein lästiger Traditionsbestand und moderne Fraktions- und Kartellparteien kämen durchaus auch ohne Mitgliederbasis zurecht (siehe S. 197 ff.).

Das ist für potentielle Mitglieder alles andere als ermutigend. Einer Partei anzugehören muss zwangsläufig immer uninteressanter werden, wenn die Mitglieder in der Partei nichts zu sagen haben und auch die Informationen, die sie dort erhalten, kaum über das hinausgehen, was sie aus Zeitungen und Fernsehen ohnehin erfahren. Das gilt erst recht, seitdem Spitzenpolitiker – unter Umgehung der zuständigen Gremien – ihre Entscheidungen vorab über die Medien hinausposaunen. Durch die Medien und den zunehmenden Bildungsstand immer besser informiert und aufgrund des Wertewandels immer selbstbewusster und mitwirkungsbereiter, finden sich die Parteimitglieder immer weniger mit den überkommenen ritualisierten Organisationsmustern ab. Die Zunahme von Partizipationswünschen ist nun einmal ein Zug der Zeit, dem sich auch die Parteien nicht entziehen können, ohne massive Mitgliederverluste in Kauf zu nehmen, wie sie ja auch allenthalben zu beobachten sind.

In dieser Situation agieren Parteistrategen vornehmlich in zwei Richtungen: Einerseits suchen sie ihre Abhängigkeit von Mitgliedern durch die staatliche Finanzierung von Parteien, Fraktionen, Stiftungen, Abgeordneten und ihren Mitarbeitern etc. zu mindern. Andererseits wollen sie ihren Mitgliedern durch die Aussicht auf Patronage bei der Besetzung staatlicher Stellen einen Anreiz geben, bei der Stange zu bleiben. Doch der Rückgriff auf staatliches Geld und staatliche Stellen hat eine Spirale in Bewegung gesetzt, die die Mitglieder noch weiter abschreckt und den Schwund verschärft. Herbert Wehner, der legendäre Vorsitzende der SPD-Bundestagsfraktion in den Sechzigerjahren des vergangenen Jahrhunderts, sprach sich schon damals entschieden gegen eine staatliche Parteienfinanzierung aus, weil er – in weiser Voraussicht – auf die Dauer eine Demotivierung der Mitglieder befürchtete. Dieselbe Befürchtung stand auch hinter einem Urteil des Bundesverfassungsgerichts von 1992, mit welchem das Gericht der staatlichen Parteienfinanzierung absolute und relative Grenzen zog. Doch die Intention verpuffte weitgehend, da das Gericht es versäumte, gleichzeitig auch die Finanzierung von Fraktionen, Parteistiftungen und Abgeordnetenmitarbeitern zu limitieren und Ämterpatronage entschieden zu bekämpfen.

Ämterpatronage wird in soziologischen Studien ganz ungeniert damit gerechtfertigt, anders ließen sich die Mitglieder nun einmal nicht an die Partei binden. Ein Beispiel ist Horst Bosetzky. Er schreibt, Ämterpatronage sei letztlich »unerlässlich, weil zum Überleben des gesellschaftlichen (und politischen) Systems notwendig. ...Wenn eine herrschende ... Partei ihren Funktionären, die die Arbeit tun, keine ausreichenden materiellen und ideellen Belohnungen zuteil werden« lasse, zerfalle »sie ebenso wie mit ihr das politische und gesellschaftliche System – und gerade für das Heer dieser systemunentbehrlichen Funktionäre« gebe »es nur eine Organisation, die genügend Belohnungen zu vergeben vermag: den jeweiligen öffentlichen Dienst«.[1] Ein anderes Beispiel ist Niklas Luhmann. Auch er erkennt das zunehmende Gewicht, welches Einkommen und Versorgung in den Parteien spielen. Obwohl »die Versorgung mit Posten und Einkünften« eigentlich nur *Mittel* zur Ausübung der Macht sein sollte, stellt Luhmann eine bemerkenswerte »Ziele/Mittel-Verschiebung« fest: Die Parteien entwickelten sich »mehr und mehr ... in Richtung auf Karriereorganisationen. ... Die Versorgung mit Posten und Einkünften und der Aufbau personaler Kontaktnetze und Herrschaftsapparate« erschienen zunehmend als »primäres Ziel parteipolitischer Aktivität«.[2]

---

[1] *Horst Bosetzky*, »Dunkelfaktoren« bei Beförderungen im öffentlichen Dienst, Die Verwaltung 1974, S. 428 (435).
[2] *Niklas Luhmann*, Die Politik der Gesellschaft, 2000, S. 267.

Die gezielte Instrumentalisierung von Ämterpatronage zur Bindung von Parteimitgliedern mutet allerdings reichlich zynisch an, ist Ämterpatronage doch eindeutig rechts- und verfassungswidrig und auch rechtspolitisch unerträglich. Im Übrigen: Was wären das für Mitglieder, die nur durch die Aussicht auf rechtswidrige Vorzugsbehandlung in die Parteien gelockt werden könnten? Dann würden Parteien vollends zu Vereinigungen skrupelloser Karrieristen.

Damit bleibt den Parteien nur ein legitimer Ausweg, attraktiv zu bleiben und ihre Mitglieder »bei Laune« zu halten; sie müssen ihnen effektive Mitsprache geben. Wird diese weiterhin verweigert, so schreitet der Ausblutungs- und Auszehrungsprozess, der sich besonders drastisch im Fernbleiben der Jugend widerspiegelt, unweigerlich fort.

IV. Parteienfinanzierung: Schatzmeister als Gesetzgeber

Die Regelung der Parteienfinanzierung kann den Ausgang von Wahlen und damit die Verteilung der Macht im Staat beeinflussen. Sie kann auch den Charakter der politischen Parteien grundlegend verändern. Ihre angemessene und faire Ausgestaltung ist gerade in der Demokratie besonders *wichtig*. Sie ist aber auch besonders *gefährdet*, weil Politiker darüber in eigener Sache entscheiden und dabei leicht versucht sind, die Regeln an ihren kurzfristigen Eigeninteressen auszurichten. Die Gefahr ist umso größer, als die Schatzmeister der Bundestagsparteien dem Gesetzgeber bei der Parteienfinanzierung gern die Feder führen, indem sie die Regelungen absprechen und dann vom Bundestag nur noch formal absegnen lassen.

Die Gefahren, die daraus resultieren, gehen in vier Richtungen:

1. Das »große Geld« könnte Einfluss auf die Politik gewinnen, so dass die Politik plutokratische Züge annimmt.
2. Die Mehrheit hat immer wieder versucht, sich Vorteile im Kampf mit der parlamentarischen Opposition um die Macht zuzuschustern.
3. Die politische Klasse tendiert dazu, ihre außerparlamentarischen Konkurrenten durch Vorenthaltung staatlicher Mittel zu diskriminieren, um diese gar nicht erst hochkommen zu lassen.
4. Die politische Klasse ist leicht versucht, den Staatshaushalt übermäßig anzuzapfen und sich an den öffentlichen Finanzen gütlich

zu tun. Sie ist dann immer weniger auf Bürgerzuwendungen angewiesen, und der Grundsatz der Bürgernähe der Parteien steht nur
noch auf dem Papier.

Spenden ohne Grenzen

Politische Parteien können in Deutschland Geldzahlungen aus der
Wirtschaft (sogenannte Spenden) in unbegrenzter Höhe entgegennehmen, auch wenn Großspenden häufig im Ruch der Korruption
stehen. So gab zum Beispiel der Großunternehmer Ehlerding 1998,
fast gleichzeitig mit dem Abschluss eines für ihn besonders günstigen
Milliardengeschäfts mit dem Staat, 5,9 Millionen Mark an die CDU,
deren Minister Wissmann dieses Geschäft befürwortet hatte. Auch
Aktiengesellschaften und andere juristische Personen dürfen Parteien
unbeschränkt viel Geld geben und damit politischen Einfluss nehmen,
obwohl sie kein Wahlrecht besitzen. In vielen Demokratien sind Spenden gedeckelt und Zuwendungen von juristischen Personen ganz verboten, nicht aber in Deutschland.

So erhält die FDP hohe Spenden aus der Bankenwelt. Das könnte
der Grund sein, warum sie um die Jahreswende 2008/09 zögerte, der
Einsetzung eines Untersuchungsausschusses über die IKB-Bank, die
nur mit Steuerzahler-Milliarden vor dem Aus gerettet werden konnte,
zuzustimmen. Viele Banken fürchteten – laut Zeitungsberichten – die
Aufdeckung auch eigener Sünden im Zuge einer solchen Untersuchung.

Publikation

Für Parteispenden gibt es – neben einigen Verboten etwa von Spenden von Fraktionen und öffentlichen Unternehmen – nur eine gesetzliche Auflage von praktischer Relevanz: Spenden müssen, wenn
sie bestimmte Größenordnungen erreichen, publiziert werden. Das
folgt aus dem Grundgesetz, war allerdings erst 1967, mit 18-jähriger
Verzögerung, realisiert worden. Die Union und ihre Koalitionspartner hatten in den Fünfzigerjahren hohe Spenden aus der Wirtschaft
erhalten und sich deshalb bis dahin gegen alle Publikationsforde-
rungen gestemmt.

Die Publikationsgrenze wird vielfach umgangen, zum Beispiel, indem Großspenden an Parteien so auf juristisch selbstständige Töchter

von Konzernen verteilt werden, dass die Publikation, möglicherweise »ganz legal«, unterbleiben kann. Wie sehr die Regelungen zur Umgehung geradezu einladen, haben zwei Journalisten des Fernsehmagazins »Panorama« demonstriert. Sie gaben sich als Unternehmer aus und boten Parteien zum Schein eine Spende von 30.000 Euro an. Bedingung: Sie dürfe nicht publiziert werden. Die Schatzmeister der CSU und der bayerischen FDP gingen nach Angaben der Journalisten sofort darauf ein und schlugen eine Stückelung der Spende und ihre Aufteilung auf Verwandte der Spender vor. Dadurch wäre nicht nur die Publikationsgrenze unterlaufen worden, sondern es wären auch noch illegale Steuervorteile für die Strohmänner und Subventionen für die Partei angefallen.

Bei Spenden an lokale Gliederungen von Parteien ist die Grenze ohnehin zu hoch. Hier kann man schon mit Zuwendungen von 2000 oder 3000 Euro erheblichen Einfluss ausüben. Mit Recht wird zum Beispiel in Großbritannien die Publikationsschwelle bei Spenden an die Wahlkreisebene von Parteien auf ein Fünftel des Betrags, der für die nationale Parteiebene gilt, gesenkt: von 5000 £ (7937 Euro) auf 1000 £ (1587 Euro).

Auch fehlt die Zeitnähe der Publikation. Die Veröffentlichung erfolgt im Jahresrechenschaftsbericht der Partei. Dieser wird aber erst zum 30. September des folgenden Jahres dem Bundestagspräsidenten eingereicht und als Bundestagsdrucksache veröffentlicht, wobei die Einreichungsfrist noch um drei Monate verlängert werden kann. Deshalb können zwischen der Spende und ihrer Publikation bis zu zwei Jahre liegen. Dadurch wird das ganze Verfahren in einigem Umfang politisch entwertet, besonders wenn die Spende vor einer Wahl, die Publikation aber erst danach erfolgt. In Großbritannien ist deshalb eine Publikation von Großspenden im Quartalsrhythmus, in Wahlkampfzeiten sogar im Wochenrhythmus vorgeschrieben. Auch in den USA muss die Veröffentlichung zeitnah erfolgen.

Eine unverzügliche Publikation ist bei uns neuerdings für Spenden über 50.000 Euro vorgesehen, warum aber nur für diese? Spenden über 10.000 Euro müssen publiziert werden, weil sie dem Spender einen erheblichen Einfluss auf die Partei verschaffen können. Spricht das aber nicht ebenso für ihre sofortige Veröffentlichung?

Eine andere Lücke besteht darin, dass das Schalten von Anzeigen zugunsten von Politikern oder Parteien durch Dritte formalrechtlich nicht als »Spende« an diese gilt. Das kam Gerhard Schröder und der

SPD zugute, als 1998 vor der niedersächsischen Landtagswahl eine von dem Unternehmer Carsten Maschmeyer mit 650.000 Mark anonym finanzierte Anzeigenkampagne zu ihren Gunsten lief und SPD und Schröder behaupteten, sie wüssten von nichts. Die Kampagne hatte gewaltige Auswirkungen. Sie dürfte dazu beigetragen haben, dass Schröder in Niedersachsen mit dem nötigen Vorsprung gewann, seinem Rivalen Lafontaine den Rang als Spitzenkandidat der SPD bei der Bundestagswahl ablief und 1998 Bundeskanzler wurde.

Steuerbegünstigung

Spenden an Parteien sind in Deutschland nicht nur unbegrenzt zugelassen. Sie werden auch durch hohe Steuervergünstigungen attraktiv gemacht. Ein Verheirateter kann jährlich bis zu 6600 Euro an seine Partei spenden, und der Staat finanziert die Zuwendung etwa zur Hälfte mit. Die Regelung ist verfassungswidrig. Um die Bezieher hoher Einkommen nicht gleichheitswidrig zu privilegieren, dürfen – laut Bundesverfassungsgericht – Spenden nur so weit begünstigt werden, dass sie auch ein durchschnittlicher Einkommensbezieher noch ausschöpfen kann. Das ist bei 6600 Euro aber sicher nicht der Fall.

Das zweite Gefahrenmoment bei der Parteienfinanzierung, nämlich Selbstbegünstigung der Regierungsmehrheit zu Lasten der innerparlamentarischen Opposition, ist seltener geworden, auch deshalb, weil sich immer mehr eingebürgert hat, dass die Regierungsmehrheit den Konsens mit den Parteien und Fraktionen der Opposition sucht.

Explosion der Staatsfinanzierung

Bei Einführung der Staatsfinanzierung der Parteien im Jahre 1959 war das noch anders. Da wetterte Herbert Wehner, der legendäre Vorsitzende der SPD-Fraktion im Bundestag, gegen den Plan der Regierungskoalition, weil eine Staatsfinanzierung die Parteimitglieder leicht demotiviere und die Parteiführung von ihrer Unterstützung unabhängig mache. Inzwischen werden Änderungen, in der Regel sind das Erhöhungen, meist von der Union und der SPD gemeinsam angegangen, zuletzt die im Sommer 2007 beabsichtigte Erhöhung der Staatsfinanzierung um 15 Prozent, d. h. von 133 Millionen Euro jährlich auf 153 Millionen, die aber am öffentlichen Protest scheiterte.

Spätestens seit der Zeit der ersten Großen Koalition (1966 bis 1969) waren SPD und Union sich in Sachen Parteienfinanzierung in schöner Regelmäßigkeit einig. Gemeinsam dehnten sie, weil das Bundesverfassungsgericht die Subventionierung der Parteien begrenzt hatte, die Staatsfinanzierung der Parlamentsfraktionen und der Parteistiftungen gewaltig aus, die den Parteien manche Aufgaben abnehmen. Auch führten sie gemeinsam Abgeordnetenmitarbeiter sowie die Vollalimentation der Teilzeitabgeordneten in den Bundesländern ein, die, obwohl staatlich finanziert, vielfach auch für Parteizwecke zur Verfügung stehen. Ihre üppige Finanzierung wurde so zum Ersatz für die Finanzierung der eigentlichen Parteien. Die Stiftungen und Fraktionen erhalten inzwischen sehr viel mehr Geld aus der Staatskasse als die Parteien im engeren Sinne. Ihre Subventionierung hat sich in den vergangenen 35 Jahren mehr als vervierzigfacht. Nachdem in den Achtzigerjahren das Anschwellen des Geldstroms durch die Hintertür – nicht zuletzt durch Veröffentlichungen des Verfassers – zum öffentlichen Thema wurde, verlangsamte sich das Wachstum allerdings. Für Mitarbeiter von Bundestagsabgeordneten wurden im Herbst 2005 jedoch gleich 28 Prozent mehr bewilligt. Jedem Abgeordneten stehen dafür jetzt monatlich 13.660 Euro zur Verfügung.

Auch die Parteien im engeren Sinne bleiben auf dreifache Weise staatliche Kostgänger. Neben der erwähnten steuerlichen Begünstigung ihrer Spenden und der Beiträge ihrer rund 1,5 Millionen Mitglieder werden sie zusätzlich noch zweifach staatlich alimentiert. Erstens erhalten sie direkte staatliche Zuschüsse in Höhe von 133 Millionen Euro (§ 18 Abs. 2 Parteiengesetz). Ein derartiger Betrag war vom Bundesverfassungsgericht zwar nur als unübersteigbare »absolute Obergrenze« gedacht. Die Schatzmeister haben das System aber so listig ausgestaltet, dass die Parteien stets den Höchstbetrag bekommen. Pro Stimme gibt es bei Bundestags-, Landtags- und Europawahlen laut Gesetz jährlich 70 Cent, und für jeden Euro Spende oder Beitrag fließen 38 Cent jährlich, soweit das Geld von natürlichen Personen kommt und die Zuwendung 3300 Euro nicht überschreitet. Der Sinn der Anknüpfung an Wählerstimmen und Zuwendungen soll eigentlich darin liegen, die Verwurzelung der Parteien in ihrer Basis und in der Bevölkerung finanziell zu fördern. Doch die Schatzmeister haben die Berechnungsgrößen bewusst so hoch angesetzt, dass die Summe selbst bei starkem Rückgang der Wahlbeteiligung immer noch weit mehr als 133 Millionen Euro ergibt und deshalb, um die absolute Obergrenze nicht zu überschreiten, proportional gekürzt werden muss. Auf diese Weise erhalten die Parteien nicht nur stets den Höchstbetrag, sondern die Staatsfinanzierung ist – entgegen ihrem verfassungsrechtlichen Sinn – von der Wahlbeteiligung völlig abgekoppelt.

Kommunale Wählergemeinschaften haben die Schatzmeister gezielt von der staatlichen Parteienfinanzierung ausgeschlossen. Das verstößt gegen den Gleichheitssatz, wie auch eine von Bundespräsident von Weizsäcker eingesetzte Sachverständigenkommission unterstrichen hat. Denn das viele Geld, das die Parteien aus der Staatskasse erhalten, fließt auch in die kommunalen Wahlkämpfe. Und hier stehen die Parteien im Wettbewerb mit Wählergemeinschaften, für deren Ausschluss von staatlichem Geld es keinen Grund gibt, schon gar keinen zwingenden Grund, der die Verletzung der Chancengleichheit allenfalls rechtfertigen könnte.

In Kombination mit der Steuervergünstigung führt die ganze Konstruktion zu der magischen Formel »Aus eins mach' (fast) drei!« Wie von Zauberhand vermehrt sich nämlich das Geld der Parteien auf Kosten der Steuerzahler. Ein Beispiel mag das System illustrieren, das die Schatzmeister der Parteien durchgesetzt haben: Da das Finanzamt Spendern die Hälfte der Zuwendung durch Steuerverzicht erlässt, kann, wer für seine Partei aus Eigenmitteln 1000 Euro aufbringen will, ihr 2000 Euro zuwenden. Und darauf gibt der Staat der Partei dann noch einmal einen Zuschuss von 38 Prozent, also weitere 760 Euro. Mit einer Eigenbelastung von 1000 Euro kann der Spender (oder der Beitragszahler) die Partei also um 2760 Euro reicher machen.

Die doppelte Subventionierung, die die Parteien und ihre Mitglieder und Förderer zu Gewinnern auf Kosten Dritter macht, verleitet vielfach zu Manipulationen. Für früher rein ehrenamtliche Tätigkeiten in der Partei werden jetzt Rechtsansprüche auf Vergütung oder Auslagenersatz konstruiert, nur um darauf dann zugunsten der Partei zu verzichten. Der Verzicht gilt als Spende, so dass der Spender 50 Prozent von seiner Steuerschuld abziehen und die Partei einen 38-prozentigen Zuschuss aus der Staatskasse einstreichen kann – eine Geldbeschaffungsmaschine, die dem alten alchemistischen Wunsch nahekommt, aus nichts Gold zu machen. Wie sich immer mehr zeigt, wäre es wohl sinnvoller gewesen, die Staatsfinanzierung allein an die Wählerstimmen zu knüpfen, bei denen derartige Manipulationen nicht möglich sind.

Parteisteuern

Neben den Staatszuschüssen und der Steuerbegünstigung von Zuwendungen zweigen die Parteien – drittens – Teile der Einkommen von Abgeordneten, Regierungsmitgliedern und anderen Amtsträgern ab (»Parteisteuern«), im Jahr 2005 etwa 52 Millionen. Diese Sonderbeiträge, die Amtsträger – zusätzlich zu ihren normalen Mitgliedsbeiträgen – an ihre Partei abführen, sind hochproblematisch; sie werden den Abgeordneten mit der Drohung, sie würden sonst nicht wieder aufgestellt, aus ihren Diäten förmlich abgepresst, obwohl diese ja eigentlich die Unabhängigkeit der Volksvertreter sichern sollen, und sind eine Art Staatsfinanzierung der Parteien durch die Hintertür. Die Belastung der Amtseinkommen mit dieser Hypothek bleibt natürlich nicht unberücksichtigt, wenn Politiker die Höhe ihrer Einkommen in eigener Sache festlegen. Parteisteuern werden deshalb von vielen Kommentatoren als verfassungswidrig angesehen (Verstoß gegen das Verbot mittelbarer staatlicher Parteienfinanzierung und gegen den Grundsatz des freien Mandats). Gleichwohl werden auch Parteisteuern weiterhin doppelt bezuschusst: Hier haben wir also die groteske Situation, dass sogar verfassungswidrige (oder jedenfalls hochproblematische) Leistungen von staatlicher Seite noch zweifach prämiert werden. Zudem haben solche Zahlungen mit der Verwurzelung der Parteien in der Bevölkerung, der die staatlichen Zuschüsse dienen sollen, rein gar nichts zu tun. Doch die Schatzmeister klammern sich an die Parteisteuern. Ihr Wunsch, diese Finanzquelle ungeschmälert beizubehalten, war auch das eigentliche Motiv für die Schaffung der viel zu hohen Steuerbegünstigung, beides ohne Rücksicht auf die verfassungsrechtlichen Grenzen und den Sinn der Begünstigung.

Alles in allem werden die politischen Parteien zu etwa zwei Dritteln aus der Staatskasse finanziert. Damit steht die relative Obergrenze bloß auf dem Papier. Sie besagt, dass die Staatsfinanzierung nicht mehr als die Hälfte der Gesamteinnahmen einer Partei ausmachen darf. Die offizielle Sichtweise bezieht aber weder die Steuervergünstigung noch die Parteisteuern in die Berechnung ein und bleibt dadurch regelmäßig unterhalb der Grenze.

Doch damit nicht genug: Hinzu kommen hohe staatliche Zahlungen an Parlamentsfraktionen, Abgeordnetenmitarbeiter und Parteistiftungen, die zu fast 100 Prozent vom Staat alimentiert werden. Rechnet man alle diese Leistungen, soweit sie den Parteien direkt oder indirekt zugute kommen, noch hinzu, steigt der Staatsanteil noch weiter. Die relative und die absolute Obergrenze, die beide nur auf die direkte Finanzierung der Parteien im engen staatsrechtlichen Sinn abheben, verlieren weiter an Relevanz.

Da das Parlament über Parteienfinanzierung in eigener Sache entscheidet, verdienen mögliche Kontrollen besondere Aufmerksamkeit. Doch darum ist es nicht allzu gut bestellt. Das gilt auch für die Verfassungsgerichte.

Scheinkontrolle durch das Bundesverfassungsgericht?

Das Bundesverfassungsgericht scheint zwar eine intensive Kontrolle auszuüben. Statt richterlicher Zurückhaltung sprechen viele vom richterlichen Aktivismus. Die bundesrepublikanische Geschichte der Parteienfinanzierung hat man auch als Kampf zwischen Macht und Recht interpretiert. Betrachtet man die Entwicklung aber im größeren Zusammenhang, so kommen Zweifel auf, ob das Bundesverfassungsgericht nicht im Gegenteil ganz wesentlich dazu beigetragen hat, dass die Parteien in Deutschland – mit den Worten Richard von Weizsäckers – wie im Schlaraffenland leben. Das Gericht hat die Staatsfinanzierung geradezu angestoßen und ihr den Weg gebahnt.

In einer Entscheidung von 1958, in der es allein um die Steuerbegünstigung von Parteispenden ging, hat das Gericht zur allgemeinen Überraschung die direkte staatliche Parteienfinanzierung so nebenbei für zulässig erklärt, ohne gleichzeitig irgendwelche Einschränkungen zu nennen. Die Bemerkung trug die Handschrift des Verfassungsrichters Gerhard Leibholz, der aufgrund seiner Parteienstaatsdoktrin immer schon für eine Staatsfinanzierung eingetreten war, was vielleicht auch seine wiederholte Berufung ins Gericht mit erklärt. Mit der Generalvollmacht aus Karlsruhe im Rücken führten die Regierungsparteien die staatliche Parteienfinanzierung sogleich ein. Das war 1959 ein absolutes Novum in Europa, und die Gelder stiegen von Jahr zu Jahr sprunghaft an, so dass das Gericht 1966 die Notbremse ziehen musste und nur noch die Erstattung von Wahlkampfkosten zuließ. Leibholz, der durch Stellungnahmen in der Öffentlichkeit seine Befangenheit gezeigt hatte, war vorher von den Beratungen ausgeschlossen worden. Doch bereits zwei Jahre später entwertete das Gericht – jetzt wieder unter tätiger Mitwirkung von Leibholz – die Begrenzung, indem es den Begriff der Wahlkampfkosten gewaltig ausweitete. Zugleich hatte das Gericht die Staatsfinanzierung der Parlamentsfraktionen abgesegnet, auch hier ohne wirksame Grenzen zu setzen. Den gerichtlichen »Persil-Schein« nutzten z.B. die Bundestagsfraktionen, um ihre Subventionen im Laufe der Jahre gewaltig hochzupuschen.

Auch die Staatsfinanzierung der Parteistiftungen, die die Parteien von manchen Aufgaben entlasten, hat das Gericht zugelassen, ohne wirksame Grenzen zu markieren, so dass sich die Parteien nach der Limitierung ihrer eigenen Finanzierung geradezu darauf gestoßen sahen, auch die Stiftungsfinanzierung gewaltig aufzublähen. Sie erhalten derzeit rund 350 Millionen Euro, wovon ein beträchtlicher Teil auf das Inland entfällt.

Mit dem Spendenurteil von 1986 lockerte das Gericht zur Überraschung von Wissenschaft und Praxis auch die bis dahin von ihm selbst eng gesteckten Grenzen für den steuerlichen Abzug von Spenden. Kurz zuvor hatten die Parteien den Staatsrechtslehrer und Parlamentarischen Staatssekretär der CDU, Hans Hugo Klein, zum Verfassungsrichter gemacht, der vorher durch massive Kritik an der engen Steuerbegünstigung von Spenden an Parteien hervorgetreten war. Hier zeigt sich einmal mehr, wie die Parteien über die Auswahl der Verfassungsrichter die Rechtsprechung zu ihren Gunsten beeinflussen können. Immerhin hat die einhellige Kritik der Wissenschaft an jenem Urteil, das weithin als peinliche Verbeugung vor der Politik angesehen wurde, das Gericht 1992 veranlasst, bei der steuerlichen Behandlung von Spenden zu seiner ursprünglichen strengen Auffassung zurückzukehren. Dadurch wurde allerdings der Eindruck einer Zickzack-Rechtsprechung eher noch verstärkt, so dass sich diejenigen ermutigt fühlten, die schon immer dafür eingetreten waren, es mit der Einhaltung der vom Gericht gezogenen Grenzen nicht allzu genau zu nehmen und die Belastbarkeit des Verfassungsgerichts stets aufs Neue zu testen. Das ist besonders misslich, weil das Gericht trotz allem in der repräsentativen Demokratie ein Hauptwiderlager gegen eine überzogene Parteienfinanzierung bleibt. Auch die 1994 in Kraft getretene Neuregelung der Parteienfinanzierung ist voller kalkulierter Grenzüberschreitungen, wie etwa die zu hohe Steuerbegünstigung von Zuwendungen an die Parteien zeigt.

Die in eigener Sache entscheidenden Parlamente haben die vom Gericht eröffneten Gestaltungsräume zu ihren Gunsten ausgeschöpft und sind teilweise auch darüber hinausgegangen. Das Gericht hat dem

Vorschub geleistet, weil es selbst bei eindeutig verfassungswidrigen Zahlungen die Parteien nicht zu einer Rückzahlung verurteilte, sondern nur für die Zukunft eine Anpassung verlangte.

Die Rechtsprechung hat die staatliche Parteienfinanzierung im Ergebnis also oft nicht gebremst, sondern zunächst initiiert und später oft auch beflügelt und der in eigener Sache entscheidenden politischen Klasse immer wieder die Möglichkeit eröffnet, sie weiter aufzublähen. Indem das Gericht, ohne Grenzen gleich mitzunennen, Wege aufgezeigt oder offen gelassen hat, die die in eigener Sache entscheidenden Parlamente und ihre Abgeordneten und Parteien alsbald nur allzu bereitwillig beschritten, bewirkte es in der Praxis eine Art Legitimationseffekt. Die vom Gericht bescheinigte Zulässigkeit einer Regelung (oder auch nur die nicht ausdrücklich erklärte Unzulässigkeit) wurde als umfassendes Gütesiegel dargestellt und schien dann eine sachliche Begründung des Gesetzes zu erübrigen und das Parlament aus seiner Verantwortung für eine gute und richtige Lösung zu entlassen.

Das Bundesverfassungsgericht entscheidet, wie jedes Gericht, nur auf Antrag. Das Antragsrecht ist aber auf Parteien und Regierungen beschränkt. Das dämpft seine Kontrollwirkung noch weiter. Denn die Schatzmeister der Parteien, die etwa die verfassungswidrige Steuerbegünstigung von Spenden durchgesetzt haben, können sich darauf verlassen, dass keine Partei oder Regierung dagegen vorgeht, und den Bürgern oder einer neutralen Instanz wird ein Antragsrecht zum Verfassungsgericht in Sachen Parteienfinanzierung nach wie vor vorenthalten. Damit haben wir das schon bei den Abgeordnetendiäten beobachtete Paradoxon, dass die Klageberechtigten nicht klagewillig sind und die Klagewilligen nicht berechtigt. Dem Entscheiden in eigener Sache bei der Gesetzgebung entspricht die ebenfalls in eigener Sache bewirkte Nicht-Anrufbarkeit des Gerichts durch Dritte.

Nicht einmal die Einhaltung der Gesetze, insbesondere des Parteiengesetzes, wird entschlossen überprüft. Und Gelegenheit macht nun mal Diebe. Die Kontrolle liegt hauptsächlich in der Hand von Wirtschaftsprüfern. Doch diese nehmen nur die Bundespartei, die Landesverbände und »mindestens zehn nachgeordnete Gebietsverbände« unter die Lupe. So haben es die Schatzmeister in § 29 Parteiengesetz geschrieben. Da jede der großen Parteien davon mehr als 10.000 hat, läuft das praktisch auf eine *Nicht*-Prüfung der nachgeordneten Gebietsverbände hinaus, obwohl viele Millionen staatlicher Subventionen auf der korrekten Rechnungsführung gerade der unteren Parteiebenen basieren. Dem Bundestagspräsidenten bindet das Parteiengesetz erst recht die Hände. Er soll sich nach dem im Parteiengesetz niedergelegten Willen der Schatzmeister möglichst raushalten. Er kann deshalb erst eingreifen, wenn ihm, etwa durch die Medien, mögliche Gesetzesverstöße bekannt werden. Gleichwohl waren und sind zahlreiche Parteien in einschlägige Verfahren verwickelt.

Die staatliche Parteienfinanzierung hat gewaltige Rückwirkungen auf die Parteien selbst. Das hat die Politikwissenschaft neuerdings herausgearbeitet, indem sie die Entwicklung von »Kartellparteien«, »Fraktionsparteien« und einer fraktionsübergreifenden »politischen Klasse« in Deutschland entdeckte. Damit scheinen sich frühe Warnungen vor der staatlichen Parteienfinanzierung etwa von Herbert Wehner und Dolf Sternberger zu bestätigen (siehe S. 222 f.). Wenn die politische Willensbildung nicht von unten nach oben verläuft, sondern umgekehrt von oben nach unten, wie sich gerade in der Parteienfinanzierung besonders deutlich zeigt, kann dann noch von Regierung durch das Volk, also von Demokratie, die Rede sein?

Abhilfen

Um die Entscheidung des Parlaments in eigener Sache zu beenden, ist vorgeschlagen worden, dem Parlament die Entscheidung ganz oder teilweise zu entziehen und die Entscheidung (also nicht nur die Beratung) auf eine Kommission von Unabhängigen zu übertragen. Der Staatsrechtslehrer und Parteienrechtler Wilhelm Henke hatte für eine solche Kommission plädiert, weil Entscheidungen in eigener Sache »zu politisch oder sachlich unerträglichen Ergebnissen« führten und deshalb gegen das Rechtsstaatsprinzip verstießen. Allerdings bleiben bei genauer Betrachtung einige letztlich unüberwindbare Einwände. Es besteht vor allem die Gefahr, dass dann das Parlament in Versuchung kommt, eine solche Kommission »gleichzuschalten« und zu einer »Hofkommission« zu degradieren.

Gelänge es der politischen Klasse, die Kommission organisatorisch, prozedural und personell in den Griff zu bekommen, wie dies bisher schon bei beratenden Kommissionen »gelungen« ist, wären Gefälligkeitsgutachten zu befürchten, die den Bürger und Steuerzahler vollends schutzlos machen: Das Parlament würde seine Hände in scheinbarer Unschuld waschen und auf die Entscheidung der Kommission verweisen. Diese aber wäre niemandem verantwortlich, hintenherum würden ihre Mitglieder aber für ihr Wohlverhalten von der Politik durch mancherlei Ehrenbezeugungen, aber auch durch Aufträge, Prozessvertretungen, Posten etc. belohnt. Auch verfassungsrechtlich wäre die Einrichtung einer solchen Kommission zweifelhaft, selbst wenn sie durch Verfassungsänderung erfolgte. Denn es fehlte ihr die erforderliche demokratische Legitimation, die über Artikel 79 Absatz 3 und Artikel 20 GG für alle Einrichtungen mit staatlicher Entscheidungsbefugnis unverzichtbar ist. Ein interessantes Verfahren praktiziert dagegen die Schweiz seit Langem. Dort steht jede parlamentarische Entscheidung über Diäten und Parteienfinanzierung unter dem Vorbehalt der Zustimmung des Volkes. Wäre es nicht angemessener, statt des in eigener Sache befangenen Parlaments das Volk als Souverän und eigentlichen Auftraggeber der Parteien auch in Deutschland über deren Subventionierung entscheiden zu lassen?

Sinnvoll wäre es auch, wenn das Parlament Erhöhungen der Staatsfinanzierung nur mit Wirkung für die künftige Legislaturperiode vornehmen dürfte. Dann würden zwischen der Entscheidung und ihrem Inkrafttreten eine Parlamentswahl und ein Wahlkampf liegen, in dem Parteien und Abgeordnete damit rechnen müssten, eventuelle Missbräuche vom Wähler vorgehalten zu bekommen. Auf diese Weise könnten überraschende Entscheidungen erschwert und die öffentliche Kontrolle verbessert werden. Eine solche Regelung hat bereits die Weizsäcker-Kommission für die Finanzierung der Parteien, der Fraktionen und parteinahen Stiftungen empfohlen.

F. In den Ländern

I. Der deutsche Länderföderalismus: unseliges Erbe der Besatzungsmächte

Neben dem Wahlrecht ist die Konstruktion der Länder im deutschen Föderalismus der Hauptgrund für die mangelnde Verantwortlichkeit und mangelnde Handlungsfähigkeit unseres politischen Systems. Die Mängel wurden allmählich derart offensichtlich, dass die wissenschaftlichen und politischen Spatzen sie förmlich von den Dächern pfiffen. Die politische Klasse konnte deshalb gar nicht mehr anders, als Abhilfe durch Reformen zu versprechen. Zwei Föderalismuskommissionen wurden eingesetzt. Die Ergebnisse der ersten, die zum 1. Juni 2006 in Kraft traten, blieben weitgehend wirkungslos, die zweite kam erst recht nicht mehr zu ernstzunehmenden Reformvorschlägen. Fast hatte man den Eindruck, es sei der Politik ganz recht, dass die Finanzkrise alles andere in den Schatten stellt und man den ursprünglich geplanten Abbau der Neuverschuldung auf den Sankt-Nimmerleins-Tag verschieben konnte, wenn längst andere die politische Verantwortung tragen. In die Kategorie nicht ernstzunehmender Initiationen gehörte auch der Vorschlag des SPD-Fraktionsvorsitzenden Peter Struck, »im nächsten Jahrzehnt« die Zahl der Bundesländer zu reduzieren. Struck hätte als einer der beiden Vorsitzenden der zweiten Föderalismuskommission die Möglichkeit gehabt, das Thema in der Kommission zur Sprache zu bringen. Er kam damit aber erst im Februar 2009 heraus – nach Beendigung der Arbeit der Kommission.

Die Strukturmängel unseres Föderalismus sind nur vor dem Hintergrund der historischen Entwicklung zu erklären. Am Anfang standen nach 1945 die Besatzungsmächte und die Regierungen der Bundesländer, die nach alliierten Vorgaben schon Jahre vor Entstehen der Bundesrepublik geschaffen worden waren. Sie stellten die Weichen für die weitere Entwicklung in ihrem Sinne. Nach Ausbruch des Kalten Krieges kurz nach dem Zweiten Weltkrieg hatte ein neuer gesamtdeutscher Staat auf unabsehbare Zeit keine Chance mehr. Um ein Gegengewicht zum kommunistischen Osten zu bilden, drängten die Westmächte auf die Errichtung eines westdeutschen Rumpfstaates. Sie ermächtigten deshalb die Ministerpräsidenten der elf westdeutschen Länder zur Einberufung einer »Verfassunggebenden Versammlung«, die schließlich als »Parlamentarischer Rat« am 1. September 1948 in Bonn zusammentrat, steckten aber zugleich den inhaltlichen Rahmen ab. In den »Frankfurter Dokumenten«, die sie den Ministerpräsidenten am 1. Juli 1948 übergaben, legten sie die spätere deutsche Republik auf eine »Regierungsform des föderalistischen Typs« fest. Auch die Länder selbst waren sehr darauf bedacht, ihre Kompetenzen möglichst groß zu halten. Besonders nachdrücklich traten die Vorläufergebilde des heutigen Baden-Württemberg und erst recht Bayern für die Länder-Autonomie ein. Im Parlamentarischen Rat hatten sie eine starke Stellung, da das Grundgesetz nur mit Zweidrittelmehrheit angenommen werden konnte und sie deshalb über eine Sperrminorität verfügten. Hinzu kam die Reaktion auf zwei Diktaturen: Die Nationalsozialisten hatten die Länder abgeschafft, und die Kommunisten in der Sowjetischen Zone wollten ebenfalls einen gesamtdeutschen Zentralstaat (in welchem sie sich starken Einfluss erhofften). Das Resultat war die Schaffung eines föderalen Staates, der Bundesrepublik Deutschland, in dem die Ministerpräsidenten der Länder eine besonders starke Stellung erhielten, weit stärker als etwa in der Weimarer Republik. In keinem anderen Bundesstaat der westlichen Welt bilden die Regierungschefs der Gliedstaaten die zweite Kammer des Zentralstaates, der auf diesem Wege bei fast allen wichtigen Bundesgesetzen auf ihre Zustimmung angewiesen ist. Und diese extrem machtvolle Position haben die Ministerpräsidenten sich selbst geschaffen. In der Diskussion über die Ausgestaltung der Zweiten Kammer einigten sich der bayerische Ministerpräsident Hans Ehard und der nordrhein-westfälische Innenminister Walter Menzel bei einem gemeinsamen Abendessen am 26. Oktober 1948 darauf, für die Ministerpräsidenten-Lösung Druck zu machen, und verhalfen dieser damit im Parlamentarischen Rat zum Durchbruch. Die Befürworter des Senatsmodells, also einer Zusammensetzung der Länderkammer aus extra gewählten Senatoren, zu denen Konrad Adenauer, Kurt Schumacher, Carlo Schmid, Theodor Heuss und andere prominente Mitglieder des Parlamentarischen Rates zählten, vermochten an dieser Absprache zwischen den Vertretern der beiden größten Länder nichts mehr zu ändern. Die Landesfürsten haben also selbst dafür gesorgt, dass ihre Starrolle im Bundesrat im Grundgesetz verankert wurde.

Der Haupteffekt des bundesrepublikanischen Föderalismus ist die vielfache Aufsplitterung der Macht, die sich in sogenannten Vetopositionen zeigt. Das mag etwa auf Bundesebene Missbrauch erschweren, beeinträchtigt andererseits aber die politische Verantwortung und Handlungsfähigkeit, auf welche es in unserer Zeit vor allem ankommt. Und die Vorstellung, der Ideenwettbewerb der Länder begünstige innovativen Fortschritt, wird häufig von der Praxis widerlegt. Die Länder neigen vielmehr dazu, Gesetze und sonstige Maßnahmen in Kultusminister-, Innenminister- und sonstigen Konferenzen untereinander abzustimmen. Das begünstigt eine Nivellierung nach unten. Den Ausschlag gibt regelmäßig das schwächste Land. Es gibt ungefähr tausend solcher Koordinierungsgremien, in denen die Länder auf politischer und auf Verwaltungsebene ihre Entscheidungen angleichen. Erst seitdem die Länder endlich der Erstellung und Veröffentlichung länderspezifischer Vergleiche von Leistungen von Schülern zustimmen, könnte sich hier etwas ändern. Die mannigfaltigen Abstimmungsprozesse stärken die Exekutive weiter – zu Lasten der Landesparlamente, die die länderübergreifenden Absprachen oft nur noch formal absegnen können.

Hinzu kommt, dass die Gesetzgebung zunehmend an den Bund abgegeben wurde. So haben die Länder im Bereich der besonders wichtigen Steuergesetzgebung praktisch keine Kompetenz – weniger noch als die Gemeinden, die immerhin die Hebesätze der Gewerbe- und Grundsteuer festsetzen können. Die Übertragung auf den Bund war allerdings nicht ohne Zustimmung des Bundesrats, sprich: der Ministerpräsidenten, möglich, die sie nur unter der Voraussetzung erteilten, dass der Bund von der neuen Gesetzgebung wiederum nur mit Zustimmung des Bundesrats Gebrauch machen konnte. Auch dies bewirkte eine Machtverschiebung zu den Landesregierungen – auf Kosten der Landesparlamente. Die Föderalismusreform hat zwar einige Gesetzgebungskompetenzen auf die Länder zurückübertragen. Der langfristige Trend wurde dadurch aber nicht gebrochen. Das erklärte Ziel, die Zahl der zustimmungsbedürftigen Bundesgesetze durchgreifend zu senken und damit die Blockademacht des Bundesrats zu brechen, wurde nicht erreicht.

Unser spezifisch bundesdeutscher Föderalismus schwächt den Bund. Die Ministerpräsidenten können alle wichtigen Bundesgesetze blockieren. Und da Regierungen der Oppositionsparteien im Bundesrat meist die Mehrheit besitzen, ist diese Gefahr auch ganz real. Der Föderalismus bewirkt zugleich aber auch eine politische Schwächung der Länder, besonders der Landesparlamente. Ihre Befugnisse sind derart ausgedünnt, dass immer häufiger die Frage gestellt wird, ob man den Ländern wirklich noch den Charakter eigenständiger Staaten zubilligen kann. Doch dafür hat die politische Klasse, die sich in den Ländern bequem eingerichtet hat, natürlich kein Ohr. Die Landesparlamente suchen ihr Heil stattdessen in Ersatzbefriedigungen, beschäftigen sich vielfach mit Themen, die sie gar nichts angehen, und entschädigen sich für ihre Entmachtung mit überzogener Bezahlung und Versorgung. Trotz ihres enormen Kompetenzverlustes haben die Landesparlamentarier nicht die nahe liegende Konsequenz einer Rückkehr zum Teilzeitparlament gezogen, sondern vielmehr ihren finanziellen Status derart ausgebaut, dass seine Unangemessenheit für Kenner auf der Hand liegt. Auch der finanzielle Status von Regierungsmitgliedern ist vielfach unangemessen. Obwohl eine Reihe von völlig übertriebenen Privilegien von Landesministern – nach einschlägigen Analysen des Verfassers dieses Buches – in den Neunzigerjahren aufgehoben werden mussten, bestehen andere weiterhin fort (siehe S. 27 f.).

Erleichtert wird dies dadurch, dass die öffentliche Kontrolle der Landespolitik nach wie vor ausgesprochen lasch ist. Die großen überregionalen Medien pflegen sich auf die Bundespolitik zu konzentrieren, und die regionalen fühlen sich meist auf ein gutes Verhältnis zu den Machthabern in den Ländern angewiesen. Das bereitet den Boden für manche anderen Auswüchse. So ist die rechts- und verfassungswidrige parteipolitische Ämterpatronage gerade in den Ländern besonders verbreitet. Dort stehen auch sehr viel mehr Posten zur Verfügung als im Bund. Da die Länder fast alle Gesetze ausführen, auch die des Bundes und der Europäischen Union, stellen sie das Gros der Verwaltungsangehörigen. Die Gerichtsbarkeit liegt ebenfalls schwerpunktmäßig in der Hand der Länder. Aufgrund der schwachen Kontrolle kann sich hier das Eigeninteresse der politischen Klasse relativ ungestört durchsetzen. Das wird natürlich möglichst unter der Decke gehalten. Nur manchmal erhascht die Öffentlichkeit einen Blick auf die wahren Verhältnisse. So zum Beispiel beim Urteil des hessischen

Staatsgerichtshofs vom 11. Juni 2008 über die (von der CDU eingeführten und auch von der FDP befürworteten) Studiengebühren. Da machten Richter keinen Hehl mehr aus ihrem Parteibuch und ihren Loyalitäten: Die sechs von der CDU und der FDP Bestellten votierten ganz ungeniert für die verfassungsrechtliche Zulässigkeit, während die fünf Richter, die ihr Amt der SPD und den Grünen verdanken, ihre Verfassungswidrigkeit erklärten. Missbrauchen Parteipolitiker ihre Macht, um genehme Personen in die Organe zu wählen, die sie eigentlich kontrollieren sollen, wird die Gewaltenteilung unterlaufen und die Funktion der Dritten Gewalt gefährdet. Das Problem betrifft auch die öffentlich-rechtlichen Medien als wichtige Teile der »Vierten Gewalt«. Das wurde beim Versuch von Roland Koch und anderen CDU-Politikern, die Verlängerung des Vertrages des ZDF-Chefredakteurs Nikolaus Brender zu verhindern, dem Publikum einmal mehr vor Augen geführt. Auch die Verbeamtung der Parteien und Parlamente ist in den Ländern besonders weit fortgeschritten, was – angesichts ihrer primären Zuständigkeit für Verwaltung und öffentlichen Dienst – leicht zu Entscheidungen der Beamtenparlamente in eigener Sache führt.

Ein Grundproblem des deutschen Föderalismus bleibt der unangemessene Zuschnitt der Länder, der auf der Willkür der früheren westlichen Besatzungsmächte beruht. Schon die Militärgouverneure hatten die Problematik erkannt. Eine durchgreifende Gebietsreform kam seinerzeit aber nicht zustande, ebenso wenig wie in den folgenden Jahrzehnten, obwohl das Grundgesetz sie zwingend vorschrieb. Als deshalb ein Urteil des Bundesverfassungsgerichts drohte, wandelte man Mitte der Siebzigerjahre die Muss- in eine bloße Sollvorschrift um. Statt der Pflicht zu entsprechen, schaffte man sie kurzerhand ab.

Eine fatale Folge dieses Versagens ist der sogenannte Finanzausgleich. Wirtschaftlich stärkere Länder wie Hessen, Baden-Württemberg und Bayern müssen große Geldsummen an schwächere Länder wie Bremen oder das Saarland abführen. Länder, die erfolgreich wirtschaften, werden bestraft und Länder, die sich an den Rand der Zahlungsunfähigkeit manövriert haben, begünstigt. Da der Finanzausgleich weitgehend erfolgs*un*abhängig ist, verlieren die Länder leicht das Interesse an der Sicherung und Stärkung ihres Steueraufkommens. Wenn der Löwenanteil doch anderen zugute kommt, warum soll ein Land wie Hessen dann noch seine Frankfurter Banken, ein Land wie

Baden-Württemberg oder Bayern seine Industrie etwa mit rigoroser Betriebsprüfung und Steuerfahndung verschrecken?

Der Bundesstaat will der Idee nach durch Aufteilung der Kompetenzen auf Bund und Länder mehr politische Handlungsfähigkeit und mehr Bürgernähe erreichen. Doch in der Realität hat sich die Idee ins Gegenteil verkehrt. Tatsächlich ist der deutsche Föderalismus zu einer Art Ersatz-Zentralismus geworden. Und der ist sehr viel schlechter als wirklicher Zentralismus, bei dem man immerhin die zentrale Regierung und die Parlamentsmehrheit verantwortlich machen kann. Bei uns wird dagegen im Bund *und* in den Ländern die politische Verantwortung verwischt; die Parlamente und die Bürger werden entmachtet. Das hat es der politischen Klasse leicht gemacht, Pfründen anzuhäufen. Zugleich hat sie sich aber immer weiter von den Bürgern entfernt und ihre politische Handlungsfähigkeit eingeschränkt.

Verfassungsreformen in den Ländern

Um die Länder politisch zu beleben, erscheinen mehrere Reformen angezeigt. Einmal sollten die Regierungschefs direkt gewählt werden. Gerade in den Bundesländern, deren Aufgaben fast ausschließlich die Exekutive beinhaltet, läge es nahe, den Ministerpräsidenten als Spitze dieser Exekutive auch direkt vom Volk wählen zu lassen. Der Vorschlag geht auf den Nestor der deutschen Politikwissenschaft, Theodor Eschenburg, zurück und wurde von Kennern der Landespolitik immer wieder aufgegriffen. Die »Frankfurter Intervention«, eine parteiübergreifende Gruppe von bekannten Wissenschaftlern, Politikern und Journalisten, hat sich den Vorschlag schon in den Neunzigerjahren zu eigen gemacht. Auch die österreichische Reformdiskussion hat ihn aufgegriffen. Die SPD in Thüringen schien sich damit anzufreunden, wurde dann aber von der Landtagsfraktion zurückgepfiffen (siehe S. 254). Bisher ist die Realisierung an den Eigeninteressen der Parlamentarier gescheitert, die fürchten, dann werde ihre eigene mangelnde demokratische Legitimation erst recht deutlich und der Druck auf Reformen des Landtagswahlrechts übermächtig. Dann aber, so fürchten sie weiter, könnte der Wähler das bisher abgeschottete, selbstreferenzielle Biotop der politischen Klasse kräftig aufmischen.

Die Direktwahl würde die Macht der Parteien begrenzen, dem Bürger mehr Einfluss geben und die Gewaltenteilung wiederherstellen.

Dann müssten Parteien in ihrem eigenen Interesse bei der Kandidatenaufstellung volksnahen Persönlichkeiten eine Chance geben. Dann wäre auch endlich Schluss mit der Entmündigung der Bürger, die sich vor allem dann zeigt, wenn Parteien einen Ministerpräsidenten, den sie bei der Wahl als ihren Kandidaten präsentiert hatten, mitten in der Wahlperiode gegen eine Person austauschen, die bei der Wahl nie zur Debatte gestanden hatte. So waren in Bayern Günther Beckstein hinter dem Rücken der Wähler als Nachfolger von Edmund Stoiber 2007 und Horst Seehofer als Nachfolger von Beckstein im Herbst 2008 ins Amt gekommen. In Sachsen hatte Georg Milbradt 2002 das Amt von Kurt Biedenkopf geerbt und im Mai 2008 Stanislaw Tillich von Milbradt, ohne dass das Volk ein Wörtchen mitreden durfte. In Mecklenburg-Vorpommern übernahm – ohne jede Mitwirkung des Volkes – Erwin Sellering im Oktober 2008 das Amt von Ministerpräsident Harald Ringstorff. Nach dem neuen System müsste beim Ausscheiden eines Ministerpräsidenten sogleich zur erneuten Direktwahl geschritten werden.

Die Entmachtung der Landesparlamente und die Verschiebung der Gewichte immer stärker hin zu den Landesregierungen und zu den Ministerpräsidenten, die von ihren Parlamenten gerade in den Landesdomänen – der Ausführung von Bundesgesetzen und der bundespolitischen Mitgestaltung im Bundesrat – nicht mehr wirksam kontrolliert werden, lässt es als immer schiefer und inadäquater erscheinen, wenn nur das politisch weitgehend entleerte Parlament, nicht aber der eigentliche Träger der Landesgewalt, die Regierung und ihr Chef, durch direktdemokratische Wahlen legitimiert und kontrolliert werden. Die Direktwahl des Ministerpräsidenten würde das Parlament nicht etwa noch weiter schwächen, sondern im Gegenteil aufwerten. Die Parlamentsmehrheit würde aus ihrer Abhängigkeit von der Regierung befreit. Da sie die Regierung nicht mehr wählen und an der Macht halten müsste, würde sie in viel stärkerem Maße als bisher zu einem eigenständigen politischen Machtfaktor. Das käme der wirksamen Kontrolle der Regierung und der Gewaltenteilung zugute. Die überkommenen Begriffe führen in die Irre: In der sogenannten parlamentarischen Demokratie ist das Parlament nicht etwa besonders stark. Wegen der machtpolitischen Verkoppelung der Parlamentsmehrheit mit der Regierung ist das Parlament vielmehr ausgesprochen schwach, viel schwächer als in der sogenannten Präsidialdemokratie. Der Regierungschef müsste um die Parlamentarier werben, um sie von der Güte seiner Initiativen zu überzeugen.»Nicht die Parteiräson, nicht eine militante Fraktionsloyalität gibt dann den Ausschlag, sondern die Argumentationskraft des Regierungschefs. Die politische Führungsqualität wird auf diese Weise verfeinert, die Autonomie der Parlamentarier erhöht, die Debatte offener und in der Sache ernster genommen.« So der Parteiensoziologe Franz Walter in seinem Plädoyer für Minderheitsregierungen. Für direkt gewählte Ministerpräsidenten gilt die Aussage erst recht.

Vorbild für die Direktwahl des Ministerpräsidenten könnte die Direktwahl der Bürgermeister in Städten und Gemeinden sein, die in Süddeutschland seit Langem ein Erfolgsmodell ist und in den Neunzigerjahren auch auf andere Flächenstaaten übertragen wurde (siehe S. 271 ff.). Da im Land und in der Stadt die Hauptaufgaben im Bereich der Verwaltung liegen, sind die Unterschiede zwischen beiden Gebietskörperschaften sehr viel geringer, als es auf den ersten Blick scheinen mag. Direkt gewählte Ministerpräsidenten ließen sich auch im Bundesrat nur schwer parteipolitisch einbinden und auf eine machtpolitisch motivierte Blockade verpflichten, so dass auch dieses Strukturproblem verringert würde.

Seit der jüngsten Entwicklung der Parteienlandschaft spricht erst recht alles für die Direktwahl des Ministerpräsidenten. Mit dem Einzug der Linken in die Parlamente von Bremen (Mai 2007), Niedersachsen (Januar 2008), Hamburg (Februar 2008) und Hessen (Januar 2008 und 2009) und ihren stark angestiegenen Umfragewerten im Saarland etabliert sich auch im Westen der Bundesrepublik ein Fünf-Parteien-System. Das erschwert die Bildung einer Mehrheitsregierung und kann, wenn es doch dazu kommt, zu Koalitionen führen, die der Wähler nie und nimmer gewollt hat. Auch die politische Verantwortung zerfließt in Großen Koalitionen oder Dreierkoalitionen. Es ist deshalb kein Zufall, dass der Ruf nach der Mehrheitswahl des Parlaments (siehe S. 155 ff.) wieder lauter wird oder sogar Minderheitsregierungen das Wort geredet wird. Doch dabei wird regelmäßig übersehen, dass es mit der Direktwahl des Ministerpräsidenten noch eine andere Alternative gibt, die eine Mehrheitsregierung unmittelbar durch die Wähler sichert, ohne dass den kleineren Parteien der Garaus gemacht wird. Der Vorschlag besitzt zudem den Charme, dass er auch durchsetzbar ist, sogar gegen den Widerstand der politischen Klasse, wohingegen die Mehrheitswahl, jedenfalls auf Bundesebene, auf absehbare Zeit kaum eine Chance besitzt.

Die praktische Realisierbarkeit demonstriert wieder der erwähnte Siegeszug der Direktwahl von Bürgermeistern, die ebenfalls nur durch Volksbegehren und Volksentscheide (oder glaubwürdiges Drohen damit) durchgesetzt werden konnte. Den Ausgangspunkt hatte 1991 ein Volksentscheid in Hessen gebildet, bei dem sich 82 Prozent der Abstimmenden für die Direktwahl der Bürgermeister aussprachen. Inzwischen werden die Stadtoberhäupter in allen dreizehn Flächenländern direkt gewählt.

Wichtig ist auch, dass Stimmenenthaltungen im Bundesrat nicht mehr als Nein-Stimmen gewertet werden, was die Blockademacht der Länder unangemessen erhöht und kleineren Parteien einen völlig unverhältnismäßigen Einfluss verschafft (siehe S. 155). Bei Einführung der Direktwahl wird aber auch dieses Problem weitgehend entschärft. Ebenso wichtig sind die Herabsetzung der Zahl der Länder und ihr Neuzuschnitt. Dadurch würde auch der aberwitzige Finanzausgleich weitgehend erübrigt.

Weitere Reformen sollten folgende Inhalte haben:

– Einführung von Vorwahlen in den Wahlkreisen, um zu verhindern, dass Hochburg-Parteien den Wählern ihre Kandidaten aufzwingen;
– flexible Wahllisten mit Kumulieren und Panaschieren, um es dem Wähler zu ermöglichen, auch die Listenabgeordneten mitzubestimmen, oder Mehrheitswahl;
– Verkleinerung der Landtage;
– Schaffung von Teilzeitparlamenten und Reorganisation und Konzentration der Landtagsarbeit; dadurch würde das Mandat auch für beruflich Erfolgreiche attraktiver, weil sie dann den Beruf leichter neben dem Mandat fortführen können;
– Ersetzen der Vollalimentation und Überversorgung von Landtagsabgeordneten durch die Zahlung einer wirklichen »Entschädigung« (so auch der Wortlaut der Verfassungen);
– Beseitigung unangemessener Versorgungsprivilegien von Regierungsmitgliedern;
– Unvereinbarkeit von Regierungsamt und Abgeordnetenmandat;
– Absenkung der Quoren für Volksbegehren auf das Niveau von Brandenburg oder Schleswig-Holstein (vier oder fünf Prozent der Wahlberechtigten), Beseitigung von Abstimmungsquoren bei Volksentscheiden und Erweiterung des Gegenstandsbereichs der Volksgesetzgebung.

So würde insgesamt mehr Handlungsfähigkeit und mehr Bürgernähe der Politik ermöglicht. Alle diese Reformen (einschließlich der Direktwahl des Ministerpräsidenten) könnten durch Volksbegehren und Volksentscheid durchgesetzt werden, die in den Ländern nur darauf warten, dass Bürger von ihnen Gebrauch machen.

II. Amtsmissbrauch: Manipulation von Wahlterminen

Der Landtag von Brandenburg wird am 27. September 2009 gewählt, am selben Sonntag wie der Bundestag. Dagegen finden die Landtagswahlen in Thüringen, Sachsen und im Saarland am 30. August 2009 statt, vier Wochen vor der Bundestagswahl. Dort müssen die Wähler also kurz hintereinander zweimal zu den Urnen gehen. Der Grund ist ein rein machttaktischer: Die CDU, die im Saarland und in Thüringen allein regiert und auch in Sachsen in der Koalition mit der auf 9,8 Prozent geschrumpften SPD das Sagen hat, verspricht sich von den getrennten Wahlterminen ein besseres Abschneiden. Ihre Strategen gehen von dem Erfahrungssatz der Wahlforscher aus, die niedrigere Beteiligung bei Landtagswahlen komme ihrer Partei zugute, weil die SPD dann größere Probleme habe, ihre Anhänger zu mobilisieren. Während die Politik sonst immer niedrige Wahlbeteiligung beklagt, spekuliert die CDU hier geradezu darauf, um ihre Chancen zu erhöhen. Dazu kommt noch ein weiteres Kalkül: Im Saarland und in Thüringen, wo die Ministerpräsidenten Peter Müller und Dieter Althaus derzeit noch einer CDU-Alleinregierung vorstehen, könnte die Linke bei der Landtagswahl so gut abschneiden, dass sie zusammen mit der SPD rechnerisch eine neue Regierung bilden könnte. Falls sich das abzeichnet, hätte die Union die Möglichkeit, die Aussage von Müntefering und Steinmeier, die auf Bundesebene eine solche Koalition vorerst ausschließen, unmittelbar vor der Bundestagswahl wählerwirksam in Frage zu stellen. Die Terminierung ist natürlich auf großen Protest der SPD gestoßen, die alle vier Landtagswahlen mit der Bundestagswahl zusammenlegen wollte in der Hoffnung, im Windschatten der Bundestagswahl auch in den Ländern ein besseres Ergebnis zu erzielen.

In der Tat stellt sich die Frage, ob es mit dem Grundsatz der Chancengleichheit bei Wahlen vereinbar ist, dass die Regierungsparteien und ihre Exponenten die Befugnis besitzen, den Termin im Interesse ihres Machterhalts festzulegen. Die Chancengleichheit im politischen Wettbewerb ist von größter Bedeutung für die Legitimation der demokratischen Mehrheitsherrschaft. Und das Bundesverfassungsgericht hat die Einhaltung jenes Grundsatzes bisher meist streng eingefordert.

Im Saarland und in Thüringen bestimmt die Landesregierung ganz allein den Wahltag, in Sachsen legt sie ihn im Einvernehmen mit dem Landtagspräsidium fest. So steht es in den jeweiligen Landeswahlgesetzen. Doch Regierungen sind alles andere als neutral, wenn es um ihre (Wieder-)Wahl geht. Zwar suchen die CDU-Ministerpräsidenten das Wahl-Splitting öffentlich damit zu rechtfertigen, sonst würden die Landtagswahlen zu sehr von Bundesthemen überlagert. Doch das ist vorgeschoben. Der Ministerpräsident ist meist gleichzeitig Parteivorsitzender, und Minister pflegen ebenfalls Exponenten der Regierungsparteien zu sein. Die Terminierung richten sie, auch wenn sie formal als Landesregierung entscheiden, tatsächlich am eigenen Machterhalt und dem ihrer Partei aus. Im Frühjahr 2008 hatte Peter Müller das noch offen zugegeben: Alle Parteien würden Wahltermine suchen, in denen für sie das beste Ergebnis zu erwarten sei.[1]

Doch damit erhält die Regierung – über den polit-psychologischen »Amtsbonus«, der nun einmal nicht abzuschaffen ist, hinaus – noch einen zusätzlichen *rechtlichen* Hebel, den Wettbewerb zu ihren Gunsten zu verfälschen, und das widerspricht der Fairness der Wahl. Man könnte das ändern, indem der Wahltag in der Landesverfassung exakt festgelegt und damit dem Machterhaltsinteresse der Regierung entzogen wird. Schulferien und andere relevante Termine müssen sich dann danach richten.

Ähnliche rein machtpolitische Überlegungen bestimmen oft auch die Terminierung der Kommunalwahlen. Die nordrhein-westfälische CDU/FDP-Mehrheit wollte sie auf den 7. Juni 2009 legen, den Tag der Europawahl, obwohl die Amtszeit der Stadt-, Gemeinde- und Kreisräte in Nordrhein-Westfalen erst im Herbst endet und deshalb eine Zusammenlegung mit der Bundestagswahl am 27. September eigentlich sehr viel näher läge. Das Vorziehen des Termins hätte viereinhalb Monate lang ein politisches Interregnum in den Kommunen bedeutet: Die neu gewählten Räte und Bürgermeister hätten rechtlich noch nichts zu sagen, die alten aber hätten ihre Legitimation verlo-

---

[1] Kölner Express vom 14. Mai 2008, S. 2.

ren, politische Entscheidungen zu treffen, weil sie faktisch abgewählt wären. Wenn sie aber doch entschieden, könnten sie dafür vom Wähler nicht mehr verantwortlich gemacht werden. Auch hier war wohl die Hoffnung der CDU, bei niedriger Wahlbeteiligung besser abzuschneiden, das zentrale Motiv. Und die Wahlbeteiligung bei Bundestagswahlen ist eben erfahrungsgemäß sehr viel höher als bei Europawahlen. Der nordrhein-westfälische Verfassungsgerichtshof hat das Vorziehen der Wahl mit Urteil vom 18. Februar 2009 mit Recht für verfassungswidrig erklärt. Als neuen Wahltermin hat die Regierung den 30. August 2009 festgelegt – mit voraussichtlich noch niedrigerer Wahlbeteiligung!

III. Der Ministerpräsident: König im eigenen Land

Ministerpräsident in einem deutschen Bundesland sein ist einer der schönsten Jobs der Welt. Man ist »Herrscher aller Reussen« im Land. Auch wenn man vorher, etwa als Fraktionsvorsitzender, ein richtiger Wadenbeißer war und nach allen Richtungen, besonders aber gegen die politische Konkurrenz, gegeifert hat – ist man erst einmal Chef der Landesregierung, mutiert man regelmäßig in die landesväterliche Attitüde. Und dann kann einen, solange man sich nicht gravierende Fehler erlaubt wie zum Beispiel Lothar Späth in Baden-Württemberg und Gerhard Glogowski in Niedersachsen kein Herausforderer mehr aus dem Sattel heben, es sei denn, er käme aus den eigenen Reihen. Die Partei darf man auch als Ministerpräsident nicht auf Dauer vernachlässigen. So ist Bernhard Vogel in Rheinland-Pfalz ebenso an der Partei gescheitert (siehe S. 251) wie Kurt Biedenkopf oder Georg Milbradt in Sachsen (siehe S. 244 ff.) und Edmund Stoiber in Bayern (siehe S. 209 f.). Dabei haben die beiden Letzteren allerdings durch eigenes Fehlverhalten zu ihrem Sturz beigetragen.

Ministerpräsidenten können auch in der Bundespolitik, wo nun einmal die politische Musik gespielt wird, mitmischen, da sie ja in Berlin im Bundesrat sitzen, und der hat über fast alle wichtigen Bundesgesetze mit zu entscheiden. Das bedeutet Macht ohne Verantwortung. Denn das Gesetz hat regelmäßig die Bundesregierung und ihre Parlamentsmehrheit zu verantworten.

Ministerpräsidenten sind das Reservoir der Bundespolitik. Fast alle Kanzler (und viele Bundesminister) waren vorher Chef eines Landes.

Von Kurt Georg Kiesinger über Willy Brandt zu Helmut Kohl und Gerhard Schröder. Und auch die Herausforderer kamen häufig daher: Franz Josef Strauß, Edmund Stoiber, Rudolf Scharping, Oskar Lafontaine, um nur einige zu nennen.

Probleme gibt es allerdings häufig mit solchen Amtsinhabern, die – allein aufgrund von Partei- und Fraktionsbeschlüssen – mitten in der Wahlperiode einem ausscheidenden Ministerpräsidenten nachfolgen, ohne sich in einem Wahlkampf bewährt zu haben. Dann kommen leicht Personen ans Ruder, die den Aufgaben nicht wirklich gewachsen sind: Beispiele sind Carl-Ludwig Wagner in Rheinland-Pfalz, Glogowski in Niedersachsen, Milbradt in Sachsen und Beckstein in Bayern.

In den Ländern, besonders im größten Land Nordrhein-Westfalen, zeichnen sich häufig Entwicklungen ab, die dann auch auf den Bund überschwappen. Als die FDP Mitte der Sechzigerjahre die Koalition mit der CDU unter Bundeskanzler Ludwig Erhard aufkündigte und fast gleichzeitig in Nordrhein-Westfalen eine Koalition mit der SPD unter dem dortigen Ministerpräsidenten Arnold einging, läutete dies die Große Koalition (1966 bis 1969) ein. Als die SPD im Frühjahr 2005 – auch aufgrund der Hartz-IV-Reformen – in Nordrhein-Westfalen ein Wahldesaster erlebte, initiierte Bundeskanzler Gerhard Schröder die Auflösung des Bundestags und Neuwahlen im Herbst 2005, was schließlich in die zweite Große Koalition einmündete.

Die starke Stellung des Ministerpräsidenten sollte einerseits wirklich demokratisch legitimiert sein, andererseits aber auch gut kontrolliert werden. Bei Amtsinhabern, die keine Wahl als Spitzenkandidat bestritten haben, sondern während der Legislaturperiode ohne Mitwirkung der Wähler von ihrer Partei in den Sattel gehoben werden, fehlt die Legitimation unübersehbar. Ein Beispiel ist Horst Seehofer. Er wurde, obwohl Günther Beckstein bei der letzten bayerischen Landtagswahl CSU-Spitzenkandidat war, nach der Wahl kurzerhand Ministerpräsident. Würden Ministerpräsidenten direkt vom Volk gewählt, wäre Derartiges ausgeschlossen (siehe S. 236 f.). Zugleich würde auf diese Weise auch die Kontrolle verbessert. Die Landtagsmehrheit wäre nicht mehr politisch dazu verdonnert, den von ihr gewählten Ministerpräsidenten zu stützen und gegen Kritik der Opposition zu verteidigen. Vielmehr wäre der ganze Landtag dann frei, den Regierungschef höchst wirksam zu kontrollieren, wie wir dies bei Präsidialsystemen ja kennen.

IV. Sachsen: immer noch CDU-dominiert

Sachsen nimmt wirtschaftlich den ersten Platz unter den ostdeutschen Ländern ein. Seine Schüler erzielen in Vergleichstests Spitzenergebnisse. Das beruht nicht nur auf dem sprichwörtlichen Fleiß und Geschick seiner Einwohner, sondern auch auf der glücklichen Hand seines ersten Ministerpräsidenten Kurt Biedenkopf, der von 1990 bis 2002 die Geschicke des Landes lenkte. Als er in den Achtzigerjahren bei Helmut Kohl in Ungnade gefallen war, schien seine politische Karriere zu Ende. Nach dem Fall der Mauer lehrte Biedenkopf kurze Zeit an der Universität Leipzig, machte sich dort bekannt, und die CDU Sachsens griff auf den in vielen wissenschaftlichen und politischen Ämtern erfahrenen Mann zu. An der Spitze der CDU gewann Biedenkopf dreimal hintereinander mit weit über 50 Prozent der Stimmen die absolute Mehrheit – und das in Sachsen, das in Weimarer Zeiten als »rot« bekannt war. Doch nach Jahren rührte sich auch in der eigenen Partei Widerstand gegen den immer selbstherrlicher auftretenden »kleinen Landeskönig«. Sein Finanzminister Georg Milbradt, der sich Hoffnung auf die Nachfolge machte, scharrte so vernehmbar mit den Füßen, dass Biedenkopf ihn kurzerhand entließ. In dieser Situation kam nicht nur eine Affäre hoch, bei der Biedenkopf einem Freund, dem Kölner Unternehmer Heinz Barth, lukrative Geschäfte auf Kosten des Freistaats verschafft haben soll, sondern Biedenkopf und seine das Licht der Öffentlichkeit suchende Ehefrau begingen auch einige, für sich genommen, wenig gravierende Instinktlosigkeiten (Stichwort »Ikea-Affäre«), die aber medial aufgebauscht wurden. Der Vorwurf, dienstliche und private Angelegenheiten seien vermischt worden, wurde laut. In der Anfangszeit wäre das nie passiert. So musste der inzwischen 72-Jährige 2002 zurücktreten und Milbradt Platz machen, obwohl er ihn für ungeeignet hielt für das hohe Amt. Unter der neuen Führung verlor die CDU bei der Landtagswahl 2004 dann auf einen Schlag fast 16 Prozentpunkte und stürzte von den 1999 noch errungenen 56,9 Prozent der Wählerstimmen auf 41,1 Prozent ab, so dass ein Weiterregieren nur mit Hilfe eines Koalitionspartners möglich war. Da ein Zusammengehen mit der FDP nur 62 von 124 Sitzen im Landtag ergeben hätte, kam es zu einer Koalition mit der SPD. Hier von einer »großen« Koalition zu sprechen, verbietet sich allerdings: Die SPD war auf nur noch 9,8 Prozent der Stimmen zusammengeschmolzen und bildete mit der CDU eine ziemlich peinliche Koalition der Verlierer. So wurde der CDU die Macht erhalten, obwohl sie massiv an Vertrauen verloren hatte. Hier zeigt sich deutlich der Aberwitz unseres Wahlsystems, aber auch, wie sinnvoll es wäre, den Regierungschef direkt zu wählen. Mit 23,6 Prozent der Stimmen ist die PDS längst zur zweiten politischen Kraft im Freistaat herangewachsen. Die Wahl vom 19. September 2004 hatte auch sonst die politische Landschaft verändert. FDP (5,9 Prozent der Zweitstimmen) und Grüne (5,1 Prozent) waren nach zehnjähriger Pause wieder im Landtag vertreten, und der NPD gelang erstmals seit 1968 der Einzug in ein Landesparlament, und das gleich mit 9,2 Prozent, ein Ergebnis, das im außersächsischen Deutschland aufgeregte Diskussionen hervorrief. Damit sind im Landtag nicht weniger als sechs Parteien vertreten.

Das CDU-Desaster nach Biedenkopfs Rücktritt ähnelt dem Absturz der erfolgsverwöhnten CSU nach dem von seinen Nachfolgern erzwungenen Rücktritt Edmund Stoibers im Jahre 2007. Auch Günther Beckstein und Erwin Huber erreichten – nach Stoibers fulminanten 60,7 Prozent bei der vorangehenden Landtagswahl – im Herbst 2008 nur noch 43,4 Prozent für die CSU und mussten sich einen Koalitionspartner suchen, um weiter regieren zu können, in diesem Fall die FDP. Diese war auch in Bayern erstmals nach langer Pause wieder in den Landtag gekommen. Dies gelang sogar den Freien Wählern, die vorher noch nie bei einer Landtagswahl reüssiert hatten. Hier zeigt sich der Niedergang der Volksparteien deutlich, und das in den früheren Vorzeigeländern der Union.

Milbradts Amtszeit war von Krisen gezeichnet. Die schlimmste trägt den Namen Sächsische Landesbank. Sie hatte sich über einen irischen Ableger am hochriskanten amerikanischen Immobilienkreditgeschäft versucht, dabei Milliarden verloren und konnte nur durch einen verlustreichen Notverkauf an die Landesbank Baden-Württemberg gerettet werden. Im Aufsichtsrat der Sachsenbank saßen gleich drei Regierungsmitglieder, und Milbradt, in dessen Zeit als sächsischer Finanzminister die Bank gegründet worden war, trug natürlich Verantwortung für ihr katastrophales Scheitern. Für eine Landesbank ist kein Raum in einem Land wie Sachsen: Für eine reine Sparkassenzentrale ist sie zu groß, und für Finanzgeschäfte, die der Größe entsprechen, fehlen Erfahrung und Kompetenz. Daran ist die Bank schließlich auch gescheitert. Aus guten Gründen hielt sich kein anderes östliches Bundesland eine solche Bank. Und als dann noch bekannt wurde, dass Milbradt merkwürdige Geschäfte mit der Landesbank betrieben und in die eigene Tasche gewirtschaftet hatte, war das Maß voll. Er musste zurücktreten – der zweite schmähliche Abgang eines sächsischen Regierungschefs. Am 28. Mai 2008 wurde der bisherige Finanzminister Stanislaw Tillich dritter Ministerpräsident des Freistaats. Er war der Erste, der nicht vom Westen importiert war, und sah sich alsbald mit Vorwürfen wegen seiner früheren Tätigkeit in der Blockpartei CDU konfrontiert, für die er ab Mai 1989 stellvertretender Vorsitzender im Kreisrat Kamenz gewesen war.

Das Wahlsystem in Sachsen ähnelt dem des Bundestags. Die Hälfte der Abgeordneten wird in 60 Wahlkreisen, die andere Hälfte auf starren, vom Wähler nicht zu verändernden Parteilisten gewählt. Ein Unterschied besteht lediglich darin, dass Überhangmandate in Sachsen ausgeglichen werden (siehe S. 137). Andernfalls hätte die CDU, die 2004 zwei Überhangmandate erlangt hatte, zusammen mit der FDP die Regierung bilden können. Doch die beiden Ausgleichsmandate der PDS und der SPD verhinderten dies.

Das fortbestehende Übergewicht der CDU trug dazu bei, dass sie in 55 der 60 Wahlkreise den Abgeordneten stellt. Die PDS errang vier und die SPD ein Direktmandat. Die Aufsplitterung der übrigen Stimmen auf fünf weitere Parlamentsparteien bewirkte zudem, dass ein Wahlkreis selbst mit relativ wenig Stimmen zu gewinnen war. So siegte der CDU-Kandidat Robert Clemen im Wahlkreis Leipzig 1 mit nur 28,4 Prozent Erststimmen. Trotz der Verluste der CDU stand der Sieg ihrer Kandidaten meist bereits vor der Wahl längst fest. Dies dürfte auch bei der Landtagswahl am 30. August 2009 nicht anders sein. Einige schon jetzt feststehende »Sieger« sind in der folgenden Tabelle aufgelistet. Die Kandidaten für die Landtagswahl 2009 beruhen auf Beschlüssen der zuständigen Parteigremien und sind vom Landeswahlleiter noch nicht offiziell bestätigt.

20 sichere Landtagswahlkreise der CDU in Sachsen

Wkr. Nr.	Wkr. Name	Wkr. Abgeordnete(r) 2005 – 2009	Erlangte Erststimmen in Prozent	Kandidat(in) LTW 2009
17	Annaberg	Flath, Steffen	54,7	Flath
53	Kamenz 1	Milbradt, Prof. Dr. Georg	54,5	Mikwauschk, Aloysius
41	Weißeritzkreis 1	Wöller, Dr. Roland	51,6	Wöller
21	Mittweida 1	Schöne-Firmenich, Iris	51,1	Firmenich
42	Weißeritzkreis 2	Dombois, Andrea	49,9	Dombois
18	Mittleres Erzgebirge	Schneider, Prof. Dr. Günther	48,9	Schneider
52	Bautzen 2	Schiemann, Marko	48,3	Schiemann
51	Bautzen 1	Maizière, Dr. Thomas de	47,9	Wissel, Patricia
22	Mittweida 2	Schmidt, Thomas Gottfried	47,4	Schmidt
19	Freiberg 1	Teubner, Gottfried Arthur	46,6	Krasselt, Gernot
5	Aue-Schwarzenberg 1	Colditz, Frank Thomas	45,5	Colditz
35	Muldental 2	Winkler, Hermann	45,3	Kirmes, Svend-Gunnar
54	Kamenz 2	Tillich, Stanislaw	44,9	Tillich
38	Riesa-Großenhain 2	Rasch, Horst Friedrich	44,8	Fischer, Sebastian
48	Dresden 6	Iltgen, Erich	44,6	Piwarz, Christian
50	Sächsische Schweiz 2	Metz, Dr. Ing. Horst	44,5	Michel, Jens
39	Meißen 1	Strempel, Karin	42,8	Strempel
20	Freiberg 2	Gillo, Dr. Martin Waldemar	42,7	Gillo
11	Chemnitzer Land 2	Hähle, Dr. Fritz	42,5	Hippold, Jan
40	Meißen 2	Rößler, Dr. Matthias Erich	41,7	Rößler

Die anderen Parteien schicken ihre Vertreter fast ausschließlich über die Listen in den Landtag. Auch hier steht meist von vornherein fest, wer ins Parlament kommt. Die Wähler werden um ihr Recht zu bestimmen, wer sie im Parlament vertritt, betrogen. Die Listenabgeordneten hatten schon 2004 fast alle auch in einem Wahlkreis kandidiert, dort aber verloren, ohne dass ihnen das wirklich weh tat. In 26 der 60 Wahlkreise waren je zwei Abgeordnete in den Landtag gekommen, ein gewählter und einer durch die Hintertür der Liste, in dreizehn Wahlkreisen traten zwei Abgeordnete über die Liste hinzu und im Wahlkreis Dresden 2 sogar vier. Die Einzelheiten zeigt die folgende Übersicht.

Sachsen Landtagswahl 2004: Mehrfachwahlkreise

Wahlkreise mit 2 Abgeordneten	Wahlkreise mit 3 Abgeordneten	Wahlkreis mit 5 Abgeordneten
1 Plauen	3 Vogtland 2	44 Dresden 2
5 Aue-Schwarzenberg 1	11 Chemnitzer Land 3	
8 Zwickauer Land 1	12 Chemnitz 1	
9 Zwickau	18 Mittleres Erzgebirge	
10 Chemnitzer Land 1	26 Leipzig 2	
14 Chemnitz 3	29 Leipzig 5	
16 Stollberg	30 Leipzig 6	
17 Annaberg	32 Delitzsch	
19 Freiberg 1	36 Döbeln	
20 Freiberg 2	45 Dresden 3	
27 Leipzig 3	46 Dresden 4	
28 Leipzig 4	49 Sächs. Schweiz 1	
35 Muldental 2	59 Löbau-Zittau 1	
37 Riesa-Großenhain 1		
39 Meißen 1		
40 Meißen 2		
42 Weißeritzkreis 2		
43 Dresden 1		
47 Dresden 5		
50 Sächsische Schweiz 2		
51 Bautzen 1		

Wahlkreise mit 2 Abgeordneten	Wahlkreise mit 3 Abgeordneten	Wahlkreis mit 5 Abgeordneten
53 Kamenz 1		
54 Kamenz 2		
56 Niederschlesische Oberlausitz 1		
57 Niederschlesische Oberlausitz 2		
58 Görlitz		

Die finanzielle Versorgung der politischen Klasse fällt in Sachsen in mehrerer Hinsicht aus dem Rahmen. Besonders gut bedient sind die Mitglieder des sächsischen Kabinetts. Haben sie zugleich ein Abgeordnetenmandat, erhalten sie neben ihrem Amtsgehalt noch große Teile der Diäten. Eine solche Doppelmitgliedschaft widerspricht natürlich dem Grundsatz der Gewaltenteilung. Da aktive Beamte als Teil der Exekutive nicht gleichzeitig ein Mandat in der Legislative ausüben dürfen, wäre es eigentlich unerlässlich, den obersten Chefs der Exekutive erst recht die Mitgliedschaft im Parlament zu untersagen. Dass die Gewaltenteilung, die in den meisten westlichen Demokratien und in Deutschland immerhin in den Stadtstaaten Bremen und Hamburg beachtet wird, hier aufs Gröblichste verletzt wird, beruht auf dem Eigeninteresse der Betroffenen, ihre privilegierte Position mit ganzer Kraft zu verteidigen – und sie entscheiden darüber eben mit. Die zusätzlichen Diäten, die Regierungsmitglieder erhalten, sind ein verfassungswidriges Privileg. Das Bundesverfassungsgericht hat die Doppelalimentation aus öffentlichen Kassen mit Recht verboten. Minister und erst recht der Regierungschef haben ohnehin so viel zu tun, dass sie sich um ein Abgeordnetenmandat gar nicht mehr angemessen kümmern können. Deshalb sind Ministern etwa in Hessen und Niedersachsen die Diäten zusammengestrichen worden. In Sachsen dagegen erhalten sie nach wie vor die halbe Abgeordnetenentschädigung zu ihren Ministerbezügen dazu sowie etwa neun Zehntel der Aufwandsentschädigung, obwohl sie einen Dienstwagen zur ständigen Verfügung haben (siehe S. 185).

Die Altersversorgung ehemaliger Regierungsmitglieder ist erst recht übertrieben. Das sieht man am Vergleich mit ihren Kollegen im Bund. Obwohl diese zeitlich sehr viel stärker belastet sind und eine ungleich größere Verantwortung tragen, ist die Versorgung in Sachsen viel üppiger. Das Ruhegehalt von Ministerpräsidenten und ihren Kabinetten ist nicht nur sehr viel höher als das ihrer Berliner Kollegen. Sie können es auch sehr viel früher und damit über einen sehr viel längeren Zeitabschnitt ihres Lebens erhalten. Kanzler und Bundesminister haben, wenn sie nach vier Ministerjahren ausscheiden, eine Versorgung von 27,74 Prozent ihrer ruhegehaltsfähigen Amtsbezüge. Sächsische Regierungsmitglieder kommen dagegen auf 43,05 Prozent. Das ist mehr als anderthalb Mal so viel. Zudem erhalten sie ihre Versorgung *ohne Abschläge* bereits mit Vollendung des 55. Lebensjahres, im Bund dagegen wären noch zehn Lebensjahre zuzuwarten, nach Anhebung des allgemeinen Rentenalters sogar zwölf. Wollen ehemalige Bundesminister ihr Ruhegehalt früher bekommen, so vermindert es sich mit jedem vorgezogenen Jahr um 3,6 Prozent. Vor Vollendung des 60. Lebensjahres beginnt das Ruhegehalt in keinem Fall zu laufen. Und noch zwei weitere unangemessene Privilegien kommen hinzu. Ehemalige sächsische Regierungsmitglieder erhalten aufgrund einer Sondervorschrift bereits dann eine Versorgung, wenn sie der Regierung nur *zwei* Jahre angehört und am Ende der Zeit, für die ihnen Ruhegehalt zustand, das 65. Lebensjahr vollendet haben. Das Ruhegehalt beträgt dann 25 Prozent der ruhegehaltsfähigen Amtsbezüge, also annähernd so viel, wie Bundesminister erst nach *vier* Amtsjahren beanspruchen können. Darüber hinaus können sächsische Ex-Regierungsmitglieder nach mindestens acht Amtsjahren ihr Ruhegehalt sofort erhalten, wie jung sie auch immer sein mögen.

Die Abgeordnetendiäten betragen ab 1. Januar 2010 monatlich 4835 Euro, was für eine Halbtagstätigkeit außerordentlich üppig ist, sich aber nicht allzu sehr von anderen Parlamenten der neuen Länder unterscheidet. Immerhin räumt der Präsident des sächsischen Landtags, Erich Iltgen, ganz offen ein, dass die geringen Kompetenzen der Landesparlamente »die ernsthafte Frage nach ihrer Existenzberechtigung und damit nach der Existenzberechtigung der Eigenstaatlichkeit der Länder überhaupt« aufwerfen. Das ist natürlich eine rhetorische Frage und bedeutet das Eingeständnis, dass die Länder eine überzogene politische Maschinerie mit entsprechend übertriebener Bezahlung samt Versorgung ihrer Politiker aufgebaut haben – und das aus höchst berufenem Munde.

V. Thüringen: ein »Vorbestrafter« als Spitzenkandidat

Thüringen steht, ähnlich wie Sachsen, unter den neuen Ländern wirtschaftlich relativ gut da. Auch in Erfurt und Weimar glänzen die Schüler bei internationalen Vergleichstests. Ziemlich bald nach der Wende hatte Bernhard Vogel die politische Führung in Thüringen übernommen. Er war 1992 Josef Duchac als Ministerpräsident gefolgt, der unter anderem wegen seiner Vergangenheit in der früheren Blockpartei CDU den Rückhalt auch in seiner eigenen Partei verloren hatte und bereits nach 15-monatiger Amtszeit zurücktreten musste.

Vogel ist der einzige deutsche Politiker, der in zwei Bundesländern Ministerpräsident wurde: Vor Thüringen (1992 bis 2003) war er Regierungschef in Rheinland-Pfalz (1976 bis 1988), nachdem er dort seit 1967 Kultusminister gewesen war. 1970 war unter seiner Mitverantwortung die aberwitzige Regelung eingeführt worden, dass Regierungsmitglieder schon nach kurzer Amtszeit eine gewaltige Altersrente beanspruchen konnten. Dieser grobe Missbrauch der Amtsmacht wurde erst zwei Jahrzehnte später unter Vogels Nachfolger Rudolf Scharping entschärft, nachdem der Verfasser dieses Buches ihren Inhalt aufgedeckt hatte.[1] Als Vogel 1987 in Rheinland-Pfalz die absolute Mehrheit verloren hatte, auf die die CDU bis dahin abonniert schien, und eine Koalition mit der FDP eingehen musste, sank sein politischer Stern. Nach der Revolte einiger Apparatschiks wurde Vogel als rheinland-pfälzischer CDU-Vorsitzender abgewählt, worauf er auch als Ministerpräsident zurücktrat – mit den etwas theatralischen Worten »Gott schütze Rheinland-Pfalz!« Schutz hätte vor allem seine Partei benötigt. Denn mit Vogels Rücktritt war das Ende der CDU-Vormachtstellung in Rheinland-Pfalz eingeläutet, und davon konnte sie sich bis heute nicht erholen. Bei der Landtagswahl 1991 kam die SPD ans Ruder, zunächst mit Rudolf Scharping an der Spitze und dann mit Kurt Beck, der sich nach seinem Scheitern in Berlin jetzt wieder auf die Landespolitik konzentriert.

Vogel erhielt zum Trost den Vorsitz der CDU-eigenen Konrad-Adenauer-Stiftung, erlebte aber ab 1992 eine zweite Karriere als Ministerpräsident, dieses Mal in Thüringen. Nachdem er zunächst die

---

[1] *Hans Herbert von Arnim*, Die finanziellen Privilegien von Ministern in Deutschland, 1992.

CDU/FDP-Koalition seines Vorgängers übernommen hatte und nach der Landtagswahl 1994 eine Koalition mit der damals noch zweitstärksten SPD eingegangen war, gewann er bei seiner zweiten Landtagswahl 1999 für die CDU 51 Prozent der Zweitstimmen. 2003 trat der fast 70-Jährige dann zurück und überließ Dieter Althaus das Feld als Ministerpräsident und Parteivorsitzender. Althaus, seit 1990 im Landtag, hatte unter den Fittichen von Vogel Karriere gemacht, war 1992 Kultusminister geworden und hatte sieben Jahre später den CDU-Fraktionsvorsitz im Landtag übernommen. Bei seiner ersten Landtagswahl als Ministerpräsident erzielte Althaus 2004 zwar nur 43 Prozent. Aber die Grünen (4,5 Prozent) und die FDP (3,6 Prozent) scheiterten, und weitere 8,3 Prozent der Zweitstimmen fielen an »Sonstige« wie Freie Wähler (2,6 Prozent), Republikaner (zwei Prozent) und NPD (1,5 Prozent), so dass ihre Stimmen den drei Parteien im Parlament zugute kamen. Da die inzwischen auf die Hälfte dezimierte SPD (14,5 Prozent) und die erstarkte PDS (26,1 Prozent) zusammen nur 40,6 Prozent der Zweitstimmen errangen, also 1,4 Prozent weniger als die CDU, kann Althaus mit 45 der 88 Landtagssitze weiterhin allein regieren.

Doch die absolute Mehrheit der Sitze täuscht über die wahren Kräfteverhältnisse in Thüringen. Kaum jemand rechnet damit, dass sich der Glücksfall für die CDU bei der kommenden Landtagswahl am 30. August 2009 wiederholen wird. Ihre Umfragewerte waren schon in den Wochen vor Althaus' Skiunfall am Neujahrstag 2009 in Österreich, bei dem er schwer verletzt und eine Skifahrerin getötet wurde, erheblich gefallen. Und danach ist die CDU-Alleinregierung, die seitdem wie gelähmt erscheint, erst recht gefährdet. Abgesehen von der Frage der vollständigen Genesung sind Zweifel angebracht, ob ein gerade erst wegen fahrlässiger Tötung Bestrafter sich für ein hohes öffentliches Amt bewerben und dafür als Spitzenkandidat einer Partei Wahlkampf führen sollte, wobei die in der Öffentlichkeit viel diskutierte Frage, ob Althaus im technischen Sinn als vorbestraft gilt, ziemlich unerheblich ist. Eine Alternative zu Althaus ist aber so wenig in Sicht, dass manche zunächst sogar daran gedacht hatten, Bernhard Vogel zu reaktivieren. Der stellvertretenden Ministerpräsidentin Birgit Diezel traute jedenfalls kaum jemand das Amt zu. Der Blick richtete sich deshalb zwischenzeitlich auf Christine Lieberknecht, derzeit Sozialministerin. Anfang März kündigte Althaus dann aber seine erneute Kandidatur an. Darauf setzten ihn die Delegierten am 14. März

2009 in Abwesenheit auf Platz eins der CDU-Liste für die Landtagswahl. Dabei hatte wohl auch eine Umfrage eine Rolle gespielt, wonach sich damals angeblich 61 Prozent der Deutschen dafür aussprachen, Althaus solle wieder antreten. Möglicherweise waren sich viele
nicht darüber im Klaren, was das schuldhafte Auslöschen eines Men-
schenlebens rechtlich und moralisch bedeutet.

Obwohl Althaus sich der Teilnahme an der Delegiertenversammlung noch nicht gewachsen fühlte und erst recht nicht der Aufnahme
der Regierungsgeschäfte, eröffnete er zwei Tage später mit einem an-
derthalbseitigen Interview den Wahlkampf. In der Bild-Zeitung vom
16. und 17. März 2009 wies der rechtskräftig wegen fahrlässiger Tötung einer jungen Mutter Verurteilte alle Schuld von sich. Stattdessen setzte er die höchst irritierende Formulierung in die Welt, er über-
nehme» – auch jenseits aller Schuldfragen – die Verantwortung« für
das Geschehen. Dabei hätte er sich doch eigentlich zu seiner schuld-
haften Tat bekennen müssen. Althaus war vom Pistenverlauf abgewichen und regelwidrig mit hoher Geschwindigkeit eine andere Piste
in falscher Richtung hochgefahren, wo er mit dem herabfahrenden
Opfer zusammenstieß. Das hatten veröffentlichte Teile von Gutachten
und die Unfallskizze in groben Zügen ergeben. Details aber blieben
der Öffentlichkeit aufgrund geschickter Regie verborgen. Althaus erklärte, sich an das Geschehen nicht erinnern zu können, und das österreichische Gericht verkündete sein Urteil in einem derartigen Blitzverfahren, dass die Medien keine Chance hatten, an der Verhandlung
teilzunehmen und Näheres zu berichten.

Die Linke unter ihrem aus dem Westen importierten Spitzenkandidaten Bodo Ramelow und die SPD treiben bereits allerhand Ko-
alitionsspiele. Die SPD lässt aber auch hier die klare Linie vermissen. Ihr früherer Vorsitzender, der Saarländer Richard Dewes, der
unter Vogel Innenminister gewesen war, hatte die Partei zur PDS
hin öffnen wollen, weil er in der früheren Großen Koalition den
Grund für den Absturz der SPD sieht. Und als der jetzige SPD-Par-
tei- und Fraktionsvorsitzende, Christoph Matschie, einen Vorstands-
beschluss durchsetzte, die SPD werde nicht als Juniorpartner in eine
Koalition mit der Linkspartei eintreten, wollte Dewes es noch einmal wissen und strebte die Spitzenkandidatur seiner Partei an. Die
parteiinterne Kampfabstimmung unter den 4400 SPD-Mitgliedern in
Thüringen im Februar 2008 gewann jedoch Matschie mit 71,5 Prozent. Angesichts der Kräfteverhältnisse – bei einer Forsa-Umfrage vom

22. Januar 2009 kam die Linke auf 28 und die SPD auf 16 Prozent – läuft die Festlegung auf eine frühe Koalitionsaussage zugunsten der CDU hinaus, was Dewes alsbald öffentlich kritisierte: Wer werde schon die SPD wählen, wenn sie sich lediglich zum Steigbügelhalter für die Fortsetzung der CDU-Herrschaft mache. So ist die SPD auch in Thüringen nicht gerade in einer glücklichen Position. Wie fast überall droht sie zwischen CDU und Linker zerrieben zu werden.

Althaus musste sich wie sein Vorvorgänger Duchac und sein sächsischer Kollege Tillich mit Vorwürfen auseinandersetzen, die seine Mitgliedschaft in der DDR-Blockpartei betreffen: Er habe dem SED-Regime näher gestanden, als er öffentlich einräumt. So wurde ihm als stellvertretendem Schulleiter noch 1989 ein Orden für »hervorragende Leistungen bei der kommunistischen Erziehung« zuerkannt. Er habe an den »festen Klassenstandpunkt« seiner Lehrerkollegen appelliert und gefordert, im Zentrum der Jugendweihe solle wieder »eine marxistisch-leninistische Weltanschauung« stehen. Solche Vorwürfe untergraben natürlich die übliche Kritik der CDU an der Linken als einer bloß gewendeten SED und setzen sie unter Druck, ihre eigene Vergangenheit in der DDR aufzuarbeiten.

Angesichts möglicher Koalitionsbildungen in Thüringen und anderen Ländern, die mit dem Wählerwillen kaum noch etwas zu tun haben, sei erwähnt, dass die SPD Thüringens Mitte der Neunzigerjahre drauf und dran war, sich für die Direktwahl des Ministerpräsidenten und für die Unvereinbarkeit von Regierungsamt und Parlamentsmandat auszusprechen. Sie wurde aber von ihrer Fraktion im Landtag zurückgepfiffen. Diese berief eine Art Hearing ein, wählte die Eingeladenen aber so aus, dass von vornherein eine mehrheitliche Ablehnung der Vorschläge gesichert war, wie eine von der SPD-Fraktion im Thüringer Landtag herausgegebene Broschüre »Parlamentarische Reformen« aus dem Jahr 1996 dokumentiert. Inzwischen werden auch Regierungsbildungen in den westlichen Bundesländern immer schwieriger, und die Kritik an unvorhersehbaren und vom Wähler gar nicht gewünschten Koalitionen wächst. Vor diesem Hintergrund diskutieren auch Staatsrechtslehre und Politikwissenschaft über die Direktwahl der Ministerpräsidenten, und die meisten Wissenschaftler befürworten ihre Einführung (siehe S. 236 ff.).

Was die Politikfinanzierung anlangt, trat Thüringen durch eine Fülle von Doppelfinanzierungen seiner Parlamentarier hervor. Fast jeder, der im Parlament irgendeine Sonderfunktion innehatte, erhielt einen

Zuschlag auf seine Diäten. Das führte zu einem – auch andere Parlamente betreffenden – Urteil des Bundesverfassungsgerichts vom 21. Juli 2000, das Zusatzzahlungen nur noch für den Parlamentspräsidenten, seine Stellvertreter und für Fraktionsvorsitzende erlaubt.[1] Das Parlament suchte das Urteil allerdings dadurch zu umgehen, dass es auch parlamentarischen Geschäftsführern und Ausschussvorsitzenden ein Zusatzsalär bewilligte, dieses nun aber als steuerfreie Aufwandsentschädigung umetikettierte. Dieser Trickserei wurde durch ein Urteil des Thüringer Verfassungsgerichtshofs vom 14. Juli 2003, das auch diese Zulagen für verfassungswidrig erklärte,[2] ein Ende bereitet.

Zudem dynamisierte das Parlament seine Entschädigung, die derzeit monatlich 4515 Euro beträgt, und koppelte sie an das Wachstum anderer Einkommen. Eine solche Dynamisierung der Entschädigung ist mit der Rechtsprechung des Bundesverfassungsgerichts nicht vereinbar.[3] Das Parlament versuchte diese dadurch zu unterlaufen, dass es die Finanzierung in der thüringischen Verfassung verankerte. Dabei wurde aber übersehen, dass die Regelung gegen den Gleichheitssatz, das Demokratie- und Rechtsstaatsprinzip verstößt, die auch der verfassungsändernde Landesgesetzgeber nicht außer Kraft setzen kann.

Beachtlich ist allerdings, dass die Zulagen, die der Parlamentspräsident und seine Stellvertreter sowie die Fraktionsvorsitzenden erhalten – im Gegensatz zum Bundestag und manchen anderen Landesparlamenten –, nicht versorgungsfähig sind, also die Altersversorgung nicht erhöhen.

Der frühere Präsident des Thüringer Landtags, Gottfried Müller, hat die Arbeit eines Landtagsabgeordneten offen und ohne Rücksicht auf den zu erwartenden »Protest seiner Kolleginnen und Kollegen« einen »Halbtagsjob« genannt. Und der ehemalige Direktor des Thüringer Landtags, Joachim Link, forderte im Herbst 2007 aufgrund einer wohldurchdachten Analyse die Rückkehr zum »Teilzeit- oder sogar ehrenamtlichen Abgeordneten«.

Die Altersversorgung ehemaliger Thüringer Abgeordneter ist deutlich zu großzügig. Nach sechs Mandatsjahren und Vollendung des 60. Lebensjahres gibt es bereits eine Altersentschädigung von 26 Pro-

---

[1] BVerfGE 102, 224.
[2] Aktenzeichen: VerfGH 2/01.
[3] BVerfGE 40, 296.

zent der Grundentschädigung. Für jedes weitere Jahr steigt nicht nur der Satz um drei Prozent, sondern die Altersentschädigung beginnt auch ein Jahr früher zu laufen. Nach elf Jahren im Parlament kann der Ex-Abgeordnete also bereits nach seinem 55. Geburtstag Altersentschädigung in Höhe von 41 Prozent der Grundentschädigung beanspruchen – eine Regelung, von der Normalverbraucher nur träumen können.

Die Versorgung von Mitgliedern der Landesregierung ist ohne nachvollziehbare Rechtfertigung noch viel großzügiger als im Bund. Der Ministerpräsident und seine Kabinettskollegen können bereits nach zwei Jahren im Amt eine Pension erhalten, und dies bereits ab Vollendung des 60. Lebensjahres. Bei mindestens vierjähriger Amtszeit kann das Ruhegehalt – ohne Abschläge – schon nach dem 55. Geburtstag beginnen und nach zehn Jahren im Amt sogar sofort, wie jung der Ex-Minister auch immer sein mag.

Es ist auch nicht einzusehen, warum ein Land mit kaum zwei Millionen Wahlberechtigten ein Parlament mit 88 Mitgliedern benötigt. Das System der Landtagswahl ähnelt der Bundesregelung. In Thüringen tauchen deshalb analoge Probleme auf. Von den 44 Wahlkreisen hat die CDU 2004 39 gewonnen, davon waren die meisten von vornherein sicher. Die PDS schickte fünf direkt gewählte Abgeordnete in den Landtag, die übrigen 23 über die Liste, während die 15 Abgeordneten der SPD alle per Liste ins Parlament kamen. Auch in Thüringen hat der Wähler praktisch keinen Einfluss darauf, welche Personen ihn im Landtag vertreten. Der Grundsatz der Direktwahl der Abgeordneten durch das Volk steht auch hier nur auf dem Papier.

Fast alle Abgeordneten kandidierten zwar auch in einem Wahlkreis, scheiterten aber und sind über die Liste dennoch im Parlament. In 29 der 44 Wahlkreise beanspruchte neben dem im Wahlkreis Gewählten noch mindestens ein weiterer Abgeordneter, die Bürger im Landtag zu vertreten. Die Einzelheiten zeigt die folgende Übersicht.

Thüringen Landtagswahl 2004: Mehrfachwahlkreise

Wahlkreise mit 2 Abgeordneten	Wahlkreise mit 3 Abgeordneten
2 Eichsfeld II	1 Eichsfeld I
3 Nordhausen I	6 Wartburgkreis II/Eisenach
7 Wartburgkreis III	9 Unstrut-Hainich-Kreis II

Wahlkreise mit 2 Abgeordneten	Wahlkreise mit 3 Abgeordneten
8 Unstrut-Hainich-Kreis I	18 Hildburghausen I
11 Kyffhäuserkreis II	24 Erfurt I
12 Schmalkalden-Meiningen I	25 Erfurt II
14 Gotha I	40 Greiz II
17 Sömmerda II	43 Altenburger Land I
21 Suhl/Schmalkalden-Meiningen III	
22 Ilm-Kreis I	
23 Ilm-Kreis II	
27 Erfurt IV	
29 Saalfeld-Rudolstadt II	
34 Saale-Orla-Kreis II	
35 Saale-Holzland-Kreis I	
36 Saale-Holzland-Kreis II	
37 Jena I	
38 Jena II	
39 Greiz I	
42 Gera II	
44 Altenburger Land II	

In 21 Wahlkreisen beanspruchten je zwei Abgeordnete die Vertretung, davon war nur eine(r) gewählt, der andere war dagegen über die Hintertür der Liste ins Parlament gekommen, in acht Wahlkreisen kamen sogar zwei Abgeordnete über die Liste.

Die Wahlbeteiligung ist in Thüringen bei den beiden letzten Wahlen massiv gefallen. Während sie 1994, als die Wahl allerdings gleichzeitig mit der Bundestagswahl stattfand, noch 74,8 Prozent betragen hatte, waren es 1999 59,9 und 2004 sogar nur noch 54,0 Prozent.

Was in Thüringen erstaunt, sind die nicht weniger als elf Nachrücker. Überraschend ist auch, dass die PDS-Kandidaten in den Wahlkreisen – im Verhältnis zu den Zweitstimmen ihrer Partei – bemerkenswert oft bessere Ergebnisse einfahren als ihre Konkurrenten von der CDU.

VI. Brandenburg: Platzeck-Land

In Brandenburg findet die Landtagswahl zusammen mit der Bundestagswahl am 27. September 2009 statt, nicht am 30. August wie im
Saarland, in Sachsen und Thüringen. Die SPD-geführte Landesregierung hat keine Bange vor einer hohen Wahlbeteiligung – im Gegenteil:
Sie erhofft sich davon ein besseres Abschneiden (siehe S. 240).
Nach Wiederbegründung des Landes Brandenburg im Jahre 1990
war Manfred Stolpe (SPD) als Ministerpräsident (1990 bis 2002)
lange die beherrschende politische Figur. Nachdem er 1990 noch
eine Koalition mit den Grünen und der FDP hatte eingehen müssen,
gewann die SPD unter seiner Führung 1994 mit 54,1 Prozent der
Stimmen 15,9 Prozentpunkte hinzu und konnte allein die Regierung
bilden. Bei der Landtagswahl 1999 verflüchtigte sich der Zugewinn
allerdings wieder. Die SPD kam nur noch auf 39,3 Prozent und ging
eine Große Koalition mit der CDU ein, die unter ihrem Vorsitzenden
Jörg Schönbohm mit 26,5 Prozent der Stimmen 7,8 Prozentpunkte
dazugewonnen hatte. 2004 wurde diese Koalition unter Matthias
Platzeck, der Mitte 2002 Stolpe als Ministerpräsident gefolgt war,
erneuert, obwohl jede der beiden Regierungsparteien mehr als sieben Prozentpunkte verloren hatte und sie zusammen nur noch 51,3
Prozent der Stimmen bekamen. Das waren bei einer Wahlbeteiligung
von 56,4 Prozent nicht mehr als 28,9 Prozent der Wahlberechtigten.
Hier wird die Erosion der sogenannten Volksparteien auf drastische
Weise deutlich. Im problembeladenen Brandenburg war die Unzufriedenheit mit der Landesregierung, die fast keines ihrer erklärten Ziele
erreicht hatte, aber auch mit der Bundesregierung (Hartz IV!) besonders groß. Hinzu kamen Affären. Von den zehn 1999 benannten Ministern waren 2004 nur noch drei im Amt. Die anderen mussten gehen
oder traten freiwillig zurück. Gewinner war vor allem die PDS. Sie
war 1990 mit 13,4 Prozent der Stimmen gestartet, gewann dann bei
jeder Wahl rund fünf Prozentpunkte hinzu und wurde 2004 mit 28,0
Prozent zweitstärkste Partei, nur knapp hinter der SPD (31,9 Prozent)
und weit vor der CDU (19,4 Prozent). Aufsteiger war auch die DVU.
1999 war sie – auch dank des finanziellen Einsatzes ihres Bundesvorsitzenden, des Verlegers Gerhard Frey – mit 5,3 Prozent der Stimmen
in den Landtag eingezogen, ein auch außerhalb Brandenburgs viel
diskutierter Erfolg der extremen Rechten, den sie 2004 mit 6,1 Pro-

zent wiederholte. Dagegen blieben die Grünen und die FDP, die im ersten Landtag noch vertreten waren, bei allen folgenden Wahlen weit unter der Sperrklausel. Gewinne und Verluste bei der Landtagswahl 2004 waren ganz wesentlich durch die Unzufriedenheit vieler Wähler mit der Landes- und Bundespolitik geprägt. PDS und DVU hatten im Wahlkampf übereinstimmend gegen Hartz IV agitiert. Auch Brandenburgs Landtag ist mit 88 Mitgliedern viel zu groß für die rund zwei Millionen Wahlberechtigten. Das Wahlrecht ähnelt dem des Bundes. In den 44 Wahlkreisen wird je ein Abgeordneter gewählt, die andere Hälfte kommt über starre Parteilisten in den Landtag. Anders als in Sachsen und Thüringen dominierte bei der Landtagswahl 2004 nicht eine Partei bei den Direktmandaten. Diese teilen sich SPD, PDS und CDU. Erstaunlich aber ist, dass die PDS, obwohl nur zweitstärkste Partei, mit 23 Direktmandaten mehr als die Hälfte gewonnen hat, während die SPD als stärkste Partei sich mit 17 begnügen musste. Die CDU errang trotz ihrer wenigen Zweitstimmen immerhin vier Direktmandate. Das zeigt, dass die SPD als Partei sehr viel attraktiver war als die meisten ihrer Kandidaten. Noch deutlicher wird dies bei Betrachtung der Ergebnisse in den einzelnen Wahlkreisen. Die PDS und die CDU erlangten fast überall sehr viel mehr Erst- als Zweitstimmen. 13 PDS-Wahlkreise hätte, wenn es nach den Zweitstimmen ginge, die SPD zusätzlich gewinnen müssen. Doch ihre Kandidaten wurden von den PDS-Konkurrenten abgehängt. Auch die CDU hatte in ihren vier gewonnenen Wahlkreisen stets weniger Zweitstimmen als die SPD. Bei der SPD war es gerade umgekehrt. Sie gewann selbst Wahlkreise, in denen sie bei den Zweitstimmen hoch führte, oft nur mit hauchdünnem Vorsprung. Davon gibt es nur wenige Ausnahmen, so im Wahlkreis Potsdam II, wo der äußerst populäre SPD-Spitzenkandidat und Ministerpräsident Matthias Platzeck 9,2 Prozentpunkte mehr Erst- als die SPD Zweitstimmen erlangte. Auch das ist bezeichnend und deutet darauf hin, dass die SPD als Partei von ihrem Programm und vor allem von ihrem Spitzenpolitiker Matthias Platzeck lebt. Das bestätigten Umfragen: Fast die Hälfte der SPD-Wähler hatte sich wegen Platzeck für die SPD entschieden. Ein Viertel der CDU- und sogar fast die Hälfte der PDS-Anhänger hätten sich bei einer Direktwahl des Ministerpräsidenten für Platzeck entschieden. Dieser war in den Augen der Wähler den Spitzenkandidaten der PDS und der CDU in allen Belangen überlegen. Dagegen fiel das SPD-Personalangebot der zweiten Reihe offenbar stark ab. Dies könnte zumindest teilweise mit der schwachen Mitgliederbasis der SPD zusammenhängen, die ihrerseits darauf zurückgeht, dass die SPD – anders als PDS und CDU – nicht auf das Personal früherer DDR-Parteien, also der SED und ihrer Blockparteien, zurückgreifen kann, sondern nach der Wende im Osten erst neu gegründet werden musste.

Der 1953 in Potsdam geborene Platzeck war bereits im ersten Kabinett Stolpe Umweltminister, zunächst als Mitglied der Grünen, später der SPD, der er 1995 beigetreten war. Seinen politischen Aufstieg verdankt Platzeck seiner pragmatisch zupackenden Art und der Protektion durch Stolpe, der früh das politische Talent erkannte. Platzecks Nimbus entstand bei der Bewältigung der Oder-Überschwemmung im Sommer 1997 und gewann in seiner Amtszeit als Oberbürgermeister von Potsdam (1998 bis 2002) noch an Glanz. Nach seiner Wahl zum Ministerpräsidenten am 26. Juni 2002 wurde er auch SPD-Landesvorsitzender. Für sein Scheitern im Amt des Bundesvorsitzenden der SPD (15. November 2005 bis 10. April 2006), in das er nach dem Rücktritt Münteferings gewählt worden war, mussten gesundheitliche Gründe herhalten. Tatsächlich war es ähnlich wie bei Kurt Beck (siehe S. 203). Die Fähigkeiten, die Platzeck in der Landeshauptstadt zum Erfolg geführt hatten, reichten für die Bundesebene nicht aus. Die Stippvisite im Bund hat seinem Ansehen in Brandenburg aber nicht nachhaltig geschadet.

Die Mitgliederzahl der Parteien ist in Brandenburg generell stark zurückgegangen. Ihre Personalnot stand wohl auch hinter einem merkwürdigen Urteil, über das der Verfasser aus eigener Erfahrung berichten kann. Im neunköpfigen Landesverfassungsgericht von Brandenburg, dessen Mitglieder von den Fraktionen des Landtags ausgewählt werden und dem ich von 1993 bis 1996 angehörte, war ich, von Bündnis 90/Die Grünen nominiert, der einzige Parteilose. Die parteinahe Zusammensetzung kann bei Entscheidungen, welche die Interessen der politischen Klasse direkt betreffen, leicht durchschlagen. So entschied die Mehrheit des Gerichts 1996, die kommunalrechtlichen Vorschriften, die es Beamten und Angestellten einer Gemeinde, einer Stadt und eines Landkreises verbieten, neben ihrem Amt gleichzeitig auch der Volksvertretung derselben Körperschaft anzugehören, seien verfassungswidrig. Derartige Vorschriften bestehen in sämtlichen Bundesländern und sind dort völlig unangefochten. Sie sollen aus Gründen der Gewaltenteilung verhindern, dass Beamte in der Volksvertretung quasi sich selbst kontrollieren. Auch das

Weisungsrecht des Bürgermeisters oder Landrats wäre aufgeweicht worden, wenn seine Untergebenen ihn in ihrer Eigenschaft als Volksvertreter hätten kontrollieren können. Die Entscheidung des Verfassungsgerichts war methodisch unhaltbar, lag aber ganz im Interesse der politischen Klasse, weil es dann für kommunale Bedienstete außerordentlich attraktiv geworden wäre, einen Sitz in ihrer jeweiligen Volksvertretung anzustreben, und so den mitgliederschwachen Brandenburger Parteien erheblichen Zulauf aus dem öffentlichen Dienst beschert hätte. Die überwältigende Kritik jenes Urteils in der Öffentlichkeit und im Fachschrifttum, die auch durch mein das Urteil scharf kritisierendes Sondervotum ausgelöst worden war, führte aber schließlich dazu, dass das Landesparlament auf Antrag der PDS die Landesverfassung änderte und das Urteil auf diese Weise leerlaufen ließ.

Die steuerpflichtige Entschädigung der Landtagsabgeordneten beträgt in Brandenburg monatlich 4438 Euro, was ziemlich üppig ist für einen Halbtagsjob (siehe S. 31 und 171). Nicht zu rechtfertigen ist z.B. auch die Reisekostenpauschale, die neben vielen anderen, meist pauschalierten Kostenerstattungen gezahlt wird. Sie beträgt 169 Euro im Monat für Abgeordnete, die in Potsdam wohnen, und erhöht sich alle dreißig Kilometer, die ein Abgeordneter weiter weg wohnt, um weitere 169 Euro, unabhängig davon, ob der Abgeordnete, der ja die Bahn gratis benutzen darf, überhaupt mit dem Auto fährt. Abgeordneten aus Prenzlau oder Cottbus bringt das monatliche 1183 zusätzliche Euro, steuerfrei.

Das brisanteste Element ist die Altersversorgung. Ex-Abgeordnete können sie in Brandenburg seit einer Gesetzesänderung von 2006 schon nach einem einzigen Jahr im Parlament beanspruchen. Berücksichtigt man, dass Minister ihr Amt fünf Jahre ausüben müssen, um einen Pensionsanspruch zu erwerben, ist dies geradezu grotesk. Bis dahin brauchte ein Potsdamer Abgeordneter für einen Versorgungsanspruch mindestens acht Mandatsjahre. Nur ein Jahr benötigten Abgeordnete vorher nur noch in einem einzigen Landesparlament, in Hamburg. Während sie dort aber 47 Euro Monatsrente pro Abgeordnetenjahr erwerben, sind es in Brandenburg 146 Euro, also mehr als dreimal so viel. Eine ähnliche Regel wurde im Jahr 2007 auch im Bund eingeführt; sie ist dort auf große Kritik gestoßen, wurde aber trotzdem beibehalten. Für ein Teilzeitparlament wie Brandenburg ist sie schon gar nicht zu rechtfertigen.

Die Versorgung von früheren Regierungsmitgliedern ist sogar üppiger als die des Bundes. Einen Anspruch auf lebenslange Altersversorgung erhalten Ex-Minister wegen der fünfjährigen Wahlperiode zwar erst nach fünf Jahren im Amt, nicht wie ihre Berliner Kollegen nach vier Jahren. Die Versorgung beginnt aber – ohne Abschläge – bereits mit Vollendung des 60. Lebensjahres und, wenn die Amtszeit mindestens zehn Jahre betragen hat, schon mit Vollendung des 55. Lebensjahres, also mindestens zehn Jahre früher als im Bund. Es ist auch nicht recht einzusehen, warum ehemaligen Ministern schon nach zwei Amtsjahren volle zwei Jahre lang Übergangsgeld gezahlt wird und nicht nur für ein Jahr wie in Thüringen oder für lediglich vier Monate wie in Sachsen.

VII. Saarland: Rückkehr des kleinen Napoleon?

Das Saarland ist nicht nur das kleinste deutsche Flächenland, sondern – von den 1990 beigetretenen östlichen Bundesländern einmal abgesehen – auch das jüngste. Es war nach dem Zweiten Weltkrieg Teil der französischen Besatzungszone, wurde 1947 eine autonome Region mit Anbindung an Frankreich und trat nach einer Volksabstimmung 1957 der Bundesrepublik bei. Zunächst war die CDU dort die beherrschende politische Kraft. Doch 1985 gewann Oskar Lafontaine für die SPD die absolute Mehrheit im Parlament und trat an die Spitze einer SPD-Alleinregierung, die er auch 1990 und 1994 erfolgreich verteidigte. Er hatte sich vorher als Saarbrücker Oberbürgermeister profiliert und sollte für lange Jahre – im Positiven wie im Negativen – eine beherrschende Figur im Saarland und auch in der Bundespolitik werden. Nachdem er bei der Landtagswahl im Januar 1990 beeindruckende 54,4 Prozent erreicht hatte, wurde Lafontaine zum SPD-Kanzlerkandidaten für die Bundestagswahl im Herbst 1990 gekürt. Eine Messer-Attacke überlebte er nur knapp, und nachdem Helmut Kohls Wiedervereinigungspolitik über seine eigentlich nicht unbegründeten wirtschaftspolitischen Warnungen hinweggegangen war, verlor Lafontaine im Dezember 1990 die erste gesamtdeutsche Bundestagswahl mit 33,5 Prozent der Stimmen, dem schlechtesten Ergebnis der SPD seit 1957. Darauf ließ er mitteilen, er stehe für den SPD-Vorsitz, der ihm angeboten worden war, nicht mehr zur Verfügung, legte sein gerade erworbenes Bundestagsmandat nieder und zog sich schmollend ins Saarland zurück, wo er nach wie vor Regierungschef war. Willy Brandt hatte ihn wegen seiner Haltung zur deutschen Vereinigung kritisiert. Doch es hielt ihn nicht lange im Abseits. Nach wenigen Jahren tauchte er in die Bundespolitik wieder auf, bildete mit Gerhard Schröder und Rudolf Scharping die berühmte »Führungstroika« der SPD und ließ sich 1994 erneut in den Bundestag wählen, weil er auf die Regierungsübernahme durch die SPD im Bund spekuliert hatte. Als auch diese Hoffnung nicht aufging, legte er wieder das Mandat nieder und blieb Ministerpräsident. Parteivorsitzender war Scharping geworden – in einer Urabstimmung sämtlicher SPD-Mitglieder. Doch auf dem SPD-Parteitag in Mannheim am 16. November 1995 nahm Lafontaine dem glücklosen Scharping nach einer die Delegierten mitreißenden Rede den Parteivorsitz ab. Nach Bildung der rot-grünen Bundesregierung wurde Lafontaine 1998 Bundesfinanzminister unter Gerhard Schröder als Bundeskanzler, geriet jedoch sehr rasch mit diesem in Streit. Dennoch war es ein Paukenschlag, als Lafontaine im März 1999 resignierte, den Bettel hinwarf und sein Amt als Bundesfinanzminister nach nur 186 Tagen niederlegte. Auch den SPD-Vorsitz und sein Bundestagsmandat gab er auf. Als saarländischer Ministerpräsident war ihm im November 1998 Reinhard Klimmt gefolgt, so dass Lafontaine, anders als früher, keine politische Rückzugsposition mehr hatte und sich notgedrungen ins Privatleben zurückziehen musste. Sein öffentlich kaum nachvollziehbares »Hinschmeißen« der Ämter und seine darauf folgende massive Kritik an der SPD-geführten Bundesregierung haben sicher zum Niedergang der SPD auch im Saarland beigetragen. Klimmt verlor bei der Landtagswahl am 5. September 1999. Zwar erzielte Peter Müllers CDU mit 45,5 Prozent nur 1,1 Prozentpunkte mehr – 1994 indes hatte die SPD noch mit 10,8 Prozentpunkten vorne gelegen. Da aber FDP und Grüne an der Sperrklausel scheiterten, konnte Müller eine CDU-Alleinregierung bilden, die er 2004 mit vergrößertem Vorsprung erneuerte.

Doch Lafontaine hielt es nicht lange im politischen Abseits aus. Die neu gegründete WASG, die alsbald mit der PDS zusammenging und zur Partei Die Linke wurde, bot ihm die Chance für eine dritte politische Karriere und aus seiner Sicht wohl auch die Chance für eine Rehabilitation nach dem unrühmlichen Abgang einige Jahre vorher. 2005 ließ er sich nach seinem Austritt aus der SPD auf dem neuen Ticket in den Bundestag wählen und wurde zusammen mit Gregor

Gysi Fraktionsvorsitzender. Zusammen mit Lothar Bisky sicherte er sich auch den Parteivorsitz und wurde in der Öffentlichkeit bald zur beherrschenden Figur der Linken, die seit 2007 auch im Westen Fuß fasst. Vor allem durch Kritik an Hartz IV und dem deutschen Afghanistan-Engagement macht sie der SPD das Leben schwer, die noch keine klare Haltung zu der vom verlorenen Sohn geführten Konkurrenz von links gewonnen hat. Zwischen den beiden Optionen Konfrontation und Kooperation droht es sie zu zerreißen.

Im Saarland ist die SPD – sicher auch eine Folge der für sie äußerst schädlichen Aktivitäten Lafontaines – inzwischen stark abgefallen. Bei der Landtagswahl 2004 hatte sie nur noch 30,8 Prozent erreicht, ihr schlechtestes Ergebnis seit 1960, und bei Umfragen Anfang 2009 war sie noch weiter abgefallen, so dass die Linke sie fast eingeholt hat. Beide schwanken um knapp 25 Prozent. Lafontaine erklärte die Bereitschaft seiner Partei, nach der Landtagswahl am 30. August 2009 gegebenenfalls eine Regierungskoalition mit der SPD einzugehen. Diese will sich unter ihrem Vorsitzenden Heiko Maas, der seit zehn Jahren die SPD-Opposition im Landtag führt, aber nur darauf einlassen, wenn sie dann auch den Regierungschef stellt, wozu die Linke natürlich nur bereit ist, wenn die SPD besser als sie abschneidet.

Lafontaine selbst hatte sich nicht nur als saarländischer Spitzenkandidat der Linken bei der Bundes- und der Landtagswahl ausrufen lassen, sondern auch als Direktkandidat im Bundestagswahlkreis Saarbrücken, zog aber, unmittelbar bevor dies offiziell abgesegnet wurde, seine Direktkandidatur überraschend zurück. Gegen die SPD-Kandidatin Elke Ferner, die ihn schon 2005 geschlagen hatte, hätte Lafontaine es wohl auch schwer gehabt.

In Betracht kommt für die SPD auch eine Große Koalition mit der CDU, die laut Umfragewerten ihre absolute Mehrheit kaum halten dürfte. Die FDP und die Grünen, die schon 2004 von der Schwäche der SPD profitiert und nach zehn- bzw. fünfjähriger Abstinenz wieder die Sperrklausel überwunden hatten, könnten ebenfalls ein Wörtchen mitreden. Im Saarland wird genau wie in anderen Ländern und im Bund der Niedergang der bisherigen Volksparteien CDU und SPD deutlich (siehe S. 187 ff.). Auch hier entscheiden weniger die Wähler über die Regierungsbildung als Parteiführer in Koalitionsvereinbarungen nach der Wahl.

Der Landtag ist mit 51 voll bezahlten und überversorgten Mitgliedern viel zu groß für kaum 800.000 Wahlberechtigte. Würde man z. B. 26 Wahlkreise bilden, so entfielen auf jeden etwa 30.000 Wahlberechtigte und damit nur ein Bruchteil der Wahlberechtigten in Wahlkreisen anderer deutscher Flächenländer.

Die Wahlbeteiligung hatte 1994 noch bei 83,5 Prozent gelegen, was allerdings auch daher rührt, dass sie zusammen mit der Bundestagswahl stattgefunden hatte, die von den Wählern regelmäßig als besonders wichtig eingestuft wird. 1999 fiel sie dann auf 68,7 und 2004 sogar auf 55,5 Prozent.

Welche Abgeordneten »gewählt« werden, entscheiden die Bürger im Saarland schon gar nicht, sondern allein die Parteien. Es besteht ein reines Listenwahlrecht, so dass Parteigremien durch Vergabe von Listenplätzen lange vor der Wahl definitiv festlegen, welche Personen in den Landtag einziehen. Mit dem Grundsatz der Unmittelbarkeit der Wahl der Abgeordneten durch die Bürger, der auch im Saarland Verfassungsqualität besitzt, ist dies nicht vereinbar (siehe S. 72 f.).

»Gewählt« werden 41 Abgeordnete in den drei Wahlkreisen Neunkirchen, Saarbrücken und Saarlouis über starre Listen. Die restlichen zehn Abgeordneten werden per Landeslisten bestimmt, um sicherzustellen, dass alle Parteien, die die Fünfprozentklausel überspringen, auch Sitze erhalten. Sonst benötigte man dafür mehr als fünf Prozent, weil jeder Wahlkreis weniger als 20 Abgeordnete ins Parlament entsendet. 2004 kamen im Wahlkreis Neunkirchen, der 17 Abgeordnete ins Parlament schickte, die ersten zehn der CDU-Liste, die ersten sechs der SPD-Liste und der Erste auf der Liste der Grünen in den Landtag. Im Wahlkreis Saarbrücken, der von dreizehn Abgeordneten vertreten wird, kamen die ersten sieben auf der CDU-Liste, die ersten fünf auf der SPD-Liste und der Erstplatzierte auf der Liste der Grünen in den Landtag. Im Wahlkreis Saarlouis, der von elf Abgeordneten vertreten wird, kamen die ersten sieben auf der CDU-Liste und die vier Erstplatzierten auf der SPD-Liste ins Parlament. Auf den Landeslisten schließlich waren die ersten drei der CDU, die ersten drei der SPD, die ersten drei der FDP und der Erstplatzierte der Grünen erfolgreich.

Direkte Demokratie wird den Bürgern zwar von der Landesverfassung eröffnet. Doch das ist nur schöner Schein. Tatsächlich sind die Regelungen derart ausgestaltet, dass es in der Praxis unmöglich ist, davon wirklich Gebrauch zu machen. Ein erfolgreiches Volksbegehren müssen 20 Prozent der saarländischen Wahlberechtigten unterschrieben haben. In Hamburg oder Schleswig-Holstein sind nur fünf, in Brandenburg vier Prozent erforderlich. Die Unterschriften müssten binnen 14 Tagen an Amtsstelle geleistet werden. Von geheimer Abstimmung zu reden ist dann ja wohl ein Witz. In anderen Ländern können die Unterschriften frei, also an beliebigen Orten, gesammelt werden, und die Frist dafür beträgt mehrere Monate. Es liegt auf der Hand, dass es fast unmöglich ist, innerhalb von zwei Wochen 20 Prozent der Bevölkerung zu aktivieren und zu veranlassen, auf dem Amt zu unterschreiben, sehr viel schwieriger jedenfalls, als innerhalb einiger Monate nur vier oder fünf Prozent zu veranlassen, in Versammlungen, in der Fußgängerzone oder an der Haustür zu unterschreiben. Hinzu kommt, dass das Saarland als einziges Land verlangt, dass beim anschließenden Volksentscheid nicht nur die Mehrheit der Abstimmenden zustimmt, was selbstverständlich ist, sondern dass diese Mehrheit auch noch 50 Prozent der Wahlberechtigten ausmacht. Verfassungsänderungen sind im Saarland, anders als in anderen Ländern, auf direktdemokratischem Wege ganz ausgeschlossen. Angesichts der wahrhaft prohibitiven Regelungen wundert es nicht, dass es im Saarland bisher noch keinen einzigen Volksentscheid gegeben hat.

Was die Bezahlung der Gewählten anlangt, beträgt die steuerpflichtige Entschädigung saarländischer Abgeordneter derzeit 4758 Euro, was recht ordentlich ist für allenfalls eine Halbtagstätigkeit in diesem kleinen Land. Positiv hervorzuheben ist aber, dass Mitglieder der Landesregierung, die auch ein Parlamentsmandat haben, neben ihrem Amtsgehalt keine Abgeordnetenentschädigung erhalten. Doch leuchtet es eigentlich nicht ein, dass Regierungsmitglieder überhaupt noch gleichzeitig Abgeordnete sein können. Das hat auch Peter Müller so gesehen, als er noch CDU-Oppositionsführer im Landtag war. Ausweislich des Landtagsprotokolls sagte er damals:

»Ich persönlich verhehle nicht, ich bin ein Vertreter der Ministerinkompatibilität, weil das einfach dem Grundsatz der Gewaltenteilung entspricht. Aufgabe des Parlaments ist es, die Regierung zu kontrollieren. Wenn ich beide Funktionen gleichzeitig habe, Parlamentarier und Regierungsmitglied, ergibt sich notwendigerweise daraus eine Einschränkung der gegenseitigen Kontrollfunktion, dann ergibt sich eine Gewaltenverschränkung. Und die sollten wir in unserem System auf ein Mindestmaß reduzieren. Fraktionen, auch Mehrheitsfraktionen, die keine Regierungsmitglieder als Fraktionsmitglieder haben, werden in höherem Maße konfliktbereit sein als Fraktionen, bei denen dies der Fall ist.

Vor diesem Hintergrund denke ich, dass das System der gegenseitigen Kontrolle, dass das System von *checks and balances*, das unserem demokratischen Modell zugrunde liegt, gestärkt wird, wenn jemand, der Minister ist, nicht gleichzeitig Abgeordneter sein kann.«

Dem ist nichts mehr hinzuzufügen. Bedauerlich ist nur, dass von dieser Aussage nichts mehr zu hören ist, seitdem Müller die Regierung des Saarlandes übernommen hat. Auch er selbst bekleidet nun zusätzlich ein Abgeordnetenmandat.

Im Übrigen fällt auf, dass ehemalige Regierungsmitglieder im Saarland deutlich großzügiger versorgt werden als Bundesminister. Im Saarland bekommen sie bereits nach zwei Amtsjahren einen Pensionsanspruch, ihre Kollegen im Bund erst nach vier Jahren. Nach drei Jahren im Amt erhält ein saarländischer Ex-Minister das Ruhegehalt bereits mit Vollendung des 55. Lebensjahres – ohne Abschläge. Bundesminister müssen dafür das 65. Lebensjahr vollendet haben. Die Bundesregelung, die früher der saarländischen ähnelte, wurde erst kürzlich abgesenkt, weil die Gewährung eines Versorgungsanspruchs schon nach zwei Amtsjahren oder schon im Alter von 55 nicht mehr in die Landschaft passt, nachdem Normalverbraucher inzwischen um ihre Versorgung im Alter bangen und bald bis 67 arbeiten müssen. Dieselben Gründe sprechen natürlich auch für die Einschränkung der Versorgung saarländischer Regierungsmitglieder.

Gerade das Saarland, das finanziell am Tropf der anderen hängt, sollte sich vor überzogener Versorgung seiner politischen Klasse hüten, zumal da es dort früher noch sehr viel drastischere Auswüchse gegeben hat. 1972 war besonders unverschämt hingelangt worden. Schon nach einem einzigen Amtstag konnten Ex-Regierungsmitglieder ein volles Ruhegehalt von 75 Prozent der aktiven Bezüge beanspruchen. Das Gesetz war ohne Kritik und ohne jede Aussprache im Landtag über die Bühne gegangen, weil der SPD-Opposition, deren stellvertretender Vorsitzender damals niemand anders war als Oskar Lafontaine, der Mund gestopft worden war. Gleichzeitig wurden die Staatsgelder für die Fraktionen nämlich verdoppelt, was vor allem der Opposition zugute kam. Erst als der Verfasser dieses Buches im Jahre 1992 das saarländische Ministergesetz analysierte und »Der Spiegel« daraus eine Titelgeschichte formulierte mit dem inzwischen zum Ministerpräsidenten avancierten Oskar Lafontaine in Robe und Perücke Ludwigs XIV. als Titelbild,[1] wurde der Missbrauch publik. Der Sonnenkönig gilt bekanntlich als Sinnbild des absolutistischen Herrschers (»l'état c'est moi«), und auch Lafontaine glaubte anscheinend sich alles leisten zu können. Die Reaktionen auf den Spiegel-Artikel brachten ans Licht, dass auch Lafontaines Pensionsansprüche aus seiner Zeit als Oberbürgermeister Saarbrückens nicht ordnungsgemäß mit seinen Bezügen als Ministerpräsident verrechnet worden waren und er zu viel Geld erhalten hatte. Lafontaine wehrte sich zwar mit Händen und Füßen, sprach von »Schweinejournalismus« und erließ sogar ein die Medien einschränkendes saarländisches Pressegesetz (das später wieder aufgehoben wurde). Am Schluss blieb ihm aber nichts anderes übrig, als die überzahlten Gelder zurückzugeben und das Ministergesetz zu ändern. Auch viele andere Länder hoben daraufhin völlig überzogene Pensionsregelungen für ihre Regierungsmitglieder auf.

---

[1] Der Spiegel, Heft 20/1992.

G. Unterschätzte Kommunen

I. Kommunalwahlen in halb Deutschland: mehr als ein Stimmungstest

Am 7. Juni 2009 finden in sieben Ländern Kommunalwahlen statt: in Baden-Württemberg, Mecklenburg-Vorpommern, Rheinland-Pfalz, dem Saarland, in Sachsen, Sachsen-Anhalt und Thüringen. Da die Gemeinde- und Kreisvertretungen in fast allen Ländern auf fünf Jahre gewählt werden, genauso wie das Europäische Parlament, werden beide Termine seit Längerem zusammengelegt. In Sachsen war die Wahl der Kreistagsabgeordneten wegen der Kreisgebietsreform allerdings ein Jahr vorgezogen worden und hatte bereits 2008 stattgefunden. In Nordrhein-Westfalen wird dagegen am 30. August gewählt, nachdem der dortige Verfassungsgerichtshof die ebenfalls geplante Zusammenlegung mit der Europawahl durch Urteil vom 18. Februar 2009 für verfassungswidrig erklärt hat (siehe S. 242). Gleichzeitig werden in Nordrhein-Westfalen hauptberufliche Bürgermeister, Oberbürgermeister und Landräte gewählt, dies allerdings zum letzten Mal. Deren Wahlperiode, die bisher wie die der Räte fünf Jahre betrug, wird auf sechs Jahre verlängert. In Nordrhein-Westfalen werden rund 14 Millionen Wahlberechtigte zu den Urnen gerufen. Das sind so viele, wie in sechs der anderen Länder, in denen Kommunalwahlen stattfinden, zusammen – das siebte, Baden-Württemberg, ist mit seinen 7,7 Millionen Wahlberechtigten selbst eines der großen Länder. In Nordrhein-Westfalen wird allerdings nur in 396 Städten und Gemeinden und in 31 Landkreisen gewählt. Die seinerzeitige kommunale Gebietsreform hatte kleinere Gemeinden radikal beseitigt. Völlig anders ist es z. B. in Baden-Württemberg, wo bei der Gebietsreform sehr viel moderater vorgegangen worden war. Dort wählen die Bürger in 1102 Gemeinden und Städten sowie in 35 Landkreisen.

Kommunalwahlen sind wichtig. Nicht umsonst wird die Gemeinde als Wiege der Demokratie bezeichnet. Von der politischen Klasse, die vor allem an bezahlten Mandaten auf höherer Ebene interessiert ist, werden Kommunalwahlen, ebenso wie Europawahlen, aber auch als Stimmungstest oder gar Weichenstellung für Parlamentswahlen, in unserem Fall für die Bundestagswahl am 27. September, angesehen und in den vier Ländern, in denen Landtagswahlen stattfinden, natürlich auch für diese. Ein Beispiel für die Signalwirkung von Kommunalwahlen ist Nordrhein-Westfalen. Dort hatte die SPD bei den Kommunalwahlen von 1999 mit 33,9 Prozent der Stimmen geradezu ein Desaster erlebt. Der CDU-Triumph mit 50,3 Prozent signalisierte einen Umschwung auch auf höherer Ebene. Fünf Jahre später blieb die CDU stärkste Partei und löste kurz darauf bei der Landtagswahl die von Peer Steinbrück geführte SPD/Grünen-Koalition ab. Jürgen Rüttgers wurde Ministerpräsident und Chef einer CDU/FDP-Regierung. Das trug ganz wesentlich dazu bei, dass Gerhard Schröder als Bundeskanzler das Handtuch warf. 2005 kam es zur vorgezogenen Bundestagswahl, auf die die Große Koalition folgte. Ein Grund für das seinerzeitige Desaster der SPD in Nordrhein-Westfalen war das offenbar gewordene Geflecht von Filz und Kungelei in Köln, Wuppertal und anderen Städten, ein anderer die Unzufriedenheit mit der rot-grünen Bundesregierung, die ein Jahr vorher inthronisiert worden war.

Vor dem Hintergrund der anstehenden Kommunalwahlen lohnt es sich, die gewaltigen Umbrüche, die im Bereich der Kommunen in den letzten Jahrzehnten stattgefunden haben, genauer in Augenschein zu nehmen. Die Kommunalverfassung wurde grundlegend reformiert – die einzige durchgreifende Verfassungsreform, die in letzter Zeit in Deutschland überhaupt zustande kam. Abgesehen von den drei Stadtstaaten, in denen Land und Stadt zusammenfallen, werden heute in allen dreizehn Flächenländern die Bürgermeister und Oberbürgermeister der Gemeinden und Städte direkt vom Volk gewählt – genau wie die Landräte in fast allen Ländern. Eingeführt wurde auch ein bürgernahes Wahlrecht zur Volksvertretung. Es erlaubt den Wählern das Kumulieren und Panaschieren ihrer Stimmen und damit die gezielte Auswahl *ihres* Gemeindevertreters. Die Bürger können bei Kommunalwahlen – anders als bei Landtags-, Bundestags- und Europawahlen – ihre Repräsentanten also wirklich selbst bestimmen. Deshalb sind die Gemeindevertreter in den Räten sehr viel eher echte Volksvertreter als ihre Kollegen in den Parlamenten, die allein von

270

den Parteien bestimmt werden und deshalb eher dem Typus des Parteifunktionärs zuzuordnen sind. Interessant ist, wie die Kommunalverfassungsreform, die in vielem auch Vorbild für die Verfassungen der Länder und des Bundes sein könnte, zustande kam. Die Landesparlamente etwa in Nordrhein-Westfalen und Niedersachsen waren nämlich keineswegs dazu bereit.

II. Geschichte der Kommunalverfassungen: Reform des scheinbar Unreformierbaren

Bis zum Ende der Achtzigerjahre gab es große Unterschiede in den Gemeindeverfassungen der acht westdeutschen Flächenstaaten und des Stadtstaats Bremen. Man unterschied die Süddeutsche Ratsverfassung (Baden-Württemberg und Bayern), die Bürgermeisterverfassung (Saarland, Rheinland-Pfalz und Landgemeinden in Schleswig-Holstein), die Magistratsverfassung (Hessen, Städte in Schleswig-Holstein, Bremerhaven) und die Norddeutsche Ratsverfassung (Niedersachsen und Nordrhein-Westfalen). Sie waren teils seit Jahrhunderten historisch gewachsen, teils nach dem Zweiten Weltkrieg unter dem Einfluss der Besatzungsmächte eingerichtet worden. Das Gemeinderecht wurde in der zweiten Hälfte des vergangenen Jahrhunderts zwar häufig geändert, besonders im Detail. Von einer auch nur zaghaften Annäherung der Gemeindeverfassungen war man lange jedoch weit entfernt. Jedes Land hatte sich an seine Gemeindeverfassung gewöhnt und wollte daran festhalten.

Das änderte sich Ende der Achtzigerjahre schlagartig. Was vorher utopisch erschienen war, rückte plötzlich zum Greifen nahe heran: die Einigung auf bestimmte Strukturmerkmale eines »bestmöglichen« Gemeindeverfassungsmodells und die Durchsetzung der entsprechenden Gesetzesänderungen. Dabei gingen wichtige Impulse auch von den fünf neuen Ländern aus. Die Erfahrungen der Basisgruppen 1989/90 und die daraus erwachsene Wertschätzung der Bürgermitwirkung strahlten auch auf Westdeutschland aus. Im Westen leistete Hessen Vorreiterdienste. Die Gründe, warum eine durchgreifende Reform in diesem Land möglich wurde, in anderen Ländern wie Nordrhein-Westfalen aber zunächst scheiterte, dann aber doch gelang, sind deshalb von besonderem praktischen Interesse, weil sie Fingerzeige geben, unter welchen Umständen Reformen zustande kommen können und bei welchen Konstellationen mit Reformblockaden zu rechnen ist.

In Hessen war es eine vom damaligen Ministerpräsidenten Wallmann, der CDU und der FDP betriebene Volksabstimmung vom 20. Januar 1991, die die Direktwahl der Bürgermeister und Landräte einführte und damit das bundesweite Signal zur Umbildung der Gemeinde- und Landkreisverfassung setzte. Das Bemerkenswerte lag nicht nur im Ergebnis der Abstimmung, sondern auch im Ausmaß der Mehrheit: 82 Prozent der Abstimmenden hatten sich für die Direktwahl ausgesprochen. Es gab in der Bevölkerung also fast einen Konsens in dieser Frage, und das, obwohl die SPD und die Grünen opponiert hatten und auch die CDU durchaus nicht mit ganzem Herzen dabei war. Das Ergebnis der Abstimmung machte auch in anderen Ländern hellhörig. Schlagartig wurde deutlich, welche Auffassung die breite Mehrheit hat und dass die Gemeindeverfassungen vieler Länder davon in zentralen Punkten abwichen. Damit war aber ihre Anerkennung erschüttert, auch wenn die politische Klasse sich bemühte, die hessische Abstimmung möglichst nicht zum öffentlichen Thema werden zu lassen. Verfassungen verlieren in der Demokratie ihre Legitimation, wenn sie auf Dauer nicht mehr von der Mehrheit des Volkes, von dem alle Staatsgewalt ausgeht, getragen werden. Und ebendieses Abweichen vieler Gemeindeverfassungen vom Volkswillen war durch die Volksabstimmung in krassem Ausmaß zutage getreten. Zugleich wurde – angesichts der Tatsache, dass die Landesverfassungen Volksbegehren und Volksentscheid zulassen – auch deutlich, welches politische Potenzial in der Möglichkeit liegt, das Volk sprechen und den gordischen Knoten pluralistischer Blockierung durchhauen zu lassen. Damit wurde die hessische Erfahrung zu einem wichtigen Motor für die durchgreifenden Reformen der Gemeindeverfassungen in der ersten Hälfte der Neunzigerjahre.

Auch in dem Land, in dem die Reform zunächst blockiert schien, trug das hessische Beispiel dazu bei, sie schließlich doch wieder flott zu bekommen: in Nordrhein-Westfalen mit seinen vielen großen und wichtigen Städten. Über die Reformnotwendigkeit der nordrhein-westfälischen Gemeindeverfassung bestand in jüngerer Zeit zunehmend Übereinstimmung unter Kommunalwissenschaftlern und Praktikern; man lese nur die beschwörenden Reden nordrhein-westfälischer Oberstadtdirektoren oder die Vorträge des seinerzeitigen Vorstands der Kommunalen Gemeinschaftsstelle für Verwaltungsvereinfachung, Gerhard Banner. Geschehen war in Nordrhein-Westfalen gleichwohl lange nichts. Es schien so, als ob nicht einmal die sogenannte Zweiköpfigkeit der Gemeindespitze, bestehend aus Stadtdirektor als Chef der Verwaltung und Bürgermeister als Vorsitzendem des Rates, die häufig eine »hinderliche Führungskonkurrenz« zwischen beiden begünstigte und die »Regierungsfähigkeit« in Frage stellte, beseitigt werden könnte, ganz zu schweigen von der Einführung der Direktwahl des Bürgermeisters oder des Kumulierens oder Panaschierens bei der Ratswahl. Die Hauptgründe für die Reformblockade waren entgegenstehende Eigeninteressen zentraler Funktionsträger, die um ihre Stellung fürchteten: Die Fraktionsvorsitzenden in den Städten, die bis dahin Schlüsselpositionen innehatten, sahen ihre beherrschende Stellung durch einen direkt gewählten Bürgermeister gefährdet. Die Ratsvorsitzenden fürchteten um ihre Wiederwahl, wenn ihre Position mit der des Stadtdirektors, der an der Spitze der Verwaltung stand, zusammengelegt würde. Außerdem hatten sie aufgrund ihrer formellen Ehrenamtlichkeit oft auch im Landesparlament einen Sitz. Das wäre im Falle ihrer Wahl zum Stadtdirektor – aufgrund der Unvereinbarkeitsbestimmungen – aber nicht mehr möglich gewesen. Diese Personen saßen auch in den Parteigremien und hatten dort das Sagen in Sachen Kommunalpolitik, so dass der Hagener Parteitag der nordrhein-westfälischen SPD Ende 1991 den Reformern in der eigenen Landesregierung, besonders dem Innenminister Schnoor, eine Abfuhr erteilte. Damit drohte die nordrhein-westfälische Gemeindeverfassung zu einem Symbol parteipolitisch bedingter Politikblockade zu werden und dafür, dass selbst dringende Reformen in unserem Lande unrealisierbar erscheinen, wenn dadurch Personen befürchten, ihre Ämter zu verlieren. Der damalige Bundespräsident sprach von einem »klassische(n) Fall der Machtbehauptung von Parteizentralen und der Abschreckung der Bevölkerung«. Die Blockade ließ sich am Ende dennoch aufbrechen, und zwar dadurch, dass die nordrhein-westfälische CDU als Oppositionspartei ein Volksbegehren einbrachte, was die SPD wiederum veranlasste, einen Sonderparteitag anzuberaumen, auf dem der Hagener Beschluss revidiert und die Einführung der Direktwahl beschlossen wurde.

In Niedersachsen verlief der Reformprozess ganz ähnlich. Dort griff der Führer der damaligen CDU-Opposition, Christian Wulff, das Thema Direktwahl von Bürgermeistern und Landräten im Herbst 1993, kurz vor der Landtagswahl, auf. Der Ministerpräsident und

SPD-Landesvorsitzende Gerhard Schröder verkündete kurz darauf seine Unterstützung und erlangte schließlich im März 1995 mit knapper Mehrheit den positiven Beschluss eines SPD-Sonderparteitags. Die parteiinterne Überzeugungsarbeit war ihm auch dadurch erleichtert worden, dass Wulff ein Volksbegehren mit anschließendem Volksentscheid angekündigt hatte. Beides hätte nach den Erfahrungen in Hessen mit hoher Wahrscheinlichkeit Erfolg gehabt.

Ein weiterer Grund, warum die politische Klasse wenig Interesse an der Übernahme der süddeutschen Kommunalverfassung auch in anderen Ländern hatte, war die Befürchtung, dass dann Freie Wählergemeinschaften eine größere Rolle spielen und die Dominanz der Parteien, insbesondere bei der Mandats- und Postenvergabe, zurückgedrängt würde (siehe S. 290).

Beim Kampf um die Direktwahl der Bürgermeister verlief die Front zwischen den Funktionären beider großen Parteien auf der einen Seite, die, wenn auch mit unterschiedlichem Nachdruck, überwiegend für die bloß mittelbare Wahl und die daraus folgende Bewahrung ihrer parteipolitischen Posten und Machtpositionen eintraten, und der großen Mehrheit der Bürger auf der anderen Seite, die möglichst direkten Einfluss auf die Auswahl ihrer Repräsentanten wollten. Es ging darum, welche Perspektive sich durchsetzte, die des Bürgers oder die des an Macht und Eigeninteresse orientierten Politikers, oder, wie der Politikwissenschaftler Wilhelm Hennis es formuliert hatte, die des Opfers oder die des Täters. An den Gemeindeverfassungsreformen war so faszinierend, dass sich hier – trotz des Widerstandes politischer Funktionäre – die Perspektive und die Belange der Bürger durchsetzen konnten. Das lag ganz wesentlich daran, dass mit dem Volksbegehren und dem Volksentscheid auf Landesebene Verfahren zur Verfügung stehen, die es erlauben, den mehrheitlichen Interessen und Wünschen der Bürger auch gegen den Widerstand der politischen Klasse zum Durchbruch zu verhelfen, und dass dies am Beispiel der Volksabstimmung in Hessen für alle Beobachter unübersehbar geworden war.

Die Vorgänge in Hessen, Nordrhein-Westfalen und Niedersachsen machten in anderen Bundesländern Schule. So wurde auch im Saarland der Beschluss des Landtags von 1994, die Direktwahl der Bürgermeister und Landräte sowie des Präsidenten des Stadtverbandes Saarbrücken einzuführen, vor dem Hintergrund eines eingeleiteten Volksbegehrens getroffen. Ebenso hatte die Opposition

in Schleswig-Holstein durch Androhen einer Volksbefragung politischen Druck in Richtung Direktwahl und damit der Regierungspartei Beine gemacht. Ähnlich hatte sich in Brandenburg im Herbst
1992 zunächst ein SPD-Landesparteitag gegen die Direktwahl ausgesprochen, bevor es schließlich gelang, sie doch noch durchzusetzen.

III. Das Modell: baden-württembergische Gemeindeverfassung

Will man die neuen Gemeindeverfassungen mit einem Satz charak-
terisieren, so kann man von einer Annäherung an die Süddeutsche
Ratsverfassung baden-württembergischer Prägung sprechen. Die baden-württembergische Gemeindeverfassung hat einen regelrechten
Siegeszug durch alle anderen Bundesländer gehalten. Viele ihrer Elemente wurden in allen Flächenländern eingeführt.

Die baden-württembergische Gemeindeverfassung hat fünf Strukturmerkmale:

– Der Bürgermeister ist alleiniger Gemeindevorsteher, nicht Pri-
mus inter Pares in einem kollektiven Gemeindevorstand wie in
der Magistratsverfassung. Beigeordnete unterstehen dem Bürgermeister.
– Der Bürgermeister ist nicht nur Vorsitzender des Gemeinderats und
aller seiner Ausschüsse, deren Beschlüsse er mit vorbereitet und aus-
führt, sondern auch Chef der Verwaltung. Es besteht also »Einköp-
figkeit« der Gemeindespitze – im Unterschied zur früheren Norddeutschen Ratsverfassung und zur Magistratsverfassung, die als
weiteres Amt einen Vorsitzenden des Gemeinderats vorsah.
– Der Bürgermeister wird direkt durch das Volk gewählt, nicht wie
früher in den Ländern der Bürgermeisterverfassung, der Norddeutschen Ratsverfassung und der Magistratsverfassung durch den Gemeinderat.
– Bei der Wahl der Gemeindevertretung müssen sich die Bürger nicht
darauf beschränken, starre, von den Parteien aufgestellte Listen an-
zukreuzen, sondern sie können einzelne Kandidaten aus den Vor-
schlagslisten streichen und andere mit bis zu drei Stimmen hervorheben (kumulieren). Jeder Wähler hat insgesamt so viele Stimmen,

275

wie Ratsmitglieder gewählt werden sollen, und kann damit auch Bewerber verschiedener Listen ankreuzen (panaschieren).

– Die Bürger können über wichtige Gemeindeangelegenheiten durch Bürgerentscheid abschließend entscheiden und solche Entscheidungen im Wege von Bürgerbegehren auch selbst initiieren und an sich ziehen.

Die baden-württembergische Gemeindeverfassung mit ihrem unmittelbaren Einfluss der Bürger bildet eine natürliche Sperre gegen die ansonsten zu beobachtende Neigung der Parteien, die politische Macht auch in den Gemeinden ausschließlich unter sich aufzuteilen. In einer Zeit der Parteien- und Politikerverdrossenheit gewinnt das baden-württembergische Gemeindesystem einen Teil seines politischen Charmes auch daraus, dass es so konstruiert ist, dass die Parteien kaum über ihre im Grundgesetz niedergelegte Rolle, an der politischen Willensbildung des Volkes lediglich *mit*zuwirken (Art. 21 GG), hinausgehen können. So wird, um nur einige Gesichtspunkte zu nennen, durch die Zurückdrängung der Parteien die Gefahr eines neuen, nämlich parteipolitischen, Zentralismus verringert, der dem Gedanken der gemeindlichen Selbstverwaltung zuwiderläuft. Erfahrungen in Baden-Württemberg zeigen, dass auch Kandidaten von Wählergemeinschaften, ja selbst parteilose Bewerber eine Chance haben. In Baden-Württemberg ist, gehäuft in den kleineren Gemeinden, die Hälfte der Bürgermeister parteilos. Das wirkt sich auch bei der Personalpolitik aus. Parteipolitische Ämterpatronage ist zwar im Regelfall verfassungswidrig, wird aber dennoch häufig praktiziert, was einen der »gewichtigste(n) und zugleich wundeste(n) Punkte in der Diskussion um den Parteienstaat« darstellt (so mit Recht der frühere Bundespräsident Roman Herzog). Dass Ämterpatronage nun aber gerade in baden-württembergischen Städten weniger verbreitet ist als in anderen Ländern, hat auch institutionelle Gründe: Der Bürgermeister ist nicht auf die Wiederwahl durch die Ratsfraktionen angewiesen. Er braucht deshalb auch ihren Patronagewünschen nicht zu entsprechen, und er wird dies auch kaum tun, da ihm solche Patronage, die doch meist bekannt wird, in den Augen seiner Wähler böse angekreidet wird. Das personenbezogene Wahlrecht bei den Ratswahlen erleichtert Seiteneinsteigern ohne große parteipolitische Hausmacht den Schritt in die Gemeindepolitik. Mit Bürgerbegehren und Bürgerentscheid können mehrheitliche Bürgeranliegen zum kommunalen Thema gemacht und – im Extremfall auch an den Ratsfraktionen vorbei – durchgesetzt werden. Das baden-württembergische Modell muss als Ganzes, als System, gesehen und gewürdigt werden. Insgesamt ist es dadurch gekennzeichnet, dass es dem Bürger relativ großen Einfluss gibt, sowohl auf die Wahl der Repräsentanten (Direktwahl des Bürgermeisters und unmittelbar Einfluss des Wählers auf die personelle Zusammensetzung des Gemeinderats) als auch dadurch, dass er wichtige Sachentscheidungen an sich ziehen kann (Bürgerbegehren und Bürgerentscheid). Die baden-württembergische Gemeindeverfassung ist deshalb von größerer Durchlässigkeit für den Common Sense der Bürger, als andere Gemeindeverfassungen lange waren, und erst recht als die Staatsverfassungen des Bundes und der Länder, ohne aber andererseits zu einer Stimmungsdemokratie zu entarten. Vielmehr ermöglicht die starke Stellung des Bürgermeisters eine zielorientierte, am Wohl der ganzen Gemeinde ausgerichtete Politik und verbindet so Bürgermitwirkung und Regierungsfähigkeit miteinander. Das Bestechende am baden-württembergischen Modell besteht darin, dass dem Mehr an echter politischer Partizipation nicht ein Weniger an inhaltlicher Qualität der gemeindlichen Willensbildung gegenübersteht, sondern es sich umgekehrt mit verstärkter gemeindepolitischer Handlungsfähigkeit verbindet.

Die vorstehenden Feststellungen leiten über zur Frage nach den Kriterien, die für die Beurteilung von Gemeinde- und anderen Verfassungen zugrunde zu legen sind. Geht man davon aus, dass Demokratie Herrschaft *durch* das Volk und *für* das Volk ist, so gewinnt man die beiden zentralen Kriterien: Mitentscheidung der Bürger und inhaltliche Ausgewogenheit (siehe S. 359). Von beiden Prinzipien sichert die baden-württembergische Gemeindeverfassung, obwohl auch sie durchaus noch verbesserungsfähig ist, ein relativ hohes Maß. Darin liegt der innere Grund für die unerhörte Wucht, mit der sich wichtige Elemente der baden-württembergischen Gemeindeverfassung in wenigen Jahren in Deutschland ausgebreitet haben. Der Verfasser hatte die Überlegenheit der baden-württembergischen Gemeindeverfassung anhand der relevanten Kriterien im Jahre 1989 in einem programmatischen Vortrag dargestellt und empfohlen, auch andere Bundesländer sollten die drei Formen unmittelbarer Gemeindedemokratie übernehmen: die Direktwahl des Bürgermeisters, das Kumulieren und Panaschieren bei der Wahl des Gemeinderates und den Bürgerentscheid mit Bürgerbegehren, wobei Letztere noch weiter erleichtert werden sollten.[1] Rückblickend ist es erstaunlich, in welchem Umfang der seinerzeitige Vortrag tatsächlich den weiteren Gang der Entwicklung der Gemeindeverfassungen in Deutschland vorgezeichnet hat.

IV. Direkt gewählte Bürgermeister: demokratisch legitimiert und voll verantwortlich

Kernstück der Reform war überall die Wahl des Bürgermeisters direkt durch das Gemeindevolk. Gewählt ist, wer mehr als die Hälfte der gültigen Stimmen erhält. Gegebenenfalls findet ein weiterer Wahlgang statt, in dem nur noch die beiden mit den meisten Stimmen im ersten Wahlgang antreten, die relative Mehrheit entscheidet. Um einen zweiten Wahlgang zu vermeiden, reicht neuerdings in Ländern wie Nordrhein-Westfalen und Thüringen auch im ersten Wahlgang bereits die relative Mehrheit. Die Direktwahl des Bürgermeisters weist – jedenfalls wenn sie mit der starken sonstigen Stellung des Bürgermeisters in Baden-Württemberg verbunden ist – mehrere Vorzüge (neben der schon erwähnten Verhinderung einer Monopolstellung der politischen Parteien) auf:

– Die Direktwahl gibt dem Bürger bei der Besetzung des wichtigsten Amtes in der Gemeinde die Auswahl zwischen verschiedenen kandidierenden Personen und stärkt dadurch seinen politischen Einfluss und zugleich die demokratische Legitimation des Gewählten.
– Die Direktwahl und die starke Stellung des baden-württembergischen Bürgermeisters reizen fähige, verantwortungsbereite und tatkräftige Leute, die sich etwas zutrauen, aber auch Wert auf politischen Spielraum legen. Die Befürchtung, die Volkswahl würde

---

[1] *Hans Herbert von Arnim*, Möglichkeiten unmittelbarer Demokratie auf Gemeindeebene, Vortrag auf einem Symposium des Instituts für Kommunalrecht der Universität Osnabrück am 14.9.1989, in: Jörn Ipsen (Hg.), Kontinuität oder Reform – die Gemeindeverfassung auf dem Prüfstand, S. 57 ff.; vorabgedruckt in: Die Öffentliche Verwaltung 1990, S. 85 ff. Methodisch vorbereitet wurden die Ausführungen jenes Vortrages durch die Abhandlung *von Arnim*, Gemeindliche Selbstverwaltung und Demokratie, Archiv des öffentlichen Rechts 1988, S. 1.

Demagogen, »Rattenfänger« und »Freibier-Bürgermeister« begünstigen, hat sich in Baden-Württemberg und Bayern nachweisbar nicht bestätigt. Das Gegenteil ist der Fall. Die Volkswahl fördert einen Persönlichkeitstyp, der das Gute am Verwaltungsfachmann und am Politiker vereint, Sachverstand, Integrationskraft und politische Ausstrahlung,[1] ohne dass natürlich eine Gewähr dafür bestünde, dass im Einzelfall tatsächlich stets solche Personen gewählt werden.

– Die starke Stellung des Bürgermeisters erleichtert ihm die politische Repräsentation der Gemeinde. Dies ist für die Gesunderhaltung der Institution »gemeindliche Selbstverwaltung« insgesamt wichtig. Die starke Stellung des Bürgermeisters kommt auch zum Tragen, wenn die Gemeinde mit anderen Gemeinden oder mit Bund und Ländern verhandelt, wie dies bei Planungen, finanziellen Zuschüssen etc. vielfach der Fall ist; Gleiches gilt für Verhandlungen mit Unternehmen zum Beispiel über Ansiedlungen.

– Die Direktwahl erleichtert es dem Bürgermeister, rechtswidrige Beschlüsse des Gemeinderates zu beanstanden. Zwar ist er in den Gemeindeordnungen dazu ausdrücklich verpflichtet, gleichwohl fiel es ratsgewählten Gemeindevorstehern in der Praxis oft schwer, dieser Rechtspflicht zu genügen, weil die Gemeinderäte im Vorwurf rechtswidrigen Verhaltens leicht einen Affront sahen und der Gemeindevorsteher auf ihr Wohlwollen angewiesen war, wenn er wiedergewählt werden wollte.

Als Haupteinwand gegen die Direktwahl galt lange die damit angeblich verbundene Schwächung der Gemeindevertretung. In der Tat wird es dem Rat erleichtert, sich auf die maßgeblichen Entscheidungen zu beschränken, und ein Hineinregieren in alle Details der Gemeindeverwaltung wird erschwert. Aber genau das entspricht ja einer vernünftigen Arbeits- und Verantwortungsteilung zwischen Gemeinderat und Bürgermeister, erleichtert die Aufrechterhaltung des ehrenamtlichen Status der Gemeinderatsmitglieder. In der Konzentration auf das strategisch Wichtige braucht im Übrigen keine Schwächung, sondern kann umgekehrt eine Stärkung des Gemeinderats liegen.

Die starke Stellung des direkt gewählten Bürgermeisters verlangt allerdings Gegengewichte, die vor allem in der Kontrolle durch den

---

[1] *Wehling/Siewert*, Der Bürgermeister in Baden-Württemberg, 1984.

Gemeinderat, der Möglichkeit von Bürgerbegehren und Bürgerentscheid, in der Wiederwahl und der Rechtsaufsicht bestehen. Darüber hinaus sehen viele Gemeindeverfassungen auch die Möglichkeit einer vorzeitigen Abwahl vor. In Baden-Württemberg ist die Stellung des Bürgermeisters stärker als in Bayern. Dies hat drei Gründe, die auch mit der größeren Unabhängigkeit des baden-württembergischen Bürgermeisters von den politischen Parteien zusammenhängen:

- In Baden-Württemberg wird der Bürgermeister auf acht Jahre gewählt, in Bayern auf sechs Jahre. In Bayern fällt die Wahl des Bürgermeisters deshalb grundsätzlich mit der Wahl des Gemeinderats zeitlich zusammen, der ebenfalls auf sechs Jahre (in Baden-Württemberg auf fünf Jahre) gewählt wird, und gerät deshalb stärker in den Sog der meist mehr parteipolitisch orientierten Gemeinderatswahlen.
- In Bayern ist der Vorschlag einer Partei oder einer anderen Gruppierung erforderlich. In Baden-Württemberg müssen sich dagegen Einzelpersonen als solche bewerben; die Parteizugehörigkeit darf nicht genannt werden. Das fördert in Baden-Württemberg die Tendenz, dass viele Bürgermeister keiner politischen Partei angehören oder ein doch recht unabhängiges Verhältnis zu ihrer Partei haben.
- Hinzu kommt, dass der Bürgermeister in Baden-Württemberg bei der Bestellung von Beigeordneten und der Frage ihrer Kompetenzen eine stärkere Stellung besitzt und auch die Vorsitzenden der Gemeinderatsausschüsse in Bayern vom Gemeinderat bestimmt werden können und nicht wie in Baden-Württemberg der Bürgermeister den Ausschussvorsitz innehat.

Während in den Mutterländern der Direktwahl des Bürgermeisters, Baden-Württemberg und Bayern, nach wie vor keine vorzeitige Abwahl vorgesehen ist, man dort den Bürgermeister während seiner Amtszeit also nur mit disziplinarischen Mitteln wieder loswerden kann, erlaubt das Gesetz in allen anderen Bundesländern eine Abwahl hauptberuflicher Bürgermeister auch während der Amtszeit. Sie kann angesichts der Bestellung durch das Volk aber auch wieder nur durch das Volk vorgenommen werden. Um Beschädigungen des Bürgermeisters möglichst zu vermeiden, sind für den Antrag und für die Abstimmung hohe Hürden errichtet. So bedarf es z. B. in Rheinland-Pfalz zur

Einleitung des Abwahlverfahrens eines von mindestens der Hälfte der gesetzlichen Zahl der Mitglieder des Gemeinderats gestellten Antrags und eines mit der Mehrheit von zwei Dritteln der gesetzlichen Zahl gefassten Beschlusses. Erst danach ist der Bürger aufgerufen zu entscheiden. Die Abwahl kommt zustande, wenn die Mehrheit der gültigen Stimmen auf Abwahl lautet, wobei diese Stimmen mindestens 30 Prozent der Abwahlberechtigten ausmachen müssen.

V. Gemeinderat und Bürgermeister: abgestimmte Aufgaben

Die formale Kompetenzverteilung zwischen Gemeinderat und Bürgermeister ist klar: Der Gemeinderat ist für die wichtigen Entscheidungen zuständig. Alle Gemeindeordnungen behalten dem Gemeinderat ausdrücklich einen Katalog solcher Entscheidungen vor. Demgegenüber ist der Bürgermeister Chef der Gemeindeverwaltung, wozu zumeist auch die Auswahl der öffentlichen Bediensteten gehört, und für die laufenden Angelegenheiten zuständig. Er führt die Entscheidungen des Gemeinderats aus, repräsentiert die Gemeinde politisch, vertritt sie auch rechtlich nach außen und hat eilige, unaufschiebbare Entscheidungen anstelle des Rates zu treffen, wenn dieser nicht rechtzeitig zusammengerufen werden kann. Der Bürgermeister ist also zuständig für Routineentscheidungen und die Leitung der Verwaltung, der Gemeinderat dagegen für grundlegende Entscheidungen und die Kontrolle des Bürgermeisters; dazu hat der Gemeinderat das Budgetrecht und die Finanzkontrolle, die er mit Hilfe von Organen der örtlichen und überörtlichen Rechnungsprüfung ausübt, sowie Auskunfts- und Untersuchungsrechte.

Da der süddeutsche Bürgermeister nicht nur Chef der Verwaltung ist, sondern auch die Sitzungen des Gemeinderats vorbereitet, leitet und die Tagesordnung aufstellt, verfügt er über die institutionellen Voraussetzungen, um gemeindepolitische Initiativen und eine längerfristige Programmatik zu entwickeln, wozu er aufgrund seiner Direktwahl auch durchaus legitimiert ist. Doch die Entscheidung liegt beim Gemeinderat, und zwar grundsätzlich in öffentlicher Verhandlung. Dadurch wird auch eine zentrale Aussage über das Wie der Entscheidungen getroffen. Sie sollen öffentlich und bürgernah erfolgen.

Der Gefahr einer parteipolitischen Blockade, die etwa daher rühren kann, dass Bürgermeister und Rat mehrheitlich von verschiedenen politischen Parteien gestützt werden, wird dadurch entgegengewirkt, dass der Bürgermeister auch Vorsitzender des Rates und der Ratsausschüsse ist, weiter aber auch dadurch, dass der Einfluss der politischen Parteien auf verschiedene Weise relativiert wird (siehe S. 276 f.), so dass die Chance von sachorientierten Kompromissen erhöht wird. Der ehrenamtliche Status der Mitglieder des Gemeinderats gehört zum überkommenen Bestand des deutschen Gemeindeverfassungsrechts und entspricht auch dem grundgesetzlichen Bild von der bürgerschaftlichen Selbstverwaltung (Art. 28 II GG). Eine Professionalisierung der Stadträte wäre nicht nur kaum zu bezahlen, sondern würde vor allem ihre Bürgernähe und damit eine zentrale Funktion der kommunalen Selbstverwaltung schwer gefährden. Andererseits wird die Ehrenamtlichkeit durch zunehmenden Zeitbedarf der Ratstätigkeit allmählich in Frage gestellt. Diese erstreckt sich auf immer zahlreichere Spezialmaterien. Die Attraktivität des Einzelfalles, des Persönlichen und Anschaulichen führt nicht selten dazu, dass die Gemeinderäte und ihre Ausschüsse sich in Kleinigkeiten verzetteln. Dann bleibt die Bestimmung der großen Linie und damit die eigentliche Funktion des Rates häufig auf der Strecke. Zudem schreckt die hohe Belastung viele Berufsgruppen von der Bewerbung um ein Mandat ab, so dass andere, die durch weitgehende Freistellungen privilegiert sind, wie Verbandsvertreter und öffentliche Bedienstete des Bundes, der Länder oder anderer Kommunen, einen weit überproportionalen Anteil stellen, wodurch die Repräsentation und Legitimität des Gemeinderats in Frage gestellt sein kann.

VI. Wahlrecht zum Gemeinderat: Der Bürger hat die Wahl

Die meisten Bundesländer haben inzwischen das süddeutsche Wahlrecht mit flexiblen Listen und der Möglichkeit des Kumulierens und Panaschierens übernommen. Dadurch erhält der Bürger Einfluss auf die personelle Zusammensetzung des Gemeinderats, und das Monopol der Parteien wird zugunsten der Bürger aufgelockert, die die Möglichkeit erhalten, die von den Gremien der Parteien oder anderer Gruppierungen vorgegebene Platzierung der Kandidaten auf den Listen zu modifizieren. Das zwingt die Mitglieder des Gemeinderates quasi institutionell in den Bürgerkontakt. Während starre Listen eine Binnenorientierung der Ratsmitglieder fördern, weil es für ihre Wiederwahl auf die Parteigremien, die die Listen aufstellen, und damit die parteiinternen Kontakte ankommt (siehe S. 69), wird bei der vom Wähler veränderbaren Liste das Gewicht der Bürger erhöht; das veranlasst die Mitglieder des Rats, wollen sie wiedergewählt werden, verstärkt Kontakt zu den Wählern zu halten. Das süddeutsche Wahlrecht ist also ein wichtiges Instrument zur Sicherung der Bürgernähe der Gemeindepolitik.

Derzeit gibt es zwei Varianten der flexiblen Kommunalwahl: Entweder hat der Bürger so viel Stimmen, wie Ratsmitglieder zu wählen sind, und kann dann bis zu drei Stimmen auf einen Kandidaten häufeln. Dies ist das Wahlsystem von Baden-Württemberg und Bayern, dem sich Hessen und Rheinland-Pfalz angeschlossen haben. Oder der Wähler hat insgesamt lediglich drei Stimmen, mit denen er einzelne Kandidaten hervorheben kann. Dieses Wahlsystem, das dem Wähler eine noch stärkere Gewichtung einzelner Kandidaten erlaubt als das süddeutsche und auch weniger kompliziert ist, gilt in Niedersachsen und wurde von dort in die Kommunalwahlgesetze der fünf neuen Länder übernommen.

Im Saarland besteht dagegen nach wie vor ein starres Listenwahlrecht. In Nordrhein-Westfalen existieren Einerwahlkreise mit Verhältnisausgleich. Ein solches Wahlrecht gibt den Bürgern weniger Einfluss und ist auch sonst problematisch. Für eine Anpassung des Wahlrechts des Gemeinderats spricht zunächst die demokratische Symmetrie. Hält man an der Parteiwahl der Ratsmitglieder fest, so droht ein Ungleichgewicht in der demokratischen Legitimation. Der direkt in Persönlichkeitswahl gewählte Bürgermeister steht dann einem von der Parteien Gnaden berufenen Gemeinderat gegenüber. Dieses demokratische Legitimationsdefizit der Ratsmitglieder wird durch die stärkeren Einflussmöglichkeiten, die das Kumulieren und Panaschieren ermöglichen, beseitigt.

Dafür spricht auch ein weiterer Grund: Gegen die Direktwahl der Bürgermeister wird häufig angeführt, sie könne zu einer gegenseitigen Blockierung von Bürgermeister und Rat führen, die die Gemeinde handlungsunfähig mache. Würden beide von unterschiedlichen Parteien getragen – und dazu kann es bei Direktwahl des Bürgermeisters leicht kommen –, könnte der Rat kein Interesse an einem Erfolg des Bürgermeisters haben und diesem in destruktiver Weise sein Amt erschweren. Der Einwand ist nicht unberechtigt – dies aber nur unter der Voraussetzung, dass es bei der Gemeinderatswahl mit starren

Listen bliebe. Denn dieses Wahlsystem begünstigt parteigebundene Kandidaten, die eher machtpolitisch denken und zu parteipolitischer Konfrontation neigen. Wird dagegen durch Kumulieren und Panaschieren die Persönlichkeitswahl gefördert, wird eine mehr sachorientierte Politik und eine Zusammenarbeit von Bürgermeister und Rat auch über Parteigrenzen hinweg erleichtert.

In neun Bundesländern gab es bei Einführung der Direktwahl von Bürgermeistern und Landräten noch Sperrklauseln bei den Wahlen der Gemeinderäte. Die Sperre betrug fünf Prozent, in Rheinland-Pfalz 3,03 Prozent. Dagegen waren drei Länder schon lange ohne Sperrklausel ausgekommen: Baden-Württemberg, Bayern und Niedersachsen. Ihnen schlossen sich alsbald drei neue Länder an: Brandenburg, Sachsen und Sachsen-Anhalt. Durch Sperrklauseln wird die Offenheit und Chancengleichheit des politischen Wettbewerbs eingeschränkt, die für die Legitimation der Demokratie und ihre Reaktionsfähigkeit auf neue Herausforderungen von zentraler Bedeutung sind. Dies ist gerade auf gemeindlicher Ebene höchst misslich, weil sich hier neue Gruppierungen, die die alten Parteien auf Trab zu bringen geeignet sind, zuerst entwickeln können. Wenn ausgerechnet das Wahlrecht die erfolgreiche Neugründung von Parteien ohne Not behindert, wird die Legitimation eines demokratischen Systems in besonderem Maße beeinträchtigt.

Das Bundesverfassungsgericht hatte die Fünfprozentklausel lange auch für Gemeindewahlen als verfassungsmäßig angesehen. Doch nach Einführung der Direktwahl von Bürgermeistern und Landräten entfiel der Hauptgrund für die Sperrklausel, nämlich die Erleichterung der Mehrheitsbildung bei der Wahl des Bürgermeisters und des Landrats durch den Gemeinde- oder Kreistag. Das demonstrierten Länder wie Baden-Württemberg und Bayern, in denen die Bürgermeister von Anfang an direkt gewählt wurden und deshalb keine Sperrklauseln nötig waren. In Nordrhein-Westfalen und in Mecklenburg-Vorpommern mussten aber erst die Landesverfassungsgerichte die Sperrklausel für verfassungswidrig erklären, damit sie beseitigt wurde. Hessen ist von sich aus gefolgt. In Schleswig-Holstein bedurfte es dazu eines Urteils des Bundesverfassungsgerichts vom 13. Februar 2008 und in Thüringen eines Urteils des Thüringer Verfassungsgerichtshofes vom 10. April 2008. Dem schlossen sich schließlich auch Rheinland-Pfalz und das Saarland an. Der Ablauf zeigt, wie schwer sich Politiker tun, eine einmal eingeführte Sperrklausel wieder abzuschaffen, die ihnen unliebsame Konkurrenten vom Hals hält. Eine ganze Serie von verfassungsgerichtlichen Urteilen wurde nötig, um ihre Beseitigung schließlich durchzusetzen, obwohl ihre Verfassungswidrigkeit inzwischen längst auf der Hand lag.[1] Eine Besonderheit des Kommunalwahlrechts besteht darin, dass neben Deutschen auch Angehörige anderer EU-Staaten, die in der Gemeinde oder dem Landkreis wohnen, wahlberechtigt sind. In Nordrhein-Westfalen und vier weiteren Ländern (Niedersachsen, Schleswig-Holstein, Mecklenburg-Vorpommern und Sachsen-Anhalt) dürfen sogar 16-Jährige zur Wahl gehen. Um gewählt zu werden, muss man allerdings auch dort volljährig sein, also mindestens 18 Jahre alt.

Bei Kommunalwahlen ist nach wie vor das Unwesen von Scheinkandidaturen verbreitet. Hauptberufliche Bürgermeister und Beigeordnete lassen sich bei Gemeinderatswahlen auf die Wahllisten ihrer Partei setzen, um mit Hilfe ihres hohen Bekanntheitsgrades möglichst viele Wählerstimmen für ihre Partei zu ergattern, obwohl sie nicht im Ernst daran denken, das Mandat im Falle ihrer Wahl auch anzunehmen, sondern bereitwillig für einen Nachrücker Platz machen, den niemand gewählt hat. Denn andernfalls müssten sie – aufgrund von Unvereinbarkeitsvorschriften – ihr Amt als Bürgermeister oder Beigeordneter aufgeben und auf ihre Besoldung verzichten. Bürgermeister haben im Übrigen in vielen Ländern kraft Amtes Vorsitz und Stimmrecht im Gemeinderat und auch deshalb gar keine Veranlassung, ein Mandat zu übernehmen.

Bloße Appelle, solche gezielten Wählertäuschungen in Zukunft zu unterlassen, versprechen keinen ausreichenden Erfolg. Für den einzelnen Bürgermeister oder Beigeordneten ist es nicht leicht, sich dem Ansinnen seiner Partei, eine Scheinkandidatur zu übernehmen, zu widersetzen, wenn »die anderen es auch tun«. Scheinkandidaturen müssen deshalb für alle verbindlich verboten oder wirksam erschwert werden, das heißt, der für allgemeine Regelungen zuständige Gesetzgeber ist gefordert. Der aber tut sich schwer. Scheinkandidaturen begünstigen im Nettoergebnis die SPD und die CDU, die die Landesparlamente beherrschen, weil hauptberufliche Bürgermeister und Beigeordnete, die

---

[1] *Hans Herbert von Arnim*, Die Unhaltbarkeit der Fünfprozentklausel bei Kommunalwahlen nach der Reform der Kommunalverfassungen, in: Staat und Steuern, Festschrift für Klaus Vogel zum 70. Geburtstag, 2000, S. 453 ff.

285

als Scheinkandidaten vornehmlich in Frage kommen, überwiegend von ihnen gestellt werden, während kleinere Parteien und Wählergruppen Nettoverlierer sind. Auch hier ist deshalb öffentlicher Druck nötig, um die Landesparlamente zum Handeln zu bewegen. Praktikable Vorschläge liegen auf dem Tisch.[1] Man muss zweifelhaften Bewerbern nur die Beweislast für die Ernsthaftigkeit ihrer Kandidatur auferlegen. So können Scheinkandidaturen unterbunden werden: Kandidaten, die ein mit dem Mandat unvereinbares hauptberufliches Amt innehaben (oder früher schon einmal ein Mandat nach ihrer Wahl ausgeschlagen haben), müssen die Vermutung gegen sich gelten lassen, dass ihre Kandidatur in Wahrheit nicht ernst gemeint ist. Sie müssen deshalb durch Gesetz verpflichtet werden, dem Wahlausschuss die besonderen Gründe zu nennen, die diesen ersten Anschein widerlegen. Da kaum zu erwarten wäre, dass ein Kandidat sich durch unglaubwürdige Gründe, die die Gegenpartei im Wahlkampf zerpflücken könnte, blamieren wollte, kann dem Unwesen der Scheinkandidaturen auf diese Weise ein Riegel vorgeschoben werden. Andererseits werden ernsthafte Bewerber mit unvereinbaren Ämtern, falls sie aus irgendwelchen Gründen doch einmal vorkommen sollten, nicht in ihrem Grundrecht auf Wählbarkeit beeinträchtigt. Bisher hat nur Bayern eine solche Regelung in seinem Kommunalwahlgesetz verankert (Art. 21).

VII. Was im Bund noch fehlt: Bürgerbegehren und Bürgerentscheid

Auf gemeindlicher Ebene gab es im Nachkriegsdeutschland lange nur in Baden-Württemberg Bürgerbegehren und Bürgerentscheid, mit denen die Bürger außerhalb von Wahlen Sachentscheidungen an sich ziehen konnten. In anderen Ländern waren nur unechte Formen der Gemeindedemokratie vorgesehen, die dem Gemeindevolk keine Entscheidungen übertrugen, sondern lediglich die Möglichkeit, Anregungen oder Initiativen zu unterbreiten, über die andere Organe verbindlich zu entscheiden hatten. Diese Befugnisse, die in den Siebzigerjahren durch sogenannte Demokratisierungsnovellen in die Ge-

---

[1] *Hans Herbert von Arnim*, Scheinkandidaturen bei Kommunalwahlen in Rheinland-Pfalz, in: Die Öffentliche Verwaltung 1991, S. 737 ff.

meindeordnungen eingefügt (oder verstärkt) worden waren, um dem Partizipations- und Demokratisierungsdruck jener Jahre einigermaßen Rechnung zu tragen, stellten jedoch häufig kaum mehr als eine Art Kollektivpetition dar, die die Bundes- und Landesverfassungen aber ohnehin erlaubten; sie waren halbherzig und hatten eine bloße Alibifunktion. Dabei sind echte Entscheidungskompetenzen wichtig, um den Bürgern wirkliche Partizipation zu ermöglichen. Zugleich kann dadurch ein Mangel von Bürgerinitiativen bekämpft werden. Untersuchungen zeigen nämlich, dass sich in Bürgerinitiativen weniger artikulationsschwache Interessenten und Gruppen äußern als vielmehr solche, die sich ohnehin ausreichend artikulieren und zur Geltung bringen können. Allgemeine Abstimmungen, bei denen nicht nur »selbst ernannte Engagierte« (so der Staatsrechtslehrer Hans Zacher) das Wort führen, sondern jeder Bürger eine Stimme besitzt, können dagegen ein echt demokratisches Gegengewicht gegen Partikularismen bilden.

Im Bund ist die Einführung von Volksbegehren und Volksentscheid bekanntlich höchst umstritten. Das geht auf die »Volksphobie« des Parlamentarischen Rats zurück. Kennzeichnend für die Einstellung des Parlamentarischen Rats waren die Äußerungen von Theodor Heuss:

»Ich warne davor, mit dieser Geschichte die künftige Demokratie zu belasten. Das Volksbegehren, die Volksinitiative, in den übersehbaren Dingen mit einer staatsbürgerlichen Tradition wohltätig, ist in der Zeit der Vermassung und Entwurzelung in der großräumigen Demokratie die Prämie für jeden Demagogen und die dauernde Erschütterung des mühsamen Ansehens, worum sich die Gesetzgebungskörper, die vom Volk gewählt sind, noch werden bemühen müssen ...«

Diese Äußerungen sollten nach 60 Jahren auch für den Bundesbereich überdacht werden, zumal da sie erkennbar auf die Gründungszeit der Republik gemünzt waren. Die kommunale Ebene hat Heuss selbst schon damals von seinem Verdikt ausgenommen. In der Gemeinde kennen die Bürger die Verhältnisse und Probleme eher aus eigener Anschauung; das fördert das politische Interesse und, sofern nicht individuelle Eigenbelange auf dem Spiel stehen, auch das abgewogene Urteil. Im örtlichen Bereich der Gemeinde sind deshalb die Voraussetzungen für unmittelbare Entscheidungen der Bürger besonders gut. Davon geht auch das Grundgesetz aus, indem sein Art. 28 sogar die Gemeindeversammlung aller Bürger, die an die Stelle der

287

gewählten Gemeindevertretung tritt, als weitestreichende Form von Direktentscheidungen der Bürger zulässt (wenn diese praktisch auch keine große Rolle mehr spielt). Umso mehr erstaunt es dann allerdings, dass in der Bundesrepublik die meisten Landesverfassungen für die staatliche Willensbildung lange erheblich mehr direkte Demokratie ermöglichten, als die Gemeindeordnungen dies für die gemeindliche Willensbildung taten. Wenn die Gemeindeselbstverwaltung sich aus dem Mehr an Bürgermitwirkung legitimiert, das sie im Vergleich zur staatlichen Demokratie ermöglicht, so erschien es schon auf den ersten Blick inkonsequent, dass dem Bürger auf Gemeindeebene weniger direkte Mitwirkung an Sachentscheidungen gegeben wurde als auf Staatsebene.

Die Einführung des Bürgerentscheids auf Gemeindeebene war also längst überfällig. Schleswig-Holstein und die neuen Länder hatten dies im Gefolge der friedlichen demokratischen Revolution von 1989 als Erste erkannt, den baden-württembergischen Bürgerentscheid auf ihre Gemeinden übertragen und dabei die Zulassungsvoraussetzungen erleichtert. Inzwischen sind alle anderen Länder gefolgt. In Baden-Württemberg, Bayern, Bremerhaven, Schleswig-Holstein, Mecklenburg-Vorpommern, Sachsen und Sachsen-Anhalt können neben den Bürgern auch die jeweiligen Volksvertretungen einen Bürgerentscheid herbeiführen.

Damit hat die Diskussion beinahe über Nacht ihre Richtung grundlegend verändert. Ging es zunächst noch um die Frage des Ob, so wird inzwischen nur noch über die Frage des Wie diskutiert. Heute ist anerkannt, dass die Einführung direktdemokratischer Elemente die repräsentative Willensbildung sinnvoll ergänzt. Umstritten ist die Ausgestaltung im Einzelnen. Der Verfasser hatte 1989 an den restriktiven Voraussetzungen der baden-württembergischen Regelungen Kritik geübt und insbesondere in folgenden Punkten für Erleichterungen plädiert:

– der Absenkung des 30-Prozent-Zustimmungs-Quorums für den Bürgerentscheid und
– der Ausweitung des Positiv- und Einschränkung des Negativkatalogs für mögliche Gegenstände des Bürgerentscheids unter Einbeziehung auch von Entscheidungen über Abgaben.

Der ersten Empfehlung entsprachen die Länder Schleswig-Holstein und Nordrhein-Westfalen und setzten das Quorum auf 20 Prozent fest, das heißt, ein Bürgerentscheid ist gültig, wenn die Mehrheit zustimmt und diese Mehrheit mindestens 20 Prozent der Abstimmungsberechtigten ausmacht. Andere wie Bremerhaven, Rheinland-Pfalz und das Saarland halten allerdings an dem 30-Prozent-Quorum für den Bürgerentscheid fest oder verlangen doch 25 Prozent wie Baden-Württemberg, Brandenburg, Hessen, Mecklenburg-Vorpommern, Niedersachsen, Sachsen und Sachsen-Anhalt. Die erforderlichen Unterschriften für Volks*begehren* wurden in den meisten Ländern auf maximal zehn Prozent der Wahlberechtigten herabgesetzt.

Besonders weitgehende Erleichterungen enthalten die durch Volksbegehren und Volksentscheid in Bayern mit Wirkung von 1995 eingeführten Regelungen. Sie verlangen Unterschriften von höchstens zehn Prozent für das Bürgerbegehren, in größeren Gemeinden und Städten ist das Quorum deutlich niedriger. Für den Bürgerentscheid reicht die Mehrheit der Abstimmenden; ein Zustimmungsquorum ist nicht vorgesehen. Gegenstand des Bürgerentscheids kann der gesamte Kompetenzbereich der Gemeinde sein. Dazu gehören in Bayern als einzigem Land auch Abgabensatzungen. Ausgenommen sind nur Angelegenheiten, die kraft Gesetzes dem ersten Bürgermeister obliegen, Fragen der inneren Organisation der Gemeindeverwaltung, die Rechtsverhältnisse der Gemeinderatsmitglieder, der Bürgermeister und der Gemeindebediensteten und die Haushaltssatzung.

Die bayerische Regelung gibt dem Bürger die weitestgehenden Rechte. Ihre Durchsetzung ist das Verdienst einer staatsbürgerlichen Gruppierung, des Vereins »Mehr Demokratie«. Sie hat – wie der Volksentscheid in Hessen, nur diesmal nicht auf Initiative der Regierung, sondern auf Begehren »von unten« – gezeigt, dass mittels Volksbegehrens und Volksentscheids auf Landesebene, notfalls auch an den herrschenden Parteien vorbei, durchgreifende Änderungen durchgesetzt werden können.

VIII. Kommunale Wählergemeinschaften: ein belebendes Element

Mit der Zurückführung des allseits beklagten übermäßigen Einflusses der Parteien und mit der Wiedereinsetzung der Bürger in ihre demokratischen Rechte durch reformierte Kommunalverfassungen wird das Aufkommen neuer politischer Gruppierungen, die keine Parteien sind, erleichtert. Der Einfluss sogenannter kommunaler Wählergemeinschaften steigt, bei denen weniger Parteifunktionäre als angesehene Persönlichkeiten zum Zuge kommen. Der Wähler kann das aber nur honorieren, wenn ein Persönlichkeitswahlrecht ihm dazu die Möglichkeit gibt. In Baden-Württemberg und Bayern, wo die Wähler immer schon die Wahllisten durch Kumulieren und Panaschieren verändern können, spielen kommunale Wählergemeinschaften deshalb seit Langem eine große Rolle. So lagen die Wählervereinigungen bei den Gemeinderatswahlen 2004 in Baden-Württemberg mit 35,5 Prozent der Stimmen an der Spitze, noch vor der CDU, die 33,1 Prozent erhielt, und der SPD mit 18,1 Prozent. Bei den Kreistagswahlen bekamen die Wählergemeinschaften immerhin noch 23,7 Prozent. Mit der Einführung flexibler Listen, der Direktwahl der Bürgermeister und Landräte und der Zulassung von Bürgerbegehren und Bürgerentscheid haben »Freie Wähler« auch in anderen Ländern einen Aufschwung genommen.

Länder wie Baden-Württemberg und Bayern sind auch durch ein weiteres Merkmal gekennzeichnet. In ihnen gibt es – anders als etwa in Nordrhein-Westfalen und Hessen, wo vor Jahrzehnten eine radikale Gebietsreform kleinere Gemeinden völlig beseitigt hat – noch viele kleine Gemeinden, in denen die Wählergemeinschaften seit eh und je die besten Chancen haben. Das ist auch ein Grund dafür, dass Wählergemeinschaften beispielsweise in Schleswig-Holstein eine große Rolle spielen. Bei der Kommunalwahl im Mai 2008 bekamen sie in Flensburg 22,3 Prozent der Stimmen und wurden stärkste Fraktion im dortigen Rathaus. In ganz Schleswig-Holstein verdoppelten sie ihren Stimmenanteil, während die CDU 25 Prozentpunkte verlor und die SPD ihr schlechtestes Ergebnis aller Zeiten einfuhr.

Wählergemeinschaften kommen der örtlichen Demokratie zugute. Kommunale Demokratie lebt von unterschiedlichen, auf die besonderen Gegebenheiten der Gemeinde bezogenen politischen Entscheidungen. Parteien tendieren aber im Gegenteil zur Einebnung der Unterschiede und begründen damit die Gefahr eines »parteipolitischen Zentralismus«. Die Grundentscheidungen der politischen Parteien gehen von gesamtgesellschaftlichen und damit gesamtstaatlichen Zielsetzungen aus, die sie auch einheitlich durchsetzen wollen, nicht nur auf Bundes- und Landesebene, sondern auch im kommunalen Bereich.

So geben die Parteizentralen auch vor den anstehenden Kommunal-wahlen wieder Leitlinien für die Kommunalpolitik vor. Sie bieten, wie etwa die SPD in Nordrhein-Westfalen, sogar Musterwahlkampf-reden an, die einheitlich für alle Städte und Landkreise gelten sol-len. Die Parteien sind latent Gegner differenzierender, ortsbezogener Entscheidungen, obwohl in einer auf die jeweiligen Sonderprobleme der Kommune bezogenen Politik gerade die eigentliche Begründung der kommunalen Selbstverwaltung liegt. Die überörtlichen parteipo-litischen Vorgaben schaffen eine ideologische Überlagerung der Ge-meindepolitik, die dem Gedanken der Selbstverwaltung zuwider läuft, den Sachverstand der ortsverwurzelten Gemeindevertreter entwer-tet und die Identifikation der Bürger mit ihrer Gemeinde erschwert. Demgegenüber sind kommunale Wählergemeinschaften aufgrund ih-rer Konzentration auf ihre jeweilige Gemeinde sehr viel besser in der Lage, sich an deren Besonderheiten auszurichten.

IX. Die Letzten beißen die Hunde: Aushungern der Kommunen

Die Reform der Kommunalverfassung zeigt: Die Gemeinden und Kreise können ihre eigene Verfassung nicht selbst regeln. Die Ge-meinde- und Kreisordnungen und viele andere für den Status der Kommunen grundlegende Gesetze, die sie und ihre Bürger unmittel-bar betreffen, werden von den Ländern, zum Teil auch vom Bund er-lassen. Den Gemeinden und Kreisen fehlt die Verfassungsautonomie. Die kommunale Selbstverwaltungsgarantie, die Art. 28 Abs. 2 Grund-gesetz und die Landesverfassungen garantieren, gilt nur »im Rahmen der Gesetze«, ist also von den staatlich gesetzten Regelungen abhän-gig, obwohl kommunale Entscheidungen viel besser demokratisch le-gitimiert sind als staatliche. Die Zurücksetzung der Gemeinden findet ihren Ausdruck etwa auch in der Notwendigkeit einer gesetzlichen Ermächtigung für notwendige Eingriffe der Gemeinde in die Rechte der Bürger. Wenn Gemeinden Steuern erheben oder mit Sanktionen bewehrte Satzungen erlassen oder Anschluss- und Benutzungszwang an Daseinsvorsorge-Einrichtungen durchsetzen wollen, brauchen sie dazu eine ausdrückliche Ermächtigung in einem Landes- oder Bun-desgesetz. Das zeigt: Die Gemeinden sind im föderalistischen Staats-aufbau der Bundesrepublik kein gleichberechtigtes Glied neben dem

Bund und den Ländern, sondern sind staatsrechtlich Teil der Länder, deren Regelungsmacht sie unterworfen sind. Das beruht auf der Entstehungsgeschichte: Der Staat war zeitlich *vor* der Konstituierung der Gemeinden da. Die Städte- und Gemeindeordnung des Freiherrn vom Stein vom Anfang des 19. Jahrhunderts wurde – in Reaktion auf die vernichtenden Niederlagen Preußens gegenüber den napoleonischen Volksheeren – von einem absolutistischen preußischen Staat von oben übergestülpt. Die deutschen Städte des Mittelalters waren noch Herr über ihre Verfassung. Auch amerikanische Städte, die, anders als bei uns, vor der Konstituierung der Staaten und erst recht der Vereinigten Staaten von Amerika existierten, besitzen eine eigene Charta, also eine weitgehend selbst gemachte Verfassung. In Deutschland traut man dagegen, wenn es hart auf hart kommt und wichtige Rechtsgüter auf dem Spiel stehen, den Gemeinden ausgewogene Entscheidungen nicht zu. Handelt es sich dabei nicht vielleicht nur um den Versuch, die bestehenden Verhältnisse scheinhaft zu rechtfertigen?

Die schwache Stellung der Kommunen zeigt sich auch darin, dass sie auf Landes- und Bundesebene nicht vertreten sind. Anders als die Länder, die mit dem Bundesrat ein Organ auf Bundesebene besitzen, das verhindert, dass ihre Interessen zu kurz kommen, haben die Kommunen nichts dergleichen auf Landes- oder Bundesebene. Die Kommunen sind deshalb oft sprichwörtlich die Letzten, die die Hunde beißen. Zwar sind viele Landtagsabgeordnete und manche Bundestagsabgeordnete gleichzeitig auch in den Kommunen im örtlichen oder regionalen Parteivorstand und in kommunalen Vertretungen und spielen auf diese Weise auch auf kommunaler Ebene eine Rolle. Einen wirklichen Ausgleich kann das aber nicht schaffen, weil sie in die landes- und bundespolitischen Programme und Entscheidungen ihrer Parteien und Parlamentsfraktionen eingebunden sind.

Früher waren Bürgermeister und Landräte in den Landesparlamenten vertreten und haben dort die Interessen der Kommunen einigermaßen gesichert. Dies ist aber seit Jahren durch gesetzliche Unvereinbarkeitsvorschriften untersagt. Aktive kommunale Beamte dürfen – ebenso wie staatliche Beamte – nicht mehr im Parlament sitzen, was allerdings auch sein Gutes hat.

Die Struktur eines Gemeinwesens wird seit eh und je in seinen finanziellen Regelungen deutlich. Das gilt auch für die Schwäche der Gemeinden. Das zeigt sich im Steuersystem: Die Gemeinden sind als schwächstes Glied auf den ältesten und anfechtbarsten Steuern, die sonst niemand mehr haben wollte, sitzen geblieben, der Grund- und der Gewerbesteuer. Beide passen aufgrund ihrer vielen Mängel eigentlich überhaupt nicht mehr in ein modernes Steuersystem. Aber eine wirkliche Reform und die Ersetzung der Gewerbesteuer durch eine zeitgemäßere Steuer kommen schon seit vielen Jahrzehnten nicht von der Stelle. Das liegt natürlich an vielen Gründen, nicht zuletzt aber auch daran, dass die Gemeinden nicht ganz zu Unrecht fürchten, die Reform würde wieder auf ihrem Rücken und auf ihre Kosten gemacht. Bezeichnend ist auch, dass die Kommunen ganz überwiegend von Zuweisungen leben, über die allein die Länder entscheiden. Zudem wird ihre Kreditaufnahme durch die Staatsaufsicht massiv beschränkt, obwohl sie die meisten öffentlichen Investitionen tätigen, für die eine Kreditfinanzierung noch am ehesten in Betracht kommt. Im Gegensatz dazu haben sich der Bund und die Länder bei Weitem am meisten verschuldet. Dass die Gemeinden hier zurückstehen mussten, mag man unter dem Gesichtspunkt, dass die Zukunft nicht noch stärker belastet werden sollte, begrüßen; dies spiegelt aber einmal mehr die Schwäche der Kommunen im bundesdeutschen Föderalismus wider.

Die Gemeinden erfüllen ganz überwiegend staatliche Aufgaben. Sie sind – ungeachtet aller Beschwörungen der kommunalen Selbstverwaltung – vor allem Ausführungsorgane für die Länder und den Bund. Ihre Entwicklungs- und Gestaltungsmöglichkeiten werden dabei zunehmend eingeengt: durch die verwaltungsmäßige und finanzielle Überladung mit Staatsaufgaben, durch immer differenziertere Gerichtsentscheidungen, die ebenfalls den Spielraum der Kommunen einschnüren, und durch starke Kürzung der Finanzen. Nur noch wenige Prozent dessen, was die Kommunen ausgeben, tun sie in eigenen Angelegenheiten. Von der schönen Idee der kommunalen Selbstverwaltung bleibt immer weniger übrig.

Die Situation der Kommunen ist, insgesamt gesehen, durch ein Missverhältnis gekennzeichnet: Einerseits sind die kommunalen Verfassungen die fortschrittlichsten überhaupt. Sie verschaffen der Gemeinde sowohl politische Handlungsfähigkeit als auch intensive Verankerung in der Bürgerschaft. Sie stellen eine echte Bürgerverfassung dar, keine Parteiverfassung, wie sie vorher zum Beispiel im größten deutschen Bundesland, in Nordrhein-Westfalen, bestand. Andererseits haben die Gemeinden – aufgrund der Konstruktion des deutschen Bundesstaates – relativ wenig zu sagen. Die Stärke und Güte ihrer Verfassung kontrastiert eklatant mit ihrer geringen politischen Kompetenz.

Das Übergewicht der Interessen des Landes gegenüber denen der Kommunen kommt auch in der Bezahlung von Landespolitikern zum Ausdruck, deren Überzogenheit besonders im Vergleich mit der Bezahlung von Kommunalpolitikern ins Auge sticht. Die Parlamente der meisten Bundesländer haben sich in eigener Sache den Status von Berufspolitikern verschafft und sich entsprechend bezahlt und versorgt. Dabei sind die Aufgaben von Mitgliedern des Rats einer Großstadt wie München, Stuttgart oder Köln, die nach wie vor ehrenamtlich ausgeübt werden und für die es lediglich eine Aufwandsentschädigung gibt, kaum geringer als die von Parlamentariern etwa im Saarland oder Schleswig-Holstein. Parlamentsabgeordnete, die in Wahrheit nicht direkt vom Volk gewählt, sondern allein von den Parteien bestimmt werden und aufgrund der regelmäßig bestehenden Fraktionsdisziplin kaum zurechenbare politische Verantwortung tragen, vergleichen sich einkommensmäßig mit direkt gewählten Oberbürgermeistern von Großstädten, die nicht nur große politische Verantwortung tragen, sondern auch direkt von den Bürgern gewählt sind und von diesen – anders als Parlamentsabgeordnete – auch durch Abwahl zur Verantwortung gezogen werden können (siehe S. 178). Direkt gewählte Bürgermeister, Oberbürgermeister und Landräte sind – im Verhältnis zu Parlamentsabgeordneten – offensichtlich weit unterbezahlt. Das wird auch nicht durch die relativ großzügige Pension, die sie erhalten, ausgeglichen. Auch hierin äußert sich die schwache politisch-organisatorische Position der Gemeinden.

Den Gemeinden wird andererseits durch das Wettbewerbsrecht der Europäischen Union, das Subventionen grundsätzlich verbietet, ein wesentlicher Teil ihres bisherigen Aufgabenbereichs im Rahmen der Daseinsvorsorge genommen. Die Sparkassen verlieren ihre überkommene kommunale Sonderstellung. Die Energieversorgung wird reglementiert. Dasselbe gilt für den kommunalen Personenverkehr. Dies wurde lange begrüßt, jedenfalls was die dahinterstehenden Ideen anlangt, die auf die Steuerungskraft funktionierenden Wettbewerbs setzen. Inzwischen sieht man das aber oft anders. Ohnehin bedeutet es in der Praxis häufig, dass die Gemeinden verpflichtet werden, gewinnbringende Bereiche für Privatisierungsbestrebungen zu öffnen, aber auf kostenintensiven Bereichen sitzen bleiben. Zudem sehen sich die Verbraucher und Gemeindebürger oft auf Großkonzerne angewiesen, die sich durch gesetzliche und behördliche Maßnahmen nur unvollkommen zähmen lassen.

Die Autonomie und Eigenständigkeit der Gemeinden und Landkreise wird auch durch die politischen Parteien eingeengt. Die kommunale Demokratie lebt von unterschiedlichen, an den jeweiligen Gegebenheiten der Gemeinde ausgerichteten politischen Entscheidungen. Demgegenüber tendieren die politischen Parteien zur Einebnung der Unterschiede (siehe S. 290f.). Als Fazit ist festzuhalten, dass die Belange der Gemeinden im politischen Kräftespiel der Bundesrepublik zu kurz kommen. Sie sind die Letzten, die die Hunde beißen. Andererseits besitzen die Gemeinden – im Vergleich zu den Ländern, dem Bund und der EU – die fortschrittlichste Verfassung. Sie sorgt sowohl für Bürgernähe als auch für politische Handlungsfähigkeit. Das überkommene Misstrauen gegenüber der Leistungsfähigkeit kommunaler Politik sollte deshalb zumindest überdacht werden. Auch hier ist bereits das Thematisieren der Problematik ein erster Schritt zu ihrer Lösung.

X. Korruptionsbekämpfung: in Kommunen vorrangig

Bei den Kommunen liegen das Schwergewicht der Verwaltung und der größte Teil der öffentlichen Investitionen (einschließlich Bautätigkeit). Zudem bilden Kleinteiligkeit und Übersichtlichkeit der Kommune sowie die Nähe von Verwaltung und Wirtschaft einen »fruchtbaren Nährboden« für dauerhafte Netzwerke zwischen Politik, Wirtschaft und Medien, die leicht auch korruptiven Praktiken Vorschub leisten. Kontrollen sind hier relativ schwach ausgeprägt. Das gilt für die öffentliche Kontrolle, aber auch für die Gesetze, die viele Lücken lassen, und für die Umsetzung der bestehenden Gesetze. Vereinzelt gibt es in Großstädten wie Frankfurt und München Spezialabteilungen der Staatsanwaltschaften. Sie haben auch zahlreiche Korruptionsfälle aufgedeckt und dabei die besondere Korruptionsgefahr gerade auf kommunaler Ebene einmal mehr bestätigt. Ein wirksames Gegenmittel gegen Korruption in den rund 12.000 deutschen Kommunen stellen sie – schon wegen ihrer Vereinzelung – aber nicht dar.

Die Schwäche der öffentlichen Kontrolle hat eine ganze Reihe von Gründen: Auf örtlicher Ebene existiert meistens nur eine Monopolzeitung. Über die jeweilige Stadt oder Gemeinde berichtet eine Lokalredaktion, wobei der allgemeinpolitische »Mantel« regelmäßig von einer überkommunalen Zentralredaktion gefertigt wird. Recherchen über Korruptionsfälle verlangen intensive Vorbereitung. Dafür fehlen in Lokalredaktionen regelmäßig nicht nur die Zeit, sondern auch dafür qualifizierte Redakteure. Außerdem besteht häufig eine enge Verbindung zwischen Wirtschaft, Politik und Zeitung, die die nötige Distanz und auch eine gewisse »Konfliktfähigkeit« erschwert. Die langjährige gegenseitige Bekanntheit begründet ebenfalls Nähe und Vertrautheit, die sich nicht selten zu einem der Korruptionsbekämpfung abträglichen »Kartell des Schweigens« auswächst. Auch sind die Gesetze lückenhaft. Das belegen einige Beispiele:

– Spenden an Parteien müssen erst veröffentlicht werden, wenn sie mehr als 10.000 Euro pro Person und Jahr betragen, und das auch nur im jährlichen Rechenschaftsbericht, der bis zu zwei Jahre später publiziert wird (siehe S. 221). Die an kommunale Parteigliederungen gezahlten Spenden scheinen also überhaupt erst auf, wenn sie diese sehr hohe Schwelle überschreiten. Oft wird auf kommunaler Ebene aber bereits mit beträchtlich niedrigeren Beträgen Einfluss genommen. Die Liste der Zuwendungen, die Parteien erhalten, wird nicht veröffentlicht. Nicht einmal der Bundestagspräsident, der eine gewisse Kontrolle über Parteispenden ausüben soll, bekommt sie zu sehen. Warum nicht die gesamte Liste ins Internet stellen?

– Die Rechenschaftsberichte der politischen Parteien geben keine Auskunft darüber, welche Parteien einer bestimmten Stadt oder eines Landkreises wie viele Spenden erhalten haben. Sie weisen zwar aus, was die Parteien in jedem der 16 Bundesländer an Mitgliedsbeiträgen, Spenden etc. eingenommen haben, eine Zurechnung auf einzelne Kommunen erfolgt jedoch nicht.

– Hinsichtlich der Finanzierung kommunaler Wahlkämpfe mangelt es an Transparenz. Woher die Mittel kommen und wofür sie ausgegeben werden, bleibt im Dunkeln. Das Grundproblem dürfte wohl darin bestehen, dass das Parteiengesetz ein Bundesgesetz ist und deshalb vornehmlich auf die Bundesebene, allenfalls noch auf die Landesebene, nicht aber auf einzelne Gemeinden oder Landkreise zugeschnitten ist. Kommunale Wählergemeinschaften behandelt es ohnehin nicht.

– Die Gesetze erlauben Richtern, auch Verwaltungsrichtern, gleichzeitig ein Mandat in einer kommunalen Volksvertretung innezuhaben und dort sogar den Fraktionsvorsitz zu übernehmen. Das kann den bösen Schein der Befangenheit solcher Richter in Prozessen mit politischem Einschlag begründen und das Ansehen der Justiz untergraben.

Die strafrechtlichen Korruptionsvorschriften sollen nach einer Entscheidung des Bundesgerichtshofs vom Juli 2006 grundsätzlich nicht mehr für Mitglieder kommunaler Volksvertretungen gelten, obwohl sie Verwaltungsaufgaben erledigen wie die Beamten. Stadträte sollen nun ebenso wie Bundes- und Landesparlamentarier nur noch nach dem viel zu milden § 108e Strafgesetzbuch zur Abgeordnetenbestechung verurteilt werden können. Der stellt zwar Stimmenkauf im Plenum des Stadtparlaments unter Strafe, nicht aber etwa in den Fraktionen. Auch sogenannte Dankeschön-Spenden, bei denen erst entschieden und dann gezahlt wird, sind straffrei. Ein Beispiel: Der Stadtrat legt fest, welche Grundstücke Bauland werden und damit im Wert steigen. Wenn ein Grundeigentümer nun ein Ratsmitglied für die Vorentscheidung in der Fraktion besticht, kann der Kommunalpolitiker nach dem BGH-Urteil künftig nicht mehr belangt werden. Das ist ein Unding und zeigt die große Gesetzeslücke auf.

H. Wahl des Bundespräsidenten

I. Wahlsystem: Ausdruck der Verlegenheit

Am 23. Mai 2009 wird zum 13. Mal ein Bundespräsident gewählt. Wieder einmal wendet sich damit das Augenmerk einer breiten Öffentlichkeit den Modalitäten der Wahl zu. Das Wahlverfahren kann vernünftigerweise aber nur mit Blick auf das Amt und seine Rolle im institutionellen Gefüge der Republik beurteilt werden. Die Befugnisse des Bundespräsidenten gelten als bescheiden. Die Väter des Grundgesetzes haben seine Stellung jedenfalls sehr viel schwächer ausgestaltet als die des früheren Reichspräsidenten, dessen außerordentlich starke Position sie für den Untergang der Weimarer Republik mitverantwortlich machten. Dennoch spielt der Bundespräsident keine geringe Rolle im Politikfeld der Republik. Er kann und muss zum Beispiel verfassungswidrige Gesetze blockieren. Diese Befugnis hat angesichts der vielfachen Schludrigkeit der parlamentarischen Gesetzgebung gerade in der Amtszeit des Bundespräsidenten Horst Köhler eine erhebliche Rolle gespielt. Vor allem in machtpolitischen Pattsituationen schlägt seine Stunde. Dann wachsen ihm gewisse Reservebefugnisse zu. So kann der Bundespräsident, wenn der Bundestag sich nicht mit absoluter Mehrheit auf die Wahl eines Kanzlers einigt, den nur mit relativer Mehrheit Gewählten ernennen oder auch den Bundestag auflösen und Neuwahlen anberaumen. Neuwahlen einleiten kann der Bundespräsident auch im Zusammenspiel mit dem Kanzler, obwohl der Bundestag eine Auflösungsbefugnis mit der Folge von Neuwahlen eigentlich gar nicht besitzt. Jedenfalls hat sich in der Staatspraxis Derartiges ergeben. Bei Helmut Kohl (1983) und Gerhard Schröder (2005) eröffneten formale Misstrauensbeschlüsse den Weg zu Neuwahlen: Die Parlamentsmehrheit sprach dem Kanzler, wie von ihm gewünscht, das Misstrauen aus, obwohl er ihr Vertrauen eigentlich noch besaß, und der Bundespräsident entsprach dem Wunsch des Kanzlers, löste den

Bundestag auf und setzte einen Termin für die vorgezogene Bundestagswahl fest. Darüber hinaus kann der auf fünf Jahre gewählte Bundespräsident – aufgrund seiner Unabhängigkeit und seiner relativen parteipolitischen Neutralität – zu einer moralischen Instanz werden und Kritik an Missständen üben, gerade weil er nicht für die Tagespolitik verantwortlich ist.

Wer wie Bundespräsident wird, ist deshalb nicht ohne Bedeutung. Das Wahlverfahren ist in Art. 54 Grundgesetz geregelt. Der Bundespräsident wird – im Gegensatz zur Weimarer Zeit – nicht vom Volk gewählt, sondern von einem Gremium, das »Bundesversammlung« heißt und dessen einzige Funktion die alle fünf Jahre stattfindende Wahl des Staatsoberhauptes darstellt. Die Bundesversammlung besteht aus den derzeit 612 Mitgliedern des Bundestags und einer gleichen Anzahl von Ländervertretern. Bei der Wahl des Bundespräsidenten im Jahr 2009 hat die Bundesversammlung also 1224 Mitglieder. Bei der Bestimmung der Mitglieder aus den Ländern entscheidet der Bevölkerungsanteil (ohne Ausländer) darüber, wie viele Wahlmänner jedes der 16 Länder entsendet. So schickt Nordrhein-Westfalen 131 Mitglieder in die Bundesversammlung und das Land Bremen fünf. Die Stärke der Fraktionen in den Parlamenten entscheidet dann nach den Grundsätzen der Verhältniswahl über die parteiliche Zusammensetzung der Länderanteile. Bei der Wahl des Bundespräsidenten ist in den beiden ersten Wahlgängen die absolute Mehrheit erforderlich. Gewählt ist also, wer mindestens 613 der 1224 Stimmen erhält. Im dritten Wahlgang reicht die relative Mehrheit. Gewählt ist dann, wer mehr Stimmen als jeder seiner Mitbewerber erhält.

Die Kür des Bundespräsidenten am 23. Mai 2009 ist die erste bundesweite Wahl in diesem Jahr. Am 7. Juni folgt die Europawahl und am 27. September die Bundestagswahl. Die Bundespräsidentenwahl könnte deshalb eine gewisse Ausstrahlung oder gar Weichenstellung für die anschließenden Urnengänge bewirken. Jedenfalls stellen die Parteistrategen derartige Überlegungen an. Manche erinnern sich an die Bundespräsidentenwahl von 1969. Damals ging die SPD unter Willy Brandt, obwohl sie in einer Großen Koalition mit der Union regierte, überraschend mit der FDP unter Walter Scheel zusammen, und beide setzten die Wahl von Gustav Heinemann zum Bundespräsidenten durch. Das leitete die Bildung der Brandt/Scheel-Bundesregierung einige Monate später ein.

Dieses Mal stehen sich die Parteien in anderer Formation gegenüber: Die Union und FDP haben sich schon früh für die Wiederwahl des populären Bundespräsidenten Horst Köhler ausgesprochen, dem sie auch schon 2004 zum Amt verholfen hatten. Die SPD hatte nach einigem Hin und Her, wie schon 2004, Gesine Schwan, die frühere Präsidentin der Universität von Frankfurt/Oder, als Gegenkandidatin in Stellung gebracht, der auch die Stimmen der Grünen zufallen dürften. Die Linke präsentiert Peter Sodann, der als Kriminalkommissar in der Fernsehreihe »Tatort« bekannt wurde. Sodann ist letztlich chancenlos, auch die Stimmen der Linken könnten deshalb in einem späteren Wahlgang Frau Schwan zugute kommen. Das hatte die SPD-Spitze zunächst davon abgehalten, einen eigenen Kandidaten zu benennen. Sie fürchtete, seine Wahl mit Hilfe der Linken könnte die Glaubwürdigkeit ihrer Schwüre, nach der Bundestagswahl im Herbst 2009 auf keinen Fall mit der Linken zu koalieren, erschüttern. Auf Druck ihres linken Flügels, als dessen Sprachrohr Andrea Nahles fungierte, schwenkten aber Kurt Beck, Frank-Walter Steinmeier und Peter Struck schließlich auf die Kandidatur von Schwan ein, die sich auch selbst eifrig darum bemüht hatte.

Da die Mehrheitsverhältnisse in der Bundesversammlung knapp sind, standen auch die beiden Landtagswahlen in Bayern im September 2008 und in Hessen im Januar 2009 teilweise im Zeichen der Bundespräsidentenwahl. Die gewaltigen Verluste der CSU konnten durch die großen Erfolge der FDP in Bayern und Hessen in etwa wettgemacht werden. Union und FDP stellen nun 604 Mitglieder, SPD, Linkspartei und Grüne haben ebenfalls 604. Beides reicht nicht zur absoluten Mehrheit von 613 Stimmen. Entscheidend könnten deshalb die zehn Stimmen der Freien Wähler werden. Der große Erfolg bei der Landtagswahl in Bayern hat ihnen bei der Wahl des Bundespräsidenten eine Zünglein-an-der-Waage-Position beschert. Ihr Vorsitzender Hubert Aiwanger hatte sich vor der Landtagswahl für Köhler ausgesprochen. Falls sich zumindest neun Wahlmänner der Freien Wähler daran halten (und auch alle anderen im schwarz-gelben Lager parteikonform votieren), ist Köhler die absolute Mehrheit sicher, und die Wahl wäre jetzt schon entschieden. Und dass die Freien Wähler es mit ihrer Festlegung auf Köhler ernst meinen, zeigte sich auch darin, dass Gabriele Pauli, die öffentlich mit Frau Schwan sympathisierte, nicht in die Bundesversammlung gewählt wurde. Weitere vier Delegierte der NPD und der DVU aus Mecklenburg-Vorpommern, Sachsen und Brandenburg und zwei fraktionslose Abgeordnete aus dem

Bundestag würden dann keine Rolle mehr spielen. Doch die Delegierten haben – jedenfalls nach dem Gesetz – ein freies Mandat, und die Wahl ist geheim. Darauf setzt wohl auch die SPD ihre Hoffnung. Ihr Generalsekretär, Hubertus Heil, wies denn auch Behauptungen, die Entscheidung sei bereits gefallen, zurück: Die Bundesversammlung bestehe aus Männern und Frauen, nicht aus Parteien. Dies ist zwar ziemlich übertrieben. Auch in der Bundesversammlung herrscht eine Art Fraktionszwang. Durchzusetzen ist dieser aber nicht, und Frau Schwan tröstet sich mit dem Hinweis, vor fünf Jahren hätten 16 aus dem Union/FDP-Lager nicht für Köhler gestimmt, auch Roman Herzog habe 15 Stimmen weniger bekommen. Andererseits hat die Union, die sonst immer auch Honoratioren in die Bundesversammlung entsandte, dieses Mal offenbar die Losung ausgegeben, nur ganz Linientreue dafür auszuwählen. Die Unterstützung von Schwan durch die SPD-Spitze hat seit den Landtagswahlen in Hessen und Bayern denn auch merklich nachgelassen. Der neue Parteichef Franz Müntefering sagte bei der Vorstellung eines Buches von Schwan im Januar 2009 sogar: »Ich finde, dass Köhler seine Arbeit gut macht.« Der Präsident ist eben beliebt. Nach Umfragen von Anfang dieses Jahres würden 71 Prozent Köhler zum Präsidenten wählen, Schwan nur elf Prozent. Gewonnen hätte man mit Schwan gern gemeinsam, verlieren aber soll sie allein.

Probleme wirft die Bundesversammlung unter mehreren Gesichtspunkten auf. Da der Bundestag durch Überhangmandate aufgebläht ist (siehe S. 131 ff.), schlägt dieser Auswuchs des Bundestagswahlrechts auch auf die Zusammensetzung der Bundesversammlung durch und könnte im Falle knapper Mehrheiten sogar einmal das Ergebnis der Wahl entscheiden. Hinzu kommt die Fünfprozentklausel. Sie lässt bei Bundestags- und Landtagswahlen Millionen Wählerstimmen unter den Tisch fallen, obwohl das bei der Wahl des Bundespräsidenten keinerlei Sinn macht. Die Sperrklausel durchbricht die grundsätzlich gewährleistete Chancengleichheit aller Parteien und findet ihre Rechtfertigung allein im Schutz der Funktionsfähigkeit der Parlamente, insbesondere in der Fähigkeit, eine stabile Regierung zu bilden. Für die Wahl der Bundesversammlung ist eine solche Vorschaltung von Sperrklauseln völlig überflüssig. Die Wahl des Bundespräsidenten erfolgt notfalls mit relativer Mehrheit. Der Präsident ist dann fünf Jahre im Amt und kann nicht abgewählt werden.

Die Zusammensetzung der Bundesversammlung soll Bund und

Ländern je einen paritätischen Einfluss auf die Auswahl des höchsten Staatsamtes geben. Deshalb, und um ja eine Wahl durch das Volk zu vermeiden, hat man das merkwürdige und komplizierte Wahlverfahren des Bundespräsidenten eingerichtet. Tatsächlich aber wird alles durch die politischen Parteien völlig überlagert. Die Wahl ist zu einer reinen Parteienveranstaltung geworden. Ob die Mitglieder der Bundesversammlung aus dem Bund oder aus den Ländern kommen – die Parteien rechnen sich ihre Mitglieder jeweils zu und suchen sie vollständig zu vereinnahmen. Das freie Mandat ist nur noch Makulatur. Für die Öffentlichkeit ganz deutlich wurde dies zum Beispiel 1994. Nachdem in den ersten beiden Wahlgängen weder der Kandidat der Union, Roman Herzog, noch der der SPD, Johannes Rau, die absolute Mehrheit erhalten hatte, legte der FDP-Vorsitzende Klaus Kinkel der Kandidatin seiner Partei, Hildegard Hamm-Brücher, nahe, ihre Kandidatur zurückzuziehen. Unter den FDP-Delegierten fand nun eine »Probeabstimmung« statt, ob für Herzog oder für Rau zu stimmen sei, wobei Kinkel sich wegen der Regierungskoalition von Union und FDP für Herzog aussprach. Genauso fiel dann auch die »Vorabstimmung« aus: 69 votierten für Herzog, 40 für Rau. Darauf wurde Herzog im dritten Wahlgang zum Bundespräsidenten gewählt. Der Zentralismus der Parteien bringt die Wahlmänner ganz in den Sog von Vorentscheidungen der Spitzen ihrer Parteien. Diese entscheiden, und den Wahlmännern bleibt nichts anderes übrig, als brav zu folgen. Von paritätischem Einfluss der Länder kann ohnehin keine Rede mehr sein.

Auch 2004 kungelten Angela Merkel und Guido Westerwelle den Nachfolger von Johannes Rau, der selbst nicht wieder kandidierte, aus: Sie vereinbarten, bei der Wahl des Bundespräsidenten zusammenzuarbeiten, und wollten damit gleichzeitig die Weiche für eine Unions-FDP-Koalition nach der Bundestagswahl 2005 stellen, die dann aber mangels Masse nicht zustande kam. Zugleich einigten sie sich auf einen bestimmten Kandidaten, Horst Köhler, und entschieden sich damit gegen andere mögliche Kandidaten ihrer Parteien wie Wolfgang Schäuble (CDU) und Wolfgang Gerhardt (FDP). Auch das konnte die Mehrheit der Bundesversammlung dann nur noch formal absegnen.

Problematisch ist auch, dass die Bundesversammlung die parteipolitischen Kräfteverhältnisse widerspiegelt, die auf längst zurückliegenden Wahlen beruhen. So liegt bei der Wahl 2009 die Wahl des Bundestags fast vier Jahre zurück, die Wahl der Landesparlamente

302

von Brandenburg, Sachsen, Thüringen und dem Saarland erfolgte vor fast fünf Jahren und die anderer Parlamente vor drei oder vier Jahren. Wenn schon die parteilichen Kräfteverhältnisse für die Wahl des Bundespräsidenten maßgeblich sein sollen, müssten dann nicht wenigstens die aktuellen Kräfteverhältnisse zugrunde gelegt werden und nicht solche, die Jahre zurückliegen und möglicherweise längst überholt sind?

Bundestagsabgeordnete werden für ihre Tätigkeit im Bundestag gewählt. Für sie ergibt sich die Mitgliedschaft in der Bundesversammlung eher zufällig dadurch, dass eine Bundespräsidentenwahl innerhalb der Legislaturperiode ansteht. In den Ländern gerät dagegen umgekehrt die Wahl des Bundespräsidenten in den Sog von Parteiwahlen. Das führt ebenfalls zu unguten Verquickungen. Bei den letzten Wahlen in Bayern und Hessen wurde dies besonders deutlich. Die Union, die FDP und die Freien Wähler warben – mit dem Argument der Wiederwahl von Horst Köhler – um Stimmen. Dabei ging es doch um die Wahl von Landtagen für die nächsten fünf Jahre.

Insgesamt erscheint das Verfahren bei der Bundespräsidentenwahl eher als Ausdruck von Verlegenheit. Der Parlamentarische Rat führte sie ein, weil er aufgrund seiner Vergangenheitsorientierung eine Volkswahl auf jeden Fall vermeiden wollte. Die Bundesversammlung sollte nach seiner Auffassung aber immerhin ein »Exponent des gesamten Volkes« sein (so der Abgeordnete Hans-Christian Seebohm) und »die Wurzeln seiner Wahl [sollten]... so tief wie möglich in das Volk hineinreichen« (so der Abgeordnete Heinrich von Brentano). Die Bundesversammlung sollte »die höchste Gesamtvertretung des deutschen Volkes überhaupt, des deutschen Volkes in seiner schlichten Einheit und in seiner reichen Gliederung in Länder« bilden (so der Abgeordnete Carlo Schmid) – eine Charakterisierung, von der das heutige Erscheinungsbild der Bundesversammlung weit entfernt ist.

II. Direktwahl des Bundespräsidenten: Blockade der politischen Klasse

Die Entscheidung gegen die Volkswahl des Bundespräsidenten ist wie kaum eine andere Regelung des Grundgesetzes mit Emotionen und Vorurteilen belastet. Beispielhaft für die Haltung des Parlamentarischen Rates ist der Satz des Abgeordneten Thomas Dehler: »Wir

303

sind der Meinung, dass unser Volk in der jetzigen Lage nicht befähigt ist, den richtigen Mann herauszustellen.«

Der Aufstieg der Nationalsozialisten beruht freilich auf anderen Gründen. Er vollzog sich auf der Straße und im Parlament und kann nicht auf die starke Stellung des Reichspräsidenten und schon gar nicht auf seine Wahl direkt durch das Volk zurückgeführt werden. Es ist noch gar nicht lange her, dass gegen die Direktwahl der Bürgermeister, Oberbürgermeister und Landräte ähnliche Einwände erhoben wurden. Seit aber in allen Flächenländern die Bürgermeister und in den meisten Bundesländern auch die Landräte direkt vom Volk gewählt werden, hat sich gezeigt, wie unberechtigt die Besorgnis war. Inzwischen ist auch die Direktwahl von Ministerpräsidenten im Gespräch und findet im Fachschrifttum ganz überwiegend Zustimmung. Die aus der Allmacht der Parteien resultierende Zunahme von Politiker- und Parteienverdrossenheit hat zugenommen. Ihr kann mit der Direktwahl entgegengewirkt werden. Dehler hatte sein Nein zur Direktwahl des Bundespräsidenten ja auch ausdrücklich nur auf die damalige Situation Deutschlands bezogen, also auf die Lage vor über 60 Jahren, die inzwischen eine ganz andere ist.

Der Bundespräsident soll ein gewisses Gegengewicht gegen die Übermacht der Parteien bilden. Diese überparteiliche Funktion, die auch darin zum Ausdruck kommt, dass er mit seiner Wahl aus seiner Partei austritt oder doch die Mitgliedschaft ruhen lässt, wird dadurch erschwert, dass der Wahlvorgang immer mehr in den Sog der Parteien gerät. Die Art und Weise der Bestellung des Bundespräsidenten ist mit konstitutiv für das Ansehen, welches das Amt seinem Inhaber gibt. Es liegt deshalb nahe, erneut darüber nachzudenken, ob das Wahlverfahren nicht grundlegend geändert und der Bundespräsident direkt vom Volk gewählt werden sollte. Das haben die Präsidenten von Weizsäcker und Köhler selbst vorgeschlagen. Dadurch würde seine demokratische Legitimation erhöht und seine Gegengewichtsrolle gestärkt, ohne dass Weimarer Gefahren zu befürchten wären. Er könnte dann bei Ernennung von Beamten Ämterpatronage wirkungsvoll eindämmen. Sinnvoll wäre es, ihm auch die Bestellung der Mitglieder des Verfassungsgerichts und anderer Bundesgerichte sowie des Rechnungshofes und weiterer unabhängiger Kontrollorgane zu übertragen.

Gegen die Volkswahl wird immer wieder eingewendet, die Direktwahl würde eine völlige Änderung des Systems verlangen, weil der

Präsident dann ähnliche Befugnisse erhalten müsste, wie der französische oder der amerikanische Präsident sie habe. Doch dies ist bei Lichte besehen eine durch nichts belegte Behauptung. Es handelt sich in Wahrheit um ein Totschlagsargument, das schlicht falsch ist. Das sieht man etwa an unserem Nachbarland Österreich. Dort wird der Bundespräsident direkt gewählt, ohne auch nur im Entferntesten eine politische Rolle einzunehmen, wie sie die Präsidenten in Frankreich und Amerika ausüben. Der österreichische Bundespräsident hält sich vielmehr selbst dort zurück, wo er formale Kompetenzen besitzt, und konzentriert sich im Wesentlichen auf seine repräsentativen Aufgaben. Der österreichische Kanzler bleibt die zentrale politische Figur. Auch die Befürchtung, ein Wahlkampf würde das Ansehen und die Stellung des Staatsoberhaupts beeinträchtigen oder zu einer Spaltung des Wahlvolks führen, wird durch das österreichische Beispiel widerlegt. Im Übrigen wird auch bei uns indirekt bereits Wahlkampf geführt, z. B. war dies, wie erwähnt, in Bayern und Hessen der Fall. Wäre es dann aber nicht sinnvoller, die Menschen direkt über den Bundespräsidenten entscheiden zu lassen und die Entscheidung nicht mit den ganz anderen Wahlen zu den Parlamenten zu verquicken? Alles in allem erscheint nicht Weizsäckers und Köhlers Vorschlag undurchdacht, wie Kritiker behaupten, sondern ihre eigene Kritik daran.

III. Gehalt ohne Grundlage: Versorgung ohne Grund

Der Bundespräsident ist der einzige Amtsträger, dessen Gehalt gesetzlich nicht festgelegt ist, und auch der einzige, der im Ruhestand sein volles Aktivengehalt weiterbezieht. Gewiss, der nominell erste Mann im Staat soll auch die höchsten Bezüge haben; das wird ihm niemand neiden. Der Bundespräsident erhält zehn Neuntel des Amtsgehalts des Bundeskanzlers. Das Amtsgehalt des Bundeskanzlers ist seinerseits an die Beamtenbesoldung gekoppelt und beträgt fünf Drittel des Grundgehaltes eines Staatssekretärs als des höchsten Beamten. Das ergibt sich aus dem Bundesministergesetz. Dort steht allerdings nicht, wie hoch denn nun das Grundgehalt eines Staatssekretärs ist. Dazu muss man das Bundesbesoldungsgesetz zurate ziehen, aus dessen Anlage IV folgt: Das Grundgehalt eines Staatssekretärs (Besoldungsgruppe B 11) beträgt 10.354 Euro monatlich. Fünf Drittel davon wären 17.257 Euro. Doch hat die Bundesregierung wiederholt auf Erhöhung verzichtet, so dass die Bundeskanzlerin tatsächlich ein geringeres Gehalt bezieht. Zehn Neuntel davon ergeben die aktuellen Amtsbezüge des Bundespräsidenten. Das sind 199.000 Euro im Jahr. Berücksichtigt man allerdings, dass die Bundeskanzlerin noch ein Bundestagsmandat besitzt und auch daraus Zahlungen erhält (siehe S. 182), übernimmt *sie* die Spitze der Einkommenspyramide der Amtsträger. Die Amtsbezüge des Bundespräsidenten ergeben sich allein aus dem Haushaltsplan des Bundes. Dort sind für das Jahr 2008 die genannten 199.000 Euro niedergelegt und auch ihre Berechnungsgrundlage. Eine gesetzliche Regelung gibt es nur für die Ruhebezüge des Bundespräsidenten. Für die Bezahlung aller anderen Amtsinhaber bestehen Gesetze (Ministergesetze, Abgeordnetengesetze, Gesetz über Parlamentarische Staatssekretäre etc.). Es ist kein sachlicher Grund ersichtlich, warum das verfassungsrechtliche Erfordernis einer Regelung durch Gesetz (»Gesetzesvorbehalt«), das für die anderen Amtsträger anerkannt ist, für den Bundespräsidenten nicht gelten soll. Die bloße Veranschlagung im Haushaltsplan begründet keine Ansprüche für den Bundespräsidenten.

Das »Gesetz über die Ruhebezüge des Bundespräsidenten« sieht seit einer Gesetzesänderung von 1959 vor, dass die Amtsbezüge des Bundespräsidenten (ohne Aufwandsgeld) auch nach seinem Ausscheiden aus dem Amt in voller Höhe – unter der Bezeichnung »Ehrensold« – weiterlaufen. Eine Mindestdauer für die vorherige Ausübung des Amtes ist nicht vorgesehen. Insbesondere wird nicht vorausgesetzt, dass er die nach dem Grundgesetz möglichen zwei Amtsperioden von zusammen zehn Jahren wahrnimmt.

Dass die Altersbezüge des Bundespräsidenten stets und auf Dauer 100 Prozent der Amtsbezüge betragen, ist wohl einzigartig. Das Gesetz von 1953 hatte – in Anlehnung an die Regelung für den Reichspräsidenten der Weimarer Republik – noch vorgesehen, dass ehemalige Bundespräsidenten nach ihrem Ausscheiden aus dem Amt noch drei Monate lang die vollen, sodann »für die Dauer eines Jahres als Übergangsgeld drei Viertel und von da ab als Ehrensold die Hälfte der Amtsbezüge« erhalten. Die Anhebung des Ruhegehalts des Bundespräsidenten auf 100 Prozent im Jahre 1959 war offiziell nie begründet worden: Die drei »Lesungen« des Gesetzes im Bundestag erfolgten ohne jede Aussprache, was stets ein Indiz für eine zweifelhafte Regelung darstellt. Theodor Eschenburg berichtet ohne Angabe der Quelle, das Gesetz sei inoffiziell damit gerechtfertigt worden, dass auch ehemalige Bundespräsidenten voraussichtlich von vielen Seiten in Anspruch genommen würden und dadurch erhebliche Repräsentationsaufwendungen zu erfüllen hätten. Es ist allerdings nicht recht ersichtlich, warum der Reichspräsident keine solchen Verpflichtungen gehabt haben soll. Im Übrigen erhalten ehemalige Bundespräsidenten inzwischen zusätzlich lebenslang eine Ausstattung (mit Räumen, Dienstwagen und Fahrer, persönlichem Referenten und Bürokraft sowie Erstattung der Sachausgaben), so dass die damalige Begründung für die Überversorgung ihre Grundlage verloren hat. Viel näher liegt ohnehin die Vermutung, dass die Überhöhung der Altersbezüge mit dem Wunsch Adenauers, Bundespräsident zu werden, zu tun hat, der genau in die damalige Zeit fiel. Aus Adenauers Memoiren wissen wir, wie wichtig ihm seine finanziellen Verhältnisse waren. Ein überzeugender Grund für die Gesetzesänderung von 1959 war dies natürlich erst recht nicht.

I. Tatort Europa

I. Raumschiff Europa: EU-Imperialismus und Lissabon-Vertrag

Im Jahre 2005 hatte das Non der Franzosen und das Nee der Niederländer die groß angekündigte Europäische Verfassung, dieses Monster von sage und schreibe 852 Seiten Umfang, erst einmal scheitern lassen. Zwar hatten die meisten Mitgliedstaaten den Verfassungsvertrag ratifiziert. Zum Inkrafttreten hätten aber alle zustimmen müssen.

Im ersten Halbjahr 2007 einigte man sich dann unter deutscher Ratspräsidentschaft darauf, die Europäische Union »bis zu den Wahlen zum Europäischen Parlament 2009 auf eine erneuerte gemeinsame Grundlage« zu stellen. Das Elaborat, das die Regierungschefs der 27 Mitgliedstaaten am 13. Dezember 2008 in Lissabon mit allem Pomp unterzeichneten, heißt jetzt »Reformvertrag von Lissabon«. Er ist der Substanz nach immer noch derselbe, den die Bürger in Frankreich und den Niederlanden abgelehnt hatten, auch wenn sie nun nicht mehr darüber abstimmen dürfen. Um das Aushebeln des Volkswillens zu kaschieren, wurden einige eher vordergründige Abstriche gemacht. Neben dem Austausch des Namens beseitigte man Symbole wie die europäische Hymne und Flagge, die aber auch ohne Niederlegung im Vertrag weiterhin in Gebrauch sind. Der Vorrang europäischen Rechts vor nationalem Recht steht nun nicht mehr im Vertrag selbst, sondern in einer Erklärung dazu. Das ändert aber nichts an der Verbindlichkeit. Genau genommen, ist der Lissabon-Vertrag eine groß angelegte Hintergehung der europäischen Völker.

Auch dieses Mal spielten die Bürger eines Landes allerdings nicht mit. Die Iren, die als Einzige über den Vertrag abstimmen durften, wiesen ihn im Juni 2008 mit 53,4 Prozent Nein-Stimmen zurück, so dass er nicht wie geplant zum 1. Januar 2009 in Kraft treten konnte.

Der Aufschrei der Berufseuropäer war gewaltig: Eine Million Iren würden, so entrüsteten sie sich, 490 Millionen anderen Europäern vorschreiben, was diese zu tun und zu lassen hätten. Doch dieses Argument kehrt sich bei genauer Betrachtung gegen seine Urheber zurück. Hätten die Bürger ein Wörtchen mitreden dürfen, wäre der Vertrag vermutlich auch in anderen Ländern gescheitert. Hinter der einen Million Iren stehen in Wahrheit Hunderte Millionen EU-Bürger, und ihnen gegenüber stehen im Wesentlichen nur 12.000 Berufseuropäer. Hier verläuft die eigentliche Frontlinie. Hätte es die EU-Politiker nicht nachdenklich machen müssen, dass die seit acht Jahren geplante EU-Reform nun zum dritten Mal von der Bevölkerung eines Landes abgelehnt wird? Doch tatsächlich drängen sie auf eine erneute Abstimmung der Iren, und sollte wieder ein Nein herauskommen, dann immer wieder bis zu einem schließlichen Ja. Doch das ist grob einseitig und undemokratisch. Hätte es ein Ja zum Lissabon-Vertrag gegeben, würde man auch kein weiteres Mal abstimmen. Hier geht es um Politik aus der Sicht einer abgehobenen politischen Klasse. Im gerichtlichen Prozessrecht darf nach einer rechtsgültigen Entscheidung nicht noch ein zweites Mal über die Sache geurteilt werden (»Ne bis in idem«). Der Sinn dieses Grundsatzes trifft auch auf Volksabstimmungen wie die der Iren zu.

In Deutschland liegt der Prozess auf Eis. Bundestag und Bundesrat haben ihn zwar verabschiedet. Bundespräsident Horst Köhler wollte den Vertrag erst unterschreiben, nachdem das Bundesverfassungsgericht die drei anhängigen Verfassungsbeschwerden des Bundestagsabgeordneten Peter Gauweiler, der Linken und der ÖDP beschieden hat. Auf Druck der Parteien unterzeichnete Köhler das Ratifikationsgesetz dann zwar doch. Wer wollte schon kurz vor seiner Wiederwahl das Wohlwollen seiner potenziellen Wähler auf die Probe stellen? Völkerrechtlich in Kraft gesetzt wird das Gesetz aber erst nach einer positiven Entscheidung des Bundesverfassungsgerichts.

Wir Deutschen werden auch in Zukunft nicht über einen Europavertrag abstimmen dürfen, obwohl rund 80 Prozent der Bürger sich in Umfragen für ein Referendum aussprechen. Die politische Klasse hat Angst vor dem Souverän, und das hat seinen Grund. Die Menschen identifizieren sich zwar mit Europa: Acht von zehn Deutschen bekennen in Umfragen, dass sie stolz darauf sind, Europäer zu sein. Aber nur jeder Fünfte meint, dass die EU für Deutschland mehr Vorals Nachteile bringe. Anders ausgedrückt: Wir sind zwar nach wie vor davon überzeugt, dass Europa nicht nur eine großartige Idee, sondern geradezu unser Schicksal ist. Ein Zurück zu den Nationalismen früherer Zeiten wäre eine Katastrophe. Das heißt aber nicht, unbesehen einem europäischen Überschwang zu verfallen. Die meisten Deutschen sind mit der konkreten Ausprägung der Europäischen Union nicht einverstanden. Sie stößt vielmehr auf Skepsis und Ablehnung.

Würde der Lissabon-Vertrag zustande kommen, würden jegliche Reformbestrebungen auf Jahrzehnte chancenlos und die eigentlichen Gründe für das berechtigte Unbehagen der Menschen könnten weiterwuchern – auch auf die Gefahr hin, dass Europa immer mehr von den Bürgern abhebt, seine Legitimation gänzlich verliert und letztlich auch seine Existenz gefährdet.

Die Bürger der EU stehen vor einem Dilemma: Einerseits finden sie sich in Europa kaum zurecht. Schuld daran trägt auch die Politik. Im Streit der Parteien dominieren nach wie vor nationale Fragen. Selbst Wahlen zum Europäischen Parlament stehen regelmäßig im Zeichen nationaler Probleme und degenerieren zu Denkzettel-Wahlen. Europäische Fragen werden verdrängt. Andererseits werden den Bürgern gewaltige Umwälzungen zugemutet, ohne dass sie daran irgendwie mitwirken können. Das gilt für den Verfassungs- und den Lissabon-Vertrag. Es gilt aber auch für die überfallartige Erweiterung der EU um gleich zehn neue Mitglieder im Jahre 2004 und die Aufnahme von Bulgarien und Rumänien zu Beginn des Jahres 2007 – mit der Aussicht auf immer noch mehr Mitglieder bis hin zur Türkei. In einer völlig unübersichtlichen Lage werden also laufend Entscheidungen von existenziellem Gewicht über die Köpfe der Bürger hinweg getroffen. Das würden die Menschen vielleicht hinnehmen, wenn sie denn Vertrauen in die Mechanismen der politischen Entscheidungen der EU haben könnten. Genau an diesem Vertrauen aber fehlt es, und das hat gute Gründe.

In der EU sind die klassischen demokratischen Gewährleistungen tendenziell richtigen politischen Handelns schlicht nicht vorhanden. Darin liegt der tiefere Grund, warum das krasse Demokratiedefizit der EU in jüngerer Zeit immer mehr Kritik hervorruft und warum EU-Funktionäre im Parlament, in Kommission, Verwaltung und Gerichtsbarkeit sich praktisch ungestört eine Unmasse finanzieller Privilegien verschafft haben, die sie auf nationaler Ebene niemals hätten durchsetzen können. Hier ist nicht der Platz, die Entscheidungen und Maßnahmen der EU im Einzelnen abzuklopfen. Wir konzentrieren uns deshalb auf die beiden zentralen Richtungen, in die die EU tendiert: die Zentralisierung und die Erweiterung. Der Vertiefungs- und Erweiterungsprozess schreitet nach eigenen Gesetzlichkeiten und ohne sorgfältige Abwägung des Pro und Kontra immer weiter voran – ähnlich einem Monster, welches nicht aufzuhalten ist; darin liegt der Haupteinwand.

Die EU darf der Idee nach nur Aufgaben übernehmen, bei deren Bewältigung sie eindeutige komparative Vorteile besitzt. Das meint der unscheinbare Begriff »Subsidiarität«, zu dem die EU sich ausdrücklich bekennt, gegen den allerdings vielfach verstoßen wird. Das schleichende Ausgreifen der EU auf immer weitere Bereiche bedeutet einen Verlust an Demokratie, Wohlfahrt und Gemeinwohl. Die Abgrenzung der Aufgaben der Mitgliedstaaten von solchen der EU mag im Einzelnen schwierig sein. Gerade deshalb aber ist ein ausgewogener, Vertrauen erweckender Entscheidungsmechanismus umso wichtiger. Und daran fehlt es. Die EU-Organe sind nicht neutral, wenn es um die eigenen Kompetenzen geht. Das Parlament und die Kommission greifen vielmehr unausgesprochen in immer weitere Bereiche aus. Jeder der 27 Kommissare möchte sich durch neue Initiativen auf seinem Gebiet profilieren, und der Rest der Kommission lässt sie häufig gewähren, um die Mehrheiten für jeweils eigene Projekte nicht zu gefährden. Auch der Europäische Gerichtshof taugt nicht als Kontrolleur. Mit ihm hat man vielmehr den Bock zum Gärtner gemacht, weil er sich als »Motor der Integration« versteht und selbst zur Ausweitung der EU-Kompetenzen neigt. Der Gerichtshof hat die unmittelbare Geltung des Europarechts in den Mitgliedstaaten und seinen Vorrang vor nationalem Recht durchgesetzt und damit Leitentscheidungen getroffen, die die eigentlich zuständigen EU-Organe nicht gewagt hatten. Eine Fülle von weiteren Entscheidungen des Gerichts belegt den Trend. Auch auf den Ministerrat ist kein Verlass. Oft wird er umgekehrt dazu missbraucht, Dinge zu regeln, die der eine oder andere Mitgliedstaat zu Hause politisch nicht durchsetzen kann (sogenanntes Spiel über die Bande). Alles zusammen begünstigt geradezu eine Art EU-Imperialismus. 84 Prozent der Gesetze kommen bereits aus Brüssel, nur 16 Prozent originär aus Berlin, wie eine Untersuchung des Bundesjustizministeriums für die Jahre 1998 bis 2004 ergeben hat.

Um gegen die Zentralisierung unter Verletzung des Subsidiaritätsprinzips wirksam Front zu machen, reichen Appelle nicht aus, ebenso wenig die Niederlegung eines mehr oder weniger entschiedenen Grundsatzes der Subsidiarität in den bestehenden Verträgen. Es bedarf vielmehr institutioneller Vorkehrungen, die sicherstellen, dass der Grundsatz auch strikt und unvoreingenommen ausgelegt und exekutiert wird. Deshalb ist auch der entsprechende Passus im Verfassungsvertrag, der im Lissabon-Vertrag nur unwesentlich geändert wurde, unzureichend. Das haben der ehemalige Bundespräsident Roman Herzog und der Präsident des Centrums für Europäische Politik, Lüder Gerken, in einer Analyse aufgezeigt. Ohne die Schaffung eines eigens einzurichtenden Subsidiaritätsgerichtshofs mit vorurteilsfreien Richtern wird der schleichende EU-Imperialismus nicht unter Kontrolle zu bekommen sein.

Die Gefahr unkontrollierter Vertiefung wird dadurch verschärft, dass die Europäische Union durch die sogenannte Flexibilitätsklausel die Kompetenz-Kompetenz erhält. Das bedeutet, dass sie über die Weiterentwicklung des primären Unionsrechts selbst entscheiden kann. Sie kann sich also Kompetenzen verschaffen, ohne dass ihr diese von den Mitgliedstaaten übertragen worden sind. Zwar enthielt auch der bisher geltende EG-Vertrag eine »Vertragsabrundungskompetenz«. Dieser war aber auf die Verwirklichung der Ziele des Gemeinsamen Marktes beschränkt. Dagegen enthält die neue Flexibilitätsklausel des Vertrages von Lissabon keine solche Beschränkung und betrifft fast alle Politikbereiche. Zwar bedarf es einer einstimmigen Entscheidung im Rat auf Initiative der Kommission mit Zustimmung des Europäischen Parlaments. Doch das reicht keineswegs, um die Gefahr zu bannen. Denn alle beteiligten Instanzen sind Organe der EU und tendieren zu Entscheidungen pro domo.

Bisher hat sich das Bundesverfassungsgericht immerhin vorbehalten, Akte der Europäischen Union auf ihre Vereinbarkeit mit den Grundrechten des Grundgesetzes zu prüfen. Das war eine potenzielle Kontrolle europäischen Übermuts. Nunmehr wird aber der Vorrang des Europarechts, der bisher nur auf der Rechtsprechung des Europäischen Gerichtshofs beruht, festgeschrieben – auch für das Bundesverfassungsgericht verbindlich. Im Lissabon-Vertrag hat man den entsprechenden Passus, der noch im Verfassungsvertrag enthalten war, zwar weggelassen. In einer Erklärung zum Vertrag von Lissabon wird genau dies aber bestimmt, was ebenfalls für die Mitgliedstaaten (und damit auch für das Bundesverfassungsgericht) verbindlich ist. Damit wird dem Bundesverfassungsgericht die Möglichkeit einer Überprüfung genommen. Die grundlegend wichtige Regelung in einer Erklärung zu verstecken,»läuft auf eine Täuschung der Öffentlichkeit und derjenigen, die über die Zustimmung zu dem Vertrag zu entscheiden haben, hinaus« (Dietrich Murswiek).

Auch gegen die ungebremste Erweiterung der EU um immer mehr Staaten gibt es keine wirksamen Barrieren. Zuletzt wurden Bulgarien und Rumänien aufgenommen. Allgemein war klar, dass sie eigentlich die Voraussetzungen dafür nicht erfüllen. Aber man hat einmal mehr alle Augen zugedrückt. Als geradezu fatal könnte ein solches Willkür-Verfahren sich erweisen, wenn es um den Beitritt der Türkei geht, die bald deutlich mehr Einwohner haben wird als jeder andere Mitgliedstaat. Auch hier besteht die Gefahr, dass die EU in die Aufnahme geradezu hineinschlittert, so dass es schließlich gar keine Alternative mehr zu geben scheint.

Zur Zurückhaltung bei der Erweiterung der EU mahnt auch folgende Überlegung. Je mehr Mitglieder die EU hat, desto größer ist die Heterogenität und desto stärker müsste eigentlich auch die *Dezentralisation* sein. Umso mehr Gewicht müsste das Prinzip der Subsidiarität erhalten. Die Heterogenität ist besonders groß, wenn Staaten aufgenommen werden, die 60 Jahre lang unter sowjetischer Fremdherrschaft standen, von Unfreiheit und von kommunistischer Einheitspartei gekennzeichnet waren und deren Bürger zudem sehr viel geringere Einkommen und einen niedrigeren Lebensstandard haben. Dies gilt in fast noch stärkerem Maß bei der Aufnahme islamisch geprägter Länder.

Dass es in der EU an einem Entscheidungsmechanismus fehlt, der die Vor- und Nachteile geplanter Maßnahmen aus der Sicht der Bürger sorgfältig abwägt und zu nachvollziehbaren Resultaten kommt, hat der Luxemburger Jean-Claude Juncker in einem Interview mit dem »Spiegel« treffend zum Ausdruck gebracht: »Wir beschließen etwas, stellen das dann in den Raum und warten einige Zeit ab, was passiert. Wenn es dann kein großes Geschrei gibt und keine Aufstände, weil die meisten gar nicht begreifen, was da beschlossen wurde, dann machen wir weiter – Schritt für Schritt, bis es kein Zurück mehr gibt.« Das illustriert das Vorgehen bei der Vertiefung und bei der Erweiterung treffend. Juncker war immerhin Ratspräsident und ist immer noch Ministerpräsident eines der Gründungsstaaten der Europäischen Gemeinschaft.

Solange die europäische Entwicklung in die richtige Richtung ging, erschien ein solches Vorgehen hinnehmbar. Die Richtung steht heute aber gerade infrage. Man hat den Eindruck, dass der Kompass verloren gegangen ist, und fühlt sich an Mark Twains Wort erinnert: »Als sie die Richtung verloren hatten, verdoppelten sie ihre Geschwindigkeit.« Die EU-Organe streben nach »immer mehr«, und keiner hält sie auf. Jetzt können sich mangelnde Kontrolle und politische Unverantwortlichkeit höchst schädlich auswirken, weil es an Gegengewichten zum institutionell bedingten Ausdehnungsstreben der EU-Organe fehlt. Insofern hat die zunehmende Skepsis der Menschen gegenüber der EU einen völlig berechtigten Kern.

Man wird auch kaum den zynischen Standpunkt einnehmen können, was die Bürger denken, könne den Politikern egal sein. Kontrolle, politische Verantwortlichkeit und andere demokratische Postulate seien nur Ideale, über die sich die Praxis insgeheim mokiere. Auch wenn der Lissabon-Vertrag trotz des Neins der Iren – und letztlich zum gleichen Thema auch der Franzosen und Niederländer – schließlich noch zustande kommen sollte, zeigt doch die Geschichte, dass sich keine Herrschaft auf Dauer halten lässt, die vom Gros der Bürger zurückgewiesen wird. Ohne die allmähliche Schaffung eines belastbaren Wir-Gefühls wird das Zusammenwachsen Europas nicht gelingen. Die Frage also ist, wie die Bürger für Europa gewonnen werden können. Keinesfalls reicht es aus, an Zeitungen und Fernsehanstalten zu appellieren, sie sollten mehr über Europa berichten. Solche Appelle haben schon deshalb nur begrenzte Wirkung, weil, wie die Chefredakteure wissen, mit europäischen Themen keine Auflage zu machen ist. Sie gelten als regelrechte »Quotenkiller«, worin sich wieder das mangelnde Interesse der Bürger (und ihrer Politiker) an Europa widerspiegelt.

Wie also kann das Interesse der Bürger geweckt werden? Das geht wohl nur durch Schaffung demokratischer, auf Europa bezogener Emotionen. Wir brauchen eine europäische Diskussions- und Streitkultur. Das aber verlangt politischen Wettbewerb, politische Auseinandersetzungen und politischen Kampf, bei denen es wirklich um europäische Fragen geht und an denen die Bürger direkt beteiligt sind. Derartiges kann durch europaweite, d. h. nicht auf einzelne Mitgliedstaaten aufgeteilte, wirklich direkte Wahlen und durch Volksabstimmungen erreicht werden, was gleichzeitig europaweit agierende politische Parteien voraussetzt. Wer meint, das zu erreichen sei Illusion, der muss konsequenterweise auch auf die Bürger verzichten. Dann kann es aber sein, dass uns am Ende die ganze Europäische Union um die Ohren fliegt.

314

II. Deutsches EU-Wahlrecht: keine Wahl

Bei Europawahlen entsendet Deutschland 99 Abgeordnete nach Brüssel ins Europäische Parlament. Doch der Wähler kann seine Vertreter nicht aussuchen. Er hat nur eine Stimme, und mit der kreuzt er lediglich die Wahlliste einer der konkurrierenden Parteien an. Auf jeder Liste sind die Kandidaten aber in feststehender, für den Wähler nicht zu verändernder Reihenfolge aufgeführt. Sofern eine Partei die Fünfprozent-Sperrklausel überspringt, sind damit mindestens die ersten Fünf ihrer Liste »drin«. Kann davon ausgegangen werden, dass eine Partei wie die SPD oder die CDU mindestens 20 oder 30 Prozent der Stimmen erhält, haben die ersten 20 oder 30 Kandidaten das Parlamentsmandat bereits in der Tasche. Man spricht deshalb ganz treffend von *sicheren* Listenplätzen. Eigentlich ist es damit offensichtlich, dass die Wähler hier zwar die eine oder andere Partei wählen, nicht aber die Abgeordneten, die sie oft nicht einmal dem Namen nach kennen. Dass der Wähler mit der Partei auch die Abgeordneten en bloc wähle, ist eine Fiktion, die die völlige Missachtung des Wählerwillens formal zu überspielen sucht. Wer Abgeordneter wird, entscheiden vielmehr Parteigremien lange vor der Wahl. Sie stellen die Listen auf, teilen die Plätze zu und bestimmen die Reihenfolge und damit auch, wer eine sichere Platzierung bekommt.

Nach 1919, in Weimarer Zeit, wurde auch der Reichstag nach einem solchen Wahlrecht mit einer Stimme und starren Listen gewählt. Dass dies keine Direktwahl war, darüber bestand damals kein Zweifel. Selbst die Reichsregierung erklärte öffentlich, von einer Wahl der Abgeordneten durch das Volk könne keine Rede sein (siehe S. 51). In der Weimarer Reichsverfassung stand zwar genau wie heute im Grundgesetz und im europäischen Primärrecht bereits das Gebot der unmittelbaren Volkswahl. Aber es gab damals noch keinen Vorrang der Verfassung gegenüber dem Gesetz und schon gar kein Verfassungsgericht, das Gesetze auf ihre Verfassungsmäßigkeit kontrollieren konnte. Deshalb blieb es bei der starren Listenwahl des Reichstags – trotz des klaren Widerspruchs zum Grundsatz der Direktwahl der Abgeordneten. Heute ist die Rechtslage – auch in Reaktion auf Weimar – eine andere. Das Verfassungsrecht hat Vorrang, und Gerichte wie das Bundesverfassungsgericht und der Europäische Gerichtshof können widersprechende Gesetze kassieren. Dass das Bundesverfassungsgericht die starren Listen, die auch bei Bundestagswahlen bestehen, dennoch bisher abgesegnet hat, lag an der Auswahl der Richter durch die etablierten Parteien. Sie hatten zum Beispiel Gerhard Leibholz, der sich durch seine abenteuerliche Parteienstaatsdoktrin empfohlen hatte, zum Verfassungsrichter gemacht und bis in die Siebzigerjahre immer wieder bestätigt. Mit seiner Hilfe wurde dem Wahlgesetz unverständlicherweise der verfassungsgerichtliche Segen erteilt.[1] Leibholz räumte zwar ein, dass starre Listenwahlen keine unmittelbaren Volkswahlen sind, rechtfertigte das Wahlgesetz aber dennoch, indem er die Vorschriften über die Unmittelbarkeit der Wahl kurzerhand für überholt und nicht mehr gültig erklärte, und das Gericht folgte ihm in der Sache. Doch das liegt lange zurück. Inzwischen hat das Gericht seine damalige Auffassung längst wieder aufgegeben. Dem seinerzeitigen Urteil ist damit die Grundlage entzogen. Die Wahl der Abgeordneten durch die Parteien widerspricht unübersehbar dem Grundsatz der unmittelbaren Volkswahl, obwohl dieser Grundsatz – auch nach der heutigen Auffassung des Gerichts – gültiges Verfassungsrecht ist. Der Widerspruch betrifft die Bundestagswahl (siehe S. 73) wie die Europawahl. Der Unmittelbarkeitsgrundsatz ist auch im europäischen Primärrecht niedergelegt. Nach Art. 190 Abs. 1 EG-Vertrag müssen »die Abgeordneten der Völker der in der Gemeinschaft vereinigten Staaten im Europäischen Parlament ... in allgemeiner *unmittelbarer* Wahl gewählt« werden. Viele Parteifunktionäre haben sich allerdings schon so sehr an das übliche Wahlverfahren, das die Wähler entmachtet, gewöhnt, dass sie die Parteien kurzerhand mit dem Volk verwechseln. So nannte der vormalige CSU-Vorsitzende Erwin Huber die Delegiertenversammlung seiner Partei, die die Kandidaten für die Europawahl 2009 aufstellte, »souverän«, und Monika Hohlmeier meinte, nachdem diese Versammlung sie auf Platz sechs der CSU-Liste gesetzt hatte, sie habe dadurch »demokratische Legitimierung« erhalten. Andere suchen die Nicht-Wahl durch die Bürger dadurch verbal zu überspielen, dass sie sich kurzerhand einen – in Wahrheit gar nicht existierenden – »Wahlkreis« andichten, so zum Beispiel der SPD-Spitzenkandidat Martin Schulz und der langjährige CDU-Abgeordnete Klaus-Heiner Lehne auf ihren Internetseiten.

Wenn die Bürger keinen Einfluss darauf haben, welche Personen ins Europäische Parlament kommen, sondern Parteifunktionäre darüber

---

[1] Entscheidung vom 3.7.1957, BVerfGE 7, 63.

entscheiden, gewinnt für die Abgeordneten die innerparteiliche Kommunikation zwangsläufig beherrschendes Gewicht, und ihre Funktion, Mittler zwischen Bürgerschaft und EU zu sein, tritt zurück, was die große Bürgerferne von Europapolitikern mit erklären dürfte. Ist die Abgehobenheit nicht geradezu vorprogrammiert, wenn das Votum der Wähler für EU-Abgeordnete und ihre politische Karriere ohne Belang ist? Hier liegt auch ein Grund für das geringe Ansehen der sogenannten Volksvertreter. Von den Parteien aufgezwungenen Repräsentanten begegnen die Bürger natürlich eher mit Misstrauen und Vorbehalten als frei und unmittelbar von ihnen gewählten.

Nach deutschem Europawahlrecht können die Parteien entweder eine Bundesliste aufstellen oder für jedes der 16 Länder eine Landesliste. Die Union hat sich mit Rücksicht auf die CSU, die nur in Bayern antritt, für Landeslisten entschieden. Alle anderen Parteien stellen Bundeslisten auf. So hat die SPD ihre 99 Namen umfassende Wahlliste bereits im Dezember 2008 beschlossen. Diese Partei hatte bei der Europawahl 2004 mit 21,5 Prozent ihr bisher bei Weitem schlechtestes Ergebnis erzielt. Da aber aufgrund der Fünfprozentklausel 7,9 Prozent aller Stimmen unter den Tisch fielen, erhöhte sich automatisch die Abgeordnetenzahl der anderen Parteien, so dass die SPD immerhin 23 Abgeordnete nach Brüssel schicken konnte. Selbst wenn sie am 7. Juni 2009 erneut desaströs abschneiden würde, wäre es für die ersten 20 auf ihrer Liste schon jetzt definitiv sicher, dass sie ins Europäische Parlament einziehen. Für Martin Schulz (Platz 1), Ismail Ertug (Platz 20) und 18 ihrer Kollegen hat die Europawahl also schon stattgefunden. Umgekehrt haben die Kandidaten ab Listenplatz 35 (Matthias Wehrmeyer) keine Chance auf einen Parlamentssitz.[1] Auch für sie ist die Wahl mit der Aufstellung der Liste entschieden, nur eben negativ. Der Wähler hat auf die Auswahl der Personen keinerlei Einfluss. Ob die an den Grenzen platzierten Kandidaten noch ins Parlament rutschen, hängt davon ab, ob ihre Partei mehr oder weniger Stimmen erhält oder von den Stimmen kleiner Parteien ein warmer Regen auf sie niedergeht. Die Ergebnisse sind aus der Sicht der »Gewählten« und der Wähler Zufallsresultate. Der Wähler kennt solche

---

[1] Hier und im Folgenden sind die Wahllisten zu Grunde gelegt, die die Delegiertenversammlungen der Parteien beschlossen haben. Die offiziell vom Bundeswahlleiter veröffentlichten Listen lagen bei Abschluss dieses Buches noch nicht vor.

Abgeordneten regelmäßig nicht einmal dem Namen nach, und auch auf den Wahlzetteln sind nur die ersten Zehn aufgeführt. Die Parteien können auch Ersatzkandidaten für jeden einzelnen Listenplatz aufstellen, die nachrücken, falls der betreffende Abgeordnete während der Wahlperiode aus dem Parlament ausscheidet. Davon hat die SPD Gebrauch gemacht. Bei anderen Parteien rückt der Nächste auf der Kandidatenliste nach.

Hier ist zunächst die Wahlliste der SPD wiedergegeben.

Bundesliste der SPD zur Europawahl 2009

Platz	Kandidat/in	Ersatzkandidat/in
1	Schulz, Martin	Fleckenstein, Dr. Manfred
2	Gebhardt, Evelyne	Buesink, Wim
3	Rapkay, Bernhard	Baldschun, Katie
4	Haug, Jutta	Pfingsten, Jutta
5	Kreissl-Doerfler, Wolfgang	Mattes, Ralf
6	Lange, Bernd	Frerks, Ronald
7	Steinruck, Jutta	Conrad, Jürgen
8	Bullmann, Udo	Körner, Matthias
9	Roth-Behrendt, Dagmar	Rackles, Mark
10	Geier, Jens	Bischoff, Rainer
11	Groote, Matthias	Lager, Werner
12	Rodust, Ulrike	Tretbar-Endres, Martin
13	Simon, Peter	Kirgiane-Efremidis, Stella
14	Kammerevert, Petra	Timmer, Brigitte
15	Westphal, Kerstin	Stvrtecky, Anna
16	Leinen, Jo	Altesleben, Bettina
17	Weiler, Barbara	Hühn, Marianne
18	Fleckenstein, Knut	Steppat, Sabine
19	Sippel, Birgit	Vogel, Gerold
20	Ertug, Ismail	Zirpel, Michael
21	Glante, Norbert	Veh, Kathrin
22	Krehl, Constanze	Baumann-Hasske, Harald
23	Neuser, Norbert	Mansury, Homaira
24	Mann, Erika	Riethig, Marcel
25	Jöns, Karin	Holsten, Reiner

Platz	Kandidat/in	Ersatzkandidat/in
26	Stockmann, Ulrich	Tögel, Tilman
27	Radtke, Sylvia	Wiegand-Hoffmeister, Prof. Dr. Bodo
28	Poppenhäger, Dr.Holger	Sachse, Heidrun
29	Rolland, Gabi	Repasi, René
30	Hartmann, Sebastian	Engelmeier-Heite, Michaela
31	Karademir, Hidir	Umberti, Santi
32	Borchert-Bösele, Monika	Giftakis, Michael
33	Dolle, Christoph	Stuck, Ingo
34	Rohwer, Maike	Kreft, Enrico
35	Wehrmeyer, Matthias	Franke, Henning
36	Coße, Jürgen	Bley, Nikolaus
37	Foraci, Ulrike	Straub, Jutta
38	Zimmermann, Frank	Engert, Susann
39	Herrmann, Petra	Pogrell, Annette von
40	Flisek, Christian	Sigolotto, Claudia
41	Diebold, Dr. Alfred	Bergmann, Ingo
42	Engelmeier-Heite, Michaela	Erdmann, Ole
43	Vicente, Miguel	Mayer, Joachim
44	Stritter, Hans-Georg	Krause, Koba
45	Steppat, Sabine	Stölting, Thomas
46	Kaiser, Ulrich	Dürr, Jörg
47	Burger, Hildegard	Klier, Dr. Manfred
48	Baumann-Hasske, Harald	Vogel, Sebastian
49	Greib, Martina	Höhner, Dirk
50	Hühn, Marianne	Beusing, Ruth
51	Repasi, René	Weil, Sebastian
52	Naber, Hanna	Meyer, Kirsten
53	Vogel, Gerold	Knipp, Klaus
54	Mansury, Homaira	Feder, Martin
55	Bauer, Markus	Stübig, Volker
56	Fabian, Norbert	Vaupel, Thomas
57	Gilleßen, Sabine	Östreich, Cornelia
58	Stauch, Carlo	Jauernig, Oliver
59	Straub, Jutta	Cakir, Sedat

Platz	Kandidat/in	Ersatzkandidat/in
60	Sachse, Heidrun	Steiner, Daniel
61	Axourgos, Dimitrios	Kalkreuter, Kurt
62	Brückmann, Sabine	Rappenglück, Stefan
63	Krug, Günther	Niedermeyer, Karl-Heinz
64	Walther, Claudia	Wobbe, Werner
65	Hindersmann, Nils	Klose, Sören-Alexander
66	Erdmann, Ole	Lüngen, Ilse
67	Kirgiane-Efremidis, Stella	Schneider, Jürgen
68	Karaahmetoglu, Macit	Arnold, Ludger
69	Franzen, Ingrid	Schley, Sebastian
70	Streichert-Clivot, Christine	Rauber, Stefan
71	Kroll, Winfried	Stock, Alexander
72	Beusing, Ruth	Weißenborn, Katrin
73	Göddertz, Thomas	Brinkmann, Rainer
74	Stölting, Thomas	Schwetz, Desiree
75	Mayer, Joachim	Hesse, Katrin
76	Tuin, Rudolf	Zimmermann, Sabine
77	Boos, Luisa	Lomb, Mathias
78	Langlet, Jean-Marie	Yüce, Mustafa
79	Bach, Sabine	Büchler, Ingo
80	Drozynski, Piotr	Hörber, Dr. Thomas
81	Ihbe, Annegret	Seidenthal, Bodo
82	Fiedler, Daniela	Scholz, Rüdiger
83	Höhner, Dirk	Greib, Martina
84	Pfingsten, Jutta	Presch, Dirk
85	Klonki, Ulrich	Becker-Lettow, Christa
86	Vogel, Sebastian	Ecke, Matthias
87	Höfs, Astrid	Schäfer, Enrico
88	Körner, Matthias	Klapprodt, Roland
89	Muldau, Marina von	Geiger, Philipp
90	Lang, Hans-Joachim	Bengler, Herbert
91	Frerks, Ronald	Baumgarten, Heino
92	Kumpf, Sinaida	Glaab, Rainer
93	Steiner, Daniel	Poppenhäger, Dr. Holger
94	Köster, Dietmar	Dahlmann, Thomas

Platz	Kandidat/in	Ersatzkandidat/in
95	Wobbe, Werner	Titz, Paul-Ulrich
96	Santi, Umberti	Taskin, Hasan
97	Müller-Closset, Birgit	Rosa, Giovanni di
98	Sander, Dr. Gerald	Porkert, Felix
99	Titz, Paul-Ulrich	Schidlack, Thomas

Bei den Europawahlen 1994 und 1999 war die FDP außen vor geblieben. Dank Silvana Koch-Mehrin, die Westerwelle plötzlich aus dem Hut gezaubert und als Spitzenkandidatin präsentiert hatte, schaffte die FDP 2004 aber wieder den Sprung ins Europäische Parlament, und 2009 wird ihr dies vermutlich wieder gelingen. Die FDP hatte schon 2004 auf eine stark personalisierte, ganz auf ihre attraktive Kandidatin Nummer eins zugeschnittene Kampagne gesetzt und sich auch nicht gescheut, »Westerwelles schöne Hoffnung« (Spiegel online) außer in Talkshows auch in politikfernen Medien herausstellen zu lassen. Auf diese Weise stellte die vorher völlig unbekannte Einsteigerin sogar die Spitzenkandidaten der SPD (Martin Schulz) und der CDU (Hans-Gert Pöttering) in den Schatten, von denen der PDS und jetzigen Linken (Sylvia-Yvonne Kaufmann) und der CSU (Ingo Friedrich) gar nicht zu reden. Lediglich der umtriebige Altachtundsechziger Daniel Cohn-Bendit, der zusammen mit Rebecca Harms die Liste der Grünen anführte, hatte noch bessere Bekanntheitswerte. Das Hauptproblem bei Europawahlen ist, dass kaum ein Wähler die fast anonymen, ihm von den Parteien aufgedrückten Kandidaten kennt. Es ist deshalb von großem Gewicht, Personen zu präsentieren, die unübersehbar sind. Ähnliches muss sich auch der neue CSU-Vorsitzende Horst Seehofer gedacht haben. Von der FDP lernen heißt siegen lernen, war vermutlich sein Motto. Jedenfalls versuchte er, die Strauß-Tochter Monika Hohlmeier, die – im Gegensatz zu anderen CSU-Kandidaten – zweifellos bundesweit bekannt ist, auf den Spitzenplatz der CSU zu hieven. Das aber sollte ausgerechnet in einem fränkischen CSU-Bezirk geschehen, dem Reich von Günther Beckstein, dem er gerade sein Amt als bayerischer Ministerpräsident genommen hatte. Am Ende musste Seehofer froh sein, Hohlmeier noch auf Platz sechs der Liste unterbringen zu können. Offenbar war Seehofer nach dem Einbruch der CSU bei der Landtagswahl im Herbst 2008 in Sorge, seine Partei könnte am 7. Juni die Stimmenzahl verfehlen, die nötig ist, um die bundesweit geltende Fünfprozentklausel zu überspringen. In Bayern fällt der Termin der Europawahl, der 7. Juni, auch noch in die Pfingstferien, was die Wahlbeteiligung nicht gerade steigern dürfte. Zudem finden in anderen Bundesländern gleichzeitig Kommunalwahlen statt. Das erhöht die dortige Wahlbeteiligung und erschwert es deshalb der CSU erst recht, die Sperre zu überspringen. Allerdings mussten die Kommunalwahlen im größten Bundesland Nordrhein-Westfalen aufgrund eines verfassungsgerichtlichen Urteils auf den 30. August 2009 verschoben werden (siehe S. 242), was die Gefahr für die CSU vermindert hat. Um bei der Europawahl besser zu punkten und europakritischen Konkurrenten wie der Linken und den Freien Wählern den Wind aus den Segeln zu nehmen, hat Seehofer auch Volksabstimmungen in Sachen Europa ins Gespräch gebracht. Von den Landeslisten der CDU sei hier beispielhaft die niedersächsische genannt, die wieder von dem früheren Präsidenten des Europäischen Parlaments, Hans-Gert Pöttering, angeführt wird. 2005 hatten die ersten Fünf auf der Liste Erfolg.

Die Grünen sind seit 1984 stets sicher ins Parlament gekommen, zuletzt 2004 mit 11,9 Prozent der Stimmen und dreizehn Abgeordneten. Ihre Liste für 2009 führt wie schon vor fünf Jahren die Europaabgeordnete Rebecca Harms an. Auf Platz zwei folgt Reinhard Bütikofer, der damit für seine langjährigen Verdienste als Bundesvorsitzender der Grünen belohnt wird. Ebenfalls einen sicheren Platz erhält der Mitgründer von Attac Sven Giegold, mit dessen Aufstellung sich die in die Jahre gekommenen Grünen der Unterstützung junger, aufmüpfig-dynamischer Aktivisten versichern wollen. Gerald Häfner, der Vorsitzende der Bürgervereinigung »Mehr Demokratie«, die für direkte Demokratie auf allen Ebenen kämpft, steht leider nur auf dem wenig aussichtsreichen Listenplatz 14, was zeigt, wie wenig ernst die Grünen es mit jenem Anliegen in Wahrheit nehmen.

2004 ist der EU-Parlamentseinzug auch der PDS gelungen – mit 6,1 Prozent und sieben Abgeordneten. Auf der Liste der Linken für 2009 steht mit der früheren PDS-Vorsitzenden Gabi Zimmer nur noch eine dieser Sieben. Die früheren Spitzenkandidaten Sylvia-Yvonne Kaufmann und André Brie wurden vom Vorstand und den Delegierten nicht mehr berücksichtigt, offenbar weil sie zu europafreundlich sind und damit die Glaubwürdigkeit des offiziellen Kurses der Partei gefährden. Die Linke lehnt den Lissabon-Vertrag ab und unterstrich dies mit einer Klage beim Bundesverfassungsgericht.

Ein interessantes Experiment stellt die erstmalige Kandidatur der Freien Wähler bei einer Europawahl dar. Sie verfügen über keine bundesweite Wahlkampforganisation und kein Geld. Wählergemeinschaften könnten zwar als »sonstige politische Vereinigung«, wenn sie bei der Wahl mindestens 0,5 Prozent der Stimmen bekommen, nach § 28 des Europawahlgesetzes für jede Stimme jährlich einen Betrag von 0,70 und für die ersten vier Millionen Stimmen 0,85 Euro aus der Staatskasse erhalten. Voraussetzung aber ist, dass sie mindestens in gleicher Höhe Beiträge und Spenden einwerben, und das dürfte schwer sein. Anders ausgedrückt: Die Freien bekommen für den Europawahlkampf nur soviel Staatsgeld, wie sie auch private Zuwendungen erhalten. Ihr einziges Pfund ist die bundesweit bekannte Spitzenkandidatin Gabriele Pauli. Ihr könnte es gelingen, ihre Kandidatur den Bürgern über Talkrunden und gezielte Medienevents nahezubringen. Silvana Koch-Mehrin hat die Bedeutung einer attraktiven Kandidatin und ihres professionellen Umgangs mit den Medien demonstriert. Bei den Freien kommt hinzu, dass sie auch zum Kristallisationspunkt für Protestwähler werden könnten.

Die Bundeswahllisten der FDP, der Grünen, der Linken und der Freien Wähler sowie die Landeslisten der CSU und der niedersächsischen CDU für die Europawahl 2009 sind im Folgenden wiedergegeben. Das erlaubt es, auch bei diesen Parteien festzustellen, wer jetzt schon seinen Sitz im Europäischen Parlament für die Wahlperiode 2009 bis 2014 gesichert hat.

Bundesliste der FDP zur Europawahl 2009

Platz	Name	Platz	Name
1	Koch-Mehrin, Silvana	11	Thein, Alexandra
2	Lambsdorff, Alexander Graf	12	Reimers, Britta
3	Chatzimarkakis, Jorgo	13	Purdel, Matthias
4	Klinz, Wolf	14	Plahr, Alexander
5	Meißner, Gesine	15	Meyer, Norbert
6	Alvaro, Alexander	16	Prockl, Franz
7	Krahmer, Holger	17	Kimpfel, Kornelia
8	Theurer, Michael	18	Hülsenbeck, Friedrich
9	Hirsch, Nadja	19	Eich, Tom
10	Creutzmann, Jürgen	20	Matuszewski, Fridjof

Bundesliste der Grünen zur Europawahl 2009

Platz	Name	Platz	Name
1.	Harms, Rebecca	14.	Häfner, Gerald
2.	Bütikofer, Reinhard	15.	Breyer, Hiltrud
3.	Rühle, Heide	16.	Braun, Andreas
4.	Giegold, Sven	17.	Kallenbach, Gisela
5.	Lochbihler, Barbara	18.	Alberts, Peter
6.	Cramer, Michael	19.	Vögtle, Eva Maria
7.	Keller, Ska	20.	Schütte zur Wick, Nikolaus
8.	Schulz, Werner	21.	Schmitt-Promny, Karin
9.	Trüpel, Helga	22.	Gianfrancesco, Constantino
10.	Häusling, Martin	23.	Labigne, Claire
11.	Brantner, Franziska	24.	Hayer, Björn
12.	Albrecht, Jan Philipp	25.	Knauf, Renate
13.	Schroedter, Elisabeth		

Bundesliste der Partei Die Linke zur Europawahl 2009

Platz	Name	Platz	Name
1	Bisky, Lothar	16	De Masi, Fabio
2	Wils, Sabine	17	Föse, Doreen
3	Zimmer, Gabriele	18	Barlow, Keith
4	Händel, Thomas	19	Karci, Kadriye
5	Ernst, Cornelia	20	Pithan, Felix
6	Klute, Jürgen	21	Tiedens, Martina
7	Lösing, Sabine	22	Czeke, Harry
8	Scholz, Helmut	23	Preysing, Regina
9	Michels, Martina	24	Rosenthal, Enno
10	Pflüger, Tobias	25	Casel, Isabelle
11	Aydinlik-Demirdögen, Sidar	26	Efler, Michael
12	Wagener, Sascha	27	Thiel, Teresa Maria
13	Firmenich, Ruth	28	Kachel, Thomas
14	Telkämper, Wilfried	29	Kindler-Lurz, Anette
15	Voltmer, Ulrike	30	Clasen, Bernhard

Landesliste der CSU zur Europawahl 2009

Platz	Name
1	Ferber, Markus, MdEP
2	Niebler, Dr. Angelika, MdEP
3	Weisgerber, Dr. Anja, MdEP
4	Weber, Manfred, MdEP
5	Deß, Albert, MdEP
6	Hohlmeier, Monika
7	Posselt, Bernd, MdEP
8	Kastler, Martin, MdEP
9	Stauner, Dr. Gabriele, MdEP
10	Waschler, Prof. Dr. Gerhard
11	Bernicker, Michael
12	Opel, Carolin
13	Haimerl, Barbara
14	Mirschberger, Michael
15	Lerchenfeld, Walburga Freifrau von
16	Wagner, Karl-Heinz
17	Dopfer, Thomas
18	Zeitler, Benjamin
19	Maas, Heike
20	Winkler, Caroline
21	Albert, Dr. Andrea

Platz	Name
22	Rackl, Heidi
23	Fellner, Barbara
24	Ratka jun., Edmund
25	Tsantilas, Dr. med. Dimitrios
26	Gruber, Gabriele
27	Lichthardt, Christian
28	Wöhrl, Marcus
29	Geissler, Jonas
30	Schreyer, Daniel
31	Pausch, Wolfgang
32	Einsiedel, Stefan
33	Weiss, Michael
34	Strasser, Maximilian
35	Anton, Alexander
36	Sporrer-Dorner, Christine
37	Gübner, Frank
38	Stöger, Peter
39	Picker, Rolf
40	Langguth, Leif-Eric
41	Martin, Stefan Albert

Landesliste der CDU in Niedersachsen für die Wahl zum Europäischen Parlament 2009

Platz	Name
1	Pöttering, Dr. Hans-Gert, MdEP
2	Quisthoudt-Rowohl, Dr. Godelieve, MdEP
3	Mayer, Prof. Dr. Hans-Peter, MdEP
4	Balz, Burkhard

Platz	Name
5	Tangermann, Kristian W.
6	Abel, Gesa
7	Schäfer, Uwe Friedrich
8	Brömmer, Julia
9	Gallwitz, Manfred
10	Steinkamp, Jochen

Platz	Name
11	Gronewold, Dirk
12	Schumann, Wiltrud
13	Offermann, Dirk O.
14	Marnette-Kühl, Dr. Beatrice
15	Oberstedt, Marcus
16	Stegemann, Albert

Platz	Name
17	Merklein, Katharina
18	Schmädeke, Dr. Frank
19	Adam, Harm
20	Roepert, Jan-Willem
21	Kaune, Stephan

Bundesliste der Freien Wähler zur Europawahl 2009

Platz	Kandidat(in)
1	Pauli, Dr. Gabriele
2	Grein, Armin
3	Gläsker, Eckard
4	Nussbaumer, Annette
5	Winkler, Max

Platz	Kandidat(in)
6	Müller, Hans-Günter
7	Wende, Peter
8	Winner, Erwin
9	Schmidt, Dr. Christian A.
10	Weber, Marina

Die Wahl des Europäischen Parlaments wird trotz der zunehmenden politischen Bedeutung der Europäischen Union von den Bürgern ziemlich gering eingeschätzt, viel weniger bedeutsam als Bundestags- und sogar Landtags- und Kommunalwahlen. Weder wird eine Regierung gewählt, noch kann der Wähler aufgrund der doppelten Unübersichtlichkeit hinsichtlich der Mehrheitsverhältnisse und der Frage, welche Partei in Brüssel wofür steht, abschätzen, was aus seiner Stimmabgabe folgt. Wegen der mangelnden Entscheidungsmöglichkeit über Sachfragen oder auch nur über die große Richtung der Politik wäre es eigentlich umso dringender, dass der Wähler wenigstens die Personen aussuchen kann, die ihn in Brüssel vertreten sollen. Der Erfolg der FDP mit dem Herausstellen der Person von Silvana Koch-Mehrin könnte die anderen Parteien unter Zugzwang setzen und zumindest hinsichtlich der Spitzenkandidaten einen Strategiewechsel nach sich ziehen. Seehofer scheint das mit Monika Hohlmeier schon versucht zu haben, ebenso die Freien Wähler mit Gabriele Pauli. Dann aber sollte man konsequenterweise den Gedanken der Persönlichkeitswahl auch im Wahlrecht verankern und den Bürgern wirkliche Auswahlmöglichkeiten einräumen. Das würde dann die Parteien erst recht zwingen, ihr Personalangebot bei Europawahlen deutlich zu verbessern und die EU nicht mehr als Rückzugsraum für national abgewirtschaftete oder sonst zweitklassige Politiker zu missbrauchen.

Das Desinteresse an Europawahlen äußert sich in der Wahlbeteiligung, die in Deutschland inzwischen weit unter 50 Prozent liegt. Sie ist seit 1998 kontinuierlich abgesunken bis auf 43 Prozent im Jahre 2004. Ohne die in vielen Ländern gleichzeitig stattfindende Kommunalwahl wäre sie noch niedriger. In den Ländern ohne Kommunalwahl betrug sie 39 Prozent. Das Desinteresse äußert sich auch darin, dass das Thema Europa paradoxerweise im Europawahlkampf fast ausgeblendet wird und die Protestkomponente häufig besonders groß ist. Viele Bürger glauben, es sich leisten zu können, den etablierten Parteien bei der Europawahl »einen Schuss vor den Bug« zu setzen, ohne dass gravierende politische Konsequenzen zu befürchten wären. Extreme Parteien und Protestparteien haben deshalb bei der Europawahl immer mal wieder einigen Zulauf. So schafften es die Republikaner 1989 sogar ins Parlament. Zur Ausblendung von Europathemen trägt aber auch die Politik bei, die selbst bei Europawahlen das Schwergewicht auf nationale Fragen legt. So haben die Oppositionsparteien stets versucht, Europawahlen zu einer Abstimmung über die Politik der jeweiligen Bundesregierung zu machen. Und sie hatten damit auch Erfolg. Bei allen Wahlen gab letztlich die Bundespolitik den Ausschlag, so dass die Europawahl zu einer Art Ersatz-Bundestagswahl wurde, wenn sie auch, was das Interesse, die Wahlbeteiligung und die Ernsthaftigkeit anlangt, eher in der zweiten oder dritten Liga stattfindet. Dass die Union bei der Europawahl 1999 mit 48,7 Prozent der Stimmen ihr bestes Ergebnis seit 1979 einfuhr, beruhte ganz wesentlich auf der Unzufriedenheit mit der 1998 an die Macht gekommenen Bundesregierung aus SPD und Grünen. Die SPD kassierte mit 30,7 Prozent ihr bis dahin schlechtestes Ergebnis. Damals konnte sich noch niemand vorstellen, dass die SPD bei der folgenden Europawahl noch drastischer verlieren und auf praktisch die Hälfte des Wähleranteils von 1979 zurückfallen würde. Doch so kam es. 2004 kam die SPD nur noch auf 21,5 Prozent, weniger als die Hälfte der Union. Auch das hing mit der Unzufriedenheit mit der Regierungspolitik zusammen. Das Ansehen der SPD-geführten Bundesregierung war, nicht zuletzt aufgrund der Agenda 2010, völlig im Keller. Die überragende Rolle der Bundespolitik kam auch darin zum Ausdruck, dass die CDU auf ihren Plakaten nicht irgendeinen

Europakandidaten herausstellte, sondern die Parteivorsitzende Angela Merkel, obwohl diese nun wirklich nicht zur Wahl stand. Insgesamt zeigte die Entwicklung der Wahlergebnisse bereits den Erosionsprozess der SPD. Auch das Erstarken der drei kleineren Parteien deutete sich schon an.

Einen zahlenmäßigen Überblick über die Europawahlen seit 1979 gibt die Tabelle auf folgender Seite. 1979 wurde die sogenannte Direktwahl der Abgeordneten eingeführt, die in Wahrheit aber keine ist (siehe S. 315). Vorher waren die Parlamentarier von den nationalen Parlamenten gewählt worden. Seit 1994 schickt Deutschland 99 Abgeordnete nach Brüssel, vorher waren es 78 (ohne die drei vom Berliner Abgeordnetenhaus entsandten Abgeordneten).

Ergebnisse der Parteien bei Europawahlen 1979 bis 2004

	2004		1999		1994		1989		1984		1979	
	Stimmen in %	Zahl der Abgeordneten	Stimmen in %	Zahl der Abg.	Stimmen in %	Zahl der Abg.	Stimmen in %	Zahl der Abg.	Stimmen in %	Zahl der Abg.	Stimmen in %	Zahl der Abg.
SPD	21,5	23	30,7	33	32,2	40	37,3	40	37,4	32	40,8	34
CDU	36,5	40	39,3	43	32,0	39	29,5	24	37,5	32	39,1	32
CSU (in Klammern: Ergebnisse in Bayern)	8,0 (57,4)	9	9,4 (64,0)	10	6,8 (48,9)	8	8,2 (45,4)	7	8,5 (57,2)	7	10,1 (62,5)	8
CDU/CSU	44,5	49	48,7	53	38,8	47	37,8	31	45,9	39	49,2	40
Grüne	11,9	13	6,4	7	10,1	12	8,4	7	8,2	7	3,2	0
Die Linke (PDS)	6,1	7	5,8	6	4,7	0						
FDP	6,1	7	3,0	0	4,1	0	5,6	4	4,8	0	6,0	4
Republikaner	1,9	0	1,7	0	3,9	0	7,1	6				
Insgesamt		99		99		99		99		78		78
Wahlbeteiligung in %	43,0		45,2		60,0		62,3		56,8		65,7	

III. Krasse Verstöße gegen die Gleichheit der Wahl: typisch für Europa

Unterschiedliches Stimmgewicht: Sind deutsche Wähler weniger wert?
Das Europäische Parlament besteht nach der Wahl vom 7. Juni 2009 aufgrund des Vertrags von Nizza aus 736 Abgeordneten, die sich folgendermaßen auf die 27 Mitgliedsländer aufteilen:

Deutschland	99	Bulgarien	17
Frankreich	72	Österreich	17
Italien	72	Dänemark	13
Vereinigtes Königreich	72	Finnland	13
Polen	50	Slowakei	13
Spanien	50	Irland	12
Rumänien	33	Litauen	12
Niederlande	22	Lettland	8
Belgien	22	Slowenien	7
Griechenland	22	Estland	6
Portugal	22	Luxemburg	6
Tschechische Republik	22	Zypern	6
Ungarn	22	Malta	5
Schweden	18	**Insgesamt**	**736**

Sollte der Vertrag von Lissabon in Kraft treten, erhöht sich die Zahl der Abgeordneten auf 751, bisher waren es aufgrund des Beitritts von Bulgarien und Rumänien für die Übergangszeit sogar 785. Das demokratische Strukturproblem wird dadurch aber nicht berührt: Die kleineren Mitgliedstaaten haben zwar weniger Abgeordnete, aber doch sehr viel mehr, als es der geringeren Zahl ihrer Bürger entsprechen würde. So repräsentiert ein deutscher Abgeordneter rund 830.000 Einwohner, ein belgischer 400.000, ein Abgeordneter aus Malta rund 82.000 und einer aus Luxemburg etwa 75.000 Einwohner. Hinter einem Abgeordneten aus Deutschland stehen also zehn oder elf mal so viele Menschen wie hinter einem maltesischen oder Luxemburger Abgeordneten. Entsprechend verdünnt sich das Stimmgewicht deutscher Wähler. Es beträgt nur ein Zehntel des Gewichts von Maltesern. Vom demokratischen Prinzip »one man, one vote« kann deshalb keine Rede sein. Bedenkt man, welche Bedeutung dieser Grundsatz besitzt und mit wie viel Blut und Leidenschaft er durchgesetzt wurde, so erstaunt, wie leichtfertig er heute außer Kraft gesetzt wird. Gewiss, solange Europa noch schwach und seine Kompetenzen gering waren, fiel der Verstoß gegen elementare Demokratieanforderungen noch kaum ins Gewicht. Doch heute hat sich die Situation grundlegend geändert. Nach dem Erstarken der EU bedeutet das ungleiche Stimmgewicht – zusammen mit dem überproportionalen Stimmgewicht kleiner Staaten in den anderen Organen der Gemeinschaften: im Rat, in der Kommission, in den Gerichten und in der Zentralbank – eine unerhörte Zumutung für die Bürger großer Staaten wie Deutschland. Dass dieser Verstoß gegen elementare Grundregeln der Demokratie so einfach in Kauf genommen wurde, hängt einmal mit dem technokratischen Ausgangsverständnis der EG zusammen, in dem die Idee der europäischen Vereinigung alles dominierte und selbst widerstreitende Elementarprinzipien der Demokratie beiseite wischte, zumal da die EG ursprünglich auf die Herstellung wettbewerblicher Markwirtschaft beschränkt war. Im Übrigen war es ursprünglich anders gedacht. Geplant war, ein einheitliches Wahlverfahren in allen Mitgliedstaaten einzuführen, in dem dann auch die Ungleichheit des Stimmgewichts hätte wegfallen können. Doch dazu kam es bisher nicht.

Fünfprozentklausel: der Gipfel der Ungerechtigkeit

Das deutsche Europawahlgesetz enthält eine Fünfprozentklausel. Das stellt eine krasse Ungerechtigkeit dar. Bei der Europawahl 2004 gingen in Deutschland von den 61,7 Millionen Wahlberechtigten 26,5 Millionen (43 Prozent) zu den Urnen. Fünf Prozent davon sind 1,325 Millionen Stimmen. Eine Partei, die dieses Ergebnis erzielt, hat mindestens vier der 99 deutschen Sitze im Europäischen Parlament zu beanspruchen. Bei einem *knapp darunter* liegenden Ergebnis schließt die Sperrklausel allerdings die Partei und ihre Kandidaten völlig aus. Fast 1,325 Millionen Stimmen gehen verloren. Diese an sich schon harte Folge erscheint noch gravierender, wenn man einen Vergleich mit kleineren Mitgliedstaaten anstellt, in denen sehr viel weniger Stimmen für ein Mandat erforderlich sind. Die fast 1,325 Millionen Stimmen, die in Deutschland verloren gehen können, sind mehr, als in Lettland oder Slowenien bei der Europawahl für alle dort kandidierenden Parteien zusammen abgegeben werden (und den Parteien dieser beiden Länder immerhin acht beziehungsweise sieben Sitze im Europäischen Parlament einbringen). Es sind auch mehr Stimmen, als in Zypern, Luxemburg und Malta zusammen abgegeben werden (und diesen drei Staaten nicht weniger als 17 Mandate eintragen). Theoretisch könnte das geschilderte Szenario in Deutschland sogar zwei oder mehr Parteien treffen, die alle knapp unter der Sperrklausel blieben, mit der Folge, dass die Zahl der unter den Tisch fallenden Wählerstimmen und Kandidaten noch größer wäre. Die Ungerechtigkeit, die ohnehin darin liegt, dass die Stimme eines Deutschen bei Europawahlen weniger Gewicht besitzt als die von Bürgern anderer Staaten, wird durch die deutsche Sperrklausel also noch potenziert. Die Ungerechtigkeit wird auch am Beispiel einer Regionalpartei wie der bayerischen CSU deutlich. Sie muss, um die auf das ganze Bundesgebiet bezogene Sperrklausel zu überspringen, in Bayern weit über 40 Prozent der Wählerstimmen erlangen. Dabei ist dieses Bundesland allein größer als viele der 27 Mitgliedstaaten.

Sperrklauseln stellen einen empfindlichen Eingriff in die Gleichheit des Wahlrechts dar, der allenfalls zu rechtfertigen wäre, wenn dafür ein zwingender Grund spräche. Ein solcher ist aber nicht ersichtlich. Italien und Spanien kommen bei der Europawahl denn auch ohne Sperrklausel aus. Im derzeitigen Europäischen Parlament sind ohnehin 153 Parteien, zum Teil auch recht kleine, vertreten. Damit ist klar, dass der Ausschluss von Parteien und Kandidaten durch Sperrklauseln nicht mehr als zwingend geboten hingestellt und gerechtfertigt werden kann. Im Übrigen kommt es auch ohne Sperrklausel in aller Regel gar nicht zu zusätzlichen Zersplitterungen, weil im Europäischen Parlament nationenübergreifende Fraktionen fast aller politischen Schattierungen vorhanden sind, denen die Abgeordneten kleiner Parteien sich anschließen können. So hätten sich zum Beispiel die drei Abgeordneten, die die FDP, die 1999 mit 3,1 Prozent an der Sperrklausel scheiterte, nach Brüssel gebracht hätte, wenn es denn keine Sperrklausel gäbe, der liberalen Fraktion (ELDR) angeschlossen, der drittstärksten Fraktion im Europäischen Parlament. Auf eine Partei mehr oder weniger kommt es auch deshalb gar nicht an, weil das Europäische Parlament – anders als im sonstigen parlamentarischen System – keine Regierung wählt und deshalb die Gefahr, dass die Vielzahl der Parteien die Regierungsbildung erschwert oder lähmt, die als wesentlicher Grund für die Sperrklausel gilt, hier von vornherein nicht auftreten kann. Die beiden größten Fraktionen, die EVP und die SPE, arbeiten wegen der häufig notwendigen absoluten Mehrheiten und dem häufigen Fehlen vieler Abgeordneten ohnehin regelmäßig zusammen. Aus allen diesen Gründen sind Sperrklauseln auf Europaebene nicht erforderlich. Schon gar nicht besteht dafür ein zwingender Grund. Und dies gilt erst recht in Deutschland, wo die Sperrklausel die ohnehin bestehende Ungleichheit des Stimmgewichts auf die Spitze treibt.

Das Bundesverfassungsgericht hat zwar 1979 die Fünfprozentklausel des deutschen Europawahlgesetzes für verfassungsgemäß erklärt.[1] Dieses Urteil ist aber mit Recht auf große Kritik gestoßen. Auch die Ermächtigung zum Erlass von Sperrklauseln bis zur Höhe von fünf Prozent, die sich seit 2002 im Direktwahlakt findet, ändert an der Rechtswidrigkeit nichts, soweit man dem Gleichheitssatz höheres Gewicht beimisst. In jedem Fall erscheint es rechts*politisch* geboten, Sperrklauseln im Europawahlrecht abzuschaffen.

IV. Das europäische Demokratiedefizit: Beschwichtigen hilft nichts

Der deutsche Bürger ist in den europäischen Organen hoffnungslos unterrepräsentiert, nicht nur im Rat der Europäischen Union und im Europäischen Parlament, wo die Bürger kleiner Staaten ein Vielfaches des Stimmgewichts von großen Staaten haben, sondern auch in der Kommission, im Europäischen Gerichtshof, im Rechnungshof und in der Europäischen Zentralbank. Jeder der 27 Mitgliedstaaten, selbst Malta mit 400.000 Einwohnern und einem verschwindend geringen Finanzierungsbeitrag, entsendet einen Vertreter in die Kommission, in den Gerichtshof und den Rechnungshof. Das führt zu einer gewaltigen Unterrepräsentation besonders Deutschlands als des größten Mitgliedstaats.

Das schon geradezu sprichwörtliche Demokratiedefizit der EU droht unsere Vorstellungen von der Verantwortlichkeit der Politik gegenüber dem Volk über Bord zu werfen. Die Gemeinschaft war

---

[1] BVerfGE 51, 222 (233 ff.).

von Anfang an eine Veranstaltung der Regierungen. Diese entscheiden auf Regierungskonferenzen über die Verträge, d. h. die Grundlagen der EU, und sie haben – auf der Basis der Verträge – im Rat, der nach wie vor das zentrale Organ der Union darstellt, die Macht in der Hand. Beim Rat liegt das Schwergewicht der Gesetzgebung. Mit dem Grundsatz der Gewaltenteilung ist es natürlich nicht vereinbar, wenn die Gesetzgebung Sache der Exekutive ist. Es gibt auch kein Verfahren, mit dem der Ministerrat für seine Entscheidungen verantwortlich gemacht werden könnte. Bei den nationalen Wahlen, denen sich seine einzelnen Mitglieder in ihren Ländern stellen müssen, stehen nationale Themen ganz im Vordergrund. Zudem ist für die Bürger völlig undurchsichtig, wer worüber wie entscheidet. Der Rat zerfällt in zahlreiche Spezialräte, und eine Vielzahl der ihnen zugewiesenen Entscheidungen trifft faktisch auch noch der »Ausschuss der Ständigen Vertreter der Mitgliedstaaten«. Sie alle tagen grundsätzlich nicht öffentlich.

Das Europäische Parlament, das an der Gesetzgebung mitwirkt, kann die Defizite nicht heilen, obwohl es immer wieder als demokratisches Feigenblatt herhalten muss. Denn das Parlament, das die Bezeichnung »Parlament« eigenmächtig usurpiert hat, ist selbst geradezu ein Sammelbecken demokratischer Mängel. Drei klassische Funktionen von Parlamenten stehen dem europäischen Konstrukt gar nicht zu: Weder kann es eine Regierung wählen, noch entscheidet es abschließend über den Haushalt, noch kann es schließlich Gesetze initiieren. Das Recht, Gesetze einzubringen, liegt vielmehr ganz allein bei der Europäischen Kommission, und diese ist praktisch von Verantwortlichkeit gegenüber dem Parlament und erst recht den Bürgern frei.

Wegen der Unübersichtlichkeit der europäischen Szene wissen die Wähler in aller Regel gar nicht, wie die Parteien im Parlament votiert haben. Ohnehin gehen die beiden großen Fraktionen, die Europäische Volkspartei, zu der auch die CDU/CSU gehört, und die Sozialistische Partei Europas, zu der auch die deutsche SPD gehört, regelmäßig zusammen, so dass der Wähler, will er nicht eine der kleineren Parteien wählen, mit seiner Stimme niemanden für schlechte Politik bestrafen oder für gute Politik belohnen kann, wie dies eigentlich der Sinn der Wahl sein sollte.

Wenn aber mit dem Stimmzettel praktisch kein gezielter Einfluss auf die Mehrheiten im Europäischen Parlament genommen wird, wäre es eigentlich umso wichtiger, dass die Wähler wenigstens bestimmen können, welche *Personen* sie im Parlament repräsentieren. Doch auch das ist jedenfalls den Deutschen versagt (siehe S. 315).

Die Europäische Kommission, die die Gesetzesinitiative und andere wichtige Befugnisse besitzt, erhebt in ihrer Unabhängigkeit und Weisungsfreiheit nicht einmal den Anspruch, demokratisch zu sein. Die Unübersichtlichkeit ist hier fast noch größer. Wer weiß schon, was welcher Kommissar zu den Beschlüssen der Kommission beiträgt? Im Übrigen fasst die Kommission nur zwei Prozent ihrer Beschlüsse wirklich in mündlicher Verhandlung. 98 Prozent werden im Umlaufverfahren entschieden oder auf bestimmte Kommissionsmitglieder oder sogar auf Beamte delegiert.

Hinzu kommt: In Europa fehlen alle vorparlamentarischen Institutionen, die eine funktionierende Demokratie ausmachen. Es gibt keine europäischen politischen Parteien, die diesen Namen verdienen, und keine europäische öffentliche Meinung. Beides wäre aber erforderlich, um zu einer echten europäischen Integration, zu einem belastbaren Wir-Gefühl der Europäer, zu kommen.

Auch die Illusion, Europa sei wenigstens bei den *nationalen* Parlamenten in guten Händen, ist uns vergangen, spätestens seitdem das Fernsehmagazin »Panorama« am Tage der Abstimmung über die europäische Verfassung im Bundestag einige Abgeordnete über deren Inhalt befragte. Alle stotterten verlegen vor der Kamera herum. Keiner wusste Bescheid – eine riesige öffentliche Blamage, die aber kennzeichnend ist für die Haltung des deutschen Parlaments. Hier herrscht bei europäischen Vorlagen eine richtiggehende »Durchwink-Mentalität«.

Insgesamt hatte das Bild der europäischen Demokratie viele Flecken. Würde ein Beitrittskandidat derartige Defizite aufweisen, hätte er nicht die geringste Chance, in die EU aufgenommen zu werden. Alle diese Mängel begründen eine Situation organisierter Unverantwortlichkeit und erleichtern es Politik und Bürokratie, sich von Kontrolle weitgehend frei zu zeichnen. Was daraus folgt, tritt in den Finanzen besonders anschaulich zu Tage – getreu dem englischen Sprichwort »You must follow the money trail and you will find the truth.« Das gilt nicht nur im Bereich der Strafverfolgung, sondern auch in der Politik. Der EU-Haushalt ist vor allem ein Subventionshaushalt. Vier Fünftel der Ausgaben der EU entfallen auf die Struktur- und Regionalpolitik, vor allem auf die Landwirtschaft, wobei besonders die ohnehin schon begüterten Inhaber von Großbetrieben profitieren. Die Agrar- und Strukturpolitik der EU stellt einen monumentalen Sündenfall dar. Sie widerspricht sämtlichen Grundsätzen, die sich die Gemeinschaft selbst auf die Fahne geschrieben hat: der wettbewerblichen Marktwirtschaft, dem Subventionsverbot, der Verteilungsgerechtigkeit, der primären Förderung von Produktivität und Wachstum sowie dem Grundsatz der Subsidiarität.

Auch in der Politikfinanzierung zeigen sich die Kontrollmängel drastisch. Beispiele bieten das Spesensystem und die üppige Versorgung, die sich EU-Abgeordnete in eigener Sache – an Rat und Kommission vorbei – verschafft haben. Nach der Europawahl 2009, wenn das neue Abgeordnetenstatut in Kraft tritt, werden Abgeordnete – neben ihren hohen Spesen für ihren Aufenthalt in Brüssel (Erstattung von Mitarbeiterkosten von bis zu 17.540 Euro monatlich, einer Aufwandspauschale von 4202 Euro monatlich und einem Tagegeld von 298 Euro) – einheitlich rund 7500 Euro Monatsgehalt bekommen. Dann werden EU-Abgeordnete etwa aus Polen oder Tschechien sehr viel mehr haben als ihre Staatspräsidenten (siehe Tabelle auf S. 343 f.). Europa verdirbt die Sitten in den Mitgliedstaaten. Das zeigt auch die öffentliche Parteienfinanzierung von sogenannten europäischen politischen Parteien, die das Europäische Parlament im Jahr 2003 durchgesetzt hat. Sie spottet sämtlichen Grundsätzen, die der Europarat für die Staatsfinanzierung von Parteien aufgestellt und die das Bundesverfassungsgericht in Deutschland durchgesetzt hat, um Missbrauch zu verhindern. Schließlich fallen auch die übrigen Gehälter von EU-Kommissaren, Beamten und Richtern aus dem Rahmen. Ein Mitglied des Europäischen Gerichtshofs verdient fast dreimal so viel wie ein deutscher Bundesrichter.

V. Überbezahlung von EU-Abgeordneten: Gleichbehandlung von Ungleichem

Die derzeitige Regelung

Europaparlamentarier werden seit eh und je aus zwei Quellen bezahlt: In ihrer Heimat bekommen sie zumeist dasselbe Gehalt (und dieselbe Altersversorgung) wie die Mitglieder ihrer nationalen Parlamente. Das ist in 27 nationalen Diätengesetzen geregelt und wird aus den nationalen Haushalten bezahlt. Zusätzlich zu diesem Heimatgehalt haben sich die EU-Abgeordneten großzügige und für alle einheitliche Zusatzleistungen und Versorgungen aus dem europäischen Haushalt bewilligt. Alle Abgeordneten erhalten ein steuerfreies Tagegeld von derzeit (2009) 298 Euro pro Tag, eine üppige Versorgung bei Krankheit des Abgeordneten und seiner Familie und monatlich bis zu 17.540 Euro für Mitarbeiter, von ihren eingerichteten Büros ganz abgesehen. Hinzu kommt eine steuerfreie Kostenpauschale von monatlich 4202 Euro. Alles zusammen kann einen Gesamtbetrag von über 20.000 Euro im Monat ergeben, wobei die Kostenerstattung für Flug- und Pkw-Reisen nach Straßburg und Brüssel noch nicht einbezogen ist. Im Folgenden geht es um die Frage, ob die vorgesehene Vereinheitlichung der Heimatgehälter der Abgeordneten überhaupt sinnvoll ist.

Das EU-Abgeordnetenstatut

Das EU-Abgeordnetenstatut, das für das 2009 zu wählende Parlament gelten soll, sieht die Einführung eines hohen einheitlichen Heimatgehalts (»Entschädigung«) für alle Europaabgeordneten vor, unabhängig davon, woher sie kommen. Das führt zu horrenden, für die Bürger Europas nicht mehr akzeptablen Konsequenzen. Das Statut sieht vor, dass Abgeordnete in Zukunft ein Gehalt von zunächst einmal rund 7500 Euro monatlich erhalten und die Aufwendungen für die Altersvorsorge sparen, weil sie – ohne eigene Beiträge – eine üppige EU-finanzierte Versorgung erwerben. Der Betrag von 7500 Euro steht allerdings nicht im Statut, sondern ergibt sich aus einem komplizierten Schlüssel. Das Gehalt von EU-Abgeordneten soll nach Art. 10 des Statuts 38,5 Prozent des Grundgehalts eines Richters am Europäischen Gerichtshof betragen, der seinerseits 112,5 Prozent des Grundgehalts der höchsten Stufe eines Beamten der höchsten Kategorie erhält. Nach dem Stand von 2009 ergibt diese ziemlich verschachtelte Koppelung einen Betrag von rund 7500 Euro,[1] ein Betrag, der in Zukunft – entsprechend der Steigerung der Beamtengehälter – wachsen wird. Was in der Bundesre-

---

[1] Gemäß der Verordnung Nr. 420/2008 des Rates vom 14.5.2008 sind dies mit Wirkung ab 1.1.2007 7345,39 Euro. Geht man von einer weiteren Steigerung von etwa 2,1 Prozent im Mai 2009 (mit Wirkung ab 1.1.2008) aus, so ergeben sich etwa 7500 Euro.

publik 1995 mit großem Eklat scheiterte, nämlich der Versuch der Bundestagsabgeordneten, ihr Gehalt massiv zu erhöhen und an das Gehalt von Bundesrichtern anzukoppeln,[1] soll nun ausgerechnet für Europaabgeordnete praktiziert werden. Durch die Koppelung an die Bezüge von Richtern des Europäischen Gerichtshofs wird eine automatische, von der Öffentlichkeit unbemerkte Anhebung von Jahr zu Jahr bewirkt.[2]

Diese Koppelung ist auch aus einem anderen Grund unangemessen: Während Richter grundsätzlich keine Nebentätigkeit ausüben dürfen, bestehen für Abgeordnete keine Einschränkungen. Es steht ihnen frei, ihren Beruf weiterzuführen und daraus ein zusätzliches Einkommen zu beziehen, und viele tun dies auch. Abgeordnete dürfen sich sogar als Lobbyisten bezahlen lassen. Die offizielle Begründung für die EU-Regelung, dass nämlich der Abgeordnete »auf eine private berufliche Laufbahn« verzichte, trifft in den vielen Fällen, in denen Abgeordnete ihren Beruf fortführen, also gar nicht zu. Im Falle von Lobbyisten wird ihre »private berufliche Laufbahn« sogar umgekehrt durch das Abgeordnetenmandat oft erst ermöglicht.

Die neue Regelung bedeutet für die meisten EU-Abgeordneten eine Erhöhung ihrer Gehälter. So verdoppeln spanische und portugiesische Abgeordnete, die bisher ein relativ niedriges Heimatgehalt bekamen, weil die Mitglieder der Parlamente in Madrid und Lissabon auch nicht mehr erhalten, ihr Einkommen. Besonders krass ist die Einkommenssteigerung für Abgeordnete aus Ländern mit niedrigem Lebensstandard und bescheidenem Einkommensniveau im Osten der EU. Angesichts der Wirtschaftskrise, die die östlichen Mitgliedstaaten besonders beutelt, wird die dortige Bevölkerung erst recht kein Verständnis für die Diätenerhöhung haben. Europaabgeordnete etwa aus Rumänien oder Lettland werden rund viermal so viel verdienen wie ihre Kollegen in den heimischen Parlamenten, Europaabgeordnete aus Tschechien oder Polen erhalten zweieinhalbmal so viel wie ihre nationalen Volksvertreter und EU-Abgeordnete aus Bulgarien sogar das Siebenfache. Brüsseler Abgeordnete aus Rumä-

---

[1] *Hans Herbert von Arnim*, »Der Staat sind wir!« Politische Klasse ohne Kontrolle? Das neue Diätengesetz, 1995, sowie *ders.*, Das neue Abgeordnetengesetz – Inhalt, Verfahren, Kritik und Irreführung der Öffentlichkeit, Speyerer Forschungsbericht Nr. 169, Speyer 1997.

[2] Nach deutschem Recht wäre das verfassungswidrig: BVerfGE 40, 296 (316 f.).

nien beziehen dann 15-mal so viel wie dortige Durchschnittsverdiener und Brüsseler Abgeordnete aus Bulgarien 30-mal so viel (siehe Tabelle auf S. 342 f.). In Spanien und Portugal werden EU-Parlamentarier mehr verdienen als ihre nationalen Minister. In den neuen Mitgliedsländern können die Bezüge von Europaabgeordneten sogar die von Ministerpräsidenten und Staatspräsidenten in den Schatten stellen, so zum Beispiel in Bulgarien, Lettland, Polen, Rumänien oder Ungarn. Europaabgeordnete werden so zum Krösus im eigenen Land (siehe Tabelle auf S. 343 f.). Das gilt auch für den Ruhestand: Ein EU-Abgeordneter erwirbt schon nach einer fünfjährigen Legislaturperiode einen Versorgungsanspruch von rund 1300 Euro monatlich (fällig ab Vollendung des 63. Lebensjahres), doppelt so viel, wie ein Durchschnittsverdiener (nach bisherigem Stand) in vielen Beitrittsländern als *Aktiven*gehalt bekommt. Das sind dann wirklich Verhältnisse wie im Schlaraffenland. Die Bürger dieser Länder dürften dafür allerdings nicht das geringste Verständnis haben – und diejenigen, die das Ganze vornehmlich bezahlen müssten, die Steuerzahler Europas, erst recht nicht.

Das Europäische Parlament sieht die Unangemessenheit derartiger Erhöhungen durchaus. Sein Versuch, dem zu begegnen, ist aber untauglich. Das Statut eröffnet jedem Mitgliedstaat die Option, seine EU-Abgeordneten für eine Übergangszeit von zwei Wahlperioden niedriger zu bezahlen (Art. 29 Abs. 1 des Statuts). Doch diese Möglichkeit hat einen gewaltigen Pferdefuß und ist nicht wirklich ernst gemeint. Wer von der Option Gebrauch macht, wird nämlich fiskalisch bestraft. Der betreffende Staat muss seine EU-Vertreter dann selbst finanzieren (Art. 29 Abs. 3), während die Diäten aller anderen EU-Abgeordneten aus dem Europabudget bezahlt werden. Die Beitrittsländer wären deshalb schlecht beraten, wenn sie darauf eingingen. Die Option steht somit nur auf dem Papier, worüber man sich in Brüssel auch völlig im Klaren ist.

Das Europäische Parlament versucht die Vereinheitlichung der Gehälter mit dem Prinzip »Gleicher Lohn für gleiche Arbeit« und dem Verbot von Diskriminierung aus Gründen der Staatsangehörigkeit (Art. 12 EGV) zu begründen. Dabei wird aber übersehen, dass die Entschädigung für den Unterhalt der Abgeordneten und ihrer Familien *zu Hause* bestimmt ist, weil das Leben und Arbeiten in Straßburg und Brüssel ja großzügig alimentiert wird, und zwar für alle Parlamentarier in gleicher Höhe (siehe S. 351 ff.). Zugleich wird übersehen, dass der Gleichheitssatz nicht nur gebietet, Gleiches gleich zu behandeln, sondern auch verlangt, Ungleiches ungleich zu behandeln. Mit den Worten des Bundesverfassungsgerichts: »Das Gebot des Gleichheitssatzes ... bedeutet, Gleiches gleich, Ungleiches seiner Eigenart entsprechend verschieden zu behandeln.«[1]

In Ländern mit niedrigem Preis- und Einkommensniveau hat die Einheitsentschädigung aber offensichtlich einen sehr viel höheren realen Wert. Dort sind die Verhältnisse völlig andere als etwa in der Bundesrepublik Deutschland. Beide dennoch gleich zu behandeln ist deshalb kein Gebot des Gleichheitssatzes, sondern widerspricht ihm in eklatanter Weise. So verschafft das Statut etwa Europaabgeordneten aus Großbritannien das 3,7-Fache des Durchschnittseinkommens ihrer Wähler, Europaabgeordneten aus Ungarn und Rumänien aber das 8- oder 15-Fache. Das ist einfach unanständig und für die Repräsentierten inakzeptabel.

Dies gilt auch für die Ruhegehälter, die nach dem Ende des Straßburger Mandats anfallen und deshalb in der Regel allein im Heimatland konsumiert werden; hier besteht erst recht kein Grund für eine Vereinheitlichung (siehe S. 344 ff.). Die bisherige Regelungsstruktur, die EU-Abgeordneten dieselben Heimatgehälter wie ihren nationalen Kollegen gibt, ist deshalb völlig in Ordnung und sollte eigentlich beibehalten werden.

Dass die Vereinheitlichung der Gehälter von EU-Abgeordneten in Wahrheit ein Fremdkörper im System der europäischen Verträge ist, zeigt sich auch darin, dass das Europäische Parlament nicht etwa ein einheitliches europäisches Volk vertritt. Es besteht vielmehr »aus Vertretern der Völker der in der Gemeinschaft zusammengeschlossenen Staaten«, wie es ausdrücklich in Art. 189 EG heißt. Deutsche EU-Abgeordnete vertreten also das deutsche Volk, französische Abgeordnete das französische, und polnische EU-Abgeordnete vertreten das polnische Volk. Das bedeutet aber, dass die Abgeordneten sich, auch was ihre Bezahlung anlangt, nach dem Referenzrahmen ihres jeweiligen Herkunftslandes richten sollten und nicht nach einheitlichen gesamteuropäischen Maßstäben, die es ebenso wenig gibt wie ein einheitliches europäisches Volk.

Es besteht auch kein einheitliches europäisches Wahlrecht. Europaabgeordnete werden nach 27 unterschiedlichen nationalen Wahl-

---

[1] So schon BVerfGE 3, 58 (135). Seitdem ständige Rechtsprechung.

gesetzen gewählt. Die Wahl erfolgt in jedem der 27 Mitgliedstaaten gesondert – nach *nationalen* Listen. Die Abgeordneten aus den verschiedenen Ländern repräsentieren ganz unterschiedlich viele Männer und Frauen, und das soll auch in Zukunft so bleiben. Es besteht also beim wichtigsten demokratischen Akt gar keine Gleichheit der Wahl, sondern nur Gleichheit innerhalb des jeweiligen Wahlvolkes. Angesichts der krassen Ungleichheit bei der Europawahl besteht auch nicht die geringste Veranlassung, ausgerechnet die Heimatgehälter der Abgeordneten nominell zu vereinheitlichen, obwohl sie von Land zu Land ganz unterschiedliches reales Gewicht besitzen. Konsequenterweise kann sich das Gleichheitsgebot richtigerweise nur auf die Bezüge der Abgeordneten des jeweiligen Volkes beziehen. Die angestrebte allgemeine Angleichung der Gehälter aller EU-Abgeordneten, unabhängig davon, in welchem Land sie gewählt sind, steht damit in Widerspruch.

Ganz anders ist es bei EU-Beamten. Sie wohnen mit ihren Familien in der Regel das ganze Jahr in Brüssel, so dass sich ihre Bezahlung den dort bestehenden und für alle gleichen Standards an Einkommen und Lebenshaltung anpassen muss. Sie bekommen keine Tagegelder und dürfen nicht unbeschränkt viele EU-bezahlte Heimreisen in Anspruch nehmen. Deshalb ist es gerecht, ihnen allen ohne Rücksicht auf ihr Herkunftsland dasselbe (hohe) Gehalt zu zahlen. Dagegen haben Abgeordnete ihren Lebensmittelpunkt nach wie vor überwiegend in ihrem jeweiligen Heimatland, wo ihre Familien zu Hause sind, wo sie sich um ihre Wähler kümmern und wo sie einen großen Teil des Jahres leben und arbeiten. Leben die EU-Beamten dagegen woanders als in Brüssel, so werden ihre Einkommen – entsprechend den dortigen Lebenshaltungskosten – erhöht oder gesenkt. Auch diese Indexierung zeigt, wie falsch es ist, allen Abgeordneten gleich hohe Gehälter zu zahlen – ohne Rücksicht auf die völlig unterschiedlichen Standards in ihren Ländern. Zudem werden Abgeordnete – anders als Beamte – von den Bürgern ihres Heimatlandes gewählt, als deren Repräsentanten und Exponenten sie fungieren. Ein Abheben der Europaabgeordneten bei ihrer Bezahlung muss – gerade in den ärmeren Ländern – die EU noch viel weiter von den Bürgern entfernen, als dies heute schon der Fall ist – und das ausgerechnet bei der Volksvertretung, die eigentlich den direktesten Kontakt zu den Bürgern haben sollte.

Die Vereinheitlichung der Heimatgehälter von Europaabgeordneten ist somit ein von Grund auf falscher Ansatz, solange sich die Einkommensverhältnisse und Lebensstandards in der Europäischen Union nicht angeglichen haben und solange kein gleiches Wahlrecht besteht. Dies wird voraussichtlich noch lange so bleiben, selbst wenn das Sozialprodukt der ärmeren Staaten rascher wachsen sollte als das der reicheren.

In Wahrheit läuft die sogenannte Vereinheitlichung letztlich auf eine gewaltige Erhöhungsorgie hinaus. Die meisten Abgeordneten steigern ihre Bezüge gewaltig. Das zeigt die folgende Tabelle, die auf einer Umfrage bei den Botschaften beruht.[1]

Bisheriges und künftiges Gehalt von EU-Abgeordneten monatlich

Land	Alt	Neu	Steigerung (+)/Senkung (–)	
			in Euro	in Prozent
Belgien	6308[2]	7500	+ 1192	+ 18,9 %
Bulgarien	1036	7500	+ 6437	+ 605,6 %
Dänemark	6985[3]	7500	+ 515	+ 7,3 %
Deutschland	7668[4]	7500	− 168	− 2,2 %
Finnland	5860[5]	7500	+ 1640	+ 28,0 %
Großbritannien	5708	7500	+ 1792	+ 31,4 %
Irland	8349[6]	7500	− 849	− 10,7 %
Italien	12.007[7]	7500		
Lettland	1753	7500	+ 5747	+ 328,0 %
Litauen	3236	7500	+ 4264	+ 131,8 %
Luxemburg	5700[8]	7500	+ 1800	+ 31,6 %

---

[1] Die Anfragen in Estland, Frankreich, Griechenland, Malta, Österreich und der Slowakei blieben ohne Erfolg.

[2] Darin enthalten sind Weihnachtsgeld (rund 5300 Euro) und Urlaubsgeld (2000) Euro.

[3] Darin enthalten ist eine Zulage von jährlich 7193 Euro.

[4] Ab 1.1.2009. Die Werte der anderen Staaten sind dagegen solche von 2008.

[5] Nach 12 Jahren 5950.

[6] Nach 7 Jahren Parlamentszugehörigkeit 8616 Euro und nach 10 Jahren 8882 Euro.

[7] Italienische Abgeordnete erhalten bisher keine staatlich finanzierte Altersversorgung. Daher gibt ein Vergleich mit der Entschädigung nach dem neuen Statut, zu der die Altersversorgung ohne Eigenbeitrag hinzukommt, keinen Sinn.

[8] Hinzu kommt eine monatliche Familienzulage von ca. 460 Euro.

Land	Alt	Neu	Steigerung (+)/Senkung (−)	
			in Euro	in Prozent
Niederlande	6792	7500	+ 708	+ 10,4 %
Polen	3064[1]	7500	+ 4436	+ 144,8 %
Portugal	3708	7500	+ 3792	+ 102,3 %
Rumänien	1894	7500	+ 5606	+ 295,9 %
Slowenien	4616	7500	+ 2884	+ 62,5 %
Spanien	3127	7500	+ 4373	+ 139,8 %
Schweden	5104	7500	+ 2396	+ 46,9 %
Tschechien	2941	7500	+ 4559	+ 155,0 %
Ungarn	4983[2]	7500	+ 2517	+ 50,5 %
Zypern	5325	7500	+ 2175	+ 40,8 %

Da die bisherigen und wiedergewählten Abgeordneten für die Fortgeltung der bisherigen nationalen Bezahlung optieren können, und zwar für die gesamte Dauer ihres Mandats (Art. 25 des Statuts), erleidet niemand einen Nachteil. Das bedeutet: Die große Mehrheit der Abgeordneten profitiert von dem neuen Statut, und die wenigen, die dadurch schlechter gestellt würden, können dies dadurch vermeiden, dass sie für die bisherige Regelung optieren.

Gehalt von Staatspräsidenten, Ministerpräsidenten, Ministern und durchschnittlichen Arbeitnehmern in den EU-Mitgliedstaaten, monatlich in Euro

Länder	Staats-präsident	Minister-präsident	Minister	Durchschnitt-liche Einkommensbezieher
Belgien		16.000	15.600	2739
Bulgarien	2132	1414	1232	268
Tschechien	7581	6107	4667	803
Dänemark		16.319	13.055	2918
Deutschland	16.583	15.800	12.860	2950
Finnland	14.250	9720	8100	2634

---

[1] Nicht, wenn sie weiterhin ihren Beruf ausüben.
[2] Bei Bestehen einer Sprachprüfung zusätzlich rund 1000 Euro monatlich.

Länder	Staats-präsident	Minister-präsident	Minister	Durchschnitt-liche Einkom-mensbezieher
Großbritannien		11.856	7114	3708
Irland	27.126	15.444	10.417	
Lettland	4285	3088	2777	660
Litauen	8062	4300	4104	672
Luxemburg		20.700	14.900	4261
Niederlande		11.667	11.667	2425
Polen	6934	5710	4994	
Portugal	7415	5561	4820	
Rumänien	2587	2388	2070	500
Slowenien	6423	6361	5464	1400
Spanien		7665	6793	1652
Schweden		12.314	9870	
Ungarn	6280	6280	5400	870
Zypern		11.500	8250	1963

Luxusaltersversorgung

Die einheitliche Entschädigung schlägt auch auf das Ruhegehalt wegen Alters oder Invalidität, auf die Hinterbliebenenversorgung und auf das Übergangsgeld durch. Was für die Entschädigung gesagt wurde, gilt in noch stärkerem Maße für die Versorgung. Hier macht die Vereinheitlichung der Beträge auf hohem Niveau, unabhängig vom Herkunftsland, erst recht keinen Sinn. Ruhegehalt, Versorgung und Übergangsgeld werden sämtlich von Personen bezogen, die nicht mehr im Parlament in Straßburg oder Brüssel aktiv sind, sondern als ehemalige Parlamentarier und deren Familien oder Hinterbliebene ausschließlich in ihrem Heimatland leben und allein dort ihren Lebensmittelpunkt haben. Der zutreffende Referenzrahmen für ihr Einkommen ist also noch viel eindeutiger das jeweilige *nationale* Einkommensniveau der dortigen Bürger und der dortigen Abgeordneten, das aber eben von Land zu Land riesige Unterschiede aufweisen kann. Deshalb ist eine Gleichstellung ehemaliger EU-Abgeordneter mit ihren früheren Kollegen aus anderen Herkunftsländern (oder deren Hinterbliebenen) erst recht sinnwidrig. Die einheitliche Versorgung auf sehr hohem Niveau wird vielmehr dazu führen, dass ehemalige Europaabgeordnete und selbst ihre Hinterbliebenen in vielen Ländern sehr viel mehr Geld als aktive nationale Abgeordnete erhalten – und in manchen Ländern sogar mehr als Minister und Regierungschefs. Ruhegehalt, Versorgung und Übergangsgeld werden in vielen Ländern also erst recht schlaraffenländischen Charakter erhalten.

Das Altersruhegeld beträgt – ohne Erfordernis einer Mindestmandatszeit – 3,5 Prozent der Entschädigung je Mandatsjahr und wird ab dem 63. Lebensjahr gezahlt (Art. 14 des Statuts). Der Rat und die »Gruppe hochrangiger Persönlichkeiten« waren dabei für einen Zahlungsbeginn erst ab dem 65. Lebensjahr eingetreten; die »Gruppe« war zudem von einer erforderlichen Mindestdauer von fünf Abgeordnetenjahren ausgegangen. Nach 20 Abgeordnetenjahren werden Europaabgeordnete also den Höchstanspruch von 70 Prozent der Entschädigung erwerben. Das sind nach derzeitigem Stand 5250 Euro monatlich, also mehr, als *aktive* nationale Abgeordnete in Portugal und Spanien und sämtliche nationalen Abgeordneten der zwölf Beitrittsländer zurzeit erhalten. Da keine Mindestdauer festgelegt ist, bekommen Abgeordnete beispielsweise nach fünf Mandatsjahren eine Ruhegehaltsanwartschaft von 17,5 Prozent der Entschädigung, also monatlich 1575 Euro und damit mehr, als das Durchschnittseinkommen in allen Beitrittsländern derzeit beträgt. Hinzu kommt im Falle der Invalidität des Abgeordneten ein sofort fälliges Ruhegehalt von mindestens 35 Prozent der Entschädigung (= 2625 Euro) (Art. 15) und bei Versterben des Abgeordneten eine großzügige Hinterbliebenenversorgung (Art. 17). Diese bleibt auch bei Wiederverheiratung des überlebenden Ehegatten erhalten (Art. 17 Abs. 3 Satz 2), und in ihren Genuss kommen auch Partner anerkannter Lebensgemeinschaften (Art. 17 Abs. 9). Die Anrechnung anderer Einkünfte der Hinterbliebenen, von der die »Gruppe hochrangiger Persönlichkeiten« noch ausgegangen war, ist im Statut nicht vorgesehen. Die Finanzierung erfolgt vollständig aus öffentlichen Mitteln ohne eigene Beiträge der Abgeordneten. Ob solch hohe, aus Steuergeldern finanzierte Versorgungen in die allgemeine politische Landschaft passen, scheint die Mehrheit des Parlaments wenig zu interessieren. In vielen Ländern der Europäischen Union ist – auch aufgrund des demografischen Wandels und allgemeiner Wachstumsschwäche – die Finanzierung der Renten und Pensionen der Bevölkerung in Gefahr, so dass zu ihrer Sicherung massive Einschnitte vorgenommen werden müssen. Und just zu dieser Zeit setzen europäische Parlamentarier für sich selbst üppige Versorgungen in Kraft.

Das Übergangsgeld wird nach Ende des Mandats in voller Höhe der Entschädigung von derzeit 7500 Euro – je nach Mandatsdauer – sechs bis 24 Monate lang bezahlt (Art. 13). (Ursprünglich war eine Höchstdauer von einem Jahr vorgesehen.) Das Übergangsgeld entfällt bei Übernahme eines anderen Parlamentsmandats oder eines öffentlichen Amts (Art. 13 Abs. 3); auch die EU-Pension soll angerechnet werden (Art. 16), nicht aber andere Einkünfte. Das Übergangsgeld, das »die Zeit zwischen dem Ende des Mandats und einem beruflichen Neuanfang überbrücken« soll (so die Begründung), wird also selbst dann bezahlt, wenn der ehemalige Abgeordnete ausreichend hohe private Einkommen bezieht, also gar keine finanziellen Übergangsprobleme hat. Auch die Pension aus einem früheren Amt oder einem anderen Mandat wird regelmäßig nicht verrechnet, obwohl es für ein Übergangsgeld in den Ruhestand keinen Grund gibt.

Das Abgeordnetenstatut erhöht für viele europäischen Volksvertreter nicht nur die Bruttoeinkommen, sondern erst recht ihre Nettoeinkommen. Dies liegt am Wegfall des Eigenbeitrags zur Altersversorgung, den bisher die Abgeordneten der meisten EU-Länder zu zahlen haben, und an den vorgesehenen steuerlichen Regelungen. Europäische Beamte haben ein eigenes Steuerstatut, und das soll nun auch auf die Abgeordneten angewendet werden, und zwar auf ihr Gehalt, Ruhegehalt, Übergangsgeld und ihre Versorgung (Art. 12 des Statuts). Bisher unterliegen Europaabgeordnete der nationalen Besteuerung. (Sämtliche Kostenerstattungen sind ohnehin steuerfrei und bleiben es auch in Zukunft.)

Eine steuerliche Privilegierung von Abgeordneten ist deshalb so heikel, weil sie nach demokratischen Grundsätzen eigentlich denselben Regeln unterworfen sein sollten wie die Bürger, die sie wählen, und das vor allem im Steuerrecht. Um den Mitgliedstaaten die Möglichkeit zu geben, eine zu niedrige Besteuerung ihrer EU-Abgeordneten zu verhindern, können sie eine nationale Zusatzsteuer auf die vereinheitlichte Entschädigung erheben (Art. 12 Abs. 3). Dadurch sollte den Regierungen im Ministerrat die Zustimmung zum Abgeordnetenstatut erleichtert werden. Denn über Fragen des Steuerrechts kann der Rat nur einstimmig entscheiden (Art. 190 Abs. 5 EG). Doch die Sache hat einen Pferdefuß: Es besteht keinerlei Gewähr, dass die Staaten, wenn das Statut in Kraft tritt, von dieser Möglichkeit auch wirklich Gebrauch machen. Zudem wurde in der Plenardebatte des Europäischen Parlaments vom 17. Dezember 2003 nachdrücklich bestritten, dass eine solche nationale Steuer mit europäischem Primärrecht vereinbar ist. Diese Bedenken werden vermutlich als Argument gegen die Einführung einer nationalen Ergänzungssteuer dienen, so dass ihre Einführung erst recht infrage steht.

Ein weiteres Privileg kann sich bei der Besteuerung des Zusatzverdienstes, den der Abgeordnete neben seiner Entschädigung bezieht, und bei der Besteuerung des Einkommens seines Ehegatten ergeben. Diese zusätzlichen Einkommen werden zwar der nationalen Besteuerung unterworfen, dabei aber so behandelt, als gäbe es das Abgeordnetengehalt nicht. Der Abgeordnete und sein Ehegatte können deshalb noch einmal die beiden Grundfreibeträge erhalten, obwohl der Abgeordnete auch bei der Besteuerung seiner Entschädigung schon in den Genuss niedriger steuerlicher Anfangssätze kommt. Zudem bewegen der Abgeordnete und sein Ehegatte sich in einer niedrigeren Progressionsstufe, als wenn das Einkommen aus dem Mandat und die weiteren Einkommen zusammengezählt würden (wie das bei einheitlicher Besteuerung nach nationalem Steuerrecht oft der Fall wäre). Daraus kann sich eine erhebliche Steuerersparnis ergeben, die bei Abgeordneten deshalb so sehr ins Gewicht fällt, weil Abgeordnete – anders als Beamte – rechtlich unbeschränkt dazuverdienen dürfen. Hinzu kommt, dass solche Zusatzverdienste für Abgeordnetenhaushalte im Heimatort in viel größerem Umfang auch faktisch möglich sind als für Beamtenhaushalte, die regelmäßig in Brüssel oder sonst im Ausland angesiedelt sind und für die das europäische Steuerstatut eigentlich gedacht ist. Das Statut behält den Mitgliedstaaten allerdings die Möglichkeit vor, »die Entschädigung bei der Festsetzung des Steuersatzes für andere Einkommen zu berücksichtigen« (Art. 12 Abs. 2). Deutschland hat von dem Vorbehalt Gebrauch gemacht.[1] Ob andere Länder dies ebenfalls tun, ist noch nicht abzusehen.

---

[1] Siehe Jahressteuergesetz 2009. Begründung: Bundestagsdrucksache 16/10494 vom 7.10.2008, S. 1 f.

Doppelbezüge durch fehlende Anrechnung

Zunächst einmal gilt, dass Zeiten »der Mandatsausübung im Europäischen Parlament oder in einem nationalen Parlament«, die nach den einzelstaatlichen Regelungen keinen Anspruch auf Ruhegehalt auslösen, »bei der Berechnung des Ruhegehalts auf der Grundlage dieses Statuts berücksichtigt« werden (Art. 28 Abs. 2).

Im Übrigen begründet das Statut zusätzliche Privilegien, indem eine Anrechnung anderer Bezüge nicht vorgesehen ist, auch dann, wenn sie aus öffentlichen Kassen fließen. Auf die Entschädigung von EU-Abgeordneten will das Statut nur eine Entschädigung aus einem anderen gleichzeitig wahrgenommenen Abgeordnetenmandat anrechnen (Art. 11), nicht aber zum Beispiel Versorgungsansprüche aus einem früheren Amt als Beamter oder Minister im Heimatland. Das deutsche Bundesrecht sieht jetzt allerdings eine solche Anrechnung vor. Der neue § 13 Abs. 3 Europaabgeordnetengesetz (EuAbgG) lautet:

»Treffen Entschädigung, Übergangsgeld, Ruhegehalt und Versorgung für Hinterbliebene nach dem Abgeordnetenstatut des Europäischen Parlaments mit auf Bundesrecht beruhenden andern Bezügen aus öffentlichen Kassen zusammen, so gelten die Anrechnungs- und Ruhensbestimmungen des Abgeordnetengesetzes (§ 29) sinngemäß. Dabei tritt an die Stelle des Ruhens oder der Kürzung der Bezüge nach dem Abgeordnetenstatut des Europäischen Parlaments ein Ruhen oder eine Kürzung der Bezüge aus anderen öffentlichen Kassen in jeweils entsprechender Höhe. Dies gilt nicht bei einem Zusammentreffen von Bezügen nach dem Abgeordnetenstatut des Europäischen Parlaments mit Bezügen nach diesem Gesetz.«

In der Begründung zu den Sätzen 1 und 2 heißt es:

»Das Abgeordnetenstatut des Europäischen Parlaments enthält bis auf wenige Ausnahmen (die Artikel 11, 13 Abs. 3, Artikel 14 Abs. 3 und 4, Artikel 15 Abs. 5) keine Bestimmungen, die ein Zusammentreffen mit Bezügen aus öffentlichen Kassen der Mitgliedstaaten regeln. Insoweit besteht nationaler Regelungsbedarf, um dem vom Bundesverfassungsgericht postulierten Verbot der Doppelalimentation Rechnung zu tragen.

Mit dieser Vorschrift werden Entschädigung, Übergangsgeld, Ruhegehalt und Hinterbliebenenversorgung, die auf der Grundlage des Abgeordnetenstatuts des Europäischen Parlaments gezahlt werden, wie

Leistungen nach dem Abgeordnetengesetz angerechnet, jedoch mit der Maßgabe, dass an die Stelle des Ruhens der europäischen Leistungen ein Ruhen der nationalen Leistungen tritt.

Im Hinblick auf die begrenzte Gesetzgebungskompetenz des Bundes kann diese Regelung nur für das Zusammentreffen mit anderen Bezügen aus öffentlichen Kassen gelten, die auf Bundesrecht beruhen.«[1]

Danach ruhen z.B. Versorgungen aus einem früheren Amt als Bundesminister oder Parlamentarischer Staatssekretär neben der Entschädigung aus dem Statut zu 80 Prozent, höchstens jedoch in Höhe der Entschädigung (§ 13 Abs. 3 S. 1 EuAbgG in Verbindung mit § 29 Abs. 2 AbgG).

Nach Art. 14 Abs. 3 des Statuts besteht der Anspruch auf Ruhegehalt zwar »unabhängig von jedem anderen Ruhegehalt«. Doch gleichzeitig werden die Mitgliedstaaten ermächtigt, »das Ruhegehalt bei der Ermittlung der Höhe von Ruhegehältern gemäß innerstaatlichem Recht in Anrechnung zu bringen« (Erläuterung 14 zum Statut), was § 13 Abs. 3 Satz 1 EuAbgG in Verbindung mit § 29 Abs. 5 AbgG[2] hinsichtlich der Ruhegehälter von *Bundesbeamten* und *Bundesministern* ja auch getan hat.

Ein solches Ruhen erfolgt nach § 13 Abs. 3 Satz 3 EuAbgG jedoch *nicht*, wenn Bezüge nach dem Abgeordnetenstatut mit Bezügen nach dem (deutschen) Europäischen Abgeordnetengesetz zusammentreffen. Dazu heißt es in der Begründung:

»Zur Gewährleistung einer Gleichbehandlung derjenigen Mitglieder des Europäischen Parlaments, die bereits Anwartschaften nach diesem Gesetz erworben haben und nach dem Inkrafttreten des Abgeordnetenstatuts des Europäischen Parlaments neue Anwartschaften erwerben, mit denjenigen Mitgliedern des Europäischen Parlaments, die sich für die Weitergeltung des nationalen Rechts entscheiden, wird festgeschrieben, dass für die erstgenannte Gruppe keine Anrechnung nach diesem Gesetz erfolgt.«

Daraus folgt jedenfalls, dass Versorgungsansprüche aus dem Europaabgeordnetengesetz und Versorgungsansprüche aus dem Statut nicht miteinander verrechnet werden. § 29 Abs. 6 AbgG findet hier

---

[1] Bundestagsdrucksache 16/9300 vom 25.5.2008, S. 4.
[2] Zur Auslegung des § 29 Abs. 5 AbgG siehe *Braun/Jantsch/Klante*, Abgeordnetengesetz, Kommentar, 2002, S. 330f., 326.

349

also keine entsprechende Anwendung. Das entspricht auch Art. 28 Abs. 1 des Statuts, wonach »ein Anspruch auf Ruhegehalt, den ein Abgeordneter zum Zeitpunkt der Anwendung dieses Statuts nach einzelstaatlichen Regelungen erworben hat, ... in vollem Umfang erhalten« bleibt.

Keine Anrechnung erfolgt auch, wenn eine Versorgung aus dem Europaabgeordnetengesetz mit der Entschädigung aus dem Statut zusammentrifft. Hier findet § 29 Abs. 5 keine entsprechende Anwendung.[1] Der Wortlaut des § 13 Abs. 3 Satz 3 EuAbgG ist insofern eindeutig. Dass dieser Fall in der Begründung nicht genannt ist, dürfte sich daraus erklären, dass er selten auftreten wird. Denn ein Versorgungsanspruch aus dem Europaabgeordnetengesetz setzt u. a. voraus, dass der Abgeordnete aus dem Europäischen Parlament ausgeschieden ist. Dann erhält er aber keine Entschädigung mehr. Der Fall einer Kumulation beider Bezüge kann deshalb nur dann auftreten, wenn der Abgeordnete nach seinem Ausscheiden aus dem Europäischen Parlament später wieder in dieses gewählt wird.

Für ein Zusammentreffen von Versorgungen aus einem früheren *Landtags*mandat mit Leistungen aus dem Statut enthalten die Abgeordnetengesetze der Länder Anrechnungsvorschriften. Das gilt jedenfalls für die meisten Flächenländer. Besonderheiten gelten in Nordrhein-Westfalen und Schleswig-Holstein, die die Versorgung – formal – privatrechtlich ausgestaltet haben, und in den Stadtstaaten, die keine Vollversorgung gewähren.

Soweit Landesgesetze hinsichtlich der Versorgungen aus einem früheren Ministeramt keine dem § 13 Abs. 3 EuAbgG entsprechende Vorschrift enthalten, kann, wer Ruhegehalt als früherer Landesminister bezieht, dieses mit der Entschädigung oder der Versorgung aus dem Statut ungekürzt kumulieren. Ein einschlägiges Beispiel könnte der frühere Landesminister Jo Leinen (SPD) sein. Leinen war neuneinhalb Jahre lang Umweltminister im Saarland und kann dafür seit Vollendung seines 55. Lebensjahres eine hohe Pension beanspruchen. Ebenso hat Werner Langen (CDU) seit seinem 55. Geburtstag im November 2004 einen hohen Versorgungsanspruch, obwohl er das Ministeramt im Land Rheinland-Pfalz nicht einmal ein Jahr ausgeübt hat. Das deutsche Europaabgeordnetengesetz sah zwar seit 2004

---

[1] So auch eine fernmündliche Auskunft der zuständigen Abteilung des Bundestags vom 27.11.2008.

eine Anrechnung auch solcher Pensionen auf die Abgeordnetenentschädigung vor. Die Entschädigung wurde damals noch nach nationalem Recht gewährt, so dass der Bundesgesetzgeber sie entsprechend kürzen konnte. Dieser Regelung ist aber die Grundlage entzogen, seitdem das Statut in Kraft ist. Denn hinsichtlich des EU-Abgeordnetenstatuts fehlt eine nationale Kompetenz, so dass die von den Ländern geleisteten Versorgungen gekürzt werden müssten. Dafür aber hat nicht der Bund, sondern haben allein die Länder die Gesetzgebungskompetenz. Inwieweit sie davon Gebrauch machen, wird zu prüfen sein.

Eine Verrechnung mit bereits erworbenen Ansprüchen aus dem Pensionsfonds scheidet aus. Art. 27 Abs. 2 Satz 1 bestimmt ausdrücklich, dass die daraus »erworbenen Rechte und Anwartschaften … in vollem Umfang erhalten« bleiben. Das wird auch für deutsche EU-Parlamentarier relevant. Entgegen früheren Beteuerungen hat sich kürzlich herausgestellt, dass auch sie vielfach den europäischen Versorgungsfonds in Anspruch genommen haben. Bisherige EU-Abgeordnete haben also die Möglichkeit, ihre bereits erworbene EU-Zusatzversorgung und die nach nationalem Recht erworbenen Versorgungsansprüche neben der nunmehr neu eingeführten Versorgung zu beziehen. Die Gesamtversorgung kann die Entschädigung übersteigen.

VI. Legalisierter Betrug: für Abgeordnete ganz normal

Bei den Beratungen über das neue Abgeordnetenstatut, das nach der Europawahl 2009 in Kraft tritt, haben die Abgeordneten den Zusammenhang zu den Spesen, die sie außerdem noch beziehen, gezielt ausgeblendet, oder besser: Die meisten Spesenregelungen, die die Abgeordneten für ihr Leben und Arbeiten in Brüssel und Straßburg überaus üppig ausstatten, wurden stillschweigend mit abgesegnet.

Das Europaparlament hat sich ein verzweigtes System umfänglicher Zusatzeinkommen und Doppelversorgungen geschaffen. Die »Kostenerstattungs- und Vergütungsregelung für die Mitglieder des Europäischen Parlaments« umfasst mehr als 60 Seiten und ist der Öffentlichkeit kaum bekannt. Beschlossen wurde sie allein vom Präsidium des Parlaments – vorbei am Parlamentsplenum, an der Öffentlichkeit, am Ministerrat und an der Europäischen Kommission.

Das Ergebnis ist verheerend: Die Bestimmungen sind unangemessen und rechtswidrig. Die Art ihres Zustandekommens verstößt mehrfach gegen den EG-Vertrag, etwa gegen dessen Art. 190, der die Anhörung der Kommission und die Zustimmung des Ministerrates verlangt. Entsprechende Hinweise des Europäischen Rechnungshofes wurden in den Wind geschlagen. Wohlgemerkt: Es geht dabei nicht um die eigentlichen Einkommen der Abgeordneten, sondern um die Erstattung vermeintlicher Kosten und um allerlei Zusatzversorgungen, die den Haushalt in Brüssel mit Hunderten von Millionen Euro belasten.

Die lukrativen Regeln, die das Parlamentspräsidium seinen Abgeordneten spendiert, sind, rechtlich gesehen, öffentliche Verschwendung. Das ist nur möglich, weil das Verfahren krasse Kontrollmängel aufweist, obwohl bei Entscheidungen des Parlaments in eigener Sache wirksame Kontrollen eigentlich besonders wichtig wären (siehe S. 16). Kurzum: Europas Abgeordnete haben sich selbst bedient – vorbei am Europäischen Recht und an demokratischen Grundprinzipien. Vor Inkrafttreten des Abgeordnetenstatuts wurden die überzogenen Erstattungsregelungen damit gerechtfertigt, man wolle solchen Abgeordneten, die von ihren Heimatländern nur eine geringe Entschädigung erhalten, einen Ausgleich gewähren. Dieses Argument hat aber seine Grundlage in dem Augenblick verloren, in dem das Statut allen Abgeordneten Anspruch auf eine gleich hohe Entschädigung gibt. Jetzt laufen die Zahlungen, die in großem Umfang für Aufwendungen gewährt werden, die gar nicht anfallen, erst recht auf legalisierten Betrug hinaus. Dennoch hat das Statut die dargestellten Kostenerstattungsregelungen ausdrücklich abgesegnet, auch die Beschlussfassung allein durch das Parlamentspräsidium und die Pauschalierung (Art. 20 bis 22). Lediglich für Reisekosten, die bisher ebenfalls pauschal und sehr großzügig abgegolten wurden, sollen in Zukunft nur noch die tatsächlich entstandenen Kosten erstattet werden (Art. 20 Abs. 2). Selbst die Pensionsregelung wird weitergeführt, und Abgeordnete, die nach dem Inkrafttreten des Statuts für die Fortgeltung des bisherigen Rechts optieren, können daraus sogar noch in Zukunft Ansprüche erwerben (Art. 27).

Ein Instrument ist das sogenannte Tagegeld von steuerfreien 298 Euro (2009). Das sind, in alter Währung gerechnet, rund 600 Mark. Das Tagegeld wird für jeden Sitzungstag des Parlaments, seiner Ausschüsse und Organe, an denen der Abgeordnete seine Anwesenheit durch Unterschrift dokumentiert, bezahlt, ebenso für sogenannte Brückentage zwischen den Sitzungstagen sowie für »freie Freitage«, wenn am Tag zuvor Sitzung war. Das Tagegeld soll vor allem die Kosten für Unterkunft und Verpflegung decken und macht normalerweise rund 4000 Euro im Monat aus. Das Schöne für die Volksvertreter: Wer billige Unterkünfte frequentiert oder sich in Brüssel (wo die meisten Sitzungen stattfinden) ein Appartement mietet, wie dies offenbar die überwiegende Mehrheit der Abgeordneten tut, oder sich zum Essen einladen lässt, etwa von Lobbyisten, spart große Teile des Tagegelds und behält ein beträchtliches steuerfreies Zusatzeinkommen übrig.

Weil auch in der Heimat Kosten entstehen können, bekommen die Parlamentarier zusätzlich jeden Monat eine steuerfreie Pauschale von 4202 Euro – egal, wie viel sie wirklich ausgeben. Für die deutschen EU-Abgeordneten zum Beispiel kommt für viele mandatsbedingte Kosten, für die eigentlich die EU-Pauschale gedacht ist, der Bundestag auf. Wiederum kann ein schönes Zubrot übrig bleiben. So stellte das Oberverwaltungsgericht Sachsen-Anhalt ausdrücklich fest, dass in dem von ihm zu beurteilenden Fall ein deutscher EU-Abgeordneter – wegen der umfangreichen Sachleistungen und sonstigen Privilegien, die er genoss – fast die ganze Kostenpauschale und das gesamte Tagegeld zur persönlichen freien Verfügung übrig hatte. Dieser Missbrauch müsste eigentlich verhindert und die Höhe der Pauschalen überdacht werden. Doch ein entsprechender Antrag der Grünen im Europäischen Parlament und einiger anderer kleiner Fraktionen von Anfang 2008 wurde von den großen Fraktionen niedergestimmt. Der Antrag hatte ausdrücklich den Satz festschreiben wollen: »Abgeordnete zahlen nicht benutzte Beiträge (aus der Pauschale) an das Parlament zurück.« Besonders lohnend ist die Pauschale auch für die Volksvertreter aus EU-Staaten mit niedrigem Preis- und Einkommensniveau. In vielen Ländern liegt das Durchschnittseinkommen weit unter 1000 Euro monatlich und beträgt nur einen Bruchteil des Durchschnittseinkommens in anderen Mitgliedstaaten (siehe Tabelle auf S. 343 f.). Entsprechend niedrig sind dann aber auch die Lebenshaltungskosten und damit auch die mandatsbedingten Ausgaben der Abgeordneten.

Einen ähnlichen Effekt hat die Bezahlung der Mitarbeiter: Bis zu 17.540 Euro (2009) im Monat darf jeder Abgeordnete auf Kosten der Steuerzahler für seine Helfer ausgeben. Für viele der Neuen aus dem Osten bedeutet dies: Sie können einen Mitarbeiter in Brüssel einstellen – und noch einmal zehn zu Hause, wenn sie diese nach dem dortigen Einkommensniveau bezahlen. Das fördert nicht nur einen personellen Wasserkopf, sondern gefährdet auch den Grundsatz der innerparteilichen Demokratie aufs Höchste – nämlich dann, wenn die Abgeordneten ihre gewaltige Kaufkraft im parteiinternen Machtkampf einsetzen. Zumal da in der EU auch gilt: Über die Qualität und Verwendung der Mitarbeiter verlangt niemand Rechenschaft – nicht selten werden sogar Ehegatten und Verwandte beschäftigt. Was Bundestagsabgeordneten streng verboten ist, nämlich auf Kosten der Steuerzahler das Familieneinkommen aufzustocken, ist Europaabgeordneten offiziell erlaubt. Das ist legalisierte Vetternwirtschaft. Es ist auch fast unmöglich, noch festzustellen, ob tatsächlich eine Gegenleistung erbracht wird, die der Bezahlung entspricht. In einem internen Bericht des Europäischen Parlaments von Anfang 2008 wurde denn auch eine Unmasse von Missbrauchsfällen aufgelistet. Dass die Möglichkeit, sich ungestraft zu bereichern, die Abgeordneten geradezu beflügelt hat, zeigt auch das horrende Wachstum der Zahlungen für Mitarbeiter. Sie waren schon im Jahre 2002 viereinhalb mal so hoch wie 1980 und stiegen 2003 um weitere 7,2 Prozent, 2004 um 8,1 Prozent, 2005 um 16,8 Prozent, 2007 um 6,5 Prozent und 2008 um 9,2 Prozent – Steigerungsraten wie im Schlaraffenland, die, mit den Worten des Europäischen Rechnungshofs, denn auch »in keiner Weise transparent erläutert« werden.

Auch wenn sich die Abgeordneten zur Ruhe setzen, soll es ihnen gut gehen. Deshalb gönnen sie sich seit Langem und längst vor dem Inkrafttreten des Statuts ein Versorgungssystem fürs Alter, das die reguläre Pension großzügig ergänzt, oft ohne jede Anrechnung. Nach 20 Jahren im EU-Parlament ist der Höchstbetrag erreicht – allein aus dieser Zusatzversorgung. Das führt zu dem absurden Ergebnis, dass die Pension in den meisten Mitgliedsländern höher sein kann als die Bezüge nationaler Abgeordneter, und zwar der aktiv amtierenden. Finanziert wird die Zusatzrente zu einem Drittel aus eigenen Beiträgen, den großen Rest schießt der europäische Fiskus zu. Eigenwillig ist auch eine besondere Regelung für Italiens EU-Abgeordnete. Weil denen ihr eigener Staat keine Pension gewährt, springen wieder Europas Steuerzahler ein – und heben die Abgeordneten auf das besonders hohe Niveau ihrer Heimat. So haben die italienischen Europaparlamentarier nicht nur mit rund 12.000 Euro die höchsten Diäten, sondern auch die höchsten Pensionen – bezahlt von den Steuerzahlern des ganzen Kontinents.

VII. EU-Parteienfinanzierung: ohne Grenzen

Fast keiner hat es gemerkt. Praktisch unter Ausschluss der Öffentlichkeit schiebt die Europäische Union den Parteien seit Jahren Millionen zu, und 2007 wurden die Beträge – im Hinblick auf die Europawahl 2009 – noch massiv erhöht.[1] Das Geld wird nicht etwa auf die staatliche Finanzierung nationaler Parteien angerechnet, sondern noch obendrauf gesattelt. Nicht umsonst trug die politische Klasse das Ihre dazu bei, dass die Regelungen im Ministerrat und im Parlament ohne große öffentliche Diskussion über die Bühne gingen. Über die Höhe der Beträge entscheidet das Parlament ohnehin allein in eigener Sache.

Da das Recht der Parteien und ihrer Finanzierung materielles Verfassungsrecht ist, müsste es eigentlich in einem Atemzug mit der EU-Verfassung behandelt und diskutiert werden. Doch die Trennung hat Methode, die Heimlichkeit macht misstrauisch – und das mit vollem Recht. Was die EU da beschlossen hat, scheut nämlich erst recht das Licht der Öffentlichkeit, mehr noch als manche Untiefen des Lissabon-Vertrages. Die Regelungen über Parteien spotten aller normalen Maßstäbe der Mitgliedstaaten und widersprechen sogar europäischem Primärrecht.

In Sachen Parteienrecht und Parteienfinanzierung hat Deutschland die größte Erfahrung. Die Bundesrepublik führte staatliche Subventionen 1959 als erstes Land in Europa ein. Das schnelle Wachsen der »Staatsknete« und die Umgehungssubventionierung von Fraktionen und Parteistiftungen haben aber auch das Bundesverfassungsgericht auf den Plan gerufen und es veranlasst, Grenzen zu setzen und Grundsätze für eine akzeptable Staatsfinanzierung politischer Parteien zu entwickeln. Doch alle diese Mindeststandards werden in Europa aufs Gröbste verletzt.

---

[1] Verordnung (EG) Nr. 2004/2003 über die Regelungen für die politischen Parteien auf europäischer Ebene und ihre Finanzierung, Amtsblatt der Europäischen Union L 297 vom 15.11.2003, S. 1; Verordnung (EG) Nr. 1524/2007 vom 18.12.2007 zur Änderung der Verordnung (EG) Nr. 2004/2003, ABl. L 343 vom 27.12.2007, S. 5.

355

Bürgernähe: Die Sozialdemokratische Partei Europas (SPE), die Europäische Volkspartei (EVP) und acht weitere Zusammenschlüsse, die das EU-Geld derzeit erhalten, werden als »europäische politische Parteien« etikettiert, sind in Wahrheit aber keine Vereinigung von Bürgern, sondern bloße Dachverbände gleich gesinnter Parteien – ohne eigene Kandidaten bei Wahlen. Diese werden nach wie vor von den nationalen Parteien aufgestellt. Damit fehlt den sogenannten Europaparteien alles, was politische Parteien ausmacht. Die Funktion, die Art. 191 EG von Europaparteien verlangt, nämlich den »politischen Willen der Bürger« zum Ausdruck zu bringen, können sie – mangels Bürgern als Mitglieder und mangels Aufstellung von Kandidaten – gar nicht erfüllen. Der Bonner Staatsrechtslehrer Christian Hillgruber hat daraus mit Recht geschlossen, »dass die der Verordnung zugrunde liegende Definition der politischen Partei auf europäischer Ebene als ›Etikettenschwindel‹ mit dem Primärrecht nicht in Einklang steht«.[1]

Gleichbehandlung: Die Hürden für die Beteiligung am Brüsseler Geldsegen sind so hoch gesteckt, dass es für kleine Parteien fast unmöglich ist, sie zu überwinden. Nach deutschem Recht müssen alle Parteien an der Staatsfinanzierung beteiligt werden – ausgenommen jene, die nicht ernsthaft an der politischen Willensbildung teilnehmen wollen. Als Indikator gilt, dass ein Polit-Verein bei einer Bundestagswahl mindestens ein halbes oder bei einer Landtagswahl mindestens ein Prozent der Stimmen erhält. Auf EU-Ebene bekommen dagegen nur diejenigen Gruppierungen Geld, die aus mindestens sieben Mitgliedstaaten Abgeordnete ins Europäische Parlament entsenden. In Deutschland braucht man dafür wegen der Sperrklausel fünf Prozent der Stimmen. Die Hürde für die Beteiligung an der öffentlichen Finanzierung ist in Europa also bis zu 35-mal so hoch wie in Deutschland (Erfolg von fünf Prozent statt einem Prozent in sieben Staaten statt in einem Bundesland). Darin liegt praktisch eine Sperrwirkung für kleinere und neue Parteien, die die vom Bundesverfassungsgericht durchgesetzte Offenhaltung des politischen Wettbewerbs auf EU-Ebene aushebelt.

Staatsferne: Deutsche Parteien müssen, um ihre Bürgernähe nicht zu gefährden, sich mindestens zur Hälfte aus privaten Zuwendungen finanzieren. Dadurch sollen sie auf Beiträge und Spenden angewie-

---

[1] Frankfurter Allgemeine Zeitung vom 1.3.2005.

sen bleiben. Staatsmittel dürfen höchstens 50 Prozent ihrer Einnahmen ausmachen. In Europa darf der Staatsanteil dagegen seit 2007 sogar 85 Prozent betragen. Und die auf 15 Prozent abgesenkte »Eigenfinanzierungsquote« wird noch dadurch entwertet, dass Zuwendungen von Parteien und »Parteisteuern« von Abgeordneten als private Mittel gelten, auch wenn diese wiederum aus öffentlichen Kassen stammen. Das läuft bei genauerem Hinsehen sogar auf eine bis zu 100-prozentige Finanzierung aus öffentlichen Mitteln hinaus, was die Dachverbände erst recht zu reinen Staatsprodukten macht. Das wäre geradezu eine Provokation der Öffentlichkeit – weshalb diese davon möglichst nichts erfahren soll.

Auch eine absolute Obergrenze, die das deutsche Bundesverfassungsgericht zur Sicherung der Bürgernähe der Parteien errichtet hat, gibt es in Brüssel nicht. So droht genau die Gefahr, der das Bundesverfassungsgericht entgegenwirken wollte: dass nämlich der Bürger den Eindruck gewinnt, »die Parteien ›bedienten‹ sich aus der Staatskasse« mit allen negativen Folgen für das Ansehen der Parteien und ihre Funktionserfüllung.[1]

Transparenz: Der Umfang der staatlichen Mittel steht nicht etwa in der Verordnung, sondern wird im Haushaltsplan mit seiner Unmasse von Einzelposten versteckt, den das Parlament en bloc beschließt. Dagegen sind die Beträge, die deutsche Parteien erhalten, im Parteiengesetz exakt aufgeführt. Erhöhungen müssen deshalb vor den Augen der Öffentlichkeit im Wege einer ausdrücklichen Gesetzesänderung beschlossen werden. Das verlangt einen eigenen Gesetzentwurf, öffentliche Verhandlungen des Themas im Parlament, in der Regel einen als Drucksache veröffentlichten Ausschussbericht und die Publikation des Änderungsgesetzes im Gesetzblatt. Nur so kann die öffentliche Kontrolle greifen, die bei Entscheidungen des Parlaments in eigener Sache die einzige wirksame Kontrolle darstellt (siehe S. 16).

Obwohl die Verordnung über die Parteienfinanzierung gegen EU-Primärrecht verstößt, scheint sie gerichtlich kaum nachprüfbar zu sein: Mehrere Klagen wurden verworfen, allerdings nur als unzulässig, nicht auch als unbegründet, weshalb der Finanzierung von Gerichts wegen keineswegs ihre Rechtmäßigkeit attestiert ist.

In der scheinbaren Sicherheit, sich ungestraft über das Recht hinwegsetzen zu können, wurde mit der Novelle von 2007 noch eins

---

[1] BVerfGE 85, 264 (290).

draufgesetzt. Die EU-Mittel sollen in Zukunft auch für Kampagnen zu Europawahlen verwendet werden dürfen. Doch das verstößt gegen vorrangiges Europarecht. Danach darf Europageld weder direkt noch indirekt zur Finanzierung nationaler Parteien dienen, solange diese in den 27 Mitgliedstaaten jeweils eigene Europawahlen durchführen. Wie aber sollen Parteizusammenschlüsse Wahlkampagnen finanzieren, ohne dass dies auch ihren nationalen Mitgliedsparteien zumindest indirekt zugute kommt? Die Kampagnenklausel bedeutet einen klaren Rechtsverstoß.

Das Ignorieren rechtlicher Grenzen hat einen handfesten Grund. Man will die Parteienbünde für die Europawahl 2009 aufrüsten. Das zeigt nicht nur die Erhöhung des Staatsanteils auf 85 Prozent. Die Verordnung von 2007 sieht auch noch die Errichtung und staatliche Finanzierung europäischer Parteistiftungen vor. Hier ist aber bereits fraglich, ob die EU überhaupt die Kompetenz dazu besitzt. In Art. 191 EG steht nichts von Stiftungen. Er ermächtigt nur zur Einrichtung europäischer politischer Parteien. Stiftungen sind also allenfalls als Teile von Europaparteien zulässig. Warum dann aber überhaupt Stiftungen? Die Parteizusammenschlüsse könnten die den »Stiftungen« zugedachten Aufgaben ja selbst ausüben, wenn man ihr Budget offen aufstockte. Demgegenüber sollen die Stiftungen anscheinend als Vehikel dienen, den Parteiallianzen *verdeckt* mehr Geld zuzuwenden.

Bisher hält die europäische Parteienfinanzierung sich zwar noch einigermaßen im Rahmen: 2004 erhielten die Parteibünde 3,2 Millionen Euro, 2005 7,2 und 2006 8,1 Millionen. Doch die geplante Neuregelung droht unter Missachtung des Rechts die Schleusen für die Parteienfinanzierung aus dem EU-Topf zu öffnen.

J. Das Wort des Souveräns: vom Mehrwert direkter Demokratie

Die Diskussion um das Ob und das Wie direkter Demokratie markiert – neben der Ausgestaltung des Wahlrechts und der Bundesstaatlichkeit – die zentrale verfassungspolitische Frage in der Demokratie. Dabei bedeutet »*direkte* Demokratie« die Möglichkeit der Bürger, politische Sachfragen selbst zu initiieren und mit Mehrheit auch abschließend zu entscheiden. Darüber hinaus verstehen wir unter direkter Demokratie *im weiteren Sinne* auch die Direktwahl von Exekutivspitzen, also z.B. von Bürgermeistern, Landräten, Minister- oder Bundespräsidenten, aber auch die Direktwahl von Mitgliedern der Volksvertretungen, die – entgegen dem ersten Anschein – vielfach ja nicht wirklich vom Bürger gewählt werden.

Ziel dieses Kapitels ist es, aufzuzeigen, dass direkte Demokratie die Funktionsweise der Demokratie insgesamt verbessert. Zu diesem Zweck sollen die mangelnde Legitimation der rein repräsentativen Demokratie und die Überlegenheit einer sie ergänzenden direkten Demokratie näher dargelegt werden. Maßstäbe für diesen Vergleich sind zwei grundlegende Prinzipien: die Selbst- oder doch Mitentscheidung des Volkes über politische Fragen einerseits und die inhaltliche Richtigkeit dieser Entscheidungen andererseits. Klassischen Ausdruck hat beides in der sogenannten Lincoln'schen Formel gefunden, wonach Demokratie »Regierung des Volkes, durch das Volk, für das Volk« ist. So hatte es der amerikanische Präsident Abraham Lincoln 1863 in seiner berühmten Gettysburgher Ansprache formuliert. Regierung *durch* das Volk verlangt, dass die Bürger Einfluss auf die Entstehung und den Inhalt der Verfassung besitzen und dass sie zugleich die Auswahl der von der Verfassung konstituierten Organe und politische Sachentscheidungen beeinflussen können. Im ersteren Fall geht es um die Verfassungsgebung, im letzteren um das Handeln des Staates innerhalb der Verfassung. Regierung *für* das Volk bedeutet, dass die

Verfassung und die von ihr konstituierte Politik den Interessen der Bürger, und zwar möglichst aller Bürger, gerecht werden.

In den Bundesländern und Kommunen hat direkte Demokratie in Deutschland in den letzten 20 Jahren geradezu einen Siegeszug hinter sich. Das gilt auch für direkte Demokratie im weiteren Sinn: In allen dreizehn Flächenländern werden die Bürgermeister und in elf Flächenländern auch die Landräte jetzt direkt gewählt (siehe S. 271 ff.). Auf der politisch besonders wichtigen Bundesebene ist dagegen in Sachen direkte Demokratie bisher völlige Fehlanzeige zu vermelden, obwohl die große Mehrheit der Bevölkerung ihre Einführung nachhaltig begrüßen würde. Das bestätigen Umfragen, die seit Jahrzehnten eine stabile Mehrheit dafür von etwa 80 Prozent aufweisen. Weder beim Erlass und den späteren Änderungen des Grundgesetzes wurde und wird das Volk gefragt, noch sind den Bürgern Volksbegehren, Volksentscheid oder Referendum über Bundesgesetze eröffnet. Ein Mitspracherecht über europäische Verfassungsverträge oder über die Aufnahme neuer Mitglieder in die Europäische Union ist dem deutschen Volk genauso verwehrt. Die politische Klasse blockiert.

In Demokratien gelten seit jeher nur solche Verfassungen als anerkennenswerte Grundlage des Gemeinwesens, die sich das Volk selbst gegeben hat. Das besagt der Grundsatz der Volkssouveränität. Dementsprechend sind die 1946 und 1947 erlassenen Verfassungen der Länder der späteren Bundesrepublik regelmäßig von Versammlungen beschlossen worden, die zu diesem Zweck direkt vom Volk gewählt worden waren, und vor ihrem Inkrafttreten wurden sie vom Volk in Abstimmungen angenommen. Doch im Bund ist es darum schlecht bestellt. Tatsächlich dekretierten die westlichen Besatzungsmächte den Erlass des Grundgesetzes, nahmen massiv Einfluss auf seinen Inhalt und stellten sein Inkrafttreten unter den Vorbehalt ihrer Genehmigung. Der Parlamentarische Rat, der das Grundgesetz nach alliierten Vorgaben konzipierte, war nicht vom Volk eingesetzt, sondern von den Landesparlamenten, die es auch beschlossen, obwohl sie dazu gar nicht befugt waren. Auch abschließend durften die Westdeutschen nicht über das Grundgesetz abstimmen. Die Alliierten hatten eine Volksabstimmung über das Grundgesetz ausdrücklich verlangt. Auf Einspruch der Ministerpräsidenten aber verzichteten sie darauf.

Zwar behauptet die Präambel des Grundgesetzes, das deutsche Volk habe sich »kraft seiner verfassungsgebenden Gewalt dieses Grundgesetz« gegeben, und Art. 20 postuliert, »alle Staatsgewalt« gehe

»vom Volke aus«. Doch diese Sätze sind schlichtes Wunschdenken. Da dem Grundgesetz selbst die erforderliche demokratische Legitimation fehlt, ist Volkssouveränität bei uns ein ideologisch verbrämtes Traumgebilde. Das Grundgesetz rührt nicht vom Volk her, sondern ist ihm oktroyiert worden. Teile der deutschen Staatsrechtslehre räumen das Fiktive der bundesdeutschen Volkssouveränität denn auch offen ein. Auch der Parlamentarische Rat sprach ganz bewusst nicht von »Verfassung«, sondern nur von »Grundgesetz«, meinte jedoch, den Mangel – wegen der damaligen Lage Deutschlands (Teilung und Besatzungsherrschaft) – *vorübergehend* hinnehmen zu können. Diese besonderen Gründe sind aber spätestens mit der Wiedervereinigung entfallen. Die Väter des Grundgesetzes hatten in weiser Voraussicht just für diesen Fall Vorsorge getroffen: Das Grundgesetz sieht in seinem Schlussartikel 146 seine eigene Ablösung vor, sobald »eine Verfassung in Kraft tritt, die von dem deutschen Volk in freier Entscheidung beschlossen worden ist«. Das erforderliche Ausführungsgesetz zu dieser Vorschrift, das auch eine Initiative aus der Mitte des Volkes ermöglichen würde, hat das Parlament bisher aber zu erlassen versäumt. Dafür gibt es keine stichhaltige Begründung – außer den Machtinteressen der politischen Klasse. Auch die nach der Hitlerdiktatur zunächst von vielen unterstellte Unmündigkeit des deutschen Volkes sollte nach 60 Jahren freiheitlicher Praxis und erfolgreicher basisdemokratischer Revolution im Osten (»Wir sind das Volk«) inzwischen eigentlich als überwunden gelten. Für die fehlende Volkssouveränität gibt es heute keinerlei Rechtfertigung mehr.

Beruht das Grundgesetz aber nicht auf dem Willen des Volkes, dann fehlt ihm die demokratische Legitimation, und ebenso fehlt sie dann den Institutionen, die die Verfassung geschaffen und denen sie Funktionen zugewiesen hat. Dann sind auch Parlament, Regierung, Präsident und Verfassungsgericht insoweit nicht demokratisch legitimiert. Damit fällt das ganze Legitimationskonstrukt, das Rechtsprechung und Staatsrechtslehre aufgebaut haben, in sich zusammen wie ein Kartenhaus (siehe S. 146ff.). Um diese Konsequenz zu vermeiden, flüchten manche Staatsrechtslehrer in die Behelfsthese, das demokratische Defizit des Grundgesetzes sei durch die hohe Wahlbeteiligung bei der ersten Bundestagswahl im Herbst 1949 geheilt worden. Doch das widerspricht jeder Logik: Bei Bundestagswahlen geht es um die Entscheidung des Wählers für die eine oder andere Partei, nicht aber um die Entscheidung für oder gegen das Grundgesetz. Eine andere

361

Lehrmeinung, für die z. B. der Staatsrechtslehrer und frühere Bundesverfassungsrichter Paul Kirchhof steht, versucht, die Frage, ob das Volk das Grundgesetz angenommen habe oder nicht, überhaupt als irrelevant abzutun: Da die Zustimmung der Bürger einer bestimmten Generation alle späteren Generationen ohnehin nicht binden könne, spiele es heute keine Rolle mehr, ob das Volk früher einmal zugestimmt habe oder nicht. Dieser Argumentation ließe sich dadurch der Boden entziehen, dass man nicht nur das Ausführungsgesetz zu Art. 146 GG endlich erließe, sondern auch *jeder* Generation das Recht gäbe, auf das Grundgesetz einzuwirken. Dies wäre erreicht, würde man auch auf Bundesebene Volksbegehren und Volksentscheide (mit zumutbaren Quoren) einführen, mit denen das Volk das Grundgesetz jederzeit ändern könnte. Das Nicht-Gebrauch-Machen von dieser Möglichkeit könnte vernünftigerweise als Einverständnis mit dessen Inhalt verstanden werden. Es gibt also durchaus einen Weg, die Souveränität des deutschen Volkes zumindest annäherungsweise zu verwirklichen, und zwar die Souveränität der gegenwärtigen *und* aller zukünftigen Generationen. Man muss dem Volk lediglich auf Bundesebene ein Recht geben, das auf Landesebene ganz selbstverständlich ist.

Wenn das Grundgesetz schon nicht vom Volk legitimiert, also keine Verfassung *durch* das Volk ist, könnte es doch der zweiten wichtigen Funktion, das Gemeinwohl zu sichern, entsprechen und so immerhin eine Verfassung *für* das Volk darstellen. Dafür enthält das Grundgesetz in der Tat einige Vorkehrungen. Eine besteht darin, an das öffentliche Amt und seine Befugnisse die Pflicht zu knüpfen, die anvertraute Macht nur gemeinnützig zu gebrauchen, also im Sinne des Gemeinwohls. Das kommt im Amtseid zum Ausdruck, den der Bundespräsident, der Bundeskanzler und die Bundesminister bei Amtsantritt feierlich schwören. Doch in Wirklichkeit steht die Pflicht vielfach nur auf dem Papier. Der Kampf um Macht, Einfluss und Posten ist nun mal der eigentliche Daseinszweck der Parteien, deren Exponenten gleichzeitig die Amtsträger sind. Im Kollisionsfall bleiben Gemeinwohlerfordernisse leicht auf der Strecke. Der frühere Bundespräsident Richard von Weizsäcker nennt das »Machtversessenheit«.

Der Gefahr, dass Politiker ihre Macht aus Eigensucht missbrauchen, soll seit alters die Gewaltenteilung zwischen Parlament und Regierung vorbeugen. Doch auch sie verflüchtigt sich in der parlamentarischen Demokratie der Bundesrepublik. Die Mehrheit des Parlaments steht auf der Seite der Regierung und sieht ihre Aufgabe darin, die von ihr gewählte und getragene Regierung zu stützen und gegen Kritik zu verteidigen. Öffentliche Kritik wird zur Sache der Opposition. Diese aber ist im Parlament in der Minderheit und kann deshalb keine wirksamen Kontrollmaßnahmen ergreifen. Die kontrollieren wollen, können nicht, und die kontrollieren können, wollen nicht. Angesichts des Stumpfwerdens des klassischen Kontrollmechanismus geraten neuere Formen von Gegengewicht in den Blick, vor allem Gerichte, Medien und Sachverständigenräte. Doch das Dilemma besteht darin, dass die Kontrollierten ihre Kontrolleure selbst auswählen und dabei häufig Personen bevorzugen, die ihnen nicht wirklich wehtun. Diese Kontrollinstanzen sind aufgrund der – zum Glück noch nicht immer erfolgreichen – »Zähmungs«-Versuche der zu Kontrollierenden zu einem beträchtlichen Teil entwertet.

Nur so sind Urteile des Bundesverfassungsgerichts etwa zur Unmittelbarkeit der Wahl von Abgeordneten, zur Parteienfinanzierung, zu den Abgeordnetendiäten, zur Fünfprozentklausel zum Beispiel im Europawahlrecht und eben auch zu Fragen der direkten Demokratie zu verstehen. Gerichte können auch nur auf Antrag der unmittelbar Betroffenen tätig werden, nicht aber auf Antrag von Bürgern, die gegen die Selbstbedienung der politischen Klasse vorgehen wollen. Deshalb bestehen offensichtlich verfassungswidrige Regelungen fort, zum Beispiel die sogenannten Parteisteuern, die Politiker gewissermaßen als Gegenleistung für die Verschaffung staatlicher Ämter an ihre jeweilige Partei abführen müssen (siehe S. 225), und die überzogene Steuerbegünstigung von Spenden und Beiträgen (siehe S. 222). Schließlich kann die politische Klasse in der Regel Urteile der Gerichte unterlaufen, indem sie mit qualifizierter Mehrheit die Verfassung ändert. Die Beseitigung der Pflicht zur Neugliederung der Bundesländer durch Entschärfung des Art. 29 GG im Jahre 1976 (siehe S. 235) ist ein Beispiel.

Es gibt aber noch einen dritten Weg, Eigennutz unter Kontrolle zu halten. Gemeint ist der Wettbewerb. Selbst wenn Politiker ihren Eigeninteressen bei Kollision mit dem Gemeinwohl Vorrang geben, kann, wie wir aus der Wirtschaft wissen, die Summe der Egoismen durchaus zur allgemeinen Wohlfahrt führen, falls der Wettbewerb funktioniert. Funktionierender Wettbewerb ist aber keineswegs automatisch vorhanden. Er unterliegt vielmehr der Gestaltung durch die Politiker, und diese heben in Fragen, die die gemeinsamen Interessen

363

berühren, den Wettbewerb auf und bilden politische Kartelle. Am anschaulichsten werden die Probleme beim Wahlrecht, bei der Größe der Parlamente, bei der Parteienfinanzierung, der Versorgung von Abgeordneten und Ministern, der Ämterpatronage und den Auswüchsen des bundesrepublikanischen Föderalismus.

Ein zweiter Legitimationsstrang beruht auf der sogenannten Volkswahl des Parlaments. Sie soll dem Bundestag, der die einzige Institution des Bundes ist, die als unmittelbar von den Bürgern gewählt gilt, eine besondere demokratische Weihe vermitteln. Doch die Mitglieder des Bundestags sind in Wahrheit gar nicht vom Volk gewählt, obwohl das Grundgesetz dies zwingend vorschreibt. Die politische Klasse hat unser Wahlsystem in eigener Sache derart verdreht, dass die Volkswahl zum formalen Abnicken längst feststehender Resultate degeneriert ist (siehe S. 58 ff.).

Die nötigen Reformen hat die Mehrheit der Abgeordneten bisher blockiert, weil sie eine Beeinträchtigung ihrer Wiederwahlchancen befürchten. Sie lassen sich deshalb wohl nur durch direkte Demokratie durchsetzen. In Hamburg wurde auf diesem Wege ein bürgernahes Wahlrecht geschaffen. Ein anderes Beispiel ist die Reform der Kommunalverfassungen, durch welche die Direktwahl von Bürgermeistern und Landräten sowie Bürgerbegehren und Bürgerentscheid fast flächendeckend in Deutschland eingeführt wurden (siehe S. 271 ff.).

Durch die Wahl sollen die Bürger auch die Richtung der Politik vorgeben. Parteien und ihre Regierungsmannschaften, die mit ihren Programmen um Stimmen werben, sollten im Falle des Versagens bei den nächsten Wahlen abberufen werden können. Die dabei vorausgesetzte Zurechenbarkeit politischer Entscheidungen zu bestimmten Parteien zerfließt aber in der politischen Praxis. Regierungen kommen aufgrund des in der Bundesrepublik vorherrschenden Verhältniswahlrechts fast immer nur durch Koalitionen zustande. Diese werden aber *nach* der Wahl und hinter dem Rücken der Wähler gebildet, deren Einfluss auf Regierung und Programm sich damit immer mehr verdünnt. In Zukunft dürfte sich dieser Effekt noch verstärken, da Dreier- oder Große Koalitionen immer häufiger werden. Wenn Abgeordnete aber gar nicht vom Volk gewählt werden und die Bürger auch die Richtung der Politik durch Wahl der einen oder anderen Partei nur sehr eingeschränkt bestimmen können, ist das Parlament selbst auch aus diesem Grunde nicht wirklich demokratisch legitimiert und kann deshalb nur unter Vorbehalt noch als eine Art Drehscheibe für die Vermittlung demokratischer Legitimation an alle anderen von ihm gewählten Verfassungsorgane fungieren.

Demgegenüber verspricht direkte Demokratie selbst dann, wenn die Repräsentanten wirklich vom Volk und nicht von den Parteien bestimmt würden, mehr Regieren durch das Volk. Der Bürger hat dann unübersehbar größeren Einfluss auf den Inhalt der Regelung, als wenn Repräsentanten an seiner Stelle entscheiden. Das gilt selbst beim Referendum, wo der Bürger den ihm vorgetragenen Entwurf durch ein mehrheitliches Nein immerhin ablehnen kann. Erst recht trifft es auf die ausgebaute Volksgesetzgebung zu, bei der er via Antrag und Begehren unmittelbar Einfluss auch auf das Ob und das Wie von politischen Entscheidungen nehmen kann. Und bei der Abstimmung ist der Bürger, wenn Konkurrenzvorlagen bestehen, nicht auf ein Ja oder Nein beschränkt.

Ebenso kann der Bürger bei der Direktwahl den Amtsinhaber selbst auswählen und hat dabei natürlich größeren Einfluss darauf, welche Personen gewählt werden, als wenn andere für ihn die Auswahl treffen. Direkt demokratische Regelungen sind deshalb, am Maßstab der Bürgermitwirkung gemessen, den Entscheidungen durch Repräsentanten weit überlegen. Sie sind – etwa gleiche inhaltliche Richtigkeitschance vorausgesetzt – von vornherein demokratisch höherwertig.

Für direkte Demokratie, die natürlich nur als Ergänzung der repräsentativen Demokratie, nicht als ihre Ersetzung, in Betracht kommt, sprechen noch weitere vier Punkte:

– Die immer noch verbreitete Auffassung von der Irrationalität der Bürger und Wähler ist, sofern sie heute überhaupt noch zutrifft, in Wahrheit an rein repräsentative Demokratien gebunden und trifft auf direktdemokratische Institutionen gerade nicht (oder jedenfalls sehr viel weniger) zu.
– Bürger sind typischerweise eher bereit, sich gemeinnützig zu verhalten als Berufspolitiker, selbst dann, wenn ihre Eigeninteressen damit kollidieren. Das beruht nicht nur auf der geringeren Machtfixierung, sondern auch darauf, dass für sie in der Regel weniger auf dem Spiel steht und sie sich deshalb gemeinwohlorientiertes Verhalten eher leisten können. Bürger hängen normalerweise nicht mit ihrer ganzen wirtschaftlich-gesellschaftlichen Existenz von ihren Wahl- und Abstimmungsentscheidungen ab.

– Der umfassende Diskussionsprozess, der durch direktdemokratische Verfahren ausgelöst wird, hat große Ähnlichkeit mit dem Habermas'schen Ideal des herrschaftsfreien Diskurses.
– Schließlich und vor allem: Direkte Demokratie ist das wichtigste Gegengewicht gegen Machtmissbrauch der politischen Klasse. Sie bildet damit einen Ersatz für die erodierende Gewaltenteilung. Genau das, die wirksame Kontrolle der politischen Klasse, ist aber auch der eigentliche Grund für den Widerstand großer Teile der politischen Kräfte gegen mehr direkte Demokratie.

Die politische Klasse pflegt auf die vielen positiven Seiten direkter Demokratie gar nicht einzugehen. Stattdessen sucht sie ihre Blockadehaltung vornehmlich mit der Behauptung schlechter Erfahrungen in der Weimarer Republik zu rechtfertigen und unterstellt eine angebliche Unvereinbarkeit direktdemokratischer Elemente mit der Struktur der repräsentativen Demokratie. Auch die Gleichsetzung von Meinungsumfragen und ihren Mängeln mit direkter Demokratie ist völlig unzutreffend. Obwohl diese Einwände inzwischen längst widerlegt sind, sind sie nicht totzukriegen. Sie passen den Blockierern aber gut in den Kram, weil sich dahinter ihre Eigeninteressen umso besser verbergen lassen.

Direkte Demokratie erscheint unverzichtbar hinsichtlich des Wahlrechts, das auf die gesamte politische Willensbildung ausstrahlt. Seiner Gestaltung kommt deshalb eine strategische Schlüsselrolle zu. Gerade das Wahlrecht hat die politische Klasse aber im eigenen Interesse und zu Lasten der Wähler verkehrt. Wenn es um die Fairness des Wahlsystems geht, ist das Volk ein sehr viel besserer Richter als die in eigener Sache entscheidende politische Klasse. Insgesamt verspricht direkte Demokratie ein gewaltiges Mehr an Regierung durch und für das Volk und damit an Demokratie.

Auf Europaebene wird der dritte Teil der Lincoln'schen Formel, Regieren des Volkes, relevant. Das setzt voraus, dass überhaupt ein Volk und damit ein Mindestmaß an Homogenität vorhanden ist, also eine gemeinsame Identität, die Mehrheitsentscheidungen für die überstimmte Minderheit erst akzeptabel macht. In Nationalstaaten, auf die das Demokratiekonzept sich lange vornehmlich bezog, kann das Vorliegen dieser Voraussetzung mehr oder weniger selbstverständlich unterstellt werden. In einer supranationalen Organisation wie der Europäischen Union steht die Existenz jenes Mindestmaßes an Homogenität aber gerade in Frage. Direktdemokratische Elemente, wie die Direktwahl des Kommissionspräsidenten oder EU-weite Volksabstimmungen, die nicht nur demokratische Legitimität begründen, sondern auch zur Entwicklung eines europäischen Wir-Gefühls beitragen könnten, gibt es nicht. Die im Vertrag von Lissabon vorgesehene Volksinitiative reicht nicht aus. Auch die angebliche Direktwahl der Mitglieder des Europäischen Parlaments erweist sich als Mogelpackung. Die 99 deutschen Abgeordneten werden ausschließlich auf starren Listen »gewählt«, so dass die allermeisten längst vor der Wahl feststehen und der Wähler keinen Einfluss auf die Auswahl der Personen besitzt. Der Wähler hat mit seiner Stimme auch praktisch keinen Einfluss auf die Richtung der EU-Politik – schon deshalb, weil er erst recht nicht weiß, was die von ihm gewählte Partei im Europäischen Parlament tut (siehe S. 326).

Die Europäische Union stützt ihre demokratische Legitimation, was Deutschland anlangt, vor allem auf den Bundestag, der den Vertrag zur Gründung der Europäischen Union und seine Änderungen ratifizieren muss, und auf die vom Bundestag gewählte Regierung, die vor allem im Rat der Europäischen Union zentrale Entscheidungen trifft. Auch sie lebt erklärtermaßen von der demokratische Legitimation, die ihr das angeblich von den Bürgern gewählte Parlament vermitteln soll. Da nun aber dem Bundestag selbst die demokratische Legitimation fehlt, fällt auch hier die Konstruktion in sich zusammen. Und Abstimmungen, etwa über die Einführung des Euro, die sogenannte europäische Verfassung (auch wenn man sie neuerdings nicht mehr so bezeichnet) und die Erweiterung der EU, wie sie etwa in Frankreich, Dänemark, Irland, den Niederlanden und anderen Ländern stattgefunden haben, sind dem deutschen Volk ohnehin verwehrt.

Dass die grundlegenden EU-Entscheidungen über die Köpfe der Bevölkerung hinweg getroffen wurden und werden, erstickt jede breite und tiefgehende öffentliche Diskussion. Wie immer, wenn das Volk nichts zu sagen hat, fehlt regelmäßig jede fundierte Erörterung des Für und Wider, selbst wenn es um wahrhaft fundamentale Fragen geht wie die Übertragung von Teilen der Souveränität von Bonn bzw. Berlin auf Brüssel. Das Bewusstsein der politischen Klasse, die Bürger nicht überzeugen zu müssen, und das Gefühl der Bürger und Medien, doch nichts bewirken zu können, weil alles schon entschieden sei, entzogen jeder großen Debatte bereits im Ansatz die Motivation.

K. Im Angesicht der Krise: Politik am Zügel der Wirtschaft

Die Finanz- und Wirtschaftskrise hat wirtschaftliche und moralische, materielle und immaterielle Langzeitwirkungen. Zahlreiche Skandale in allen Lebensbereichen begründen den Eindruck, vielen Menschen sei der Orientierungskompass für angemessenes Verhalten verloren gegangen. Und dies nicht beim Mann auf der Straße, der beim Steuernzahlen und der Schwarzarbeit gern mal Fünfe gerade sein lässt, sondern bei der sogenannten Elite in Staat und Gesellschaft, von deren Handeln unser aller Wohl und Wehe abhängt.

Lange betraf das allein die Politik. Bei Meinungsumfragen über Vertrauen und Integrität landen Politiker regelmäßig im Keller und nehmen einen Rang ganz unten ein. Seit einiger Zeit machen ihnen aber Banker und andere Wirtschaftsführer Konkurrenz um den unrühmlichen Platz am öffentlichen Pranger. Es begann mit der Empörung über Abfindungen für Manager, die ihre Unternehmen an die Wand gefahren hatten, mündete in die früher unvorstellbaren Verstrickungen deutscher Vorzeigeunternehmen wie Siemens und Volkswagen in Korruption und schmierige Affären und scheint nun in der Finanzkrise, die allmählich in eine allgemeine Wirtschaftskrise übergeht, zu gipfeln. Wochenlang wurde die »Gier der Wirtschaft« in Talkshows rauf und runter dekliniert. Bankvorstände bekamen plötzlich ein miserables Image. Und die Politik scheint plötzlich mit eilig zusammengeschnürten gigantischen Maßnahmepaketen als Retter in der Not dazustehen. Die Weiterreichung der Prangerposition an neuerdings so bezeichnete »Bankster« darf nun aber nicht dazu veranlassen, den Blick für die Proportionen zu verlieren.

An der Finanzkrise trägt auch die Politik ein gerütteltes Maß an Schuld. Sie hat die verderbliche Entwicklung angestoßen. Der amerikanische Präsident George W. Bush wollte allen Amerikanern zu Wohlstand verhelfen – und so von den gewaltigen politischen Problemen ablenken, die er selbst, etwa durch Anzetteln des Irakkrieges, heraufbeschworen hatte, und zugleich die Kreditaufnahme zu seiner Finanzierung erleichtern. Die US-Notenbank unter Alan Greenspan unterstützte dies durch ihre Politik des billigen Geldes, blähte die Geldmenge auf und senkte den Zins gegen null, so dass die Illusion entstand, jeder könne sich alles leisten – zumindest solange die Grundstücks- und Häuserpreise, angefacht durch die dauernde spekulative Nachfrage, in den Himmel schossen. Als die Blase platzte, drohte alles zusammenzubrechen, nicht nur in Amerika, sondern auf der ganzen Welt, überall ging die teuflische Saat auf.

Auch außerhalb Amerikas trägt die Politik Verantwortung. Das sieht man nicht nur an der Misere der deutschen Landesbanken, die sich kurz vor dem Ende der Haftung der öffentlichen Hand noch günstig mit Geld eingedeckt und mangels tragfähiger Geschäftsmodelle auf riskante Spekulationen eingelassen hatten und nun die Länder mit hohen Milliardensummen belasten. Die Politik hat es auch versäumt, die nötigen Regeln für den nationalen und internationalen Finanzbereich zu erlassen, und eine Fülle von Missbräuchen und historisch einmaligen Fehlentwicklungen ermöglicht, zu denen eine Laissez-faire-Wirtschaft eben leicht tendiert, wenn sie nicht in eine adäquate Ordnung eingebunden ist. Wir haben es also keineswegs nur mit Marktversagen zu tun, sondern auch mit einem Versagen der Politik.

Es geht hier aber nicht darum zu ermitteln, welcher der beiden Bereiche stärker versagt hat und die Hauptschuld trägt. Uns geht es vielmehr um etwas anderes, was in der Finanz- und Wirtschaftskrise plötzlich unerhört deutlich geworden ist, nämlich um den gewaltigen Einfluss, den die Wirtschaft auf die Politik ausübt. In diesem Jahrzehnt hat es immer wieder unübersehbare Anzeichen für diesen Einfluss gegeben. Da wurden Politiker gleich massenhaft »angefüttert«, wie es in der Sprache der Korruption so treffend heißt. Volkswagen und Energie-Oligopolisten wie RWE haben vorgemacht, wie das geht. Laurenz Meyer verlor seinen Job als CDU-Generalsekretär, und ein Dutzend Abgeordnete traten zurück. Zwei niedersächsische Volksvertreter mussten nach einem spektakulären Gerichtsprozess Hunderttausende Euro zurückzahlen. Alle hatten laufend viel Geld bekommen, ohne etwas dafür zu tun. Der Bundestag hat darauf reagiert und »arbeitslose« Zahlungen untersagt. Die meisten Landtage aber tun so, als gehe sie das nichts an. Auch dort sind einschlägige Regelungen zwingend erforderlich, nur wenige Länder wie Niedersachsen haben sie bisher jedoch erlassen. Und Abgeordnete, die sich als Lobbyisten von Unternehmen oder Verbänden verdingen, wird ihr Handwerk noch immer nicht gelegt. Um solche und viele andere korruptionsnahe Praktiken weiterhin ungestört betreiben zu können, verschleppen die Betroffenen im Bundestag seit Langem die Ratifikation der UN-Konvention gegen Korruption, die eigentlich für Bananenrepubliken gedacht war. Immer noch fehlt in Deutschland ein wirksamer Straftatbestand gegen Abgeordnetenkorruption.

Dann wurde bekannt, dass die Wirtschaft ihre Leute auch in der Verwaltung und in den Ministerien »leihweise« untergebracht hat und diese sogar an der Ausarbeitung von Gesetzentwürfen mitwirken bis in die endgültige Formulierung hinein. Die Wirtschaft konnte sich also selbst ihre Gesetze schreiben. Das galt zum Beispiel für Deregulierungen der rot-grünen Bundesregierung, die Finanzmanipulationen erleichtern und etwa den berüchtigten Hedgefonds in Deutschland erst den Weg ebneten. Aber auch die Union sitzt im Glashaus, hat sie solchen Gesetzen doch im Bundesrat zugestimmt, und noch im Koalitionsvertrag der Großen Koalition vom 11. November 2005 heißt es: »Zur Erleichterung der Kreditvergabe durch die Banken werden wir auch die Regulierung der Finanzaufsicht auf das notwendige Maß zurückführen ... Die Mindestanforderungen der BaFin an das Risikomanagement der Banken ... sollen schlank ausgestaltet werden. Der Anlegerschutz ist unter dem Leitbild des mündigen Bürgers angemessen auszugestalten.« Wer sich also im Irrgarten der »Finanzprodukte« verheddert, trägt selbst dafür die Schuld, so könnte man das dahinterstehende Leitbild interpretieren.

Auch wechseln Politiker vor den Augen der Öffentlichkeit ungeniert und ungestraft in hoch bezahlte Vorstandsposten über und vertreten dann genau in den Bereichen die Interessen ihres neuen Arbeitgebers, die sie ehedem für Staat und Steuerzahler bearbeitet hatten. Da liegt dann die Vermutung nicht fern, dass sie auch vorher schon die Interessen ihres künftigen Arbeitgebers im Auge hatten. Bei manchen ist das ganz offensichtlich. Solche Drehtüreffekte findet man nicht nur bei Abgeordneten, sondern auch bei Ministern, ja sogar bei Bundeskanzlern. Gerhard Schröder fädelte mit seinem Freund Wladimir Putin, einem »lupenreinen Demokraten«, die Gazprom-Pipeline durch die Ostsee ein und fand sich dann als hoch bezahlter Aufsichtsratsvorsitzender eben dieser Gesellschaft wieder. Fast schien es so, als hätte das gar nicht schnell genug gehen können. Jedenfalls zog Schröder mit der verfassungsrechtlichen Brechstange die Bundestagswahl auf das Jahr 2005 vor, was ihm einen schnellen Abgang aus der Politik und einen sofortigen Übergang in die Wirtschaft ermöglichte und damit den Zugang zum großen Geld eröffnete. Vor diesem Hintergrund könnte der andernfalls unerklärliche Auftritt Schröders am Wahlabend im ZDF, wo er völlig aus der Rolle fiel und nach wie vor das Kanzleramt für sich reklamierte, nur ein grandioses Ablenkungsmanöver des Medienkanzlers gewesen sein.

Doch das alles sind nur Kinkerlitzchen gegenüber dem, was durch die Finanz- und Wirtschaftskrise ans Tageslicht kam. Fast fühlt man sich erinnert an Brechts berühmtes Wort aus der »Dreigroschenoper«: »Was ist ein Einbruch in eine Bank gegen die Gründung einer Bank?« Wir wussten zwar schon immer, dass Unternehmen letztlich autonom darüber befinden, wie und wann investiert wird – und Investitionen sind nun einmal der Schlüssel für das Florieren der Volkswirtschaft oder eben auch für ihr Abtrudeln in die Krise –, und dass deshalb der Staat letztlich von der Wirtschaft abhängt. Wir kannten auch die Schlüsselstellung der Banken für die Geldversorgung der Wirtschaft und damit auch für die Finanzierung von Investitionen. Doch in welchem Umfang die Geldinstitute diese Position ausnutzen und die Politik wie einen Tanzbären in der Manege herumführen können – diese Erfahrung ist neu.

Gewiss, die Finanzkrise entstand in den USA und wurde dort von George W. Bush und einem selbstverliebten Zentralbankchef noch gewaltig angefacht. Aber auch in Deutschland und Europa war die Gier offenbar so groß, dass Banker und andere Finanzexperten alle sonst sprichwörtliche bankenübliche Sorgfalt vermissen und sich den Schrott praktisch unbesehen andrehen ließen. Sie hätten die 400-Seiten-Verträge lesen (lassen) müssen und dann erkannt, dass die Emittenten selbst gar nicht haften und sogar einseitig die Qualität der Papiere durch den Austausch ihres Inhalts beliebig verschlechtern durften, wovon sie im Zuge der beginnenden Krise auch reichlich Gebrauch machten. Sie hätten keine übergroßen Risiken übernehmen dürfen und schon gar nicht in derart geballter Form. Längerfristige Engagements kurzfristig zu finanzieren war ein schwerer Fehler, und Tochter- und Zweckgesellschaften, für deren absurd hohe Risiken die Mutterbank haftet, hätten sorgfältiger überwacht sowie dubiose Ratings hinterfragt werden müssen. Die Vorstände der Banken einschließlich der Landesbanken haften ja bereits bei leichter Fahrlässigkeit persönlich, und zwar unbegrenzt mit ihrem ganzen persönlichen Vermögen. Dass das deutsche materielle Recht etwa nicht ausreichend streng sei, ist also keinesfalls das Problem. Es bürdet dem Vorstandsmitglied im Haftungsprozess sogar die Beweislast dafür auf, dass es sich vor seinen Aktionen ausreichend informiert hat.

Wer aber macht die Ansprüche geltend? Das wäre eigentlich Sache der Aufsichts- und Verwaltungsräte. Doch die hängen oft mit drin. Zudem sitzen ihre Mitglieder meist in anderen Gesellschaften im Vorstand und scheuen schon aus Korpsgeist ein striktes Vorgehen. Hier, bei der *Durchsetzung* von Schadensersatzforderungen, liegt das eigentliche Problem. Die Politik hat bisher nicht die Kraft aufgebracht, das Wirtschaftsrecht so auszugestalten, dass Schadensersatzansprüche gegen unfähige Vorstände auch wirklich geltend gemacht werden. Der renommierte Altmeister unter den Wirtschaftsrechtlern, Marcus Lutter, hat alles dies im Einzelnen aufgezeigt.

Die Wirtschaft versucht natürlich, einen wirklichen Aufwasch zu verhindern. Die Medien bemühen sich recht und schlecht, etwas Licht ins Dunkel zu bringen. Die Politik aber traut sich nicht, wirklich aufzuklären, wie genau es zu der großen Krise kam. Einen offiziellen Auftrag an ein Expertenteam, den Ursachen des Desasters im Detail nachzuspüren, vermisst man bisher. Dann würden die Fehlgriffe und damit auch die Verantwortlichkeit bestimmter Bankvorstände für jedermann sichtbar – aber auch die Verantwortlichkeit der Politik. So wurde z. B. ein Untersuchungsausschuss verhindert, der die Ursachen für die Schieflage der IKB ergründen sollte. Die Grünen und die Linke konnten einen solchen Ausschuss allein nicht durchsetzen. Dafür hätten sie auch die FDP gebraucht. Die aber sträubte sich. Zeitungsberichte, die das auf die Intervention von Großbanken zurückführen, die die Enthüllung eigener Manipulationen fürchten und seit Jahren die FDP mit hohen Spenden verwöhnen, erscheinen höchst plausibel.

Die Politik bietet das Bild einer Herde von Schafen, die von den Banken vor sich her getrieben wird. Diese haben die Sache nicht nur verbockt. Sie üben auch gewaltigen Druck aus, Rettungspakete zu schnüren bis hin zur Gründung von sogenannten bad banks, in denen sie dann alles, was stinkt, loswerden wollen. Bei der Ausarbeitung der Rettungspakete sind sie dann wieder voll dabei. Denn die Politik ist völlig überfordert. Symbolisch kommt dies im Rücktritt des unbeholfen agierenden Bundeswirtschaftsministers Glos im Februar 2009 zum Ausdruck, der durch einen wirtschaftspolitisch völlig unerfahrenen, aber redegewandten jungen Mann ersetzt wurde.

Die Politik kann und will die Finanzinstitute nicht wirklich an die Kandare nehmen – trotz öffentlichkeitswirksamer Ankündigungen massiver Gehaltsbegrenzungen für Vorstände. Selbst Banken, denen die Politik schwindelerregende Summen in den Rachen geworfen hat, zahlen immer noch riesige Boni, und das ganz legal. Die Politik hat versäumt, bei ihren Milliardensubventionen Derartiges – im Rahmen des rechtlich Möglichen – auszuschließen und sich Regressansprüche gegen Manager abtreten zu lassen. Überhaupt hat sie vieles versäumt. Sie ist der Situation – trotz aller öffentlichen Inszenierung – nun mal einfach nicht gewachsen. Anschauungsmaterial liefern nicht nur die Landesbanken von Sachsen, Bayern, Nordrhein-Westfalen und die HSH Nordbank, bei denen sich die Länder aus purem Egoismus gegen die längst fällige Restrukturierung sträuben, sondern z.B. auch die Hypo Real Estate. Sie hört nicht auf, die Politik zu blamieren, indem sie immer neue Forderungen nach Milliarden stellt und damit demonstriert, dass die Politik sich vorher hat täuschen lassen und vor allen Hilfsmaßnahmen nicht erst einmal eine klare, ungeschminkte Bestandsaufnahme verlangte. Überhaupt fehlt es nicht nur an der Ursachenanalyse, sondern auch an einem politischen Gesamtkonzept zur Bekämpfung der Krise. Weder existiert eine Analyse, welche Bank überlebensfähig ist und welche nicht, noch gibt es eine klare Vorstellung, wie das Bankensystem nach der Krise aussehen sollte.

Obwohl niemand im Frühjahr 2009 das Ausmaß der Krise kennt und weiß, ob die Regierungsprogramme wirken, bereiten sogenannte Experten mit Horrormeldungen den Boden für weitere staatliche Engagements vor. Der Chefvolkswirt der Deutschen Bank, Norbert Walter, war der Erste, der Ende Februar 2009 einen Einbruch von fünf Prozent Minus-Wachstum in die Welt setzte – und dabei ausblendete, dass es die Banken selbst waren, die Derartiges verursacht haben und weiter verursachen. Die die Krise nicht haben kommen sehen, überschlagen sich jetzt mit düsteren Prognosen. Mögen sie doch dabei genauso falsch liegen wie früher!

Die ganze Entwicklung hat nicht nur eine materiell-wirtschaftliche Seite. Sie trägt auch zu einer ungeheuren Erosion der Werte bei. Die riesigen Einkommen bestimmter Banker, die ihr Institut an die Wand gefahren haben, die mangelnden Sanktionen auch für schwerste Fehler, das Stützen von Unternehmen mit Steuerzahler-Milliarden, die vorher von privaten Managern ruiniert worden sind, das Auffangsystem für Große, während die Kleinen ihrem Schicksal überlassen bleiben – alles das stellt die normalen Maßstäbe auf den Kopf. Über die persönliche Haftung von Unternehmensführern wird bislang geschwiegen. Diese suchen sich vielmehr mit dem üblichen Hinweis zu entlasten, andere hätten ja auch so gehandelt, eine Einlassung, deren mangelnde Berechtigung Jurastudenten schon im ersten Semester beigebracht wird. Wenn das historisch belastete Wort von der Kollektivschuld irgendwo berechtigt sein sollte, dann hier. Doch nicht einmal zu einer öffentlichen Entschuldigung konnten sich Bankmanager bisher durchringen. Allein Horst Seehofer hat sich für das Versagen von Management und Verwaltungsrat der Bayerischen Landesbank entschuldigt. Das konnte er umso leichter tun, als die Verantwortung bei seinen politischen Vorgängern lag. Die Finanzkrise zeigt, dass die bestehenden rechtsstaatlichen und demokratischen Mechanismen gegen Missbräuche der wirtschaftlichen Klasse genauso wenig schützen wie gegen die politische Klasse. Die Finanzkrise hat das Vertrauen in demokratische Politik und den Glauben an die Funktionsfähigkeit der Marktwirtschaft massiv untergraben. In Amerika, dem Mutterland von Demokratie und sich selbst regulierenden Märkten, wo die Krise zudem ihren Ausgang nahm, ist mit der Wahl von Barack Obama, der mit der Besinnung auf überkommene Werte einen neuen Aufbruch versprach, auch eine erste Reaktion der Menschen zu beobachten. Ein Afroamerikaner hätte in guten Zeiten nie eine Chance auf das Präsidentenamt gehabt.

Spannend ist die Frage, wie sich die Finanz- und Wirtschaftskrise im Superwahljahr 2009 auswirkt. Zunächst glaubte man, Marktwirtschaftler würden Einbußen hinnehmen müssen. Dass die FDP, jedenfalls im Frühjahr 2009, in Umfragen ein Hoch erlebt, scheint indes für das Gegenteil zu sprechen und dafür, dass die Skepsis über die Maßnahmen der (von den bisherigen Volksparteien getragenen) Großen Koalition überwiegt.

L. Zum Schluss: 40 Stichworte zur Lage

Zum Schluss sei eine Reihe von Stichworten über den Zustand unseres Gemeinwesens zusammengestellt. 60 Jahre nach Inkrafttreten des Grundgesetzes ist es höchste Zeit, sie nachdrücklich zur Sprache zu bringen und Parteien und ihre Kandidaten damit im Vorfeld der 15 Wahlen beharrlich zu konfrontieren.

1. Die Parteien besitzen nicht nur das Monopol der Kandidatenaufstellung, sondern bestimmen auch, wer ins Parlament kommt. Sie haben das Wahlsystem nach ihren Bedürfnissen zurechtgebogen und dem Volk sein wichtigstes Grundrecht, nämlich seine Vertreter auszuwählen, auf kaltem Weg genommen. Wen die Parteien »sicher platzieren«, dem kann der Wähler nichts mehr anhaben. Selbst wenn ein Abgeordneter nicht das geringste Vertrauen genießt, kann der Wähler ihn nicht zurückweisen und nach Hause schicken. Das Kernprinzip der Demokratie, dass nämlich schlechte Politiker von den Bürgern abgewählt werden können, ist außer Kraft gesetzt.

2. In den Hochburgen der CDU/CSU würde, wie Spötter witzeln, selbst ein schwarzer Stock, in Hochburgen der SPD selbst eine rote Mütze gewählt. In sogenannten sicheren Wahlkreisen wird der Abgeordnete dem Bürger von der Partei aufgezwungen. Das wird am Beispiel von hundert Wahlkreisen dargestellt, in denen die Gewinner schon jetzt, viele Monate vor der Bundestagswahl am 27. September 2009, definitiv feststehen. So sind die Kreise Duisburg und Gelsenkirchen immer schon blutrot und Cloppenburg-Vechta im Nordwesten von Niedersachsen sowie Straubing in Bayern seit eh und je tiefschwarz. Vorwahlen könnten die Wähler vom Diktat der dominierenden Partei befreien. Franz Müntefering hatte sie schon vor Jahren vorgeschlagen, ist damit aber in seiner Partei auf die Nase gefallen.

3. Auch vordere Listenplätze sind für Kandidaten regelmäßig eine sichere Bank. Wie das funktioniert, demonstrieren, sozusagen in klinischer Reinheit, die Europawahl am 7. Juni und die saarländische Landtagswahl am 30. August 2009. In beiden Fällen können die Wähler nur eine Stimme für starre Parteilisten abgeben. Für drei Viertel der Kandidaten ist die Wahl mit der Aufstellung der Listen schon gelaufen. Ihre Namen werden exakt aufgelistet. Um dem abzuhelfen, bräuchte man dem Wähler nur die Möglichkeit zu geben, bestimmte Kandidaten vorzuziehen und andere zurückzustellen.

4. Bei der Bundestagswahl ist es sehr viel komplizierter und undurchsichtiger. Hier besteht ein Paradox: Je besser eine Partei in den Wahlkreisen abschneidet, desto weniger Abgeordnete kommen über ihre Liste zum Zug. So wird die Wahl einer Lotterie immer ähnlicher.

5. Über die Hintertür der Liste kommt oft doch noch ins Parlament, wer im Wahlkreis verloren hat, und spielt sich dann als zusätzlicher Wahlkreis-Volksvertreter auf. So haben Hunderte von Wahlkreisen zwei, drei oder vier Vertreter: einen legitimen und bis zu drei illegitime. Auch dies wird – unter Nennung von Ross und Reiter – präzise dokumentiert. Damit wäre endlich Schluss, wenn das jüngst vom Bundesverfassungsgericht empfohlene sogenannte Grabensystem eingeführt würde, das Wahlkreis- und Listenwahl trennt. Dann wären auch Überhangmandate und das negative Stimmgewicht automatisch beseitigt.

6. So finden, von der Öffentlichkeit unbemerkt, seit Monaten und lange vor den offiziellen Wahlterminen praktisch Teilwahlen statt, bei denen, am Volk vorbei, die Abgeordneten bereits bestimmt werden. Mit jeder parteiinternen Entscheidung über die Besetzung sicherer Wahlkreise und mit der Aufstellung von Wahllisten auf Landes- oder Bundesebene werden Abgeordnetenmandate schon vergeben. Der Wähler kann daran rein gar nichts mehr ändern.

7. Wie ungeniert man bei uns über den Wählerwillen hinweggeht, wird auch deutlich, wenn ein im Wahlkreis gewählter Abgeordneter stirbt oder aus anderem Grund ausscheidet. Dann findet nicht etwa eine Nachwahl statt. Vielmehr rückt automatisch ein Listenabgeordneter nach, der den Wahlkreis im Zweifel noch nie gesehen hat und dort völlig unbekannt ist.

8. Wer einmal ein Mandat innehat, etwa des Bundestags, wird, wenn er sich nicht ganz dumm anstellt, auch in Zukunft wieder nominiert. In einem sicheren Wahlkreis etwa kann der Abgeordnete so lange bleiben, wie er will. Als finanziell, personell und statusmäßig üppig ausgestatteter »Wahlkreislöwe« macht er sich innerparteilich derart breit, dass bei der Wiedernominierung Gegenkandidaten von vornherein abgeschreckt werden. Da er das Mandat 16, 20 oder 24 Jahre besetzen kann, ist für ihn die Möglichkeit einer Abwahl reine Theorie. Der Lehrbuchsatz, Demokratie sei Macht auf Zeit, ist nur schöner Schein. Hier könnte die Begrenzung des Mandats auf zwei oder drei Wahlperioden helfen.

9. Zeichnet man die 60-jährige Geschichte unseres Wahlrechts Schritt für Schritt nach, werden die progressive Verengung auf die Interessen der politischen Klasse und die sukzessive Abschottung vom Volk besonders deutlich.

10. Die Parteien versagen bei ihrer wichtigsten Aufgabe, der Rekrutierung von Politikern, kläglich. Wer in der Partei weiterkommen will, muss regelmäßig die sogenannte »Ochsentour« durchlaufen: jahrelange zeitaufwendige Kärrnerarbeit im immergleichen Orts- und Kreisverband. Das können sich nur Leute mit viel Zeit (»Zeitreiche«) leisten, die auch ihren Wohnort nicht wechseln (»Immobile«), nicht aber in Wirtschaft, Wissenschaft, Publizistik, Kultur etc. Erfolgreiche. So kommt es, dass vor allem mittlere Beamte und Funktionäre in die Parlamente einziehen (»Verbeamtung der Parlamente«). Die parteiinterne Sozialisierung bringt vornehmlich Parteisoldaten hervor, die eigene Ideen und Initiativen in vorauseilendem Gehorsam und zugunsten politischer Korrektheit unterdrücken. Die zweimalige erfolglose Kandidatur von Oswald Metzger in den CDU-beherrschten Wahlkreisen Biberach und Bodensee vor der Bundestagswahl 2009 zeigt, dass Kandidaten, die von außen kommen, keinen Einstieg finden. Charismatische Persönlichkeiten haben ohnehin keine Chance.

11. Unser Wahlsystem, welches sich die politische Klasse auf den Leib geschneidert hat, ist mit der grundgesetzlich garantierten Freiheit und Unmittelbarkeit der Wahl der Abgeordneten durch das Volk nicht in Einklang zu bringen. Anstelle echter Mitwirkung wird die Wahl auf einen bloßen Formalakt reduziert, dessen Inhalt andere dem Bürger aufzwingen. Geht es um Bürgerpartizipation, feiert

ein Formalismus Urständ, der in allen anderen Rechtsgebieten längst als völlig überholt ad acta gelegt ist.

12. Einen Einspruch des Bundesverfassungsgerichts konnten die Parteien bisher dadurch verhindern, dass sie das Gericht nach politischer Couleur besetzten und dadurch schon früh Vertreter einer überzogenen Parteienstaatsdoktrin in Karlsruhe das große Worte führen ließen. Der Einfluss der politischen Parteien auf das Gericht zeigte sich etwa bei den Überhangmandaten, die seinerzeit vor allem der Regierung von CDU/CSU und FDP zugute kamen: Nur die vier von SPD und Grünen gewählten Richter erklärten sie für verfassungswidrig, während die vier von Union und FDP nach Karlsruhe entsandten sie absegneten. So wurde ein Mehrheitsspruch des Gerichts verhindert, und Überhangmandate mit ihren unsäglichen Folgen bleiben weiterhin erlaubt. Bei der Bundestagswahl 2005 gab es 16 Überhangmandate, 2009 könnten es noch sehr viel mehr sein. Selbst das aberwitzige negative Stimmgewicht hat das Gericht zunächst abgesegnet, und erst als kein Weg mehr an der Feststellung der Verfassungswidrigkeit vorbeiführte, hat es dem Gesetzgeber die Beseitigung schließlich aufgegeben – für die Bundestagswahl 2013. Negatives Stimmgewicht und Überhangmandate können das Wahlergebnis gründlich verfälschen. Will man wirklich riskieren, dass Überhangmandate am Ende die Wahl entscheiden? Auf jeden Fall wird der Bundestag im Herbst 2009 auf verfassungswidriger Grundlage gewählt.

13. Nach der Wahl entscheiden die Führungen von Parteien über die Köpfe der Wähler hinweg durch Koalitionskungelei, welche Formation den Kampf letztlich gewinnt und die Regierung bildet, und es ist keineswegs garantiert, dass die stärkste Fraktion daran beteiligt ist. Kleine Parlamentsparteien haben einen überproportionalen Einfluss – nicht nur in Koalitionsregierungen, sondern auch im Bundesrat, wo Sechs-Prozent-Parteien die Stimmen eines ganzen Landes blockieren können. Seit dem Erfolg der Linken in den westlichen Bundesländern haben sich die Verhältnisse weiter zugespitzt und sind für den Wähler noch unübersichtlicher geworden. Er weiß erst recht nicht mehr, zu welcher Regierungsbildung seine Stimme beiträgt. So können FDP-Wähler, die von einer Koalition mit der Union träumen, nach der Wahl am 27. September 2009 mit einer Ampel- oder einer erneuten Großen Koalition aufwachen.

14. Wenn Große Koalitionen, also politische Kartelle der Hauptkonkurrenten, zur Regel werden, gibt sich das parlamentarische System selbst auf.

15. Es gibt viele gute Gründe, die Ministerpräsidenten der Länder direkt von den Bürgern wählen zu lassen. Im Fünf-Parteien-System wäre dies erst recht angezeigt. Dann läge die Regierungsbildung wirklich in der Hand der Wähler. In den Ländern lässt sich eine solche Reform auch gegen die politische Klasse durchsetzen: mittels direkter Demokratie, die dort möglich ist. Davon könnte eine politische Aufbruchstimmung ausgehen, die die ganze Republik erfasst.

16. Auch die Mehrheitswahl des Parlaments wäre ein Weg, die Bürger über die Regierung entscheiden zu lassen. Dann wäre kein Raum mehr für nachträgliche Koalitionsabsprachen und die undemokratische Listenwahl. Es kennzeichnet das mangelnde Problembewusstsein der derzeitigen Großen Koalition, dass sie über diese Möglichkeit nicht einmal laut nachgedacht hat. Das Grundgesetz ist für eine solche Reform, die durch einfaches Gesetz geschehen könnte, offen.

17. Die Entwicklung zum abgesicherten Berufspolitiker und die wachsende Entfremdung der Parteien von Basis und Volk lassen sich anhand der Geschichte der Abgeordnetenbezahlung und der Parteienfinanzierung nachzeichnen. Auch hier hat die Besetzung der Verfassungsgerichte durch die Parteien verhindert, dass der anschwellende Geldfluss ernsthaft gefährdet wurde.

18. Da die politische Klasse, genau wie über das Wahlrecht, auch über alle Arten von Politikfinanzierung in eigener Sache entscheidet, atmen die Regelungen förmlich ihre Interessen, und die sind auf möglichst viele, möglichst gut versorgte, lebenslange Posten gerichtet.

19. Die Aufblähung des Politikpersonals zeigt sich zum Beispiel in viel zu großen Parlamenten, in völlig überflüssigen Parlamentsvizepräsidenten und Parlamentarischen Staatssekretären.

20. Der bundesdeutsche Föderalismus mit seinen 16 Ländern ist geradezu ein Postenvervielfältigungsprogramm. Die seit Langem anstehende Ländergebietsreform scheiterte bisher vor allem daran, dass dann viele Pfründen wegfallen würden.

21. Auch viele Richter- und Beamtenstellen, Positionen in öffentlichen Unternehmen und im öffentlich-rechtlichen Rundfunk haben die

Parteien an sich gerissen und oft nach Proporz besetzt, obwohl laut Grundgesetz bei Einstellung und Beförderung im öffentlichen Dienst allein Leistung und Qualifikation maßgeblich sind und die Parteizugehörigkeit keine Rolle spielen darf. Die Folgen sind verminderte Leistungsfähigkeit und letztlich auch Aufblähung der Verwaltung sowie mangelnde Unabhängigkeit mancher Gerichte und Rundfunkanstalten gegenüber der Politik.

22. Die 612 Bundestagsabgeordneten, die 99 deutschen Europaparlamentarier, die fast 2000 Landtagsabgeordneten und die rund 230 Mitglieder der Bundes- und Landesregierungen werden ganz überwiegend üppig besoldet und überversorgt, zusätzlich erhalten viele hohe steuerfreie Pauschalen – dies alles, damit sie dem Gemeinwohl dienen (so ausdrücklich auch der Amtseid). Tatsächlich machen die meisten und auch viele ihrer (ebenfalls staatlich alimentierten) Hilfskräfte Monate vor anstehenden Wahlen auf Kosten der Steuerzahler Wahlkampf für ihre Parteien und missbrauchen so ihren hoch dotierten Status.

23. Beamte, die ins Parlament gewählt werden, müssen ihr Amt aus Gründen der Gewaltenteilung ruhen lassen. Dagegen können ihre obersten Chefs ihr Ministeramt neben dem Parlamentsmandat weiterhin ausüben, obwohl bei ihnen die Gefahr von Interessenkonflikten noch viel größer ist. Dies hat auch finanzielle Gründe. Der Gehaltsunterschied zwischen den fünf Mitgliedern der Merkel-Regierung ohne Mandat, und den zehn mit Mandat (Minister de luxe) beträgt erstaunliche 57 Prozent.

24. Die ohnehin hohe Altersversorgung von Ex-Politikern wird z.B. von der Regierung in Sachsen mit ihrer Superpension von 43 Prozent der Aktivenbezüge nach vier Amtsjahren ab Alter 55 noch getoppt. Im Bund bekommen Regierungsmitglieder nach so kurzer Zeit »nur« 28 Prozent, und das erst mit 65 Jahren.

25. Die Wahl des Bundespräsidenten beruht auf einem ziemlich komplizierten Verlegenheitssystem, das man sich nur ausgedacht hat, um eine Direktwahl durch das Volk zu vermeiden. Wer das Amt erhält, wird in kleiner Runde ausgekungelt. Der Vollzug ihrer Entscheidungen durch die sogenannte Bundesversammlung ist eine Demonstration der Macht von Parteiführungen. Die bewusst schwache Stellung des Bundespräsidenten steht in merkwürdigem Kontrast zu der Regelung, dass er als einziger Amtsträger im Ruhestand weiter seine vollen Bezüge erhält.

26. Die Parteien lassen sich Ämter und Mandate von ihren Leuten regelrecht bezahlen und machen damit deutlich, wer die Pfründen verteilt. Politiker werden praktisch gezwungen, große Teile ihrer Gehälter an die Partei abzuführen, bekommen dafür aber hohe Steuervergünstigungen, obwohl solche »Parteisteuern« verfassungswidrig sind. Um sie dennoch durchzusetzen, haben die Schatzmeister die Steuerbegünstigung für alle Parteispenden weit überhöht, was Manipulationen mit Spendenquittungen begünstigt. Doch das ist nur die Spitze des Eisbergs, weil die Schatzmeister jede vernünftige Kontrolle hintertreiben. Nur jeder tausendste Orts- oder Kreisverband wird überhaupt geprüft.

27. Großfinanciers nehmen Abgeordnete ganz legal als Lobbyisten in ihre bezahlten Dienste, so dass diese aus zwei Quellen schöpfen: Vom Steuerzahler lassen sie sich »zur Sicherung ihrer Unabhängigkeit« (Artikel 48 Grundgesetz) bezahlen, und dem Geldgeber verkaufen sie eben diese Unabhängigkeit. Auch unmoralische Angebote für die Zeit nach der Politikkarriere bleiben ungestraft. Hier bestehen große Gesetzeslücken. Abgeordnetenkorruption muss endlich wirksam unter Strafe gestellt werden.

28. Die Parteien haben den Wählern jede sinnvolle Möglichkeit genommen, ihren Frust an der politischen Klasse insgesamt zum Ausdruck zu bringen. Wahlenthaltungen sind – entgegen landläufiger Meinung – kein wirkungsvolles Instrument. Über den Rückgang der Wahlbeteiligung vergießen die Parteien zwar öffentlich Krokodilstränen. In Wahrheit tut er ihnen aber überhaupt nicht weh, solange die Zahl der Parlamentsmandate und die Höhe der staatlichen Parteienfinanzierung nicht an die Wahlbeteiligung gekoppelt sind. Beide Größen würden selbst bei einem Absinken der Beteiligung auf 30 Prozent um keinen Deut schrumpfen. Die Aufforderung zum Wahlstreik ist deshalb kein geeignetes Mittel, die etablierten Parteien zum Nachdenken über die Mängel der demokratischen Infrastruktur zu zwingen.

29. Das Bundesverfassungsgericht hat eine »absolute Obergrenze« für die Staatsfinanzierung von Parteien errichtet, die derzeit 133 Millionen Euro jährlich beträgt. Doch die Parteien schöpfen diese Summe voll aus, auch wenn die Wahlbeteiligung weiter fällt. Das widerspricht der Rechtsprechung des Gerichts, das die Höhe der Staatsfinanzierung von der Wahlbeteiligung der Bürger abhängig machen und so die Parteien zur Bürgernähe anstacheln wollte.

30. Die Erosion der Volksparteien ist nicht zuletzt eine Folge ihrer ins Kraut geschossenen Staatsfinanzierung. Diese demotiviert die Basis und reißt den Graben zur Parteiführung immer weiter auf. Die Klasse der Berufspolitiker gibt den Ton an. Volksparteien degenerieren zu Kartell- und Fraktionsparteien.

31. Unser Föderalismus hat eine ungute Entwicklung genommen. Der Bundesrat muss wichtigen Gesetzen zustimmen, war aber vor 2005 meist in der Hand der Opposition. Das lässt nur die Wahl zwischen Scylla und Charybdis: Die Blockade durch die Opposition, die der Regierung Erfolge neidet, ist vorprogrammiert. Stimmt der Bundesrat aber zu, verschwimmt die politische Verantwortung. Auf Landesebene stimmen die Exekutiven aller 16 Länder sich in mehr als tausend Gremien wie zum Beispiel der Kultusministerkonferenz ab. Das reduziert die politische Handlungsfähigkeit auf ein Zeitlupentempo, ermöglicht aber allen Beteiligten, sich erst recht vor der Verantwortung zu drücken. Die Parlamente werden zu Vollzugsorganen von undurchsichtigen Entscheidungen übergreifender Exekutivzirkel, und die Wähler haben mal wieder das Nachsehen.

32. Auf europäischer Ebene herrschen erst recht krasse Demokratiedefizite. Weder gibt es ein europäisches Volk noch eine europäische öffentliche Meinung, noch einheitliche Wahlen. Bürger in Luxemburg haben elfmal mehr Stimmgewicht als Deutsche. Die Fünfprozentklausel ist bei Europawahlen ein Irrwitz ohne jede Begründbarkeit. Sie entwertet die Stimme von mehr Deutschen, als die Summe aller Wähler von drei oder vier kleineren EU-Staaten zusammen ergibt. Regionalparteien wie die CSU müssen weit über 40 Prozent der Stimmen erhalten, sonst bleiben sie draußen. So wird die Sperrklausel in Bayern zur Vierzigprozenthürde.

33. In Europa etabliert sich ein System der Politikfinanzierung, das aller Grundsätze spottet, die das Bundesverfassungsgericht und der Europarat entwickelt haben. Das 2004 in Kraft getretene europäische Parteiengesetz unterläuft die europäische Verfassungsdiskussion und schanzt Parteibünden Steuergelder zu, die das nationale Staatsgeld noch aufstocken. 2008 hat ein Änderungsgesetz die Problematik noch verschärft, die der Öffentlichkeit bisher noch kaum aufgefallen ist.

34. Nach der Europawahl am 7. Juni 2009 soll das neue europäische Diätengesetz in Kraft treten, ein Konstrukt mit unsäglichen

Konsequenzen, vor denen Brüssel fest die Augen verschließt: Für fast alle Abgeordneten ergeben sich enorme Einkommenssteigerungen, die vor allem deutsche Steuerzahler zu bezahlen haben. Die meisten europäischen Abgeordneten werden sehr viel mehr erhalten als ihre nationalen Volksvertreter-Kollegen, ja oft sogar mehr als ihre Minister- und Staatspräsidenten. Die höchst peinlichen Zahlen werden von der EU unter der Decke gehalten. In diesem Buch aber werden sie dokumentiert.

35. Völlig überzogene Spesenregelungen, die auf Erlassen des Parlamentspräsidiums beruhen, sollen neben dem Diätengesetz zum großen Teil fortbestehen. Sie ermöglichen Europaabgeordneten gewaltige steuerfreie Nebeneinkommen. Sitzungsgelder und Kostenpauschalen werden gezahlt, ohne dass Kosten entstanden sind. Normalverbraucher werden wegen Betrugs bestraft, wenn sie zu hohe Spesen abrechnen, Abgeordnete dagegen werden geradezu zur Spesenreiterei aufgefordert.

36. So werden alle guten demokratischen Grundsätze, die in den Mitgliedstaaten im Laufe der Geschichte mühsam erkämpft wurden, auf europäischer Ebene ignoriert. Kann ein Parlament, das in eigener Sache derart lax mit den Grundregeln des Rechts umgeht und der Bereicherung seiner Mitglieder Vorschub leistet, als Kontrollorgan noch ernst genommen werden? Auch die Kontrolle durch die Bürger bei Wahlen ist nicht gegeben. Deutsche können Politiker weder bei Europawahlen zur Verantwortung ziehen, noch können sie sich in Volksabstimmungen zu Wort melden, etwa zur Europäischen Verfassung oder zum Beitritt neuer Mitgliedstaaten.

37. Allein auf kommunaler Ebene hat sich eine Nische echter Bürgerpartizipation erhalten und ausgeweitet. Die Direktwahl der Bürgermeister, der Land- und Stadträte ist inzwischen selbstverständlich. Doch die bessere Demokratie auf Gemeindeebene ist der politischen Klasse ein Dorn im Auge und war deshalb nur durch Volksbegehren und Volksentscheid durchzusetzen. Dieser Weg könnte auch für Reformen des Wahlrechts, des Parteiensystems und der Politikfinanzierung auf höherer Ebene zum Vorbild werden. Die Kommunen werden von der politischen Klasse in Bund und Ländern allerdings systematisch ausgehungert – institutionell, kompetenziell und finanziell. Ihnen werden nur längst überholte Steuern belassen. Sie hängen am Tropf der Länder. Ihre

Bürgermeister sind unterbezahlt. Für gemeindliche Wahlkämpfe gibt es kein Staatsgeld, um sie in Abhängigkeit von den Bundes- und Landesparteien zu halten und Wählergemeinschaften davon auszuschließen.

38. Freie Wählergemeinschaften kritisieren die Mängel unserer demokratischen Infrastruktur vehement. Ihr Erfolg in Bayern ist der beste Beleg für die wachsende Unzufriedenheit mit den Parteien. Seitdem Freie Wähler auch auf Europaebene antreten, bietet ihre Wahl ein probates Mittel, den Etablierten durch den Entzug von Prozenten und Mandaten die öffentliche Diskussion der Defizite und die nötigen Reformen aufzuzwingen.

39. Auf Gemeinde- und Landesebene haben die Bürger die Möglichkeit, durch Volksbegehren und Volksentscheid politische Entscheidungen an sich zu ziehen und anstelle der Volksvertretungen zu entscheiden, nicht aber auf Bundesebene. Gegen Auswüchse des Parteienstaates gibt es am Ende nur ein wirksames und zugleich demokratisches Gegengewicht: das Volk selbst. Wenn der repräsentative Ansatz nicht trägt, weil die Repräsentanten sich nicht am Gemeinwohl orientieren, wenn der politische Wettbewerb durch Kartelle lahmgelegt wird und deshalb der indirekte Weg, dem Willen des Volkes durch Wahlen Geltung zu verschaffen, verstopft ist, drängt sich der direkte Weg umso mehr auf: die unmittelbare Demokratie durch Volksbegehren, Volksentscheid, Initiative und Referendum. Diese Institutionen sollen die repräsentative Demokratie zwar nicht ersetzen, können sie aber sinnvoll ergänzen und als demokratisches Ventil gegen die Abgehobenheit der politischen Klasse dienen. Auch ein Wahlrecht, mit dem die Bürger ihre Repräsentanten in den Parlamenten und an der Spitze des Staates wirklich auswählen (und für gute oder schlechte Politik verantwortlich machen) können, ist wohl nur auf diesem Wege durchzusetzen.

40. Mit dem Abheben der politischen Klasse vom Volk gerät die Politik immer stärker in den Griff der Wirtschaft. Brutal deutlich wurde dies bei den Reaktionen der Politik auf die Finanz- und Wirtschaftskrise, deren Aufkommen sie im Übrigen durch mancherlei wirtschaftspolitische Maßnahmen selbst erleichtert hat.

Personenregister

Abel, Gesa 325
Abele, Sebastian 103
Ackermann, Jens 112
Adam, Harm 326
Adam, Michael 103
Adamowitsch, Georg Wilhelm 40
Adenauer, Konrad 25, 56, 136, 151, 187, 208, 232, 307
Agkün, Lale 114
Ahrendt, Christian 108
Aigner, Ilse 96, 121, 185
Aiwanger, Hubert 300
Al-Wazir, Tarek 153
Albach, Peter 119
Albert, Andrea 325
Alberts, Peter 324
Albrecht, Jan Philipp 324
Altersleben, Bettina 318
Althaus, Dieter 240, 252 ff.
Altmaier, Peter 65, 124
Alvaro, Alexander 323
Amann, Gregor 118
Andreae, Kerstin 124
Andres, Gerd 89, 91, 110
Anton, Alexander 325
Apel, Hans 70, 177
Arndt-Brauer, Ingrid 115
Arnold, Karl 243
Arnold, Ludger 320
Arnold, Rainer 102, 123
Aumer, Peter 97

Axourgos, Dimitrios 320
Aydinlik-Demirdögen, Sidar 324

Bach, Sabine 320
Bahr, Ernst 111
Baldschun, Katie 318
Balz, Burkhard 325
Banner, Gerhard 273
Bär, Dorothee 127
Bareiß, Johannes 93
Barlow, Keith 324
Barnett, Doris 120
Bartels, Hans-Peter 90
Barth, Heinz 244
Barthel, Klaus 102, 121
Barthle, Norbert 123
Bartsch, Dietmar Gerhard 108
Bas, Bärbel 89, 92
Bätzing, Sabine 119
Bauer, Markus 319
Bauer, Wolf 113
Baumann-Hasske, Harald 318 f.
Baumgarten, Heino 320
Beck, Ernst-Reinhard 94
Beck, Kurt 199, 202 f., 215, 242, 260
Beck, Marieluise 105
Beck, Volker 114
Becker-Lettow, Christa 320
Becker, Dirk 116
Beckmeyer, Uwe Karl 89

385

Beckstein, Günther 210, 216, 127, 237, 243, 245, 321
Beermann, Johannes 185
Behle, Horst 92
Behn, Cornelia 112
Bellmann, Veronika Maria 117
Benda, Ernst 41
Bender, Birgitt 62, 122
Bengler, Herbert 320
Bennarend, Jens 92
Benneter, Klaus Uwe 113
Berg, Axel 102
Berg, Ute 116
Bergmann, Ingo 319
Bergner, Christoph 39, 105
Bernhardt, Otto 108
Bernicker, Michael 325
Berninger, Matthias 127
Bettin, Grietje 108
Beusing, Ruth 319 f.
Beust, Ole von 188, 212
Beyer, Christian 102
Biedenkopf, Kurt 192, 237, 242, 244 f.
Bierwirt, Petra 111
Bilger, Steffen 94, 95
Binder, Sascha 102
Binding, Lothar 66, 102
Binninger, Clemens 93, 123
Bischoff, Rainer 318
Bisky, Lothar 112, 207, 264, 324
Bismarck, Carl-Eduard Graf von 108, 126, 127
Bismarck, Otto von 156, 167 f.
Blank, Renate 122
Bleser, Peter 93
Bley, Nikolaus 319
Blüchler, Ingo 320
Blumenthal, Antje 109
Bodewig, Kurt 114

Böhmer, Maria 120
Bollen, Clemens 127
Bollmann, Gerd 89, 116
Bonde, Alexander 124
Boos, Luisa 320
Borchert-Bösele, Monika 319
Borchert, Johann-Joachim 115
Börnsen, Wolfgang 108
Bosetzky, Horst 218
Brähmig, Klaus Peter 94
Brand, Michael 61, 94
Brandl, Reinhard 96
Brandner, Klaus 116
Brandt, Helmut 113
Brandt, Willy 56, 58, 71, 107, 201, 243, 263, 299
Brantner, Franziska 324
Braun, Andreas 324
Brender, Nikolaus 235
Brentano, Heinrich von 303
Breyer, Hiltrud 324
Brie, Andre 323
Brinkmann, Bernhard 90, 104, 110
Brinkmann, Rainer 320
Brockmann, Johannes 54
Brömmer, Julia 325
Brückmann, Sabine 320
Brüderle, Rainer 120
Brüning, Monika 110
Brunkhorst, Angelika 109
Brunner, Karl-Heinz 103
Buesink, Wim 318
Bulling-Schröter, Eva 120
Bullmann, Udo 318
Bulmahn, Edelgard 89, 104
Bülow, Marco 89, 116
Bunge, Martina 108
Burchard, Ursula 89, 116
Burgbacher, Ernst 124

Burger, Hildegard 319
Burger, Thomas 103
Burkert, Martin 102, 122
Bush, Georg W. 9, 368, 371
Bütikofer, Reinhard 322, 324
Buttolo, Albrecht 185

Caesar, Cajus 126
Cakir, Sedat 319
Carstensen, Christian 109
Carstensen, Peter Harry 127
Casel, Isabelle 324
Castellucci, Lars 102
Chatzimarkakis, Jorgo 323
Clasen, Bernhard 324
Claus, Roland 112
Clauß, Christine 185
Clemen, Robert 246
Clement, Wolfgang 205
Cohn-Bendit, Daniel 321
Colditz, Frank Thomas 247
Connemann, Gitta 94, 109
Conrad, Jürgen 318
Coße, Jürgen 319
Cramer, Michael 324
Creutzmann, Jürgen 323
Czeke, Harry 324

Dagdelen, Sevim 115
Dahlmann, Thomas 320
Dahrendorf, Ralf 204 f.
Daniels, Wilhelm 73
Dautzenberg, Leo 93
De Masi, Fabio 324
Dehler, Thomas 304
Dehm-Desoi, Jörg-Diether 104
Deittert, Hubert 116
Deligöz, Ekin 122
Deß, Albert 325
Dewes, Richard 253 f.

Diebold, Alfred 319
Diezel, Birgit 252
Diller, Karl 120
Dobrindt, Alexander 96
Dolle, Christoph 319
Dombois, Andrea 247
Dopfer, Thomas 325
Dörflinger, Thomas 124
Döring, Patrick 104
Dörmann, Martin 114
Dörnhöfer, Georg 103
Dött, Marie-Luise 105, 115
Dressel, Carl-Christian 102, 121
Drobinski-Weiß, Elvira 102, 124
Drozynski, Piotr 320
Duchac, Josef 251, 254
Dückert, Thea Gerda 109
Duin, Garrelt 89, 109
Dullinger, Angelica 102
Dürr, Jörg 319
Dyckmans, Mechthild 106

Ecke, Matthias 320
Eckert, René van 103
Efler, Michael 324
Ehard, Hans 232
Ehlerding, Karl 220
Ehrmann, Siegmund 115
Eich, Tom 323
Eichel, Hans 77, 90, 106
Eichhorn, Maria 97, 121
Eid, Ursula 39, 62, 123
Einsiedel, Stefan 325
Eisel, Stephan 126
Engehausen, Franziska 102
Engelen-Kefer, Ursula 102
Engelmeier-Heite, Michaela 319
Engert, Susann 319
Enkelmann, Dagmar 111
Erdmann, Ole 319 f.

Erhard, Ludwig 25, 56, 243
Erler, Gernot 101, 124
Ernst, Cornelia 324
Ernst, Klaus 122, 206
Ernstberger, Petra 102, 121
Ertug, Ismail 317 f.
Eschenburg, Theodor 236, 306
Esken, Saskia 102
Essen, Jörg Ludwig van 116
Essen, Jörg van 66
Evers-Meyer, Karin 109
Eymer, Anke 108

Fabian, Norbert 319
Fahrenschon, Georg 97, 126
Falk, Ilse 115
Falk, Peter 102
Faße, Annette 110
Faust, Hans Georg 111
Fechner, Johannes 102
Feder, Martin 319
Fell, Hans Josef 122
Fellner, Barbara 325
Ferber, Markus 325
Ferlemann, Enak 110
Ferner, Elke 264
Fiedler, Daniela 320
Firmenich, Ruth 324
Fischbach, Ingrid Marianne 116
Fischer, Axel 123
Fischer, Dirk 109
Fischer, Hartwig 111
Fischer, Joschka 127, 150, 152,
   202 f., 212
Fischer, Peter 102
Fischer, Roland 103
Fischer, Sebastian 247
Flachsbarth, Maria Franziska
   110
Flath, Steffen 185, 247

Fleckenstein, Knut 318
Fleckenstein, Manfred 318
Flisek, Christian 319
Fograscher, Gabriele 102, 122
Foraci, Ulrike 319
Fornahl, Rainer 117
Föse, Doreen 324
Franke, Edgar 90
Franke, Henning 319
Frankenhauser, Herbert 120
Franzen, Ingrid 320
Frechen, Gabriele 113
Frerks, Ronald 318, 320
Frey, Gerhard 258
Friedrich, Hans-Peter 121
Friedrich, Horst 121
Friedrich, Ingo 321
Friedrich, Peter 102, 124
Frischer, Joseph 118
Fritz, Erich G. 116
Fromme, Jochen-Konrad 111
Fuchs, Michael 94, 119
Fuchtel, Hans-Joachim 94, 124

Gabriel, Sigmar 90, 111, 185
Gallwitz, Manfred 325
Gauweiler, Peter 120, 309
Gebhardt, Evelyne 318
Gehb, Jürgen 106
Gehrcke-Reymann, Wolfgang
   118
Gehring, Kai Boris 115
Geier, Jens 318
Geiger, Philipp 320
Geiger, Willi 171
Geis, Norbert 97 f., 122
Geissler, Jonas 325
Gerdes, Michael 89, 92
Gerhardt, Wolfgang 118, 302
Gerig, Alois 93

Gerken, Lüder 312
Gerster, Martin 102, 124
Gianfrancesco, Constantino 324
Giegold, Sven 213, 322, 324
Gienger, Eberhard 123
Gierlings, Elisabeth 103
Giftakis, Michael 319
Gilleßen, Sabine 319
Gillo, Martin Waldemar 247
Glaab, Rainer 320
Glante, Norbert 318
Gläsker, Eckard 326
Glogowski, Gerhard 242 f.
Glos, Michael 40, 97, 98, 122, 210 f., 372
Gloser, Günter 65 f., 102, 122
Glum, Friedrich 52
Göbel, Ralf 120
Godawa, Angela 102
Göddertz, Thomas 320
Göhner, Reinhard 126
Goldmann, Hans-Michael 109
Golze, Diana 111
Göppel, Josef 97
Göring-Eckhardt, Katrin 38
Görlach, Willi 351
Götz, Peter 94, 123
Götzer, Wolfgang 96
Gradistanac, Renate 124
Graf, Angelika 102, 120
Granold, Ute 120
Grasediek, Dieter 92, 89
Greenspan, Alan 369
Greib, Martina 319 f.
Grein, Armin 326
Greven, Michael 83
Griefahn, Monika 110
Griese, Kerstin 114
Grindel, Reinhard 110
Gröhe, Hermann 114

Groneberg, Gabriele 110
Gronewold, Dirk 326
Groote, Matthias 318
Groschek, Mike 89
Groß, Michael 89
Groß, Werner 103
Grosse-Brömer, Michael 110
Großmann, Achim 113
Grotthaus, Wolfgang 89, 105, 115
Grübel, Markus 123
Gruber, Gabriele 325
Grütters, Monika 113
Gübner, Frank 325
Gunkel, Wolfgang Michael 117
Günther, Joachim 118
Guttenberg, Karl-Theodor zu 96, 185, 211
Gysi, Gregor 113, 207, 264

Hacker, Hans-Joachim 108
Hackl, Maria 102
Häfner, Gerald 322, 324
Hagl, Rita 103
Hähle, Fritz 247
Hahn, Florian 97
Hahn, Jörg-Uwe 190
Haibach, Holger-Heinrich 118
Haimerl, Barbara 325
Hajduk, Anja 109, 126
Hamm-Brücher, Hildegard 302
Händel, Thomas 324
Happach-Kasan, Christel 108
Harms, Rebecca 321 f., 324
Hartenbach, Alfred 90, 92
Hartmann, Michael 120
Hartmann, Sebastian 319
Hasselfeldt, Gerda 38, 97
Haßelmann, Britta 116
Hatschek, Julius 167

Haug, Jutta 318
Häusling, Marin 324
Haustein, Heinz Peter 117
Hayer, Björn 324
Heike, Maas 325
Heil, Hubertus 90, 110, 301
Heinemann, Gustav 58, 200, 299
Heinen, Ursula 114
Heinz, Paula 107
Heix, Martin 54 f.
Heller, Uda Carmen Feia 112
Hempelmann, Rolf 89, 115
Hendricks, Barbara 114
Henke, Wilhelm 17, 229
Henn, Werner 102
Hennerkes, Jörg 41
Hennis, Wilhelm 57, 274
Hennrich, Michael 94, 123
Herrmann, Petra 319
Hertlitzius, Bettina 126
Herzog, Gustav 120
Herzog, Roman 276, 302, 312
Hesse, Katrin 320
Hettlich, Peter 117
Heuss, Theodor 157 f., 232,
  287
Heynemann, Bernd Reinhold
  Gerhard 112
Hiller-Ohm, Gabriele 108
Hillgruber, Christian 356
Hilsberg, Stephan 112
Hindersmann, Nils 320
Hinsken, Ernst 96, 98
Hintze, Peter 39, 114
Hinz, Petra 115
Hinz, Priska 118
Hippold, Jan 247
Hirsch, Nadja 323
Hirte, Christian 126
Hochbaum, Robert 118

Hofbauer, Klaus 97, 121
Höfer, Gerd 90, 92, 118
Hoff, Elke 119
Hoffmann, Iris 108
Höfken-Deipenbrock, Ulrike
  120
Hofmann, Frank 102, 122
Höfs, Astrid 320
Högl, Eva 126
Hohlmeier, Monika 216, 321,
  325 f.
Hohmann, Martin 61
Höhn, Bärbel 105
Höhner, Dirk 319 f.
Höll, Barbara 117
Holmeier, Karl 97
Holsten, Reiner 318
Holzenkamp, Frank-Josef 93, 95,
  110
Homburger, Birgit 124
Hoppe, Thilo 109
Hörber, Thomas 320
Hovermann, Eike Anna Maria
  116
Huber, Ernst Rudolf 168
Huber, Erwin 210 f., 216, 245,
  316
Hübinger, Annette 141
Hübner, Klaas 112
Hühn, Marianne 318 f.
Hülsenbeck, Friedrich 323
Humme, Christel 90 f.
Hüppe, Laurenz 116

Ibrügger, Lothar 116
Ihbe, Annegret 320
Illner, Maybrit 207
Iltgen, Erich 247, 250
Irber, Brunhilde 121

Jahr, Dieter Peter 117
Jauernig, Oliver 319
Jehle, Jochen 102
Jenter, Anne 102
Jöns, Karin 318
Jordan, Hans-Heinrich 112
Juncker, Jean-Claude 313
Jung, Andreas 94, 124
Jung, Franz Josef 185
Jung, Johannes 102
Juratovic, Josip 102, 123
Jurk, Thomas 185

Kachel, Thomas 324
Kaczmarek, Oliver 89, 92
Kahrs, Johannes 109
Kaiser, Ulrich 319
Kalb, Bartholomäus 96, 121
Kalkreuter, Kurt 320
Kallenbach, Gisela 324
Kammer, Hans-Werner 109
Kammerevert, Petra 318
Kampeter, Steffen 116
Karaahmetoglu, Macit 320
Karademir, Hidir 319
Karci, Kadriye 324
Karl, Alois 96
Kasparick, Ulrich 112
Kaster, Bernhard 120
Kastler, Martin 325
Kastner, Susanne 38, 102, 122
Kauch, Michael 116
Kauder, Volker 61, 93, 124
Kaufmann, Sylvia-Yvonne 321, 323
Kaune, Stephan 326
Kelber, Ulrich 114
Keller, Ska 324
Kiesinger, Kurt Georg 58, 151, 243

Kimpfel, Kornelia 323
Kindler-Lurz, Anette 324
Kinkel, Klaus 152, 302
Kipping, Katja 117
Kirchheimer, Otto 187
Kirchhof, Paul 362
Kirgiane-Efremides, Stella 318, 320
Kirmes, Svend-Gunnar 247
Klaeden, Eckhard von 104, 110
Klapprodt, Roland 320
Kleiminger, Christian 109
Klein, Hans Hugo 227
Klier, Manfred 319
Klimke, Jürgen 109
Klimmt, Reinhard 263
Klinz, Wolf 323
Klöckner, Julia 119
Klonki, Ulrich 320
Klose, Hans-Ulrich 90, 91, 172
Klose, Sören-Alexander 320
Klute, Jürgen 324
Knauf, Renate 324
Knipp, Klaus 319
Koch-Mehrin, Silvana 321, 323, 326
Koch-Weser, Caio 42
Koch, Helga 102
Koch, Roland 188, 190, 216f., 235
Koeppen, Jens 111
Kofler, Bärbel 102, 121
Kohl, Helmut 27, 56, 132, 151f., 158, 181, 243f., 262, 298
Köhler, Horst 59, 203, 208, 298, 300ff., 309
Köhler, Kristina 118
Kolb, Heinrich Leonhard 119
Kolbow, Walter 122
Königshaus, Hellmut 113

Königshofen, Norbert 115
Kopp, Gudrun 116
Koppelin, Jürgen 108
Körner, Matthias 318, 320
Körper, Fritz 119
Korte, Jan 112
Kortmann, Karin 114
Koschorrek, Rolf 108
Koschyk, Hartmut 97, 121
Kossendey, Thomas 109
Köster, Dietmar 320
Krahmer, Holger 323
Kramme, Anette 102, 121
Krasselt, Gernot 247
Krause, Koba 319
Krebs, Miriam 107
Kreft, Enrico 319
Krehl, Constanze 318
Kreissl-Doerfler, Wolfgang 318
Kressl, Nicolette 101, 123
Kretschmer, Michael 117
Krichbaum, Gunther 123
Kröger, Walter 102
Krogmann, Martina 110
Kroll, Winfried 320
Kröning, Volker 104
Krug, Günther 320
Krüger, Hans-Ulrich 115
Krüger, Hildegard 17
Krummacher, Johann-Henrich 126, 128
Kues, Hermann 93
Kühn-Mengel, Helga 113
Kuhn, Fritz 66, 212
Kumpf, Sinaida 320
Kumpf, Ute 101, 122
Künast, Renate 62, 212
Kunert, Katrin 112
Kupfer, Frank 185
Kurth, Markus 116

Kurth, Undine 112
Küster, Uwe 112

Labigne, Claire 324
Lafontaine, Oskar 27, 153, 199, 202 f., 206 f., 215, 222, 243, 262 ff., 267 f.
Lager, Werner 318
Lambrecht, Christine 119
Lambsdorff, Alexander Graf 323
Lambsdorff, Otto Graf 151
Lamers, Karl 66
Lämmel, Andreas Gottfried 117
Lammert, Norbert 38, 116, 142, 173, 208
Lamp, Helmut 126
Landgraf, Katharina 117
Lanfermann, Heinz 111
Lang, Hans-Joachim 320
Lange, Bernd 318
Lange, Christian 101, 123
Lange, Erhard H.M. 55
Lange, Ulrich 99
Langen, Werner 351
Langguth, Leif-Eric 325
Langlet, Jean-Marie 320
Laufers, Paul 107
Laurischk, Sibylle 124
Lauterbach, Karl 114
Lazar, Monika 117
Lehmer, Maximilian 97, 120
Lehn, Waltraud 89, 92, 115
Lehne, Klaus-Heiner 316
Lehrieder, Paul 97, 122
Leibholz, Gerhard 72 f., 226
Leibrecht, Harald 123
Leinen, Jo 318, 350
Lenke, Ina 110
Lenz-Aktas, Ingrid 103
Lerchenfeld, Walburga 325

Leutheusser-Schnarrenberger,
Sabine 121
Leyen, Ursula von der 39, 104,
185, 210
Lichthardt, Christian 325
Lieberknecht, Christine 252
Lincoln, Abraham 359
Link, Joachim 255
Link, Michael 123
Linnemann, Carsten 93
Lintner, Eduard 122
Lippold, Klaus Wilhelm 119
Lips, Patricia 119
Lochbihler, Barbara 324
Lomb, Mathias 320
Lopez, Helga 118
Lösekrug-Möller, Garbiele 90
Lösing, Sabine 324
Loske, Reinhard 114, 126
Lotter, Erwin 126
Lücke, Paul 158
Luhmann, Niklas 218
Lühr, Uwe 63
Lührmann, Anna 118
Lüngen, Ilse 320
Luther, Michael Andreas 118
Lutter, Marcus 372

Maas, Heiko 264
Mackenroth, Geert 185
Mahlberg, Thomas 126
Maier, Reinhold 107
Maisch, Nicole 106, 127
Maizière, Thomas de 39, 185,
247
Majer, Thorsten 102
Mann, Erika 318
Mansury, Homaira 318 f.
Mark, Lothar 123
Marks, Caren 110

Marnette-Kühl, Beatrice 326
Martin, Stefan Albrecht 325
Maschmeyer, Carsten 222
Mast, Katja 102, 123
Matschie, Christoph 253
Mattes, Ralf 318
Mattheis, Hildegard 101, 124
Matuszewski, Fridjof 323
Maurer, Ulrich 122
Mayer, Hans-Peter 325
Mayer, Joachim 319 f.
Mayer, Stephan 96, 98
Meckel, Johannes-Markus
111
Meckelburg, Wolfgang 115
Meierhofer, Horst 121
Meinhardt, Patrick 123
Meißner, Gesine 323
Meister, Michael 119
Menzel, Walter 232
Merkel, Angela 95, 105 f., 151,
185, 204, 208, 210 f., 215,
302, 328
Merkel, Petra-Evelyne 113
Merklein, Katharina 326
Merten, Ulrike 105, 114
Merz, Friedrich 93, 95, 105 f.,
117, 216
Meßmer, Ullrich 90, 92
Metz, Horst 247
Metzger, Dagmar 189
Metzger, Oswald 61 f., 98, 377
Meyer, Hans 19, 144, 146,
Meyer, Kirsten 319
Meyer, Laurenz 66, 116, 369
Meyer, Norbert 323
Meyers, Franz 58
Michel, Jens 247
Michelbach, Hans 121
Michels, Martina 324

Mierendorff, Carlo 51
Miersch, Matthias 90, 110
Mikwauschk, Aloysius 247
Milbradt, Georg 24, 237, 242 ff.,
  247
Mischberger, Michael 325
Mißfelder, Philipp 115
Mogg, Ursula 119
Möllemann, Jürgen 63, 190, 212
Möllring, Eva 110
Montag, Jerzy 120
Mortler, Marlene 97, 122
Mosca, Gaetano 149
Mücke, Jan 117
Mühlstein, Marko 112
Muldau, Marina von 320
Müller-Closset, Birgit 321
Müller, Bernward 126
Müller, Carsten 111
Müller, Gerd 96
Müller, Gottfried 255
Müller, Hans-Günter 326
Müller, Hildegard 114, 126
Müller, Josef 103
Müller, Kerstin 114
Müller, Michael 114
Müller, Peter 66, 127, 182 f.,
  240 f., 263, 267
Müller, Stefan 122
Müller, Werner 66
Multhaupt, Gesine 109
Müntefering, Franz 66, 71, 77,
  103, 106, 150, 201 ff., 215,
  240, 260, 301, 375
Murswiek, Dietrich 313
Mußgnug, Reinhard 53
Mützenich, Rolf 90, 114

Nahles, Andrea 119, 203, 300
Naper, Hanna 319

Naumann, Friedrich 156
Naumann, Kersten 119
Naumann, Michael 150
Neumann, Bernd Otto 105
Neuser, Norbert 318
Niebel, Dirk 66
Niebler, Angelika 325
Niedermeyer, Karl-Heinz 320
Niehuus, Merith 20
Nou, Dominique 103
Nouripour, Omid 127
Nowotny, Hannedore 102
Nussbaumer, Annette 326
Nüßlein, Georg 97, 122

Obama, Barack 9, 374
Obermeier, Frank 97
Oberstedt, Marcus 326
Offermann, Dirk O. 326
Opel, Carolin 325
Oppermann, Thomas 111
Ortel, Holger 90, 109
Östreich, Cornelia 319
Oswald, Eduard 96
Otte, Henning 110
Otto, Hans-Joachim 118
Özdemir, Cem 212

Palmer, Christoph 107
Papier, Hans-Jürgen 208
Parr, Andreas 102
Parr, Detlef 114
Pau, Petra 38, 113
Paula, Heinz 102
Pauli, Gabriele 210, 214, 300,
  322, 326
Pausch, Wolfgang 325
Pawelski, Rita 110
Paziorek, Peter Paul 116, 126
Petzold, Ulrich 112

Pfeffermann, Rainer 90, 106
Pfeiffer, Joachim 107, 123
Pfeiffer, Sibylle 118
Pfingsten, Jutta 318, 320
Pflug, Johannes 62, 89
Pflüger, Friedberg 39, 104, 127, 210
Pflüger, Tobias 324
Philipp, Beatrix 114
Picker, Rolf 325
Pieper, Cornelia 105
Pithan, Felix 324
Piwarz, Christian 247
Plahr, Alexander 323
Plasberg, Frank 207
Platzeck, Matthias 202 f., 258 ff.
Pofalla, Roland 93, 114, 192
Pogrell, Annette von 319
Poppenhäger, Holger 319 f.
Popper, Karl 196
Porkert, Felix 321
Poß, Joachim 62, 89, 115
Posselt, Bernd 325
Pothmer, Brigitte 104, 110
Pöttering, Hans-Gerd 321 f., 325
Presch, Dirk 320
Preuß, Hugo 156
Preysing, Regina 324
Pries, Christoph 106, 127
Priesmeier, Wilhelm 90 f., 111
Prockl, Franz 323
Pronold, Florian 102, 121
Purdel, Matthias 323
Putin, Wladimir 370

Quisthoudt-Rowohl, Godelieve 325

Raab, Daniela 96, 120
Rachel, Thomas 113
Rackl, Heidi 325
Rackles, Mark 318
Radtke, Sylvia 319
Radunski, Peter 198
Raidel, Hans 96, 98 f., 122
Ramelow, Bodo 253
Ramsauer, Peter 96, 98, 121
Randow, Matthias von 41
Rapkay, Bernhard 318
Rappenglück, Stefan 320
Rasch, Horst Friedrich 247
Ratka, Edmund 325
Rau, Johannes 302
Rauber, Stefan 320
Rauen, Peter Harald 94, 120
Rebmann, Stefan 102
Rehberg, Eckhardt 109
Reiche, Katherina 111
Reiche, Steffen 112
Reichel, Maik 112
Reichenbach, Gerold 119
Reimann, Carola 90, 111
Reimers, Britta 323
Repasi, René 319
Reuther, Marion 102
Riebsamen, Lothar 94
Rief, Josef 61, 93, 95
Riegert, Klaus 123
Riemann-Hanewinkel, Christel 105
Riesenhuber, Heinz 93, 118
Riester, Walter 123
Riesterer, Eva 103
Riethig, Marcel 318
Ringstorff, Harald 237
Rix, Sönke 108
Rock, Christian 107
Rodust, Ulrike 318

Roepert, Jan-Willem 326
Rohde, Jörg 122, 126
Rohwer, Maike 319
Rolland, Gabi 319
Romer, Franz 61, 93, 95, 124
Röring, Johannes 93
Rosa, Giovanni di 321
Rose, Klaus 106
Rosemann, Martin 102
Rosenthal, Enno 324
Röspel, Rene 90
Rößler, Matthias Erich 247
Rossmanith, Kurt 96
Rossmann, Ernst Dieter 108
Roth-Behrendt, Dagmar 318
Roth, Claudia 107, 212
Roth, Karin 101, 123
Roth, Michael 90 f.
Röttgen, Norbert 93, 105, 114,
    177 f.
Rübensam, Lothar 62
Ruck, Christian 97 f.
Rühe, Volker 39
Rühle, Heide 324
Runde, Ortwin 109
Rupprecht, Albrecht 121
Rupprecht, Marlene Dorothe
    Henriette 102, 122
Rüttgers, Jürgen 202, 209 f., 270
Rützel, Bernd 103

Sachse, Heidrun 319 f.
Sager, Krista 109
Sander, Gerald 321
Santi, Umberti 321
Sarrazin, Manuel 126
Sawade, Annette 102
Schaaf, Anton 90, 115
Schäfer-Gümbel, Thorsten 189,
    216

Schäfer, Anita 120
Schäfer, Axel 89, 116
Schäfer, Enrico 320
Schäfer, Paul 113
Schäfer, Uwe Friedrich 325
Schäffer, Fritz 106
Scharf, Hermann Josef 127
Scharfenberg, Elisabeth 121
Scharping, Rudolf 243, 251, 263
Schäuble, Wolfgang 93, 95, 124,
    185, 302
Schavan, Annette 94, 95, 124, 85
Scheel, Christine 122
Scheel, Walter 158, 171, 299
Scheelen, Bernd 114
Scheer, Hermann 102, 107, 123,
    150
Scheerer, Friedrich 102
Scheuer, Andreas 96, 106 f., 121
Schick, Gerhard 123
Schidlack, Thomas 321
Schieder, Marianne 102, 121
Schieder, Werner 102
Schiemann, Marko 247
Schiewerling, Karl Richard
    Maria 93, 115
Schill, Ronald 188
Schily, Otto 39
Schlauch, Rezzo 63
Schley, Sebastian 320
Schmädeke, Frank 326
Schmid, Carlo 157 f., 232, 303
Schmidt, Andreas 115
Schmidt, Christian A. 122, 326
Schmidt, Dagmar 105, 117, 127
Schmidt, Frank 118
Schmidt, Helmut 56, 58, 151
Schmidt, Manfred 26
Schmidt, Renate 122
Schmidt, Silvia 112

Schmidt, Thomas Gottfried 247
Schmidt, Ulla 185
Schmidtbauer, Bernd 123
Schmitt-Promny, Karin 324
Schmitt, Heinz 120
Schmitt, Ingo 113
Schneider, Günther 247
Schneider, Jürgen 320
Schnieder, Patrick 94
Schockenhoff, Andreas 94
Scholz, Helmut 324
Scholz, Olaf 103, 109, 177, 185
Scholz, Rüdiger 320
Schönbohm, Jörg 210, 258
Schöne-Firmenich, Iris 247
Schreiner, Ottmar 65, 124, 203
Schreyer, Daniel 325
Schröder, Gerhard 66, 71, 77,
    103 f., 127, 132, 150 ff.,
    201 ff., 210, 215, 221 f., 243,
    263, 270, 274, 298, 370 f.
Schröder, Ole 108
Schroedter, Elisabeth 324
Schui, Herbert 110
Schulte-Drüggelte, Bernhard 116
Schultz, Reinhard Walter 116
Schulz, Martin 216, 316 ff., 321
Schulz, Swen 113
Schulz, Werner 62, 324
Schumacher, Kurt 104, 232
Schumann, Wiltrud 326
Schurer, Ewald 102, 120
Schuster, Alfred 103
Schuster, Marina 122
Schütt-Wetschky, Eberhard 161
Schütte zur Wick, Nikolaus 324
Schwabe, Frank 62, 89, 115
Schwall-Düren, Angelica 115
Schwan, Gesine 203, 300 f.
Schwanholz, Martin 110

Schwanitz, Rolf 118
Schwarz, Andreas 102
Schwarzelühr-Sutter, Rita 102,
    124
Schwetz, Desiree 320
Sebastian, Wilhelm Josef 119
Seebohm, Hans-Christian 303
Seehofer, Horst Lorenz 96, 120,
    125, 126, 208, 210 f., 216,
    237, 243, 321 f., 326, 374
Segner, Kurt 93
Seib, Marion 126
Seidenthal, Bodo 320
Seifert, Ilja 117
Sellering, Erwin 237
Sensburg, Patrick 93, 95
Siebert, Bernd 118
Sigolotto, Claudia 319
Silberhorn, Thomas 97
Simon, Peter 318
Singhammer, Johannes 127
Sippel, Birgit 318
Sitte, Petra 105
Sodann, Peter 300
Söllner, Karl 103
Solms-Hohensolms-Lich,
    Hermann Otto Prinz zu 118
Solms, Hermann Otto 38
Spahn, Jens 115
Späth, Lothar 242
Spielmann, Margit 111
Spiller, Jörg-Otto 113
Spitz, Rolf 102
Sporrer-Dorner, Christine 325
Stadler, Max Josef 107, 121
Staffelt, Ditmar 126
Stamm-Fibich, Martina 103
Stange, Eva-Maria 185
Stauch, Carlo 319
Stauner, Gabriele 325

Steenblock, Rainder 108
Stegemann, Albrecht 326
Steinbach, Erika 118
Steinbrück, Peer 39, 129, 185, 270
Steinecke, Dieter 126
Steiner, Daniel 320
Steinkamp, Jochen 325
Steinmeier, Frank-Walter 39, 71, 185, 201, 204f., 215, 240, 300
Steinruck, Jutta 318
Stenglein, Claus 103
Steppat, Sabine 318f.
Steppuhn, Andreas 112
Sternberger, Dolf 229
Stiegler, Ludwig 121
Stinner, Rainer 120
Stobl, Thomas 123
Stock, Alexander 320
Stöckel, Rolf 89, 92, 116
Stockmann, Ulrich 319
Stöger, Peter 325
Stoiber, Edmund 40, 66, 106, 127, 210f., 214ff., 237, 243, 245
Stokar von Neuform, Silke 104
Stolpe, Manfred 41, 258, 260
Stölting, Thomas 319f.
Storjohann, Gero 108
Storm, Andreas 119
Strasser, Maximilian 325
Straub, Jutta 319
Straubinger, Max 96, 121
Strauß, Franz Josef 243
Strebl, Matthäus 125, 126
Strehlke, Reinhard 103
Streichert-Clivot, Christine 320
Strempel, Karin 247
Strengmann-Kuhn, Wolfgang 126

Stritter, Hans-Georg 319
Ströbele, Hans-Christian 62f., 65, 86
Strothmann, Lena 116
Struck, Peter 110, 231, 300
Stübgen, Michael 112
Stübig, Volker 319
Stuck, Ingo 319
Stünker, Joachim 110
Stvrtecky, Anna 318
Süssmuth, Rita 172

Tack, Kerstin 89
Tackmann, Kirsten 111
Tangermann, Kristian W. 325
Taskin, Hasan 321
Tausend, Claudia 102
Tauss, Jörg 101, 123
Teichmann, Gabriele 102
Telkämper, Wilfried 324
Terpe, Harald Frank 109
Teubner, Gottfried Arthur 247
Teuchner, Jella 102, 107, 121
Thannheiser, Evi 103
Thein, Alexandra 323
Theurer, Michael 323
Thiedens, Martina 324
Thiel, Teresa Maria 324
Thiele, Carl-Ludwig 110
Thierse, Wolfgang 38, 136
Thießen, Jörn 108
Thönnes, Frank 108
Thul, Hans Peter 104, 127
Tiefensee, Wolfgang 39f., 185
Tillich, Stanislaw 185, 237, 246f., 254
Timmer, Brigitte 318
Titz, Paul-Ulrich 321
Töge, Tilman 319
Toncar, Florian 123

Tretbar-Endres, Martin 318
Trittin, Jürgen 99, 111, 212
Troost, Axel 105
Trüpel, Helga 334
Tsantilas, Dimitrios 325
Tuin, Rudolf 320

Uhl, Hans-Jürgen 126
Ulrich, Alexander 120
Umberti, Santi 319
Unfried, Harald 102
Unland, Georg 185

Vaatz, Arnold Eugen Hugo 117
Vaupel, Thomas 319
Veh, Kathrin 318
Veit, Rüdiger 118
Vicente, Miguel 319
Violka, Simone 117
Vogel, Bernhard 242, 251 ff.
Vogel, Gerold 318 f.
Vogel, Sebastian 319 f.
Vogelsänger, Jörg Willi 112
Vogt, Ute 39, 101
Vögtle, Eva Maria 324
Volk, Daniel 126
Volkmer, Marlies Eva 117
Voltmer, Ulrike 324
Vorländer, Hans Christian 103
Voßhoff, Andrea Astrid 111

Wächter, Gerhard 93, 116
Wagener, Sascha 324
Wagner, Carl Ludwig 243
Wagner, Karl-Heinz 325
Waitz, Christoph 117
Wallmann, Walter 272
Walter, Franz 209, 238
Walter, Norbert 373
Walther, Claudia 320

Wanderwitz, Marco 117
Waschler, Gerhard 325
Wasserhövel, Kajo 202
Weber, Manfred 325
Weber, Marina 326
Weber, Max 165, 195
Wegner, Kai Peter 113
Wehner, Herbert 91, 195, 218,
222, 229
Wehrmeyer, Matthias 317, 319
Weigel, Andreas 118
Weigle, Sebastian 102
Weil, Sebastian 319
Weiler, Barbara 318
Weinberg, Marcus 103, 109
Weis, Petra 89, 92
Weisgerber, Anja 325
Weiß, Gerald 119
Weiss, Michael 325
Weiß, Peter 124
Weißenborn, Karin 320
Weißgerber, Gunter 117
Weisskirchen, Gert 123
Weizsäcker, Richard von 196,
198, 224, 226, 304 f., 362
Wellmann, Karl-Georg 113
Wend, Rainer 116
Wende, Peter 326
Weßling, Claudia 103
Westerwelle, Guido 114, 190,
212, 302, 321
Westphal, Kerstin 318
Westrich, Lydia Maria Elisabeth
120
Wetzel, Margrit 110
Wicklein, Andrea 111
Wieczorek-Zeul, Heidemarie 39,
118, 185
Wiefelspütz, Dieter 66, 98, 91,
116

Wiegand-Hoffmeister, Bodo 319
Wieland, Wolfgang 113
Will, Anne 207
Willsch, Klaus-Peter 94
Wils, Sabine 324
Wimmer, Willy 114
Winkelmeier, Gert 119
Winkler, Caroline 325
Winkler, Hermann 247
Winkler, Josef Philip 119
Winkler, Max 326
Winner, Erwin 326
Winterstein, Claudia 110
Wissel, Patricia 247
Wissing, Volker 120
Wissmann, Matthias 94, 95, 127 f., 220
Wistuba, Engelbert 112
Wobbe, Werner 320 f.
Wodarg, Wolfgang 108
Wöhrl, Dagmar 65 f., 122
Wöhrl, Marcus 325
Wolf, Margareta 119, 126
Wolff, Hartfrid 107, 123

Wöller, Roland 185, 247
Wowereit, Klaus 203 f.
Wright, Heidemarie 122
Wuermeling, Joachim 40
Wulff, Christian 188, 273 f.
Wunderlich, Jörn 117

Ypsilanti, Andrea 70, 91, 107, 150, 159, 188 f., 199, 204 f., 216
Yüce, Mustafa 320

Zapf, Uta 119
Zeil, Martin 126
Zeitler, Benjamin 325
Zimmer, Gabriele 322, 324
Zimmermann, Frank 319
Zimmermann, Sabine 118, 320
Zirpel, Michael 318
Zirra, Jana 102
Zöller, Wolfgang 97, 122
Zöllmer, Manfred Helmut 114
Zylajew, Willi 113
Zypries, Brigitte 119, 185